# UN AMOR QUE SE ATREVIÓ A DECIR SU NOMBRE

## La lucha de las lesbianas y su relación con los movimientos homosexual y feminista en América Latina

### NORMA MOGROVEJO

CDAHL

PLAZA Y VALDES
PyV
EDITORES

Diseño de portada: Plaza y Valdés, S.A. de C.V.

Primera edición: enero 2000

**UN AMOR QUE SE ATREVIÓ A DECIR SU NOMBRE**
**La lucha de las lesbianas y su relación con los movimientos**
**homosexual y feminista en América Latina**

© CDAHL
© Norma Mogrovejo
© Plaza y Valdés, S.A. de C.V.

Editado en México por Plaza y Valdés, S.A. de C.V.
Manuel María Contreras núm. 73 Col. San Rafael
México, D.F. 06470 Tel. 705-00-30

ISBN: 968-856-725-6

Hecho en México

# ÍNDICE

*A mi comunidad, donde encontré nuevas formas de vida,*
*de placer, de cotidianeidad, de percepciones y*
*de sentido a mi lucha.*

*A las lesbianas que desinteresadamente me ofrecieron*
*su experiencia y sus vivencias, quienes aceptaron ser las actoras*
*de mi estudio y compartieron conmigo momentos de*
*historia y reflexión.*

*A mis compañeras de enlace lésbico,*
*con quienes comparto la construcción de*
*una cultura lésbica.*

*Al Archivo Histórico Lésbico, por la alimentación mutua,*
*porque como producto de la tesis el archivo tomó forma*
*y como producto del archivo la tesis se enriqueció;*
*porque ambos comparten el espíritu de rescatar*
*nuestra historia.*

*A mis compañeras que apoyaron este trabajo.*

*A Francesça, que fue una permanente interlocutora.*

*A Mamacash, que confió y apoyó este proyecto.*

# PRESENTACIÓN

**Voz, memoria e historia de las lesbianas latinoamericanas**

La dimension histórica de las voces, los deseos, los errores políticos y la voluntad de las lesbianas latinoamericanas, su trascendencia en la cultura y en los movimientos de liberación cultural social y la reivindicación del derecho de amar y ejercer una sexualidad no heterosexual, son los temas de este libro volcado –desde el análisis sociológico y la historia oral– a la comprensión del movimiento lésbico latinoamericano como un movimiento en sí, ligado históricamente pero autónomo programáticamente a los movimientos homosexual y feminista.

Para reconstruir la historia de los colectivos y los grupos de mujeres lesbianas –lesbianas feministas, lesbianas socialistas, lesbianas a secas–, Norma Mogrovejo, latinoamericanista peruana de la Universidad Nacional Autónoma de México y fundadora del Archivo Histórico Lésbico, ha debido enfrentar su propia vida política, su historia de los conflictos entre mujeres y su salida de un "clóset"que no sólo era el de la dominante heterosexualidad sino también el de la militancia feminista, siendo este último velo el más difícil de quitarse porque había empollado el primer movimiento de autoconciencia como espacio de interlocución entre todas las mujeres.

Desde su vivencia, Norma Mogrovejo analiza la historia de un movimiento social que, congregado alrededor de la sexualidad y corporalidad de las mujeres lesbianas, se resistía a la institucionalización todavía a mediados de los años 1990. Reafirmó que el amor sexual es uno de los pilares de la civilización y constituye una de las experiencias históricas de la condición humana. Sin embargo, lo hizo desde la vivencia del amor como intercambio no con el "otro" (entendido como referente de la antropología), sino con una "igual".

1

Analizar a esta otra *yo-misma* –con la cual intercambio experiencias y constru-yo la identidad política de mi/nuestro movimiento–, implicó para Mogrovejo, que ya había reunido los documetos y las memorias orales de 25 años de organización lésbica en América Latina, viajando desde México a Perú, Argentina, Brasil, Chile, Costa Rica y Nicaragua, detenerse a reformular las categorías interpretativas de la sociología para aportar algo a su propia comunidad y a su historia. A la luz de una confrontación de las aproximaciones teóricas de los análisis feminista y gay, y la reciente *perspectiva queer*, Mogrovejo no sólo ha definido, partiendo de la jerga interna del movimiento, qué son para la política de las lesbianas los términos *géne-ro, heterofeminismo, heterorealidad, lesbofobia, "clóset" y diferencia sexual*, sino que ha descrito minuciosamente el contexto latinoamericano en el que estas categorías se construyeron y se siguen tranformando.

La clandestinidad del lesbianismo, poco visible y poco estudiado, se quebró de repente a finales de los años setenta, cuando muchas mujeres decidieron "dar la cara" y asumir su sexualidad como parte de una cultura contestaria y desafiante. Desarrollaron así un sentido de identidad lesbiana que llevaron a la calle y con el que cuestionaron la represión policiaca ejercida contra los homosexuales, así como el uso adverso de la psiquiatría y la discriminación legal. En las tres primeras Mar-chas del Orgullo Homosexual (1979-1981) en México, las lesbianas demandaron una educación sexual científica y objetiva para las escuelas secundarias, en la que no se denigrara a la homosexualidad; cuestionaron la etiquetación de enfermas men-tales y de inmorales; y afirmaron que no es posible levantar un movimiento revolu-cionario y cambiar la sociedad, si no se levanta la demanda de liberación sexual.

El balance de ese, como de muchos momentos posteriores, fue halagador en cuanto a número de participantes, capacidad de darse a entender, impacto, etcétera, sin embar-go, permitió que salieran a flote problemas de liderazgo entre las dirigentas "históricas" del lesbianismo, así como el escaso nivel de conciencia entre las militantes y las diver-gencias sobre cuáles debían ser los horizontes políticos de la lucha.

Mogrovejo no rehusa hablar y analizar las peleas, a veces durísimas, al interior del movimiento lésbico-homosexual, del movimiento feminista y, finalmente, de los grupos y colectivos de feministas lesbianas. Este valor es el que estructura la investigación vivencial, la documentación de las diferencias de posiciones, el análisis de las discusio-nes en las que bien pudo haber participado un analista. No es casual, en efecto, que Mogrovejo pase de las formas impersonales *al yo* y *al nosotras* cuando discute ciertos planteamientos, reivindica derechos o resignifica desde el lesbianismo los conceptos de cambio social. Descubrir los móviles que desencadenan peleas y rupturas en grupos y colectivos, puede llegar a ser una experiencia fundamental para una mujer estudiosa de su propia participación, una mujer para la cual la separación entre teoría y militancia se ha borrado en su propia experiencia.

Tambien lo es la búsqueda de una categoría "propia", un concepto que resuma y reinterprete la opresión y la persecución a lesbianas, homosexuales y otros sectores disidentes de la heterosexualidad obligatoria, su normatividad limitante y opresiva. Para Mogrovejo vivir en un cuerpo sexuado en femenino es un asunto que inquieta; las identidades femenina y masculina, y las identidades de género, perpetúan el sistema que ha hecho del cuerpo un concepto social de acuerdo a los mandatos estéticos masculinos y heterosexuales.

En América Latina, tras sesenta años de filosofía y discursos culturales tendientes a la definición de la identidad (política, nacional, subcontinental), en el campo de la sexualidad estamos entrando en un proceso de construcción de negociaciones, de ruptura de las identidades fijas y de construcción de los géneros establecidos y de los sexos asignados. Allende la complejidad de las relaciones políticas mezcladas con las amorosas, allende la lucha por el poder y el protagonismo, este material que aborda la historia del movimiento lésbico latinoamericano es, en todo sentido, un libro sobre la libertad humana en un continente pluriétnico dominado por mestizos... y mestizas.

*Francesca Gargallo*

# INTRODUCCIÓN

La palabra "transformación" siempre suena sospechosa –en los sesenta tenía que ver con los telépatas del Tíbet, en los noventa con los mutantes bajo un cielo químico–; sin embargo, más allá de las esoterías y la ciencia ficción, las transformaciones ocurren...

JUAN VILLORO

Cuando en diciembre de 1894, Lord Alfred Douglas publicó (en una revista de la Universidad de Oxford) su poema "Dos amores" refiriéndose al "verdadero amor" (de una niña y un niño) y al otro "amor que no se atreve a decir su nombre",[1] no se percataba de que el simple hecho de publicarlo significaba ya darle un nombre al amor a otro hombre como él, aunque la sociedad victoriana censuraba cualquier forma de relación diferente a la heterosexual y monogámica. Años después Dennis Altmann escribía: "El amor que no se atrevía a decir su nombre se ha convertido en la neurosis que no sabe quedarse callada", haciendo referencia a la irrupción de lesbianas y homosexuales en el ámbito político, validando su derecho al amor. La frase pronto se convirtió en una consigna que rompía la invisibilidad. *Un amor que se atrevió a decir su nombre* fue el título de un programa televisivo que entrevistó

---

[1] Poema dedicado a Oscar Wilde y motivo por el cual el marqués de Queensberry (padre de Douglas) acusara a Wilde públicamente de "sondomía" (no supo escribirlo correctamente). La familia de Wilde y de Douglas, quienes habían sido abandonados por el marqués, incitaron a Wilde a iniciar un proceso de difamación en contra del marqués. Por una enmienda a la ley criminal, Wilde pasó de ser acusador a acusado debido a que entonces se consideraba delito los actos indecorosos entre varones, en público o en privado. Wilde fue sujeto de tres juicios y condenado a dos años de trabajos forzados. El tercer juicio fue el de su divorcio. Su familia renegó de él. Su nombre estaba tan vilipendiado que sus hijos llegaron hasta cambiárselo. Al salir de prisión, reanudó sus relaciones con lord Alfred, no volvió a coger pluma y no sobrevivió más que tres años. En 1900, al morir, Wilde contaba tan sólo con cuarenta y cuatro años.

a lesbianas y homosexuales activistas y dio una imagen transformadora y positiva de ellos. Una de mis entrevistadas que vio el programa me dijo: "El título me impactó. Fue fascinante oír hablar a aquellos gays, en ese momento me di cuenta que era lesbiana".

*Un amor que se atrevió a decir su nombre* busca ser un instrumento de difusión sobre la historia de algunas lesbianas –no muchas– en América Latina, que se atrevieron a reflexionar, hablar, discutir, defender su derecho a amar y ejercer una sexualidad no heterosexual. Busca también reflexionar sobre el debate teórico, los elementos ideológicos, las categorías que analizan el lesbianismo y las lesbianas como actoras sociales, el significado de las perspectivas de análisis y explorar nuevas propuestas de análisis que se acerquen a la realidad lésbica como sector disidente de la heterosexualidad y el androcentrismo. Respondiendo a mi propia experiencia como activista lesbiana, apoyo este trabajo en las reflexiones cotidianas que se dan en torno a mi colectividad, haciendo de la misma una *Autoetnografía*[2] y que en este caso, parafraseando a Gardner, significaría hacer "una objeción interrogativa a los supuestos y estipulaciones epistemológicos, metodológicos y textuales del discurso heterosexualizado compulsivo".

El período de análisis abarca de 1971 a 1995, los espacios en los que se reconstruye esta historia son los grupos o colectivos que han formado las lesbianas en su proceso de salida del closet, las instancias de unidad, coordinación o interlocución entre ellas; o con sus otros, las feministas, los homosexuales; la sociedad civil; a veces el Estado y la represión, encuentros, marchas, situaciones conflictivas y de ruptura, y otras de triunfo. Dicha reconstrucción ha implicado una revisión documental profunda y principalmente del testimonio de muchas de nuestras actoras, quienes desde su viva voz nos narran su historia. En tal sentido, lo novedoso de la propuesta es el análisis de la acción colectiva lésbica desde lo interno, lo personal; lo grupal y lo externo; la búsqueda de una identidad colectiva, en una realidad social ajena, heterosexual, luchando por la validación de su realidad, de su existencia, de sus derechos humanos, sociales, políticos, civiles y sexuales y una periodización de dicha historia.

Originalmente la investigación estuvo dirigida a analizar básicamente la interrelación del movimiento lésbico con el feminista, debido a que la mayor parte del primero asume una identidad feminista como principio ético-filosófico. Sin embargo, el conjunto del movimiento feminista no ha retomado las demandas de las

---

[2] Designa una consideración cultural sobre el grupo de gente al que uno pertenece como determinada por identificaciones propias y ajenas (Hayno, 1979). Clifford (1986) usa el término "etnógrafo indígena" para describir a alguien que estudia su propia cultura y es capaz de aportar una perspectiva y una profundidad de comprensión que –como él sugiere– conduce a recuentos que son al mismo tiempo particularmente poderosos y restringidos. En Gardner, *Debate Feminista*, año 16, 8, vol. octubre 1997, pp. 112.

lesbianas y ha construido una identidad, en la práctica, heterosexual, que la hace excluyente para las lesbianas que asumen como política su propia identidad sexual. La reconstrucción histórica del movimiento lésbico nos llevó inevitablemente a rescatar la interrelación de nuestra *"sujeta"* –el movimiento lésbico– (además del movimiento feminista) con el movimiento homosexual y otros sectores, como el Movimiento Urbano Popular, algunos sindicatos, partidos políticos y ocasionalmente el Estado, obligándonos a revisar nuestros ejes analíticos, originalmente planteados desde los movimientos sociales y el género.

En tanto la investigación fue iniciada en 1994, las transformaciones de los movimientos sociales en los últimos años y principalmente del movimiento feminista al que los analistas han denominado "la institucionalización de los movimientos sociales" –por el resultado de las interlocución con el Estado, por el manejo de grandes recursos económicos provenientes de agencias para el desarrollo que condicionan su trabajo; haciéndoles variar sus objetivos originales, porque investigaciones en torno a la acción colectiva han demostrado que es un sector mínimo de líderes o dirigentes quienes efectivamente realizan la acción colectiva; haciendo el nexo entre los movimientos sociales y los partidos políticos–[3] nos hemos visto obligadas a replantear la dimensión analítica desde la teoría de los movimientos sociales. Por otro lado, la revisión de la práctica política, la vida cotidiana lésbica, y la revisión bibliográfica pusieron en duda la categoría de género como el elemento explicativo de un sujeto que carece de la figura masculina como un *otro* que valide la construcción de su identidad. Contrariamente, la construcción de la identidad lésbica no nos ofrece ese *otro* que la sociología busca de referente. Nos ofrece una igual, otra mujer. En tal sentido, ofrezco alternativamente una reconstrucción histórica desde el análisis de la producción teórica que ha dado lugar a procesos de interrelación del movimiento lésbico con el feminista y homosexual en la construcción de una identidad autónoma y propia: la igualdad, la diferencia y una mediación de ambas que para algunos sectores podría ser la dimensión *queer*.

El primer capítulo discute algunas aproximaciones teóricas de los movimientos sociales y las perspectivas de análisis gay, lésbica, *queer* y sexo-política; la metodología y los antecedentes de la lucha lésbica-homosexual.

En el segundo capítulo inicio el recuento histórico de las primeras expresiones de la lucha homosexual en un contexto político de búsqueda de la igualdad. *La salida del clóset*, un momento en el movimiento que permite atravesar las puertas del silencio y el inicio de la formación de los primeros grupos en México.

---

[3] Smith, Marcia y Durand, Víctor, "Actores y movimientos sociales urbanos y acceso a la ciudadanía", en *Ciudades,* núm. 25, enero-marzo 1995, RNIU, México, pp. 3-12.

El tercer capítulo muestra la explosión de las diferencias en la identificación clara del otro: las feministas y los homosexuales, la identificación de los *clósets* que uno y otro sector ofrecía a las lesbianas, quienes identifican al heterofeminismo, el falocentrismo y la misoginia como adversarios que impedían verse a sí mismas en el espejo propio.

El cuarto capítulo historiza la experiencia de las lesbianas desde la autonomía, sus dinámicas internas, sus conflictos, sus instancias de coordinación, el sentido de su acción colectiva.

El quinto capítulo hace un recuento de la aparición del movimiento lésbico en el contexto latinoamericano a través de encuentros internacionales y nacionales, las luchas de poder por la búsqueda de la institucionalidad.

El sexto capítulo muestra la experiencia particular de la organización de seis países latinoamericanos: Argentina, Brasil, Perú, Chile, Costa Rica y Nicaragua.

El séptimo capítulo analiza el difícil camino de los encuentros lésbicos latinoamericanos.

Como se verá, esta historia es reflexionada primero desde el estudio de caso de México, uno de los países con mayor activismo lésbico en América Latina, y complementada con la experiencia de otros países donde también vemos el mismo proceso histórico, obviamente, con matices propios.

Debo confesar que la presentación de esta disertación tiene también otro objetivo político, además de plantear que cualquier análisis sobre la realidad latinoamericana no debe obviar la lucha lésbica, el sensibilizar a mi *alma mater* sobre la necesidad de abrir espacios desde la academia para los estudios lésbico-gays o *queers* como existe ya en otros países desarrollados. La Universidad, como sitio primario de la investigación social, tiene la oportunidad de contribuir a la constitución de conocimientos inclusivos y proyectos emancipatorios, en lugar de permanecer ajena a ellos. La academia puede contribuir no sólo a la afirmación de identidades diversas y a la generación relevante de conocimientos, sino también a la adquisición de poder social y a la transformación de sus sujetos.[4]

Espero con este trabajo aportar a la reflexión en mi propia comunidad, sobre nuestra propia historia y aprender a ver atrás para hacer camino al andar, en el campo de las ciencias sociales, la academia y la sociedad civil e introducir a la discusión sobre la lucha de mujeres que aman a otras mujeres en la búsqueda de mayor democracia y respeto a la diversidad.

---

[4] Gardner, *op. cit.*

# METODOLOGÍA

**Historia oral: un acercamiento a la vida de las mujeres lesbianas**

La nueva historiografía dedicada a las mujeres se basa en la tesis de la especificidad de una historia vivida y percibida por las mujeres, se trata entonces de una historia que aún no ha sido escrita.[5] La visión androcéntrica de la historiografía ha invisibilizado la historia de las mujeres, aparecen como caso especial y muchas veces marginal de una historia masculina definida como "general" y su análisis responde a criterios utilizados por los hombres. El rescate de testimonios de mujeres, en los cuales se manifiesten sus experiencias y puntos de vista, es parte de una corriente que pretende rescatar la historia de las sin historia.

La historia oral ofrece una de estas metodologías de rescate de fuentes históricas alternativas, y consiste en "un método auxiliar de la investigación social, cuyo propósito esencial es el crecimiento y enriquecimiento de fondos testimoniales, grabados en cintas magnetofónicas, con la información de primera mano que pueden proporcionar los testigos presenciales de los diferentes procesos históricos. En su función de entrevistador, el historiador inquiere a la 'historia viva': la entrevistada".[6]

Aunque la tradición oral es tan antigua como la historia misma, perdió popularidad durante el movimiento histórico-positivista del siglo XIX, mientras adquirían mayor importancia las fuentes que proporcionaban los documentos escritos basados en los

---

[5] Cano, Gabriela, "Libertad condicional o tres maneras de ser mujer en tiempos de cambio", Programa Interdisciplinario de Estudios de la Mujer, El Colegio de México, México, 1987.

[6] Meyer, Eugenia, "Prólogo" a *Palabras del exilio I. Contribución a la historia de los refugiados españoles en México*, INAH, México, 1980. p.13.

hechos que podían ser verificados objetivamente por otros historiadores. A partir de entonces, la tradición oral pasó a ser parte de la superstición popular, de las fábulas y relatos no convencionales; los historiadores se apartaron de ella y asumieron el papel de indiferentes jueces de los hechos. Al paso del tiempo, con los adelantos logrados en otras disciplinas, como la antropología, la semiología y la lingüística, se ha puesto en claro que la palabra del actor social tiene su propia lógica estructurada "como lenguaje" que permite penetrar en el fenómeno social que escapa a la distante y fría observación del historiador y que por medio de una complicidad controlada podremos llegar a comprender mejor el funcionamiento de las instituciones y de la vida social.[7]

La historia oral permite tomar más exactamente lo vivido por los diversos actores históricos o la "historia en proceso", lo que los estadounidenses llaman "la atmósfera", elemento que hace aparecer una "microsociología" del poder y de las relaciones sociales que, a menudo, da mejor cuenta de una decisión, de una acción, que tal o cual separación reconocida. Para el estudio de las masas populares, o de los grupos "olvidados por la historia", las minorías étnicas, el mundo campesino o las mujeres, el aporte de la historia oral es indiscutible. Ni el observador más empático puede dar una visión interna: no es lo mismo escuchar el relato de la miseria obrera del que ha vivido, que leer un artículo periodístico sobre el asunto.[8]

El único y preciado elemento por el cual las fuentes orales se imponen al historiador y que otras fuentes no poseen en la misma medida (salvo las fuentes literarias), es la subjetividad del hablante. Si la investigación es amplia y suficientemente articulada, un corte transversal de la subjetividad de un grupo o clase social nos habla no únicamente de lo que la gente hizo, sino de lo que quisiera hacer y de lo que creyó que estaba haciendo. Las fuentes orales nos dicen mucho de los costos psicológicos. La subjetividad forma parte de la historia tal como los "hechos" más visibles forman parte de ella. Lo que el informante cree ciertamente es un hecho histórico tanto como lo que "verdaderamente" sucedió.[9]

El elemento de la subjetividad ha sido el más criticado en las fuentes orales. Los historiadores han rechazado la información oral por temor a su carga emocional. La verdad, en contraposición a la subjetividad, pierde sentido en tanto la verdad única y valedera no existe. La credibilidad de las fuentes orales es de una credibilidad diferente, la importancia del testimonio oral puede frecuentemente consistir no en su adherencia a hechos, sino, por el contrario, en su divergencia de ellos, en donde

---

[7]Thompson, Paul, "Las voces del pasado" en: Camargo, A., Elaboración de la historia oral en Brasil. Ponencia presentada en la V Conferencia Internacional de Historia Oral. Barcelona, marzo, 1985.

[8]Portelli y otros, "Historia oral e historia de vida", *Cuadernos de Ciencias Sociales*, Facultad Latinoamericana de Ciencias Sociales, Flacso, 1988.

[9] *Ibidem.*

ingresan la imaginación, el simbolismo y el deseo. Por lo tanto no existen fuentes orales "falsas". La diversidad en la historia oral consiste en el hecho de que las afirmaciones verdaderas "todavía son verdaderas" psicológicamente y que esos "errores" previos algunas veces revelan más que descripciones fácticamente fidedignas. Una gran cantidad de documentos escritos, a los que se les otorga un certificado automático de credibilidad por los mismos historiadores, son el resultado de procesos semejantes, llevados a cabo sin precisión científica, casi siempre con un pesado prejuicio de clase. Estas fuentes escritas fueron redactadas después de la ocurrencia de los acontecimientos que reportan y generalmente provienen de fuentes orales indirectas.

La necesidad de captar procesos cotidianos y activistas de las lesbianas en la dinámica del movimiento lésbico latinoamericano nos llevó a hacer uso de las fuentes orales denominadas "relatos de vida". A partir de ellas obtenemos ese corte transversal de la historia no sólo de las mujeres lesbianas, sino de las lesbianas y su entorno, de un grupo social interconectado con otros en un espacio y un tiempo determinado. En los estudios urbanos antes que la relación con la naturaleza, se capta la relación con el espacio, más o menos artificializado según las circunstancias.[10] Así, el relato de vida permite comprender la unidad particular del tiempo y el espacio en una vida; por ello se ha expresado que los relatos de vida son el instrumento por excelencia de la sociología de la vida cotidiana, para la cual el tiempo y el espacio son entidades constituidas por las prácticas sociales.

Una vida es una praxis que se apropia de las relaciones sociales (las estructuras sociales), las interioriza y las retraduce a estructuras psicológicas por su actividad desestructurante. Cualquier vida humana se revela hasta en sus aspectos menos generalizables como la síntesis vertical de una historia social. Todo comportamiento o acto individual nos parece, hasta en sus formas más propias, la síntesis horizontal de una estructura social.[11]

Para la reconstrucción de la historia del movimiento lésbico latinoamericano, la metodología del relato oral o de las historias de vida ha sido fundamental debido a que: *1)* La información encontrada sobre lesbianas y homosexuales generalmente no ha sido escrita precisamente por ellos. *2)* Dicha información transmite una visión homofóbica de lesbianas y homosexuales. *3)* La escasa existencia de información escrita por los propios homosexuales tiene una edición generalmente clandestina, de difícil acceso y fuera de las bibliotecas o centros de documentación. Con esto podemos afirmar que la construcción del conocimiento ha respondido a una concepción del mundo básicamente heterosexual.

---

[10] Lalive Epinay, Christian. "La Vida Cotidiana. Ensayo de construcción de un concepto sociológico y antropológico", en: *Cahiers Internationaux de Sociologie*", vol. IXXIV, París.

[11] Bertaux, Daniel, "La apropiación de la biografía", en: *Cahiers Internationaux de Sociologie*, vol. LXIX.

Reconstruir la historia del movimiento lésbico y resignificarla desde la palabra de "las sin historia" ha implicado darles la voz a algunas de las actrices del proceso colectivo, quienes desde la visión de su experiencia personal han narrado los diversos acontecimientos, muchos de ellos contradictorios. Para ser más fidedignas, hemos plasmado diversas versiones sobre un mismo hecho, a veces opuestas, lo que nos muestra, más allá de la búsqueda de una única verdad, las diversas formas en que vivimos un mismo hecho, la construcción de formas diversas de pensar y el proceso de construcción de una identidad colectiva. Nuestra tarea ha sido hilvanar cada retazo de testimonio, complementándolo desde las fuentes documental, periodística y bibliográfica.

Para entender los diversos significados de dicha historia hacemos una propuesta de ordenamiento y estructuración siguiendo los diversos intereses del mismo y que se han expresado en grandes alianzas que ha realizado primero con el movimiento homosexual, luego con el movimiento feminista, posteriormente una búsqueda de una identidad propia o autónoma y finalmente en una etapa de interlocución con otros sectores de la disidencia sexual. Etapas que son coincidentes con tres generaciones teóricas del feminismo: la igualdad, la diferencia y una tercera generación teórica que rechaza la dicotomía entre lo masculino y lo femenino como metafísica, a la que denomino de la diversidad.

Hacemos un estudio de caso de México, donde tratamos de abarcar la totalidad de grupos lésbicos y homosexuales donde militaron lesbianas, con el que elaboramos nuestra propuesta analítica de la historia del movimiento lésbico, misma que sirve de base para la reconstrucción histórica de Argentina, Brasil, Chile, Perú, Costa Rica y Nicaragua.

## Selección de las informantes

La selección de las lesbianas entrevistadas estuvo determinada por la participación activa de las militantes de cada uno de los grupos lésbicos. Tuvimos el acceso a ocho entrevistas realizadas en 1991 para el proyecto "Otro modo de ser mujer"[12] y entrevistamos a dos lesbianas que dieron testimonio sobre su experiencia anterior al movimiento lésbico-homosexual. Se hicieron un total de 78 entrevistas, de las cuales 48 fueron hechas en México.

No hicimos un número determinado de entrevistas por grupo o país debido a que en la mayoría de los casos las militantes de los grupos que dejaron de existir dejaron de ser activistas y se mantienen ajenas al movimiento por temor a represiones,

---

[12] Un proyecto de intercambio llevado a cabo por un grupo de mujeres alemanas que concluyó con una exposición en el Museo del Chopo y una publicación con el mismo nombre.

principalmente de tipo laboral. Algunas de ellas se negaron a otorgar la entrevista. En otros casos fueron más accesibles pidiéndonos que omitiéramos su nombre, por lo que algunos nombres de las entrevistadas fueron cambiados. Hemos priorizado entrevistas a lesbianas clave, activistas que han militado en más de un grupo y que nos han posibilitado una visión más amplia del proceso histórico.

## Los temas investigados

- Proceso de asumirse lesbiana: la familia, la escuela, el barrio, el trabajo.
- Proceso de conciencia: primer contacto con el grupo, con el movimiento, *salida del clóset.*[13]
- Historia del grupo: actividades, objetivos, fines, liderazgos, temas primordiales, duración.
- Alianzas estratégicas: relaciones con el movimiento feminista, con el movimiento homosexual, con la izquierda, con otros sectores (instituciones lésbicas y homosexuales internacionales, movimiento de mujeres, movimiento urbano popular, sindicatos, Estado, etcétera).
- Concepciones políticas: adherencias ideológicas, estratégicas, la construcción de movimiento, concepto de cambio.
- Dinámicas internas: lo social, lo político y lo amoroso.

## Antecedentes

A partir de la segunda mitad del siglo XIX surgieron las primeras luchas de liberación homosexual. Durante el período de 1864-1935 se desarrollaron en Alemania las primeras protestas por la persecución a los homosexuales: personalidades científicas e intelectuales se manifestaron públicamente en contra del Artículo 175 del Nuevo Código Penal, que tipificaba como delito los actos homosexuales. Estos brotes de inconformidad provocaron en 1897 el nacimiento de la primera organización política de homosexuales, creándose el Comité Científico Humanitario, cuyos fines estuvieron dirigidos a ganarse el apoyo de los cuerpos legislativos para la abolición del citado artículo, a discutir públicamente sobre la homosexualidad y a ganarse el interés de los propios homosexuales. Esta organización, cuya vida se prolongó hasta 1935, desencadenó amplias movilizaciones y produjo un gran impacto en la sociedad victoriana. Sus demandas atrajeron amplias simpatías, particularmente del Movi-

---

[13] *Ctr. infra.*

miento Socialista, cuyos representantes en la Cámara llegaron a manifestarse abiertamente contra la legislación antihomosexual. El hecho repercutió en otros países de Europa, formándose diversas asociaciones. Este movimiento, aun cuando no logró su fin principal, fue el que sentó las bases de la lucha homosexual, finalizando trágicamente por el ascenso del fascismo en Alemania.

El movimiento sólo se reanudó en la década de los cincuentas con la creación de organizaciones de tipo mutualista en los Estados Unidos: The Mattachine Society (de hombres homosexuales) y Daugthers of Bilitis (de mujeres lesbianas), que operaron por algunos años en Los Angeles, San Francisco, Washington y Nueva York. Sus propósitos eran atraer el apoyo de los demócratas progresistas para contender con una situación amenazada por el macarthismo.[14]

En 1969, un año después de la revuelta mundial de la juventud contra las instituciones de control de la sociedad y del enjuiciamiento de valores que se creían inamovibles, comenzaron a surgir brotes de la nueva conciencia. El 28 de junio la policía irrumpió en un bar homosexual, Stonewall, en Greenwich Village, en Nueva York, usando como pretexto la supuesta falta de permiso para la venta de bebidas alcohólicas. No era la primera vez que los homosexuales eran insultados y golpeados por la policía, pero en esta ocasión reaccionaron violentamente con gritos y consignas en las que proclamaban su orgullo de ser homosexuales. Los disturbios se prolongaron por tres días y del entusiasmo y la autoafirmación subsiguiente nació el Gay Liberation Front, GLF, así como las expresiones: *gay power* y *gay left*.

Con la fundación del GLF se produjo un cambio fundamental en el movimiento homosexual, se mostró en contra de la intolerancia, y el nuevo militante dejó de excusarse ante el "normal" por su homosexualidad y proclamó abiertamente su orgullo y su homosexualidad: "gay significa orgulloso, gay significa airado" fueron algunos de sus *slogans*. Sobre todo *Come Out!* fue la consigna de salir a denunciar una sociedad que ha reprimido el homoerotismo durante milenios.

El mayor logro teórico del GLF es haber conectado la represión homosexual y la represión en general como consecuencia de un sistema basado en la explotación y el principio de rendimiento, de allí que la toma de conciencia de los homosexuales apunta a la transformación global de la sociedad. La protesta del Stonewall se convirtió muy pronto en el principal brote de la nueva conciencia en la comunidad homosexual, que poco tiempo más tarde se habría de extender no sólo en Estados Unidos, sino a Europa y América Latina.[15]

---

[14] Folleto *Bandera Socialista* núm. 91. "Liberación homosexual. Un análisis marxista".
[15] Fratti, Gina y Bastida, Adriana, *Liberación homosexual,* Posada, colección Duda, México, D. F. 1984.

# I. PARA ANALIZAR EL MOVIMIENTO LÉSBICO

> Nuestra conciencia erótica nos potencia y se convierte en un lente a través del cual miramos todos los aspectos de nuestra existencia... no nos permite contentarnos de lo que es conveniente, decadente, la simple seguridad... En contacto con lo erótico, yo estoy menos inclinada a aceptar la falta de poder de los otros estados substitutivos del ser... reconocer el poder de lo erótico en nuestras vidas puede darnos energías para seguir o para perseguir una auténtica transformación de nuestro mundo.
>
> AUDRE LORDE, 1978

Analizar la historia del movimiento lésbico-homosexual latinoamericano no es cosa sencilla, la dinámica política de la región es heterogénea, variada y cambiante. Está mezclada con elementos de la religión católica, de los regímenes autoritarios, los sistemas políticos excluyentes, una modernización trunca unida a la multiculturalidad y plurietnicidad, crisis y pobreza crecientes, entre otras características que crean un mosaico complicado de armar. Sin embargo, el principal problema que enfrentamos en el análisis de la historia del movimiento lésbico (ML) no radica sólo en la complejidad de la dinámica política, sino en la dificultad de encontrar las piezas correctas del rompecabezas.

Para el caso del movimiento lésbico, la falta de espacios para publicar y centralizar documentos y archivos dificulta el registro de su historia, volviéndolo una tradición oral que se pierde en el olvido y hasta la renuncia. Debido a las características de la sociedad latinoamericana, la existencia lesbiana en la mayoría de los casos es clandestina; las lesbianas viven una doble vida y las pocas que logran organizarse y desarrollar una conciencia política respecto a su identidad viven una semi-clandestinidad por temor a represalias, principalmente de tipo familiar y laboral. De allí que a lo largo de la historia del movimiento lésbico en América Latina sean pocas las lesbianas que se asumieron abiertamente y salieron como caras públicas ante la sociedad. Aun desde la clandestinidad o la semiclandestinidad, el trabajo de difusión, movilización y conciencia que el movimiento lésbico y el movimiento homosexual (MH) hicieron por la defensa de sus derechos civiles y políticos, y en general por una sexualidad libre de prejuicios, han contribuido enormemente en la transformación de la cultura política de América Latina, introduciendo el tema de la sexualidad a la discusión política.

Por ello, el trabajo de rearticular la historia de las lesbianas latinoamericanas no es sólo un trabajo histórico, antropológico, sociológico o político, es *arqueológico*,[16] porque implica la remisión y reconstrucción de archivos personales, archivos heredados, traspasados, casi perdidos, destruidos o a punto de desaparecer; de aquí la importancia de la recolección de historias orales de protagonistas que en algunos casos estamos perdiendo (como Nancy Cárdenas en 1993, pionera del movimiento de liberación homosexual) y que tenemos el deber histórico de rescatar para poder entender nuestra propia historia.

## Aproximaciones teóricas

Existen diversas vertientes desde donde es posible empezar a analizar el movimiento lésbico: los movimientos sociales, los derechos sexuales y reproductivos, los estudios gays, lésbicos y, últimamente, los estudios *queer*, entre otros. Cada ámbito aporta interesantes elementos en la reconstrucción de nuestra geografía política. Haremos un rápido repaso y discusión de los mismos.

La teoría clásica de los movimientos sociales, cuya esencial expresión la encontramos en Alain Touraine, ha planteado una suerte de normatividad para la identificación de los movimientos sociales: identidad, oposición y totalidad, que establecía en sentido estricto que "se constituirán en movimientos sociales sólo cuando sean acciones colectivas muy organizadas y con fines bien explícitos, con una base defi-

---

[16] Para la reconstrucción de esta historia me tocó revisar cajas de archivos guardados en sótanos, en azoteas, desempolvar y reconstruir documentos, rastrear en los recuerdos y olvidos de las protagonistas, perseguir estrellitas marineras; algunas de las cuales después de muchos moños se negaron a compartir su historia; explorar el mundo de mis entrevistadas, buscar y rearmar las piezas del rompecabezas. Foucault desde los sesentas avanzó en el concepto de "arqueología", como el pensamiento de la civilización de Occidente ha sido una sucesión de eras distintas, cada una caracterizada por su particular "episteme" o manera de pensar.

nida por pertenencia oficial, y con un adversario que sea un grupo social claramente delimitado". Aunque posteriormente Touraine relativiza sus apreciaciones sobre la acción colectiva y los "actores centrales", apostando a las transformaciones culturales y sociales más que las políticas, presagia en los nuevos movimientos sociales (NMS) una potencialidad transformadora como agentes de cambio; abriéndose a la posibilidad de una convergencia en un movimiento social más amplio.[17] Críticos a esta posición, Melucci, Habermas, Olson, Tilly, Smelser, entre otros, afirman que los movimientos sociales, más que en otros tiempos, han cambiado hacia un terreno no político, hacia la necesidad de autorrealización en la vida cotidiana. Melucci argumenta que el nuevo campo de interés ya no son los conflictos centrales de la sociedad sino los múltiples valores y necesidades individuales, tales como los afectivos y de realización personal, como el derecho a la diferencia. Claus Offe afirma que los NMS reivindican "ser" reconocidos como actores políticos y sus objetivos tendrían efectos que afectarían a la sociedad en su conjunto más que al mismo grupo, son incapaces de negociar porque no tienen nada que ofrecer como contrapartida, son reacios a las negociaciones porque a menudo atribuyen una prioridad tan alta y universal a sus exigencias centrales porque sacrificar una de ellas anularía la misma exigencia.[18]

Originalmente se pensó que los NMS serían una alternativa de acción social y política frente a los aparatos tradicionales y corporativos del Estado y de los partidos políticos; pero la experiencia y el estudio de ellos ha dado como resultado una crítica y relativización de su papel estratégico en el cambio social, para otros analistas han demostrado constituir la "alternativa" o la mejor opción de acción política y/o sociocultural. La cuestión está en debate, y los NMS están actuando e impactando en cierto grado el ámbito del "mundo real".[19] Tilman por su lado afirma que el sentido "nuevo" consiste en la creación de pequeños espacios de práctica social en los cuales el poder no es fundamental, donde la capacidad innovadora está menos en su potencial político y más en su potencial para crear y experimentar formas diferentes de relaciones sociales cotidianas. Cualquier resultado sólo aparecerá a largo plazo, precisamente porque habrá echado raíces en la práctica diaria y en las orientaciones esenciales en que se basan las estructuras sociales.[20]

---

[17] Touraine, Alan, *El regreso del actor. El método de la sociología de la acción: la intervención sociológica,* Eudeba, Buenos Aires, 1987, pp. 127-140.

[18] Offe, Claus, "Los nuevos movimientos sociales cuestionan los límites de la política institucional", en: *Partidos políticos y Nuevos movimientos sociales,* Madrid, Fundación Sistema, 1988, pp. 163-168.

[19] Aceves, Jorge, "Actores sociales emergentes y nuevos movimientos sociales", en: *Ciudades* num. 25, enero-marzo 1995, RNIU, México, pp. 13-20.

[20] Evers, Tilman, "La identidad: El lado oculto de los nuevos movimientos sociales", Sao Paulo, *Novos Estudios Cebrap,* vol. 2, núm. 4, abril 1984, (Materiales para el debate contemporáneo), 1, CLAEH, pp. 12-16.

Los NMS se dirigen contra la "alienación" y por la búsqueda de una identidad autónoma, tanto a nivel individual como colectiva. La identidad forma un *continuum* con la idea de autonomía y emancipación, los tres conceptos caracterizan la finalidad de la lucha contenida en los NMS y la esencia de estos movimientos está en su capacidad de generar embriones de una individualidad social, tanto en contenidos como en autoconciencia.[21] Al hablar de acciones colectivas emergentes, es posible considerar la existencia de un proceso que conduce hacia una "cultura emergente", ya que "donde hay organización social hay cultura". La cultura emergente connota lo que surge desde lo oculto, lo ignorado, lo que se compone a partir de condiciones nuevas.[22] Al reconocer la emergencia de nuevos actores, que forman en su acción colectiva formas de organización y lucha, el elemento de la identidad colectiva se vuelve central. La identidad colectiva se fundamenta de un modo objetivo en una conciencia, en una percepción o autopercepción frente a los otros, por lo cual constituye un fenómeno sociocultural complejo y dinámico que posee dos dimensiones: una hacia adentro del grupo y otra hacia afuera, la identidad se estructura en la práctica de las relaciones sociales.

La identidad colectiva es un proceso que se inicia a partir de la semejanza de condiciones entre los individuos que integran el grupo; esta homogeneidad de condiciones facilita la identificación de los miembros, la sustenta, pero requiere la existencia de un proyecto común, con logros, fracasos asumidos, con demandas y efectos logrados y "el hacer" proyectado de la acción social. La relación entre cultura e identidad es directa, ya que en el centro de todo proceso cultural se encuentra la construcción de una identidad colectiva, donde la cultura conforma la identidad de los grupos sociales al funcionar interiorizada en los sujetos como una lógica de las representaciones socialmente compartidas; dicha identidad se forma por referencia a un mundo simbólico. La identidad colectiva repercute en la reproducción y transformación de la cultura, por lo que uno de los efectos de los nuevos movimientos sociales es la "innovación cultural".[23]

Desde esta perspectiva, identificamos la acción colectiva del movimiento lésbico como la búsqueda de una identidad colectiva autónoma que aporta a la transformación e innovación de la cultura en torno a la sexualidad. Las lesbianas que se organizan se encuentran e identifican en una problemática común: su discriminación social en razón de su orientación o preferencia sexual, o dicho de otro modo, por su

---

[21] *Ibidem.*

[22] Galindo, J. "La cultura emergente en los asentamientos populares urbanos", en: *Estudios sobre las cilturas contemporáneas,* vol. III, Nª 8-9, 19090. pp. 963-65.

[23] Ramíres, J. M. "Identidad el el movimiento urbano popular", en *Ciudades* Nª 7, julio-septiembre 1990. pp. 8-13; Melucci, A. "Las teorías de los movimientos sociales", *Estudios políticos,* vol. 4-5, octubre 1985-marzo 1986, p-99

disidencia a la heterosexualidad obligatoria. Esta identidad común que se transforma en una razón para activar por la visibilidad, por sacar del encierro y la clandestinidad el asunto de la sexualidad, las ayuda a identificar a la heterosexualidad obligatoria como una institución que se convierte en el sistema opresivo contra el cual luchar.

La problemática de este sujeto y otros disidentes sexuales, muestra que la sexualidad rebasa las necesidades del ámbito puramente individual, o puramente social o puramente cultural, convirtiendo a la dinámica de la lucha sexual en una dinámica de transformación política. Entendida la política como un campo de negociación que involucra sistemas de poder, los cuales se manifiestan tanto en el ámbito público como en el privado. Las orientaciones sexuales no son un problema privado que afecte sólo a las prácticas sexuales personales, sino que son dimensiones de la subjetividad que inspiran toda experiencia humana, incluyendo las funciones cognitivas más altas y no pueden ser leídas monolíticamente.[24]

Los estudios en torno a la sexualidad son recientes, complejos, polémicos. A su alrededor no sólo se construyen silencios, prohibiciones, mitos y tabúes, sino que se imponen conocimientos, sentires y comportamientos, legitimados ideológicamente desde poderes más sutiles como la ciencia y la filosofía. La obra de Michel Foucault ha establecido, en el campo de los estudios sobre la sexualidad, el vínculo entre el poder, el saber y el hacer históricos que se producen en torno a los cuerpos y las sexualidades humanas. Los biopoderes o dispositivos disciplinarios intentan administrar y controlar la vida, la energía libidinal, las conductas y los encuentros eróticos y sexuales de las personas al establecer la pauta normativa del modelo ideal a seguir.

Las investigaciones recientes respecto a la sexualidad se hallan en un punto de inflexión respecto al lugar que ocupa lo biológico en la sexualidad. Identificamos tres corrientes:[25]

*a)* Las clásicas corrientes positivistas o las modernas sociobiológicas, fundadas en 1975 por E. O. Wilson, para quienes lo biológico es lo determinante en el comportamiento sexual humano. Los argumentos de dicha corriente han sido ampliamente superados por estudios de antropología cultural (Margaret Mead, G. Murdock) y de la psicología en su vertiente médica (Robert Stoller).

*b)* Una corriente psicoanalítica, iniciada por Sigmund Freud, y otra antropológica, por Lévi-Strauss. Desde estas corrientes se considera que el cuerpo es la piedra angular desde la cual se construye la cultura, pero no como el cimiento "natural" del que se refleja linealmente, sino como un cimiento complejo, di-

---

[24] Gardner, Ken, "La investigación de subjetividades disidentes: retorciendo los fundamentos de la teoría y la práctica", *Debate Feminista*, vol. 6, año 8, 16, octubre 1997.

[25] Ávila, Alba Elena, *Las mujeres ante los espejos de la maternidad*, tesis para obtener el grado de Maestría en Antropología Social, Escuela Nacional de Antropología e Historia, México, 1996.

verso e incierto, sobre el que se inscribe la norma, la ley y la prohibición del incesto.

Freud[26] señaló a principios de siglo la calidad indiferenciada de la libido sexual. La concepción de Freud es que el ser humano es básicamente un ser sexual, cuya pulsión lo llevaría a una actividad sexual indiferenciada o "perversa poliforma", si no fuera porque la cultura orienta artificialmente la conducta hacia la heterosexualidad.

Comprender por qué ciertos significados tienen hegemonía nos lleva a investigar cómo pueden ser cambiados. La comprensión de la heterosexualidad conduce a una lucha que intenta redefinir una nueva legitimidad sexual, ya que es evidente que la normatividad heterosexual impuesta a la humanidad es limitante y opresiva, pues no da cuenta de la multiplicidad de posiciones de sujeto y de identidades de las personas que habitan el mundo. Freud cuestiona la idea esencialista de que, sea por herencia genética o por condicionamiento social, las mujeres son femeninas y los hombres masculinos, afirma que no hay nada más incierto que la masculinidad y la feminidad.

Desde la antropología psicoanalítica, Marta Lamas,[27] antropóloga feminista mexicana, plantea que la diferencia sexual desde el psicoanálisis es una categoría que implica la existencia del inconsciente. La diferencia sexual es una realidad corpórea y psíquica, presente en todas las razas, etnias, clases, culturas y épocas históricas, que nos afecta subjetiva, biológica y culturalmente. Aunque las personas están configuradas por la historia de su propia infancia, por las relaciones pasadas y presentes dentro de la familia y en la sociedad, las diferencias entre masculinidad y feminidad no provienen sólo del género, sino también de la diferencia sexual, o sea del inconsciente, de lo psíquico.

c) La tercera corriente, de corte *construccionista*, niega desde sus propuestas más radicales cualquier peso a lo biológico. La sexualidad no es considerada un producto emanado del cuerpo, sino que es algo que creamos nosotras/os mismas/os como humanas/os, por la capacidad de la mente, por tanto de la palabra y de la imagen. Desde esta perspectiva, la sexualidad es un constructo histórico de la cultura, que pasa por el cuerpo, pero no radica en las pulsiones que incitan a desarrollarlo.

El texto más influyente y emblemático de esta nueva escuela de pensamiento sobre el sexo, ha sido *La historia de la sexualidad*, de Michel Foucault,[28] quien

---

[26] Freud, S, "Three contribution to the Theory of Sex", en: A. A. Brill (ed), *The basic writings of Sigmund Freud*, Random House, NY, 1983, pp. 553-629.

[27] Lamas, M. (com.), *El género: la construcción cultural de la diferencia sexual*, UNAM, 1996.

[28] Foucault, Michel. *Historia de la sexualidad*, 3 vol. México, Siglo XXI, 1987, (Primera edición en francés 1976).

critica la visión tradicional de la sexualidad como impulso natural de la libido por liberarse de las limitaciones sociales. Foucault argumenta que los deseos no son entidades biológicas preexistentes, sino que, más bien, se constituyen en el curso de prácticas sociales históricamente determinadas. Hace hincapié en los aspectos de la organización generadores de sexo, más en sus elementos represivos, al señalar, que se están produciendo constantemente sexualidades nuevas.[29]

La sexualidad no debe entenderse como una especie de sustrato natural que el poder trata de mantener bajo control, ni como un terreno oscuro que el conocimiento trata de revelar gradualmente. La sexualidad es vista como un resultado o producto de la negociación, la lucha y la acción humana.[30]

Otras perspectivas de análisis provienen desde los estudios gays, lésbicos y *queer*, a los que daremos una atención especial, ya que una revisión del estado del arte de los mismos nos dará mejores elementos para reconstruir categorías de análisis que expliquen la dinámica lésbica.

## Estado del arte de los estudios gay, lésbico y *queer*

> Es peligroso escribir sobre sexualidad, lo hace a uno "moralmente sospechoso".
>
> KEN PLUMMER, 1975

### Gay studies:

Los estudios sobre el tema de la homosexualidad han sido apoyados tanto por motivos políticos como personales. En el plano político, ha significado la búsqueda de otras culturas y sociedades en las cuales el homosexual no era un criminal y un paria, donde el amor homosexual no era objeto de oprobio y disgusto, sino eran tanto una parte aceptada de la sociedad como la vida sexual de la época. Sobre todo, el componente homoerótico de las civilizaciones gloriosas del pasado (Grecia antigua y Roma, el Islam y Japón medievales) fue un estímulo y reto para los investigadores homosexuales que buscaban las raíces de su propia situación. Al mismo tiempo ellos se estudiaban a sí mismos a través del espejo de las personalidades gay

---

[29] Rubin, Gayle, "Reflexionando sobre el sexo: notas para una teoría radical de la sexualidad", en *Placer y Peligro. Explorando la sexualidad femenina* (selección de textos), hablan las mujeres, 1989.

[30] Weeks, Jeffrey "La sexualidad e historia", en: *Antología de la sexualidad humana*, Conapo, México, 1994.

y monumentos literarios del pasado (y aun la literatura clandestina del presente) que daba luz a sus propios estados psicológicos y situaciones de vida. Al demostrar que el amor homosexual había enriquecido la herencia cultural de la humanidad, que la experiencia homosexual fue certificada universalmente, los académicos gay estaban argumentando por su legitimidad y aceptación en el presente.

## Orígenes

Heinrich Hoessli (1784-1864) fue el primer defensor de los derechos homosexuales y el primer investigador gay. Su libro *Eros: Die Mannerliebe der Griechen* (*Eros: El amor masculino de los griegos*; 1836-1838) sobre materiales literarios de la Grecia antigua y el Islam medieval ilustraba el fenómeno del amor entre hombres. Mucho más erudito que él fue el jurista y polimatemático Karl Heinrich Ulrichs (1825-1895) cuyas *Investigaciones sobre el amor entre hombres* publicado de 1864 a 1870, tenía un rango tipo enciclopedia sobre la historia, literatura y etnografía del pasado y presente.

Empujado al exilio en Italia al final de su vida, Ulrichs fue el primero de una serie de investigadores que vivieron y publicaron fuera de su país para escapar de la intolerancia del mundo germánico; y hasta finales de los sesentas muchos trabajos que no pudieron ver la luz impresa en países angloparlantes fueron distribuidos en Francia al final del siglo XIX, después de la Segunda Guerra Mundial como libros para turistas británicos y americanos, quienes pudieron llevarlos a sus países de origen.

Mucho más amplio en rango fue la actividad del Comité Científico Humanitario con su periódico *Anuario para los "Integrados Sexuales"*, cuyos veintitrés volúmenes, publicados entre 1899 y 1923, cubren casi todos los aspectos imaginables del tema, con artículos principales sobre la historia, biografía y psicología de la homosexualidad, al igual que valiosas listas bibliográficas y búsquedas de la literatura del pasado y presente. Fue una herramienta para demostrar que la posición la personalidad homosexual era de tipo constante y estable a través de la historia humana, que se encontraba en todos los estratos sociales y era, por lo tanto, un fenómeno biológico que no podía ser reprimido, merecedor de tolerancia social y legal.

En Inglaterra, John Addington Symonds puede ser considerado el primer académico gay, por dos trabajos: *Un problema en la ética griega* y *Un problema en la ética moderna*. Este último introdujo al mundo angloparlante los encuentros recientes de los psiquiatras continentales y la nueva visión de Ulrichs y Walt Whitman. Symonds contribuyó en la primera edición de *Inversión sexual* de Havelock Ellis (alemán 1896, inglés 1897). Al mismo tiempo el presidente de la Universidad Americana, Andrew Dickson White, calladamente insertó a su propia edición de dos volúmenes, *Historia de la lucha de la ciencia con la teología en Christendom* (1896), un análisis englobador y demoledor de la leyenda de Sodoma y Gomorra. En el mismo año, Marc-André Rafalovich publicó su *Uranismo y unisexualidad*, con copioso material bibliográfico y literario. Algunos de los autores alemanes del siglo XIX publicaron en intervalos una serie de artículos en *Archives d'antthropologie criminelle*, hasta la Primera Guerra Mundial. En Holanda L.S.A.M. von Romer, además de contribuir con varios artículos principales al *Jahrbuch*, también publicó un estudio denominado *La familia homosexual*, que argumentaba a favor de la determinación genética de la condición con base en las anormalidades en el rango de los sexos entre los hermanos de homosexuales varones y mujeres. Edward Irenaeus Prime-Stevenson, escribió bajo el pseudónimo de Xavier Mayne un trabajo importante publicado en Nápoles, *Los intersexos*, recorriendo las escenas histéricas y sociológicas pasadas y presentes, recogiendo mucho del folclor y la subcultura gay de la Europa de principios del siglo XX.

En las últimas décadas del siglo XIX los heterosexuales comenzaron a estudiar el comportamiento homosexual, con frecuencia desde una visión viciada de la clásica observación de pacientes en hospitales psiquiátricos, o del psiquiatra forense examinando individuos arrestados por ofensas sexuales. Los escritos de Krafft Ebin, notable por su *Psycopatthia sexualis* (primera edición 1886), eran de este tipo, seguidos por aquellos de Albert Moll y Albert Freiherr von Scherenck Notzing, este último sin embargo logró una visión general crítica del tema en un artículo publicado en *Aietschrift fur Hypnotismus* en 1898. En Italia, Carlo Mantegazza había coleccionado materiales antropológicos sobre el tema en *Gli amori degli uomini* (*Las relaciones sexuales de la humanidad*, 1855). Le siguió Iwan Bloch, quien a principios de su carrera como sexólogo atacó la noción de una homosexualidad innata en su *Contribuciones a la etiología de psycopathia sexualis* (1902), que tuvo el mérito de dar al fenómeno una dimensión antropológica en vez de médica, pero después, en *La vida sexual de nuestros tiempos en su relación a la civilización moderna* (1907), se unió al punto de vista del Comité. Albert Moll proporcionó disculpas homosexuales con uno de sus temas favoritos en un libro llamado *Homosexuales famosos* (1910).

Asistido primero por John Addington Symonds, Havelock Ellis dedicó el segundo volumen de su monumental *Estudios en la psicología del sexo* a la Inversión Sexual (Tercera edición 1915). En el libro unió historias de casos que había reunido, principalmente por correspondencia, y una variedad de materiales históricos y etnográficos de su vasta lectura al igual que literatura alemana que había acumulado desde la fundación del Comité Científico Humanitario en 1896. Las ediciones y traducciones de su trabajo hicieron del tema parte del cuerpo del conocimiento científico disponible al público –bastante pequeño– que estaba dispuesto a aceptarlo en la primera mitad del siglo.

El estudio psicoanalítico de la homosexualidad comenzó con *Tres contribuciones a la teoría de la sexualidad* (1905), de Freud, el cual rechazaba la noción estática de una homosexualidad innata en favor de un acercamiento al rol del inconsciente dinámico en la formación de la orientación sexual. Debido a que esta afirmación cayó en manos de los enemigos del movimiento de emancipación homosexual, ha llevado a una gran cantidad de deshonestidad e hipocresía intelectual, aun con pensadores católicos y comunistas que rechazan el psicoanálisis por razones filosóficas, apoyando la visión de psicólogos profundos a quienes ellos consideraron aliados al menos en este tema. Una serie de trabajos basados principalmente en historias de casos psicoanalíticos aparecieron en publicaciones del movimiento, algunas veces llegando a ser libros completos, tales como aquellos de Wilhelm Stekel, quien promovió la visión de que la bisexualidad era normal pero la homosexualidad era una "neurosis curable". Estos trabajos podían tomar también la forma de biografías psicoanalíticas de homosexuales famosos, un género iniciado por Freud en su texto, bastante débil filosóficamente hablando, "Una reminiscencia de la niñez de Leonardo da Vinci" (1920).

Estos estudios tenían que conducirse casi fuera de las paredes de la universidad (en consultorios de los médicos o en las bibliotecas privadas de escolares independientes) y publicados en revistas especializadas o en ediciones limitadas "para miembros de las profesiones médicas y legales". Por lo tanto, una tradición no podía nacer, mucho menos desarrollarse, dentro de los parámetros de las disciplinas escolares, y el campo continuó atrayendo principiantes, quienes pasaron sus composiciones periodísticas –con frecuencia producidas al explotar el talento y la laboriosidad de otros– como trabajos genuinos académicos.

El interés de genetistas en estudios sobre gemelos llevó a algunos trabajos en la orientación sexual de gemelos monocigóticos y dicigóticos, un campo donde Franz Kallmann fue pionero. El método de encuestas para investigar el comportamiento sexual había sido utilizado esporádicamente en los años veintes y en los treintas, pero sólo en 1938 Alfred Kinsey llevó a cabo la monumental serie de entrevistas de estudio que proveyó con el material para *Comportamiento sexual en el macho humano* (1948) y *Comportamiento sexual en la hembra humana* (1953), que asombró al mundo por aseverar (quizás exagerando) la frecuencia de la experiencia homosexual en la población americana y encolerizó a los psicoanalistas al revelar el carácter prejuiciado y estadísticamente poco confiable de la población sobre la cual fundaron sus interpretaciones frecuentemente fantasiosas. Sin embargo, su trabajo tuvo mérito prolongado al demostrar que el homosexual no era una exhibición en un museo de cera patológico, sino una minoría estable dentro de la población total y dentro de los diversos segmentos de la nación americana.

El movimiento homosexual en los Estados Unidos estuvo interesado desde su inicio en promover el estudio del fenómeno para poder probar que sus seguidores eran "como otra gente", en oposición a los psiquiatras, que siempre estaban listos para argumentar que los homosexuales eran, mínimo, neuróticos, y algunas veces pre-psicóticos. Es por eso que grupos tempranos como Mattachine Society proporcionaron los sujetos para las investigaciones de Evelyn Hooker y otros, cuyos encuentros clínicos mostraron que los homosexuales no podían distinguirse de los heterosexuales con base en las pruebas Rorschach y otras estándar.

La nueva fase en la historia del movimiento gay americano, que comenzó con la rebelión de Stonewall de junio 1969, no encontró al principio eco en los anales del aprendizaje, rodeados como las instituciones élite donde los estudiantes vociferaban en manifestaciones por el privilegio de no ser llamados a servir en Vietnam. Pero con el tiempo la "contracultura" gay se incorporó a la Unión Gay Académica (Gay Academic Union-*GAU*), cuya conferencia fundadora se llevó a cabo en la ciudad de Nueva York en noviembre de 1973. Un periódico llamado *Gai Saber* fue creado corto tiempo después, y pasó a través de varios números. Sólo una minoría de los afiliados a GAU tenían intereses académicos; muchos más estaban interesados solamente en "política de estilos de vida" o en causas que comenzaron a desteñirse (o borrarse) de la atención pública una vez que la guerra de Vietnam terminó en 1973. Unos cuantos cursos introductorios encontraron su camino en los programas universitarios, principalmente en sociología y psicología, así que el estudiante universitario gay podía confrontar sus problemas de identidad con una pequeña guía académica; pero no se produjeron libros de texto estándares o *syllabus* que se pudieran comparar con los avances en estudios de la mujer en el mismo período. Aun estas concesiones al estado de ánimo radical de principios de los setentas comenzaron a evaporarse conforme una tendencia mucho más conservadora de la siguiente década alcanzó a las universidades.

Sin embargo, se hizo posible por primera vez utilizar y publicar vastas cantidades de material histórico y bibliográfico que simplemente habían sido ignorados o deliberadamente reprimidos en siglos previos. El rol de la experiencia homosexual en las vidas de los grandes y casi grandes, los significados e insinuaciones de pasajes obscuros en los clásicos de la literatura universal, los caminos y senderos de la subcultura clandestina en las ciudades de la Europa moderna y Estados Unidos, todos éstos podían ahora ser temas legítimos de preocupación académica, para ser discutidos calmadamente como cualquier otra faceta de la vida humana, no como un tema cuya sola mención demandara una disculpa y una declaración de renuncia (a ser homosexual) por parte del investigador sobre su involucramiento. Después de la Segunda Guerra Mundial el paso acelerado del conocimiento especializado apoyó llamados de perspectivas sintéticas en la forma de acercamientos interdisciplinarios. Aunque su existencia es en parte una respuesta a condiciones sociales y políticas, los estudios de los afroamericanos y los estudios de la mujer son por su misma naturaleza interdisciplinarios. En 1976, por ejemplo, ONE Institute, la fundación homofílica independiente de Los Angeles, articuló el tema en los campos siguientes: antropología, historia, psicología, psiquiatría, leyes y su implementación, milicia, religión y ética, biografía y autobiografía, literatura y artes, el movimiento homofílico, y transvestismo y transexualismo (*An annotated bibliography of homosexuality*, New York, 1976). Aparte de lo inmanejable de tal lista, muchos académicos se han aferrado a sus propias bases institucionales, de tal manera que los sociólogos tienden a ver el tema principalmente en términos de formación social contemporánea, los críticos literarios están interesados principalmente en reflexiones de novelas y poesías, etcétera.

Pareciera, sin embargo, que tres constelaciones o dominios principales de investigación pueden ser identificados: *1)* El dominio empírico-sincrónico, estudia el comportamiento y actitudes de sujetos vivos, utilizando primordialmente cuestionarios y entrevistas. Este gran rango incorpora la sociología, psicología social e individual, investigación de opinión pública, medicina e implementación de la ley (incluyendo estudios de la policía). La ventaja inherente en este rango de disciplinas es el acceso directo a grupos de seres humanos que están siendo estudiados. Sin embargo, surgen problemas de la parcialidad del investigador, la dificultad de obtener muestras adecuadas de una población aún altamente enclosetada y (en sociología) una negligencia de los substratos biológicos e históricos. *2)* El dominio histórico comparativo, que incluye historia, biografía y antropología, junto con los aspectos históricos de las disciplinas discutidas en la primera categoría. La ventaja de este método es que permite que uno vea las clasificaciones presentes solamente como un *set* de posibilidades en un concepto más amplio de comportamiento y actitudes humanas documentadas. Surgen peligros de un proyecto anacrónico que elude las diferencias, viendo gente "gay" en todas partes. Desgraciadamente, el intento del acercamiento de una construcción social para corregir tal mentalidad actualista, yerra en el lado de un énfasis sobrado en la diferencia y la distinción, aseverando (en algunos casos extremos) que no había homosexuales antes de 1869. En la antropología hay una tentación continua al "etnorromanticismo", esto es, sobre-idealizar la cultura exótica que uno está estudiando, viéndola como "natural", "no represiva", "orgánica", etcétera. *3)* El dominio final es aquel de la representación cultural, y estudia la aparición de temas homosexuales y personajes en novelas, poesía, las artes visuales, cine y radio y televisión. Aquí uno puede ver, en trabajos hechos por gays, las formas en las que los homosexuales han buscado darse imagen a sí mismos, mientras que en trabajos "bugas"[31] los estereotipos al igual que las raras instancias de un esfuerzo honesto hacia la comprensión están disponibles para ser inspeccionados. Al

---

[31] heterosexuales.

investigar este tercer dominio uno no puede ser negligente sobre las restricciones de editores, productores y otros "guardianes de puertas" al configurar el material.

Habiendo sido relegado al margen de la academia por tanto tiempo, es quizás comprensible que el campo desarrolló estándares algo idiosincrásticos, no exentos de hacer estudios por abogar (en defensa de los derechos y para disculpar culposos). Ahora que estos estudios están abriendo atención académica seria, es esencial que los cánones aceptados de evidencia y exposición sean observados. De esta manera los estudios gay no sólo encontrarán su propio lugar en la constelación del conocimiento, sino, al hacerlo, reemplazarán el comportamiento homosexual en su propio contexto como parte de la historia de la humanidad (*mainstream* general o global común).[32]

## Estudios lésbicos

El lesbianismo ha sido siempre menos entendido que la homosexualidad masculina, en parte debido a un simple sexismo, en parte porque la mayoría de las investigaciones han descubierto que la incidencia del lesbianismo es más baja que las estimaciones obtenidas para la homosexualidad masculina, las mujeres que aman a otras mujeres son estudiadas con menos frecuencia. Existe, sin embargo, una amplia evidencia, y las propias lesbianas lo afirman, que no son simplemente unas reproducciones femeninas de los hombres gays.[33] Otra de las principales razones de por qué se conoce poco sobre las lesbianas y el lesbianismo se debe a que las propias lesbianas han escrito poco sobre sí mismas. Además de ser ésta una limitante de las mujeres en general y de la gran mayoría de los sectores marginados; limitadas por la censura de la moral, la religión católica, la ley, etcétera, las lesbianas han permitido (por omisión o por censura social) que se sepa más de ellas por los escritos hechos por hombres heterosexuales que las analizan como sujetos clínicos, inmorales o como personajes sexuales que enarbolan las fantasías del morbo. En tal sentido afirmamos que la historia es registrada desde el momento en que la escritura aparece, y mientras las lesbianas no escriban sobre sí mismas, seguirán viviendo su propia pre-historia.

Las primeras evidencias escritas de lesbianas han sido identificadas cuatro milenios antes de Cristo, en fuentes babilónicas escritas en sumerio y que testimo-

---

[32] Johasson, Warren, "Gay Studies" en: Wayne R. Dynes. Associate Warren Johasson Editores. *Encyclopedia of Homosexuality*, Vol. A-L, Garland Publishing, New York and London, 1990.

[33] Nichols, Margaret.,"Relaciones lésbicas: Implicaciones para el estudio de la sexualidad y el género" s/f. en: *Homosexuality/Heterosexuality. Concepts of Sexual Orientation. Part VI Relational Perspective.* Traducción de María Eugenia Reyes, Documento obtenido en el Centro de Documentación y Archivo Histórico Lésbico (CDAHL).

nian la existencia del amor "de una mujer a otra mujer", como un comportamiento amoroso habitual y no objeto de sanción. Una de las divinidades más importantes, Inanna-Ishtar, era una figura femenina independiente, sin vínculos conyugales. En China heredaron una caligrafía secreta de dos mil caracteres, *nushu*, incomprensibles para los hombres, en la que en prosa y en verso relataban sus memorias. Algunos de los caracteres de esta escritura aparecieron en la dinastía Shang, hace 3 000 años, y hoy el "lenguaje de las brujas", como lo definieron los comisarios políticos de Mao al no entender sus trazos, continúa siendo practicado por un puñado de ancianas y algún intrépido sinólogo.

Sobre lo hallado escrito acerca de las lesbianas podemos encontrar dos lógicas de análisis:

*1)* Las publicaciones hechas por heterosexuales, donde la lesbiana es analizada como sujeto anormal u objeto de estudio:
   • Estudios ontológicos referidos al deber ser: la religión (pecado), la ley (delito) y la medicina (patología).
   • Estudios sobre la identidad: sexualidad, feminidad, diferencia sexual.
*2)* Estudios hechos desde una visión lesbiana:
   • Literatura
   • Desde el activismo político

## El lesbianismo entre el pecado y el delito[34]

La opresión heterosexual obstaculiza y niega el amor entre mujeres para impedir, o bien su individual autonomía erótica y existencial, o bien la posibilidad de una alianza entre ellas. El lesbianismo es objeto de una mayor y más precisa opresión respecto de la homosexualidad masculina, y esta represión de la sexualidad lésbica se añade a la opresión que cada mujer sufre en cuanto mujer.

Safo vivió en un período en el que las mujeres gozaban de una condición de relativa independencia que no habrían conocido en la edad clásica, entre el siglo V y el IV a.C. El matrimonio era obligatorio, pero no la heterosexualidad. Las mujeres egipcias, en el período clásico, eran más libres que las mujeres griegas, las de Alejandría son las primeras en poder citar su propio nombre y su propia voluntad en un contrato matrimonial. También en el mundo egipcio las mujeres podían sustraerse al matrimonio si quedaban huérfanas antes de tener edad para tener marido, e

---

[34] Tomado en parte de: Fioccheto, Rosanna. *La amante celeste.* Horas y horas, la editorial feminista. La llave la tengo yo, Madrid 1987.

incluso, en este caso, si conseguían rechazar las presiones de las que eran objeto, entre otras la persecución imperial. A las mujeres-niñas romanas (ya que las casaban a los doce años de edad), se les imponía la maternidad como único fin del matrimonio; la pérdida de los bienes propios en favor del marido; el concubinato; la condena penal por adulterio y la licitud de ser asesinadas por tal "crimen público" por el padre. La alternativa lésbica es la historia de una clandestinidad, que se convierte definitivamente en tal cuando la sociedad patriarcal incorpora a sus valores y a su autoconstrucción la homofobia.

El catolicismo comienza con San Pablo, al condenar a las mujeres "que han cambiado el uso natural por el uso contranatura". A finales del siglo XVIII domina drásticamente la represión heterosexual. La figura de sodomita se confunde con la del hereje.

En 1270 aparece en un código francés la primera ley secular en contra del lesbianismo, según la cual "la mujer que lo practica debe perder un miembro cada vez y a la tercera debe ser quemada". Se crean los mitos acerca de las lesbianas, en donde el imaginario masculino cree que las lesbianas tienen un clítoris monstruosamente desarrollado o utilizan instrumentos inverosímiles. El lesbianismo se define como tribadismo y es asimilado al hermafroditismo.

J.D.T. Bienville escribe un libro en el que plantea que la ninfomanía se identifica con las lesbianas: ambas son culpables de poseer una capacidad de placer demasiado elevada, tanto por medio del autoerotismo como en competencia con el hombre, y esto debe ser curado por medio del matrimonio.

### La patologización del lesbianismo

En el siglo XIX se le atribuye a la medicina, además del simple conocimiento de la enfermedad, el conocimiento de las reglas de discriminación entre lo normal y lo patológico. Y en la desviación de la norma, el lesbianismo se convierte en enfermedad, que lo aísla y le impone un retorno a la normalidad.

En el siglo XIX la homosexualidad y el lesbianismo son clasificados como estados patológicos. En 1864 el término "uranismo" (homosexualidad) es adaptado por Karl Heinrich Ulrichs que lo toma de la figura mitológica de Afrodita Urania. Ulrichs era militante homosexual. Con su teoría del tercer sexo, intentaba refrenar la creciente homofobia.

Los primeros estudios científicos sobre el lesbianismo fueron estimulados por el creciente número de divorcios que iniciaron maridos cuyas mujeres se habían enamorado de otras mujeres. En 1869, Karl Westphald, psiquiatra de Berlín, catalogó el lesbianismo como una "anormalidad congénita". El francés Paul Moreau en su tratado de 1887 usa el término "aberración" para describir "una anomalía del sentido genital que produce por simpatía una auténtica perversión moral" y define el lesbianismo como

> El vicio vergonzoso que la antigua *Lesbos* ha legado a las sociedades modernas: las relaciones carnales entre mujeres, esos amores insensatos que algunos autores modernos de moda no han tenido dificultad en describir incluso en glorificar. Estas pasiones, como todas las demás, pueden revestir un carácter patológico, dar lugar a un auténtico delirio parcial limitado a lo genital que deja intacta la integridad de otras facultades.

En la identificación con la homosexualidad, el lesbianismo representa un equivalente simétrico y complementario, del mismo modo que la sexualidad femenina es considerada "complemento natural" de la del hombre.

La obra que ejerce mayor influencia en la opinión pública y en otros estudiosos de la materia es *Psicopatía sexual,* de Richard Kraff-Ebing (1886), quien codifica el concepto de "degeneración", considerada como "una perversión del instinto sexual" que puede transmitir genéticamente la degeneración si se practica con frecuencia. Se define como perversa toda manifestación del instinto sexual "que no esté de acuerdo con los objetivos de la naturaleza", es decir, que no tenga como finalidad la procreación. Este autor divide la casuística en homosexualidad innata y homosexualidad adquirida. Para este último caso enumera las siguientes causas de producción: masturbación, falta de relaciones heterosexuales, libido *insasiata* por el matrimonio con maridos impotentes, seducción por parte de homosexuales "innatas", prostitución.

L. Thoinot (1898) recupera el término "uranismo" para definirlo como "afección congénita", también en las mujeres según un modelo idéntico al del hombre. La diferencia respecto a Kraff es la distinción entre inversión congénita e inversión dependiente de la "degeneración mental" que se caracteriza por distintas marcas que constituyen su etiología. Thoinot afirma que las prácticas sexuales de la mujer "uranista no son naturalmente muy variadas" y las reduce a tres: El tribadismo (excitación recíproca de las partes genitales por contacto o fricción), el safismo (erotismo oral) y la masturbación.

Julien Chevalier (1893) clasifica el lesbianismo en "congénito" y "adquirido". Este último, según el estudioso francés, está producido por cuatro factores sociológicos: "safismo por placer", "safismo profesional", "safismo por necesidad" y "safismo por miedo".

Magnus Hirschfeld, mucho antes que el informe Kinsey, por medio de un cuestionario con 130 preguntas a 10 mil hombres y mujeres, revela que en la Alemania de su tiempo, con una población de 62 millones y medio de habitantes, hay cerca de cinco millones y medio de personas "cuya predisposición constitucional es amplia o totalmente homosexual".

Lombroso comienza a "estudiar" el lesbianismo en 1888, basándose en las relaciones entre mujeres internadas en manicomios criminales. Define el tribadismo como uno de los "fenómenos propios de las mujeres prostitutas".

Los sexólogos de los últimos años del siglo XIX, como Havelock Ellis y Edward Carpenter, alargan la descripción "científica" del lesbianismo al de "pseudohomosexual". Muchos escritores de la historia gay han considerado las obras de Ellis y Carpenter como "progresistas" por la defensa que se hace de las "perversiones" masculinas. En ambos casos se trataba de una defensa interesada, porque Ellis practicaba la uralogía y Carpenter era homosexual.

También el sexólogo Iwan Bloch en 1909 pone en guardia a las mujeres "sanas" advirtiendo que para "la difusión de la pseudohomosexualidad, el Movimiento de las Mujeres tiene mucha importancia" y afirma que "la llamada cuestión femenina es principalmente una cuestión que concierne al destino de la mujer homosexual viril". Hirschfeld afirma que las "femeninas" no se interesan por las "masculinas" y que, por otro lado, las relaciones amorosas no pueden darse entre las "mujeres-hombre" y las "mujeres-mujer". La influencia de estos autores no fue secundaria en el empeoramiento de la condición de las mujeres lesbianas: construyó el *humus* en el que se prendieron las raíces de la represión institucional y social.

Leonardo Bianchi define a la mujer "cuantitativamente lésbica" como frígida y con el útero infantil; "se diferencia difícilmente de las mujeres más evolucionadas y toma marido por razones sociales y porque ni ella ni los demás conocen su frigidez". La lesbiana "cualitativa" se trata de una invertida masculiniforme" y generalmente con taras hereditarias.

Nicola Pende, representante de la línea endócrina, durante el fascismo inventa los llamados "índices biométricos de la feminidad", basados en medidas eurítmicas del cuerpo de la mujer al que corresponden varios tipos de "feminidad morfológica". No usa el término lesbianismo, sino los de "masculinismo" o "virilismo" que se manifiesta con efectos somáticos asociados a "carácter enérgico" y "escasa o ninguna atracción por el hombre".

Cuando el lesbianismo se considera patológico muchas mujeres lesbianas se patologizan a sí mismas sufriendo de una falta/negación de identidad, entrando en conflicto con el propio ser femenino en el amar a otra mujer y asumiendo las normas de relación y los valores sexuales masculinos. El caso de Radclyffe Hall, la famosa autora de *El pozo de la soledad*, publicado en 1928, constituye un éxito brillante de lo que se podría llamar "la perversión que ha hecho al lesbianismo perverso". En una carta escrita en 1928 al sexólogo Havelock Ellis, autor del prólogo a la primera edición, la autora resume así el tema: "La vida desde la infancia a la madurez, de una invertida congénita, tratando la inversión no como una perversión o un suceso contra natura sino como una condición que, como todo acontecimiento de la naturaleza, que por frecuente que sea, debe ser considerado natural". Para obviar la condena moral, su protagonista debe aparecer como congénita, asumiendo una anormalidad natural que puede convertirse en normal si se aceptan las normas heterosexuales, como la fijación de roles masculino-femenino, el reconocimiento de la superioridad biológica del hombre, la obviedad de la misoginia, la inferioridad sexual de la mujer y de la lesbiana, la aceptación del orden impuesto por la cultura masculina y el apoyo a las instituciones políticas y religiosas, incluida la guerra. *El pozo de la soledad*, denunciado como "libelo obsceno", suscitó el primer proceso contra el lesbianismo de la moderna historia de Inglaterra. Rodeado por el silencio, el libro fue secuestrado y quemado en los sótanos de Scotland Yard.

### La teoría freudiana sobre la sexualidad lésbica

La doctrina psicoanalista, al contrario de las teorías somático-constitucionales, atribuye la causa de la homosexualidad a un mecanismo psicogénico que se reproduce de forma simétrica analizando la psicogénesis del lesbianismo. El "impedimento" a la normal orientación heterosexual de la libido es de origen psíquico, el individuo del mismo sexo hacia el cual se dirige dicha libido será siempre un objeto sustitutivo. El tratamiento terapéutico psicoanalítico se propone hacer conscientes factores inconscientes que bloquean la orientación "normal" de la libido; si el sujeto no se ha organizado psíquicamente todavía de un modo estable, la homosexualidad y el lesbianismo serán curables, ya que la libido puede reencontrar la vía de su orientación objetual "normal" y abandonar la "sustitutiva" que había creado. Freud atribuye las desviaciones sexuales de la norma a un mecanismo de regresión infantil originado por combinaciones incompletas de impulsos. Abandona pues las teorías de la disposición "innata" y patológica, pero únicamente para encaminarse hacia el concepto de perversión como "síntoma morboso", es decir, como enfermedad que hay que curar. Ligando la "normalidad" a estos parámetros biológicos, Freud enfoca la concepción de una "bisexualidad" psíquica innata en la que destaca la "actividad" masculina y la "pasividad" femenina y el postulado de la "envidia del pene" por parte de la niña. Freud sostiene que "con el descubrimieno de la falta de pene la mujer pierde valor a los ojos de la niña. Su amor dirigido a la madre se debilita con el descubrimiento de que la madre está castrada y entonces es posible abandonarla como objeto amoroso" enderezando la pulsión erótica hacia el padre y hacia otros hombres. La lesbiana, en cambio, no puede resolver normalmente este "conflicto edípico".

En el caso de lesbianismo analizado en 1920 (*Psicogénesis de un caso de homosexualidad en una mujer*), Freud atribuye su causa a la "continuación de una fijación infantil en la madre" y a un "fortísimo complejo de virilidad". El amor de una mujer hacia otra en la perspectiva patriarcal de Freud, tiene que nacer forzosamente a través de un hombre. Fijada de esta manera esta "posición libídica" acuña el prejuicio aún vigente de la mujer amada como "sustituto de la madre".

El amor entre mujeres para Freud equivale al que se da entre hombres y está causado por tres series de características:

*1)* Caracteres sexuales físicos (hermafroditismo físico); *2)* caracteres sexuales psíquicos (decantamiento masculino o femenino); *3)* género de elección objetual.

Como en los otros escritos sobre la sexualidad femenina, su posición sobre el lesbianismo es la de formular una hipótesis declarándose, sin embargo, "incapaz, con los materiales disponibles, de aclarar su génesis". En 1926, por otro lado, afirma que "la vida sexual de la mujer adulta es todavía un continente negro para la psicología".

## El lesbianismo en el movimiento psicoanalítico

La mayoría de las teorías psicoanalíticas elaboradas por la escuela freudiana relacionan el lesbianismo con la identificación primaria de la niña con el padre y con el trauma del descubrimiento de la ausencia del pene. Otto Weininger (1906) y Wilhelm Stekel (1922) desarrollaron la teoría freudiana de la "bisexualidad psíquica"; Weininger llega a afirmar que una "lesbiana viril" posee más caracteres masculinos que femeninos hasta el punto de ser una "hombre-mujer". Alfred Adler (1917) corrige el concepto freudiano de perversión por el más vago de "problema", una "protesta viril", un rechazo de asumir un rol subordinado, activado por algunas mujeres para compensar su inferioridad; la protesta basada en la envidia por las ventajas que el hombre posee respecto a la mujer, contribuye a la preferencia por el propio sexo. Para la analista Hélène Deutsch, las actividades eróticas de las mujeres lesbianas reproducen la relación madre-niña. Deutsch concluye: "el tratamiento psicoanalítico no le ha hecho ver el otro modo, más eficaz de romper la unión con la madre, es decir, la renuncia de la homosexualidad y la atracción hacia los hombres.

Janine Lampl de Groot (1927) piensa también que la niña permanece ligada a la madre, sin identificarse con el padre; acepta el complejo de castración y además lo niega. Esta analista está entre los primeros psicoanalistas que describen las fantasías de coito fálico de las niñas con la madre; ella sostiene que tales fantasías, pasada la pubertad, asumen para algunas mujeres un significado homosexual.

Ernest Jones, en 1927, examina cinco casos de mujeres lesbianas e intenta definir la diferencia entre una mujer lesbiana y una mujer heterosexual. Para Jones, el lesbianismo deriva del cambio de la relación objetual con el padre en una relación identificatoria en la que la niña desarrolla "el complejo del pene" dictado por el miedo al incesto. Jones afirma que el equivalente de la angustia de la castración del macho en una mujer es la "aphanasis", es decir, la angustia intensísima de perder el placer, la sexualidad.

Bergler define el lesbianismo como una "regresión oral-masoquista" porque "en el centro de la vida sexual de las lesbianas se encuentra el cunnilingus y la succión de los senos, lo que indica una orientación hacia la infancia, mientras que el clítoris, identificado inconscientemente con el pezón, forma el centro de la masturbación recíproca efectuada con los sustitutos del pene".

Las lesbianas, para Marie Bonaparte, son mujeres que "no renuncian ni a su objeto de amor primitivo, ni a su zona erógena dominante fálica". El psicoanálisis puede intervenir sobre ellas mediante la adaptación de la sensibilidad clitorídea a la función vaginal, considerada por la autora como la verdadera "función erótica femenina".

El cruce entre psicología, psicoanálisis y psiquiatría produce la aproximación "analítico-existencial". Un representante de esta tendencia, Medard Boss (1949), divulga el análisis de una "homosexual neurótica" y de una "homosexual constitucional", atribuyendo a la primera una "personalidad subdesarrollada e infantil" dependiente del antiguo amor por la madre que la habría empujado a buscar la imagen del amor materno en la "feminidad que a ella le faltaba". La segunda, por el contrario, es situada en una categoría de mujeres que podrían ser definidas poco menos que como hombres: "hombres como los que, después de un accidente, han sufrido la amputación de los órganos genitales".

## La feminidad

La teoría psicoanalítica freudiana se basa en tres axiomas: *1)* que la posesión por parte de los hombres y su ausencia en las mujeres constituye para éstas un problema determinante en el desarrollo de su personalidad; *2)* que la heterosexualidad es la condición normal de la vida amorosa; *3)* que la homosexualidad y el lesbianismo son una regresión o una fijación en el estadio pre-edípico. La crítica a la tesis de Freud y la aparición de un nuevo tipo de investigación sobre la sexualidad femenina se inicia con un debate en el seno del mismo movimiento psicoanalítico sobre el primero de estos axiomas: la envidia del pene. Como lo ha observado Sarah Kofman, es "el equivalente de la multiplicación simbólica del pene del hombre"; la solución psicológica que tranquiliza al hombre de sus angustias de castración es la imposición a la mujer del reconocimiento de la omnipotencia fálica. Se trata de una tesis misógina, funcional en los tiempos en los que nace, destinada a instalar en las mujeres la desvalorización de ellas mismas y de las demás mujeres y a frenar el empuje de la liberación femenina del siglo XIX. De hecho Freud, basándose en esto último, extiende el concepto de homosexualidad al de "homosexualidad latente", atribuyéndola a las mujeres "ambiciosas, atléticas y agresivas" que han perdido su "feminidad" con las características de pasividad, gentileza y timidez.

Lou Andrea Salomé dice: "El acto sexual representa para la mujer una totalidad indisociable de su ser psíquico y físico. Tal vez por esta razón vive el acto más allá de su simple cumplimiento, tanto en sus consecuencias como en sus anexos y conexos, que apenas afloran en los hombres".

Karen Horney fue en 1920 una de las primeras mujeres que formó parte del Instituto Psicoanalítico de Berlín y más tarde del de Nueva York. Ella fue pionera en rechazar las teorías freudianas sobre la feminidad, reconoce "en la imagen de la mujer fálica un fantasma creado por el hombre, por el miedo que tiene del órgano genital femenino que es en sí un órgano negado". En su ensayo *La génesis del complejo de castración en las mujeres* (1923), reexamina la diferencia femenina estudiando la completa estructura de la personalidad sobre la base de una amplísima experiencia clínica y funda The Asociation for the Advancement of Psychoanalysis. Con nuevos criterios de investigación cuestiona el concepto freudiano de envidia del pene, procedente de una hipotética fase fálica de las niñas, el que tomaba en consideración un sólo órgano genital, el masculino, que consideraba al clítoris como falo y llegaba a sostener un "poder primario" al mismo, negando la vagina de una forma implícita. Horney avanza del concepto *envidia del pene* hacia el concepto *la envidia del hombre frente a la mujer*, cosa que le viene confirmada en su experiencia de análisis a hombres en los que encuentra constantemente una intensa envidia por el embarazo, el parto, la cría, la maternidad y el pecho junto con el miedo de la "vagina desconocida" e "invisible".

Clara Thompson en su ensayo *La envidia del pene en la mujer* (1943) retoma el análisis de Horney y recrimina a Freud el que considere a la mujer como "el negativo del hombre" y le niegue una autonomía biológica propia. Reexamina críticamente la aceptación del rol femenino: según Freud esta afirmación es normal, para Thompson es, "el resultado de la resignación". Gregory Zilboorg (1944) afirma que el psicoanálisis del decenio 1925-1935 tiene el lastre del "prejuicio androcéntrico". Utilizando los estudios de Lester Ward (1914), vuelve el prejuicio en una visión "ginecocéntrica": el hombre "débil e incapaz" envidioso de la "madre primordial" la habría violado, dando así lugar al acontecimiento primitivo y bárbaro que Freud liga al asesinato del padre y que en cambio sería la "violación primera". "Acto sádico y fálico", quita a la mujer el poder de elección sexual, el poder sobre sí misma y la prole y determina una convulsión fundamental en la civilización. Esta teoría, inspirada en Bachofen (1861) sobre las sociedades matriarcales, tiende a explicar las dinámicas profundas de las relaciones entre los sexos, afirmando que la envidia masculina por la mujer es más antigua y más fuerte que la femenina por el pene.

Una generación más tarde, Robert Stoller (1968) desde el ángulo biológico-genético dice: "El hecho anatómico genital es que desde el punto de vista embriológico el pene es un clítoris masculinizado; el hecho neurofisiológico es que el cerebro masculino es un cerebro femenino androgenizado". Erich Neumann (1953), discípulo de Jung, define su investigación sobre la psicología femenina como "una terapia de la cultura", ya que el sistema de valores unilaterales y masculino-patriarcales de la conciencia occidental y la fundamental ignorancia de la diferente psicología de la mujer, han contribuido profundamente a la crisis de nuestro tiempo. Tal diversidad debe ser redescubierta, si lo femenino quiere comprenderse a sí mismo, pero también si el mundo masculino-patriarcal, enfermo de extrema unilateralidad, quiere curarse".

Janine Chasseguet-Smirgel (1964) retoma el tema de la envidia del pene: "la rivalidad con el padre en la niña está poco acentuada y no es simétrica con la rivalidad edípica del niño por la posesión de la madre. La niña en su amor homosexual por la madre, no se identifica con el padre". También Smirgel desmiente la teoría freudiana: "la envidia del pene no es más que la expresión simbólica de otro deseo: la mujer no quiere ser hombre, sino desvincularse de la madre deviniendo completa, autónoma, mujer". Y agrega: "El lesbianismo es originado por el sentimiento de culpa edípico (no quitarle el padre a la madre, no incorporar el pene materno) y por la coacción de repetir: la mujer lesbiana renunciaría a gobernar y dirigir una situación infantil traumática sufriendo pasivamente, sin integrarlo activamente, lo que ha vivido en la relación con la madre".

### Primeros estudios sobre la identidad lésbica

En 1929, Katherine B. Davis al estudiar 1 200 licenciadas universitarias solteras, descubrió que la mitad de estas mujeres vivían intensas relaciones emotivas con otras mujeres y que una cuarta parte practicaba el lesbianismo como actividad sexual. Entre 1948 y 1953 tanto el prejuicio sobre "la minoría" social del lesbianismo como la "psiquiatrización de la desviación" son radicalmente discutidos por el informe Kinsey, un estudio estadístico hecho a 1 200 estadounidenses de ambos sexos y de distintas edades y condición social, de los cuales 37% admitió haber tenido experiencias homosexuales y 28% lésbicas. La encuesta revela además una general frustración en las mujeres heterosexuales y una dimensión de la sexualidad femenina (el orgasmo múltiple) netamente diferente de la del hombre.

La tentativa de tomar distancias a la tesis biológica enfatizada por Freud provoca una orientacion antitética, basada fundamentalmente en el aspecto sociológico y cultural. Un primer ejemplo, *Un estudio psicoanalítico del lesbianismo* de Frank

Carpio, en 1954, propone llenar una laguna sobre "la enfermedad desconocida" basándose en los casos estudiados por él mismo como psiquiatra y psicoanalista en el Walter Red Hospital. En opinión de Carpio, el lesbianismo "es un fenómeno más sociológico que psicológico," por lo que invita a "un control de la desviación" actuando sobre todo mediante "la información orientada". Carpio concluye que la "homosexualidad femenina es siempre un síntoma, no una enfermedad. Ésta es el resultado de una profunda neurosis acompañada de una satisfacción narcisista y de un estado de inmadurez sexual". La terapia debe tener como finalidad "ejercer influencia sobre la estructura de la personalidad".

Joyce Mc Dougal afirma que el lesbianismo es un componente normal del desarrollo femenino, una libido que deriva de la estructura biológica, pero que "debe" ser sucesivamente integrada en la vida heterosexual. La lesbiana rechaza esta integración y la angustia que puede derivar de esto provoca disturbios en la identidad sexual. La lesbiana descrita por Mc Dougall no tiene "un destino anatómico" que determina su sexualidad, no es "anormal" en sentido fisiológico o psíquico. No es su lesbianismo lo que la empuja a buscar ayuda psicoanalítica, sino la angustia y el sentido de culpa que van ligados a ese lesbianismo.

El informe final del grupo de investigación sobre la homosexualidad del Instituto Nacional Americano de Sanidad Mental sentencia en 1969:

> La homosexualidad no es un fenómeno unitario sino que representa un conjunto de fenómenos diversos que comprende una extensa gama de comportamientos manifiestos y de experiencias psicológicas'[...] Contrariamente a la opinión ampliamente difundida según la cual todos los homosexuales y las lesbianas se parecen, tenemos que decir que en realidad son muy diferentes.

En 1973 la homosexualidad fue finalmente excluida de entre las enfermedades mentales repertoriadas en el *Diagnóstico y Manual de Desórdenes Mentales de la Asociación Americana de Psiquiatría*. Este organismo no considera la homosexualidad como un disturbio mental, excepto la homosexualidad ego-distónica, en donde la homosexualidad es una fuente y un motivo de sufrimiento provocando desarreglos emocionales, sentido de culpa, depresión, deseo obsesivo de una adaptación heterosexual.

## La difícil práctica de la diferencia sexual

A partir de 1970 el psicoanálisis y la psiquiatría comienzan a afrontar con prudencia una reformulación del concepto de lesbianismo distinto al de homosexualidad. En 1968 Guy Rosolato, utilizando todavía el concepto de "enfermedad", plantea que es importante trazar la diferencia que separa al hombre de la mujer respecto a las perversiones sexuales ya que no hay simetría entre ellos. Charlotte Wolf afirma que las lesbianas poseen un potencial amoroso más global y complejo que los homosexuales hombres, las mujeres están más cerca a esta condición natural, y los sentimientos lésbicos tienen "características distintas" entre las que destaca "la intensa emotividad". El amor lésbico tiene estructuras distintas del amor heterosexual porque su "núcleo radioactivo reside en la emoción". En este sentido Wolf adopta el término de amor "homoemocional"; para ella, "no es la homosexulidad sino la emocionalidad el centro de la auténtica esencia del amor de las mujeres por otras mujeres". Para Wolf, todas las mujeres son "físicamente bisexuadas", sin ser por tanto homosexuales por naturaleza. La esencia del lesbianismo es "el incesto emocional con la madre", mientras que la imagen paterna negativa refuerza esta tendencia y conduce a "una elección lésbica exclusiva".

Una investigación bastante amplia sobre el lesbianismo y la heterosexualidad femenina la llevaron a cabo Grundlach y Riess en 1968. Dedujeron que "el significado de una relación entre dos mujeres es extremadamente diferente, depende en menor medida del sexo y en un mayor grado del calor, del contacto, del sentido de unidad." Para Fritz Morgenthaler (1975), la discriminación del lesbianismo tiene efectos diversos que pueden asimilarse en parte por la discriminación general de la mujer. La fórmula simplista de que en la mujer es todo como en el hombre y que simplemente basta con mirarlo desde el punto de vista opuesto, es una suposición gratuita. La experiencia psicoanalítica con mujeres lesbianas demuestra que la homosexualidad de la mujer requiere una consideración aparte.

En 1976, la sexóloga Shere Hite publica el resultado de una encuesta a tres mil mujeres en el *Informe Hite,* donde 17% de las encuestadas fueron lesbianas, las que afirman que prefieren las relaciones sexuales con otras mujeres por la ausencia de institucionalidad, por la posibilidad de mayor afecto, sensibilidad, frecuencia orgásmica y paridad en la relación.

Una mujer lesbiana se encuentra frente al prejuicio por el cual el lesbianismo es la enfermedad misma. Este prejuicio provocado por la norma heterosexual, se traduce en los conflictos que las lesbianas sienten ante las dificultades de aceptación de sí mismas. Las relaciones entre mujeres, sean o no explícitamente sexuales, tienden a ser pasadas a través del filtro de una hetero-homo-sexualidad masculina socialmente construida y definida, ignorando la experiencia antitética. Parafraseando a Adrianne Rich, "como la maternidad, el lesbianismo es una experiencia profundamente femenina, con significados específicos, con una específica opresión, con posibilidades específicas". Tal especificidad sobre todo en lo que se refiere a las neurosis, explícita por D. Tanner (1978), "las mujeres lesbianas son mujeres que deben afrontar todos los problemas que las mujeres desaparejadas afrontan. Así las lesbianas pueden ser definidas doblemente desviadas: como mujeres solas y como lesbianas, en una sociedad que considera desviantes ambas condiciones".

El trabajo de destrucción científica de la psique lesbiana ha durado casi dos siglos. A las lesbianas les espera la labor de reconstrucción de esta triple dimensión, aprendiendo el propio pasado para comprender el presente y proyectar el futuro. La experiencia de la "enfermedad" está impresa en la memoria social femenina, ya sea en la falsa imagen corpórea que la ha caracterizado o en las categorías intelectuales que la han interpretado. Esta memoria se inscribe en una patohistoria personal con infinitos matices de recuerdo: culpa, mutilación, función disminuida, sensación de síntomas, tabú, culto de la posesión terapéutica. Conocer las metamorfosis de identidad que en el arco de la historia las mujeres lesbianas han atravesado, y que se reflejan en la propia historia personal, es indispensable para la construcción de una identidad lésbica y femenina contemporánea. Retomando a Luce Irigaray:

> Lo que debemos hacer es descubrir nuestra propia identidad sexual, es decir, la singularidad de nuestro erotismo, de nuestro narcisismo, la singularidad de nuestro lesbianismo. Sin olvidar que a las mujeres, el primer cuerpo que les interesa, el primer amor que les interesa es un amor materno, es un cuerpo de la mujer, las mujeres están siempre –a menos que renuncien a su deseo– en una relación arcaica y primitiva con eso que se llama lesbianismo. Mientras que los hombres están siempre normalmente en la heterosexualidad porque su primer objeto de amor y deseo es el cuerpo de una mujer. Para las mujeres la primera relación de amor y deseo se dirige hacia el cuerpo de una mujer. Y cuando la teoría psicoanalítica dice que la niña debe renunciar al amor de y por su madre, al deseo de y por su madre, para entrar en el deseo del padre, somete a la mujer a una heterosexualidad normativa corriente en nuestras sociedades, pero completamente patógena y patológica. Buscamos también descubrir la singularidad de nuestro amor por las mujeres, lo que se podría llamar lesbianismo secundario. Con este término busco simplemente designar una diferencia entre el amor arcaico por la madre y el amor por las otras mujeres hermanas.

Así, revisar las teorías sobre las lesbianas puede contribuir a deshacerse de los fantasmas, prejuicios y miedos que "subsisten todavía en el espíritu de las lesbianas y otras mujeres" (Gudrun Schwarz) confesando la elección de vivir las posibilidades de una diferencia sexual que siglos de patriarcado no han conseguido destruir.[35]

---

[35] *Ibidem.*

## La literatura lésbica[36]

Referíamos que las primeras evidencias sobre escrituras de lesbianas datan de cuatro milenios a.C.

Nacida en Eresos, ciudad de la isla de *Lesbos* en el siglo VII a.C., Safo, décima musa, sacerdotisa al servicio de las musas, concibe como ideal que las muchachas, en el lapso que las separa de la casa materna y la vida matrimonial, reciban la educación poética que elevará a la más alta nobleza el alma femenina, camino a la formación de la personalidad. En todo ello está presente el poder de Eros, que une las fuerzas de las almas.[37] La lírica sáfica tiene sus momentos culminantes cuando solicita el corazón áspero y todavía no abierto de una muchacha en la despedida de una compañera querida que se ve obligada a abandonar el círculo para volver a su tierra o para seguir al hombre que la ha pedido como esposa –lo cual en aquel tiempo nada tenía que ver con el amor– o, finalmente, en el recuerdo anhelante de una compañera lejana que, paseando en la tarde por el silencioso jardín, invoca en vano el nombre de la perdida Safo. El eros sáfico afecta los sentidos del alma, existe la certeza de una plenitud sentimental, fruto de una naturaleza indivisa en la que el matrimonio por amor es inconcebible, puesto que no existía todavía el concepto de "amor hacia el hombre".[38] En 1073 la Iglesia ordenó quemar en Roma y Constantinopla todas las copias de sus poemas, de los que sobreviven menos de un tercio, lamentablemente reconstruidos de remotos pergaminos.

Más tarde, aunque Carlomagno prohibe a las monjas que compongan canciones de amor, a lo largo de toda la Alta Edad Media se popularizan los *Lais de María de Francia* tanto como el cancionero medieval japonés, el *Manyoshu*. Los únicos versos eróticos explícitos de ese período, entre mujer y mujer, provienen de dos monjas de un monasterio de Baviera:

> *Cuando recuerdo los besos que me disteis*
> *Y la forma en que con tiernas palabras*
> *acariciasteis mis pequeños pechos*
> *Quisiera morir*
> *Porque no os puedo ver...*

---

[36] Tomado en parte de: Benegas, Noni, "Corpus Lesbiano", *Revista Letra* núm. 34, pp. 53-62, Barcelona, 1984.

[37] Oria, Piera Paola, "Safo la Lírica", en *In memoriam Safo*, Edición del Taller Permanente de la Mujer, Buenos Aires, marzo, 1990.

[38] Jaeger, W., Paidea, Fondo de Cultura Económica, México, 1957, p. 118.

## El mito de la impunidad lésbica

Con el aumento de la represión a fines del siglo XIII, la temática homoerótica en la literatura –escasa de por sí–, queda confinada a diarios, cartas o documentos médicos y jurídicos. Desde la Baja Edad Media se buscó codificar el delito entre mujeres y, aunque consideradas más lascivas que los varones, costó admitir la atracción y práctica erótica entre ellas. Santo Tomás de Aquino condena "la cópula indebida con el mismo sexo", pero Dante no incluye a las que pecan contra natura, Boccacio no las menciona en sus cuentos.

Siguieron siglos de confusión entre los teólogos, en los que abundaron los procesos y condenas por un delito nunca bien especificado, hasta que a finales del siglo XVII el clérigo italiano Sinistrari concibe una descripción graduada. La sodomía *faeminarum* se agravaba desde el tribadismo o frotamiento de las partes, asociado con el onanismo, pasando por la penetración con godemiches u otros objetos que remedan al falo. En su alegato el sacerdote apoya esta fantasía con el ejemplo de los egipcios que amputan a las mujeres el clítoris: impedir que las mujeres de matrimonios polígamos formen uniones sexuales entre sí en la intimidad del harén o del hogar con varias esposas. En 1791, la Asamblea Francesa deroga el delito de sodomía entre adultos que consienten, pero en Inglaterra las ejecuciones continúan hasta 1835.

## El trasvestismo o la impersonación del hombre

Ocultaron su sexo con prendas viriles para deflectar asaltos y, trasvestidas, poder decollar en las otras valor, coraje, estrategia y a pesar de ello se mantuvieron vírgenes: la "doncella" de Orleans, Juana de Arco, o la española Catalina de Erauso, la monja alférez, usando para sí la denominación masculina. George Sand que experimentó con el trasvestismo, observó: "Mis ropas no conocían el miedo". Pero las que llegaban a casarse con otra mujer, pagaban caro ser descubiertas. Pocas quedaron impunes, a salvo de su rango. La reina Cristina de Suecia abdicó en 1671 con tal de no casarse.

## La amistad romántica

El Renacimiento renovó el interés por las ideas de la antigüedad clásica y el tema del amor platónico, central entre los escritores del período, despertó ansias de emulación. Y aunque este amor de amistad ignora el aspecto genital, el lenguaje en que se expresa no es menos erótico. Madame de La Fayette, autora de *La princesa de Cleves*, escribía a Madame Sevigné en 1691: "Creedme sois la persona que más he amado de verdad en el mundo". Por los mismos años en México, Sor Juana Inés de la Cruz se dirige a la Virreina:

> *Así cuando yo mía*
> *te llamo, no pretendo*
> *que juzguen que eres mía,*
> *sino sólo que yo ser tuya quiero.*

La amistad romántica se generalizó entre mujeres a lo largo de los trescientos años siguientes, y con ellas alcanzó el esplendor. Escritoras de distintas épocas, siglos y culturas, como Madame de Staël, Mary Wollstocraft, George Eliot, Bettina von Arnim, Carolina de Günderote, Flora Tristán y Marina Tsvetaeva, extrajeron fuerzas y estímulos de tales amistades.

### El matrimonio bostoniano

A mediados del siglo XVIII, la amistad romántica era ya una institución a ambos lados del Atlántico y un tema de moda en la literatura. En 1761, Sarah Scott publicó en Londres su propia historia novelada *Description of Millenium Hall*, con cuatro ediciones en menos de quince años, y se consagró como el *vademecum* del tema. Otra historia real fue de las damas Llangonen, que escaparon disfrazadas de hombres y vivieron 50 años juntas hasta la muerte, compartiendo "una misma cama, bolsa y corazón".

El *boston marriage*, o matrimonio bostoniano, fue un término utilizado en América, en el siglo XIX, para nombrar un tipo muy extendido de relación monógama entre dos mujeres que, como señala Lilian Fademan, solían ser pioneras en su profesión. En su novela *Las bostonianas* Henry James recreó en parte esa poderosa unión emocional donde, libres de los roles domésticos cada participante volcaba su energía y atención en la otra.

### Los sexólogos y el lesbianismo

> "No es la sexualidad lo que persigue a la sociedad, sino la sociedad la que persigue la sexualidad del cuerpo".
> MAURICE GODELIER

En 1869, el psiquiatra Von Westphal describe el primer caso clínico de una "invertida congénita". La anormalidad de esta paciente, que desde los ocho años prefería vestir pantalones, entretenerse con juegos de ingenio y acariciarse con sus compañeras, no era debido a su aburrimiento con la costura y las muñecas, sino a una degeneración hereditaria.

Krafft-Ebing y Havelock Ellis, entre los más influyentes, elaboraron una sintomatología de las mujeres que rechazan el rol femenino y la mezclan con la de enfermas psicóticas –asesinas y suicidas conocidas de la época– que conformaban una patología "lesbiana". Así entra esta categoría en la historia, con una escala ascendente de perversión, que va desde las amigas apasionadas entre sí, más por ignorancia de su sexualidad que por valores espirituales, hasta las invertidas activas. Se rompía un silencio de siglos a la par de los estertores de la era victoriana y, al menos –observa Foucault–, esos mismos discursos sexológicos sirvieron para reclamar la legitimación de tales conductas, pues ni el género era algo dado, natural, ¿cómo se justificaba la existencia de un tercer sexo según la clasificación de algunos?

Radclyffe Hall, escritora de prestigio dentro de la sociedad literaria inglesa, publicó en 1928 *El pozo de la soledad,* cuya heroína carga con el estigma de la lesbiana masculina. Stephen, hija de un padre que deseaba un varón, recibe una educación acorde con su apodo varonil. Pronto es rechazada por su madre, que ve rota la continuidad de su especie y no se identifica con la joven vestida con sobrios trajes sastre, culta y atlética. Stephen busca afecto de otras mujeres hasta que descubre en la biblioteca del padre muerto el manual de Krafft-Ebing, con su propia descripción entre los casos. Se exilia en París donde se une a una mujer joven y femenina, pero los escrúpulos morales, unidos a la exclusión social, pueden más y, simulando una infidelidad, empuja a su pareja –la que por cierto no parece muy convencida– a casarse con un hombre. La novela fue declarada obscena y su autora llevada a juicio por los Tribunales. Cuando su abogado quiso atenuar las consecuencias al esgrimir la figura de la amistad romántica entre las protagonistas, Radclyffe Hall se opuso y defendió incondicionalmente ante el gobierno británico el derecho a explicitar el deseo de su heroína. Sea cual fuere éste, era la primera vez que una voz de mujer se alzaba para reclamar la legitimidad de su discurso sexual, en un tiempo en que el deseo y su relato eran aún una prerrogativa masculina.

A pesar de la amargura que sumerge a Stephen en *El pozo de la soledad*, la novela es una brecha abierta al hacer visible a un personaje hasta entonces negado y con el que se continúan identificando importantes minorías de lesbianas. Para muchas lesbianas *El pozo de la soledad* fue el primer contacto con un mundo que develaba una existencia lésbica más allá de la suya o la soledad propia. Sirvió para el reconocimiento de cientos de identidades, aunque la novela ofrece una alternativa dramática, como única posibilidad para aquellas que asuman esa identidad prohibida, históricamente se reconoce a *El pozo de la soledad* como un parteaguas en la literatura lésbica que permitió tocar el tema con nombre propio. Más allá de su inactualidad en el plano de las ideas y de los sentimientos, y a pesar de que refleja el estereotipo masculino de la imagen lésbica, esta novela no es únicamente una curiosidad histórica porque –tal como toda mujer tiene que tener en cuenta la ruptura en raíz de la propia identidad– toda mujer lesbiana debe tener en cuenta la distorsión interiorizada de la propia imagen y del profundo sentido de culpa respecto a la liberación del eros que provoca su exposición, y, por tanto, debe descender al pozo de la soledad para poder reaparecer.

Coetánea de Radclyffe Hall, Virginia Woolf se pronunció a su favor públicamente, aunque no compartía sus concepciones literarias. Mientras el modelo de lesbiana de Hall confirmaba la idea de los sexos de mente masculina encerrada en cuerpo de mujer, Woolf intentaba una la reelaboración de una tradición de mujeres, desmitificadora del eterno femenino. En *Una habitación propia* desarrolló su teoría de una literatura sutil, de múltiples perspectivas, pautada según los ritmos del cuerpo y el inconsciente. En 1920 conoció a la escritora Vita Sackville West, aristócrata, madre de dos hijos, con quien entabla un fogoso y breve encuentro sexual seguida de una larga fidelidad amistosa y, en el interín, la inspiración para escribir el maravilloso *Orlando*. Transexual y eterno, el personaje atraviesa las edades alternando las experiencias de ambos sexos: discursos, carácter, vestimentas, en una suerte de "deconstrucción" regocijada de roles, en el tránsito sin fin del andrógino.

Tanto Virginia Woolf como Vita estaban casadas y se vestían y comportaban en público siguiendo una imagen heterosexual femenina. Radclyffe Hall, en cambio, no se había casado nunca ni había tenido relaciones de tapadera o de protección con hombres, se vestía con ropas masculinas, tenía amantes conocidas, no dependía de nadie, cabalgaba, conducía automóviles: en resumen, era extremadamente "anormal" y visible, tanto como su libro. El escándalo era su vitalidad, el estilo y el secreto de su supervivencia como lesbiana.

## La influencia francesa

Natalia Barney, escritora americana que se instaló a comienzos de siglo en París, conocida como *la Amazona*, fue la figura más significativa de ese período por su incesante esfuerzo normalizador de la imagen pública del lesbianismo. El estereotipo en boga era el ser patológico y decadente. Renee Vivien narró el despertar de su inclinación en los brazos de Barney en *Una mujer apareció ante mí*, y tiempo después se suicidó, víctima de los excesos de esa estética que asociaba el mal y la homosexualidad. *La Amazona*, movida por ese final, analizó el tema en su novela *Una que es legión* y fue su propia vida el nuevo modelo para lesbianas y escritoras. Fuerte e independiente, nunca ocultó sus preferencias, lo que no le impidió mantener durante 60 años el salón literario más grande de Europa y un círculo satírico reservado a las amigas, para exaltar la belleza y la sensualidad. Fundó una Academia de Mujeres que dio a conocer los trabajos de escritoras de diferentes idiomas, a la vista de su exclusión de las academias de la lengua. En los *Pensamientos de una Amazona* transmite su perspectiva del amor, su diferencia de la norma masculina, liberándolas del contexto enfermizo del siglo anterior.

Djuna Barnes escribió un *Almanaque de las mujeres* a la manera de antiguos cancioneros medievales en el que mes tras mes consigna vida y hazañas del círculo sáfico de la Rue Jacob. En *El bosque de la noche*, dedicada a Peggy Guggenheim, su amiga y mecenas, no quiso sacar a sus protagonistas de la negatividad, pero las hizo sujetos activos de su propia angustia.

Gertrude Stein, que también tuvo en París un salón literario, escribió *Quod erat demostrandum* (QED) que luego publicó con el título de *Las cosas como son,* donde cuenta la dolorosa salida del closet de su protagonista, involucrada en un triángulo homosexual con otras dos mujeres. Hilda Doolittle, americana, conocida como HD, desde la poesía renovó el modernismo. Margarite Yourcenar, la admirable corresponsal de *la Amazona*, eligió sucesivas figuras de homosexuales masculinos para erigir su obra de una belleza clásica. La ausencia de trabajos sobre su propia elección sexual –vivó con su traductora y amante varias décadas hasta la muerte de ésta– quizá se explique porque creía que un poeta debe dejar rastros de su pasaje, no pruebas.

## La influencia del feminismo

Las décadas siguientes se precipitaron vertiginosas y las lesbianas unieron sus fuerzas a las de las feministas para sacudirse el estigma de vicio y enfermedad que hacía de ellas presa fácil de chantajes en los empleos y las excluía de la vida pública. Esta necesidad de normalización, aún pendientes en sociedades menos evolucionadas, requiere una primera etapa de visibilidad.

Análisis pioneros como los de Simone de Beauvoir en *El segundo sexo*, de 1949, y Betty Friedman en *La mística de la feminidad*, de 1963, hallaron en el sometimiento sexual y doméstico unas limitaciones capaces de volver a favor del lesbianismo a mujeres necesitadas de tiempo y autonomía para realizar sus proyectos.

La idea de que el lesbianismo no proviene de un trauma infantil ni está desarrollado con la conducta sexual desviada, como mantenía Freud, la formuló un médico de su propio círculo: Alfred Adler. Pero al igual que con otros aportes de sus discípulos, Freud centró el problema en la "envidia del pene" y redujo el conflicto al plano sexual, mientras Adler sostenía que eran el poder, la libertad y los privilegios lo que esas ciudadanas de segunda envidiaban en el hombre. El acento puesto en la elección sexual por el padre del psicoanálisis remachó las teorías de la vieja psiquiatría y, en tanto que el relato fundador, la sociedad reconoció al lesbianismo por una sola de sus características, en detrimento de otras más peligrosas para el sistema. Por ello, parafraseando a Toril Moi, sigue siendo políticamente esencial defender a las lesbianas, con el fin de contrarrestar la opresión machista que las somete precisamente como tales.

Hacía falta una identidad que no confundiera a las instituciones. Las novelas, ensayos y revistas de los años cincuentas, sesentas y setentas, tuvieron como denominador común las narrativas personales de "salida del clóset" que ilustraban el proceso de cómo ser algo de lo cual no existe nada aún. La alemana Verena Stefen en su novela *Muda de piel* muestra las vicisitudes del cambio de objeto erótico de una mujer heterosexual. Rita Mae Brown, escribe la novela más popular del período en 1973, *Frutos de rubí,* en el que muestra que el problema es de la estúpida sociedad y devela la hipocresía de las relaciones heterosexuales, tanto de clase como de cama. En la misma línea, y con parecido humor y maestría, Sheila Ortiz Taylor triunfa con *Terremoto.* El mismo año, Jill Johnston reúne sus artículos del periódico *Village Voice* en un libro: *Lesbian Nation.* Estas personalísimas crónicas son de indiscutible valor político y literario sin ningún tipo de autocensura.

## Sobre mentiras, secretos y silencios

Por los mismos años, la poeta Adrienne Rich declina sus "privilegios" de madre blanca de la buena sociedad de Boston y autora reconocida para unirse al movimiento feminista-lesbiano. En 1973 gana el Premio Nacional de Literatura con *Buceando hacia los restos del naufragio*, que acepta a condición de compartirlo con las dos finalistas afroamericanas, Audre Lorde y Alice Walker. Rich extrajo de esa ininterrumpida continuidad de la solidaridad entre mujeres la idea de una identidad lesbiana transhistórica que plasmó en su *Heterosexualidad compulsiva y existencia lesbiana*, ensayo paradigmático de los años setentas por las tendencias antagónicas que promovió, y está en el origen de los posteriores debates de los ochentas. Audre Lourde, quizás la mayor poeta del siglo, madre, lesbiana y sobreviviente de cáncer de pecho, crea la tradición que le permitirá imaginar el futuro en ausencia de las precursoras: "No había madres, ni hermanas, ni heroínas. Teníamos que hacerlo todo solas, como nuestras hermanas amazonas, que cabalgan en los remotos confines del Reino Dahomey".

Lourde cuenta lo que significa "salir del clóset" como negra y lesbiana en la cultura de los bares gay de los cincuentas, dominada por las blancas.

## Ginecotopías

En Francia, luego de mayo del 68, surge el movimiento feminista. El riquísimo debate francés se resume en dos tomas de posición: la teoría de la diferencia creada por la filósofa y psicoanalista Luce Irigaray, expulsada por Lacan por su texto programático: *Antígona frente a la ley*; y la teoría materialista de la igualdad, que desde Olimpia de Gouges, guillotinada por la Revolución francesa, pasa por Simone de Beauvoir, hasta Christine Delphy, entre otras.

Pero la poeta que sobre las ruinas alza un mundo inédito es Monique Wittig, para quien la literatura es como un caballo de Troya. Su primera novela, *El opoponax*, obtuvo el premio Médicis en 1964; le siguieron *Las guerrilleras* en 1969, y *El cuerpo lesbiano* en 1973. Esta intensa epopeya en prosa surca el tiempo y el espacio, de variados léxicos, enunciada en su totalidad en femenino. Por su poder y riqueza, el texto universaliza la voz lesbiana: una categoría inaudible hasta entonces y asienta la soberanía de este sujeto. El cuerpo/corpus lesbiano no describe un tercer sexo, ni trasciende la binariedad hombre/mujer, sino que la presupone, e interiorizada prolifera y se disemina hasta perder sentido. Este universo ha inspirado a teóricas del conocimiento, en especial a Teresa de Lauretis –autora de *Alicia, ya no*– que de él extrae su concepto de lesbiana: alguien situada fuera del contrato heterosexual, excedente a las categorías de género, y posicionada en un espacio propio, contradictorio, en el aquí y ahora, que necesita ser afirmado pero no resuelto, excéntrica al sistema.

## Las hispanas escriben

En lengua española, Esther Tusquets escribe *El último mar de todos los veranos*. En 1981 aparece *En breve cárcel*, de la argentina Silvia Molloy, residente en Estados Unidos.

En México, Nancy Cárdenas, pionera de la lucha lésbico-homosexual, publicó *Cuadernos de amor y desamor*, poesía recopilada entre 1968 y 1993; directora de teatro, desde las tablas colaboró para el cambio de la cultura mexicana tocando casi siempre el tema de la homosexualidad y el lesbianismo. Rosa María Roffiel publica en 1989 *Amora*, que al igual que *El pozo de la soledad* en Europa, se ha convertido en una novela clásica porque tiene una estructura novedosa, leve, intrascendente, que la convierte en cercana y cotidiana, y ello, para cientos de lesbianas latinoamericanas, es el primer contacto que devela una existencia lésbica ya no dramática, sino, gozosa y fresca. Sabina Berman con su libro de poesía *Lunas* en 1988. Sara Levi Calderón publica en 1990 *Dos mujeres*, Rudy Sánchez con *Los nombres del aire*, Reyna Barrera con *Material del olvido* (1992), *A flor de piel* (1996) y *Siete Lunas para Sandra* (1997), Amparo Jiménez con *Bajo mi relieve* (1990) y *no me alcanza* (1996) y últimamente Victoria Enríquez sorprendió con su libro de cuentos *Con fugitivo paso... (1997)*. En Perú con poesía, Violeta Barrientos con *Elixir* (1991), *El innombrable cuerpo del deseo* (1992) y *Tras la puerta* (1994).

En Argentina destaca la poeta Diana Bellessi. En novela Alejandra Pizarnick con *La condesa sangrienta* (1971), Reina Roffe con *Monte de venus* (1976) y *El cielo dividido* (1995). María Moreno publicó *El affair skeffington (*1992), Griselda Gambaro *Lo impenetrable* (1984), Tununa Mercado *Canon de alcoba* (1988), Susana Torres Molina *Dueña y señora* (1983), Claudina Marek *Amor entre mujeres* (1995).

Lesbianas latinas en Estados Unidos también han sobresalido, como Juanita Ramos con *Compañeras latinas* (1987), la primera compilación sobre testimonios, poesías y relatos de latinas viviendo en Estados Unidos; Cherrie Moraga y Ana Castillo que editaron *Esta puente, mi espalda* (1988), una compilación de poesías, prosa y ensayo con gran participación de lesbianas. Aunque en inglés, destaca la chilena, Mariana Romo-Carmona con *Living at nigth* (1997) y *Speaking like an immigrant* (1998).

## El lesbianismo como práctica política

El pensamiento lésbico ubica la sexualidad desde una posición enunciativa. Aunque otras pensadoras (Kollontay, Kelly, Jonasdóttir) han escrito sobre la sexualidad, no han desarrollado desde ella un modelo de acción política y de análisis social. La sexualidad entendida como práctica erótica y como postura política, es decir, como un paradigma social que no solamente tiene que ver con la relación amorosa o lo que se ha denominado como relación sexo-política, es un planteamiento que convierte al lesbianismo en una postura política.

Victoria Sau ha definido la sexualidad como "una adquisición cultural propia de la especie humana. La sexualidad masculina es de carácter instintivo, tiene por objeto la procreación, y se satisface en un breve espacio de tiempo; la mujer puede permitirse el gran gesto cultural de separar sexualidad de reproducción, placer personal de servidumbre de la especie"[39] Para Victoria Sau la sexualidad como tal no existe en el patriarcado, ya que el modelo de sexualidad existente es el masculino y está basado en un sólo órgano, el del varón y en la función reproductora del mismo.

---

[39] Sau, Victoria, *Diccionario ideológico feminista*, Barcelona, Icaria, pp.260, 1989.

Ella se pregunta ¿qué relación puede tener un imaginario de la sexualidad femenina con un modelo de interpretación de las relaciones sociales y de su historia?, ¿cómo se hace desde la sexualidad un lugar de enunciación?, ¿define la relación amorosa una identidad femenina?

En el pensamiento feminista lésbico (con la influencia de la segunda ola del feminismo a partir de los años setentas), las pioneras manifiestan que el primer proceso consistió en dar un sentido a una estructura de identidad colectiva en la que feministas lesbianas del mundo pudieran reconocerse; esto requirió, a su vez, apoyar la identidad colectiva en una historia, dicho de otra manera, el de nombrar el amor entre mujeres como relación social y política. Para Milagros Rivera, el lesbianismo se trata de una forma de deseo femenino que amenaza seriamente la estabilidad del modelo de sexualidad reproductiva que ordena los sistemas de parentesco. En tal sentido, la posición de las mujeres lesbianas es distinta a la de las heterosexuales, ya que las primeras carecen de modelo simbólico en el sistema de géneros, mientras que las segundas reciben para que lo hagan propio –durante la socialización–, un modelo femenino pensado por hombres y puesto al servicio del orden dominante. Rivera afirma que no existen modelos para las mujeres en los que ellas puedan reconocerse en libertad. La carencia de simbólico no quiere decir que no hayan existido lesbianas con una conciencia clara de sí a lo largo de la historia; existe una genealogía, una historia que se conoce a retazos, conocida más que nada por las normas promulgadas y por las acciones tomadas desde los poderes públicos y privados para reprimirlas, en la mayoría de los casos recogida como un apéndice indiferenciado de la homosexualidad masculina.[40]

El segundo paso fue dar a la identidad recuperada una dimensión política pública, dar una existencia pública al amor entre mujeres definido ahora como relación social. Charlotte Bunch, una de las pioneras en la etapa del 68, sostuvo que el lesbianismo no es una postura sexual sino una postura política, acuñándose entonces "lo personal es político". Bunch afirma que la mujer que da apoyo y amor a un hombre perpetúa el sistema que la oprime, aceptando su estatuto de segunda clase. El lesbianismo es más que una preferencia sexual: es una opción política porque las relaciones entre hombres y mujeres son relaciones políticas, implican poder y dominio, puesto que la lesbiana rechaza activamente y escoge a las mujeres, desafía el sistema político establecido que obliga a que las relaciones entre hombres y mujeres sean relaciones de dominio, basadas en la división del trabajo en razón de sexo, y en la imposición de la sexualidad reproductiva y seguidamente, marca sexuadamente trabajos cuyo ejercicio nada tiene que ver con el sexo de quien los desempeñe.

---

[40] Rivera, Milagros, *Nombrar el mundo en femenino*. Barcelona, Icaria Editorial, 1994.

Esta visión fue ampliada por Catharine MacKinnon quien opina que la división del trabajo por razón de sexo no basta para explicar la subordinación de las mujeres, y que es necesario un análisis de la construcción social de la sexualidad en los sistemas políticos. Afirma que ésta (heterosexual por definición en las sociedades históricas conocidas), ha producido una epistemología que fundamenta el Estado mismo, a través de la ley, y donde las mujeres no debemos participar porque no estamos invitadas al banquete del saber. Por tanto la sexualidad no está confinada como placer o acto ostensiblemente reproductivo, sino que es concebida como fenómeno social mucho más amplio. La experiencia del poder en su forma sexuada, como jerarquía social, la identificación de la ubicuidad y la importancia de la complicidad entre Estado y la sexualidad masculina reproductiva, completó el proceso de dar a la subjetividad lesbiana una dimensión política pública aunque fuera por exclusión. En la lucha por la abolición del patriarcado, las lesbianas buscan una definición de una nueva subjetividad femenina.

Las obras de Monique Wittig y Adrianne Rich desconstruyen la institución de la heterosexualidad. La primera afirma que "la consecuencia de la tendencia al universalismo es que la mente heterosexual no es capaz de imaginar una cultura, una sociedad en que la heterosexualidad no ordene, no sólo todas las relaciones humanas sino también la producción misma de conceptos y todos los procesos que eluden la conciencia".

En *Compulsory Heterosexuality and Lesbian Existence*, Adrianne Rich definió el concepto y la institución "heterosexualidad obligatoria" como del dominio masculino (man-made) que garantiza un modelo de relación social entre los sexos, en el cual el cuerpo de las mujeres es siempre accesible para los hombres. Rich cuestiona que la heterosexualidad sea una "opción sexual" o una "preferencia sexual", sosteniendo que no existen ni opción ni preferencia reales donde una forma de sexualidad es precisamente definida y sostenida como obligatoria. Las otras formas no deben ser comprendidas como alternativas libres, sino como vivencias fruto de una lucha abierta y dolorosa contra formas fundamentales de opresión sexual en la sociedad. Rich niega que la heterosexualidad sea el resultado de una opción libre sin la intervención de presiones sociales, lo cual no significa que la heterosexualidad sea necesariamente opresiva para las mujeres en sí misma; lo que resulta opresor es su obligatoriedad social y políticamente sustentada, de ahí que la heterosexualidad y la maternidad, sean reconocidas y estudiadas en tanto que instituciones políticas.

El concepto de heterosexualidad obligatoria ha sido ampliada por Janice Raymond al definir la heterorrealidad como la visión del mundo de que la mujer existe siempre en relación con el hombre, se sustenta en las heterorrelaciones que expresan la amplia gama de relaciones afectivas, sociales, políticas y económicas establecidas entre hombres y mujeres por hombres.[41] El modelo dominante de relaciones entre los sexos en el orden patriarcal está peligrosamente desequilibrado en beneficio de los hombres y especialmente los heterosexuales.

Sara Lucía Hoaghland matizó el concepto de heterorrealidad y habla de heterosexualismo que es una relación económica, política y emocional concreta entre hombres y mujeres: los hombres deben dominar a las mujeres y las mujeres deben subordinarse a éstos en cualquiera de una serie de formas. En la heterorrealidad, la homosexualidad marca los límites de esa realidad, lo que le permite definirse y sustentar la definición de sí, coherentemente, según las pautas de la racionalidad. El lesbianismo, por su parte, marcaría "el límite de los límites", lo que algunas autoras han identificado como el horizonte implícito de algunas propuestas feministas contemporáneas de subjetividad femenina.[42] Una subjetividad femenina cuyo reverso sería lo indecible, la figura imposible de transformar en sujeto, *the abjeet* frente a *the subject*, las que no están ni nombradas ni prohibidas en la economía de la ley. Un ejemplo de estas figuras límite es el de Catalina de Erauso y muchas mujeres que tuvieron que transvestirse y jugar un rol masculino para establecer una mediación válida y potente con la heterorrealidad: una mediación para poner en práctica en el mundo su deseo personal de libertad y que les ahorró la muerte en manos de la Inquisición o de cualquier otro brazo ejecutorio de ese Estado que, como dice Catharine MacKinnon, impone una epistemología opacamente viril.

Adriana Rich acuñó además dos conceptos vinculados entre sí: *continuum lesbiano* y *existencia lesbiana*, que sugieren tanto el hecho de la presencia histórica lesbiana como nuestra continua creación del significado de esa existencia. *Continuum lesbiano* incluye una gama de experiencias identificadas con mujeres, incluido el compartir una vida interior más rica, la solidaridad contra la tiranía masculina que han estado fuera de nuestro alcance a consecuencia de las limitadas definiciones, clínicas en su mayoría, de "lesbianismo". En este *continuum* podrían incluirse prácticamente todas las formas históricas de resistencia femenina contra el modelo de relaciones sociales entre los sexos que sustenta el orden patriarcal: desde Safo, hasta las amistades inseparables de las niñas, las comunidades de resistentes al matrimonio en China, las *spinsters* de la Inglaterra decimonónica, o las *redes de solidaridad* entre mujeres para sobrevivir en África.

Milagros Rivera identifica dos posturas (aunque no contrapuestas) en el desarrollo teórico lésbico. Una, que plantea que el lesbianismo no se reduce al deseo genital por otra mujer, sino que incluye otras formas de identificación con mujeres

---

[41] Raymond, Janice, *A Passion for Friends. Toward a Philosophy of Female Affection*, Londres, The Women's Press, pp.3, 1986.

[42] Cavin, Susana, *Lesbian Origins*, San Francisco, Ism Press, p.20, 1985.

sin que éstas sean lo fundamental. Se sitúa aquí Monique Wittig cuando afirma que las lesbianas no son mujeres, mujeres serían las que se atienen al sistema de géneros, que son el pensamiento y orden social masculino. En la misma línea está la crítica lésbica norteamericana que sitúa en los límites de la heterorrealidad a la homosexualidad; de ahí la crítica al "fundamentalismo heterosexual" que hace Teresa de Lauretis, mediante el cual cuestiona que la crítica feminista sea realmente feminista, al sugerir que tiene inversiones fuertes en la heterorrealidad porque pero no sale de ella.[43] También Hanna Hacker critica la obra de la librería de mujeres de Milán *Non credere di avere dei diritti*, de no nombrar la experiencia lésbica y de no confrontar la teoría lésbica.[44] En la misma línea se sitúa Mauren Lister, quien critica al movimiento feminista de los setentas por no dar protagonismo suficiente al deseo erótico lesbiano, que es el que le proporciona al pensamiento de la diferencia sexual su filo auténticamente radical.

La segunda postura en la línea de un *continuum lésbico* en los términos de Rich, tiene sus huellas en la obra de Luce Irigaray en *El cuerpo a cuerpo con la madre*, donde propone descubrir nuestra identidad sexual, la singularidad de nuestro autoerotismo, nuestro narcicismo, nuestra homosexualidad, dado que el primer cuerpo y amor con el cual tienen contacto es el maternal, un cuerpo de mujer; las mujeres mantienen una relación primaria y arcaica con lo que se denomina homosexualidad.[45]

Entre estas dos líneas de pensamiento se encuentran Sabine Hark que critica la ausencia lésbica en el pensamiento feminista dominante, pero no aboga por un separatismo sino por una convivencia entre identidades y diferencias. Judith Butler, una autora del lenguaje académicamente posmoderno, influida por Foucault, critica a la categoría de género como categoría globalizante de la problemática de las mujeres en general; opina que su construcción está centrada en el marco entre la heterosexualidad, de ahí que no explica las dinámicas lésbicas. Rechaza cualquier categorización totalizadora del *yo lesbiano* porque afirma que la construcción de identidad se basa en exclusiones que crean cada vez exclusiones nuevas; al respecto se pregunta "¿la exclusión puede convertirse en aglutinador punto de resistencia?[46]

[43] En esta vertiente también se encuentran: Becky Birta. *Is Feminist Criticism Really Feminist?* Sara Lucía Hoaghland y Julia Penelope. *For Lesbian Only. A Separatist Anthology*, Londres, Onlywomen Press, 1988. Sara Lucía Hoaghland. *Lesbian Ethics*. Diana Fuss, Inside/Out. Bonnie Zimmerman, "What has Never Been: An overview of Lesbian Feminist Criticism", en Susan J. Wolfe y Julia Penelope, eds., Sexual Practice, Textual Theory, 33-54

[44] Hacker, Hanna, *Lesbische denkbewegungen, Beiträge zur feministischen theorie und praxis,* p.25, 1989.

[45] Irigaray, Luce, *El cuerpo a cuerpo con la madre*, Barcelona, La Sal, p. 15, 1985.

[46] Rivera Garretas, María Milagros. *op. cit.*

## Teoría *Queer*

Estamos aquí. Somos *queer*. Acostúmbrense
KRISTEN

En los últimos años, principalmente en Europa y Norteamérica, una parte del feminismo lesbiano ha derivado hacia lo que se llama *Queer Theory*. *Queer* quiere decir "raro, singular, extraño, cuestionable", aglutina en un mismo espacio político y teórico a lesbianas, gays, trasvestis, transgenéricos, y otras disidencias sexuales y que operan solidariamente. Aunque no hay acuerdo sobre quienes quedan incluidos en el término *queer*, existen afirmaciones que sólo se aplican a gays y lesbianas para reducir la visibilidad de quienes no lo son: al decir *queer* no tienen que mencionar a los bisexuales, transgenéricos y otros. Hay quienes insisten en que el ser *queer* es una cuestión ideológica, que tiene que ver con lo que se piensa y se cree, tanto como con lo que se hace en la cama o con quién. Para algunas personas, el movimiento *queer* es un movimiento de liberación sexual y de género más amplio que estudia a las minorías sexuales y de género así como a quienes las apoyan, en lugar de ser un movimiento basado en la identidad homosexual. Hay personas que consideran lo *queer* como un constructo cultural que incluye estilos específicos de ropa, aros, juegos con la imagen de género y ciertos tipos de música. La evolución del concepto *queer* ha tenido un efecto recíproco en el concepto de *straight*.[47] Si *queer* implica una posición política radical más liberación sexual y social, entonces "straigh" implica una posición conservadora o reaccionaria, una cultura aburrida y una resistencia a la diversidad sexual y social. De modo que es posible hablar de conceptos aparentemente tan imposibles como un/a "homosexual straight" o un/a "heterosexual *queer*".[48]

Según Teresa de Lauretis no es tanto la lucha por la abolición del patriarcado sino hacer de "agente de procesos sociales" cuyo modo de funcionar es a la vez interactivo y resistente, participatorio y distinto, reclamando a un tiempo igualdad y diferencia, exigiendo representación política mientras insiste en su especificidad material e histórica.[49]

La teoría *queer* se basa en la ruptura de las categorías de identidad sexual y de género, y la desconstrucción de las categorías de identidad.[50] Las teorías de los

---

[47] Buga o heterosexual.

[48] Highleeyman, Liz, "Identidad, ideas y estrategias", en: *Bisexual politics. Theories, Queries & Visions*, editado por Naomi Tucker. New York, The Haworth Press, 1995.

[49] De Lauretis, Teresa. *Queer Theory: Lesbian and Gay Sexualities. An Introduction, Diferences 3,* 1991 III-XVIII; pp.III

[50] Gamson, Joshua, *Los movimientos basados en la identidad, deben autodestruirse? Un dilema queer.* Universidad Yale, [fotocopia]. Documento facilitado por Escrita en el Cuerpo, Centro de Documentación Lésbico, Gay, Bisexual, Transgenérico (LGTT) de Buenos Aires Argentina.

movimientos sociales ponen más atención a la forma en que se crean y negocian las identidades colectivas, pero no lo suficiente a la forma en que éstas se desestabilizan (problemática usual dentro de los movimientos sociales como el Movimiento Lésbico-Homosexual). La discusión es similar al de las comunas étnicas "los límites, las identidades y las culturas se negocian, se definen y se producen". La teoría *queer* destruye ideas como "minoría sexual", "comunidad homosexual" y más al fondo, las de "gay" y "lesbiana", incluso las de "hombre" y "mujer". Los movimientos lésbico-homosexuales han construido una *cuasi-etnicidad*, con sus instituciones políticas y culturales, festivales, barrios, e incluso bandera propia. En esa etnicidad subyace la idea de que lesbianas y gays comparten una misma esencia fija, natural, un ser definido por sus deseos eróticos dirigidos hacia personas de su mismo sexo; su estatus de minoría y su reclamo por derechos se asientan en esa característica compartida. Estos movimientos han manifestado que la represión que sienten sobre la posibilidad de hacer real su ser, es la opresión compartida. En esta visión política étnica/esencialista, son necesarias categorías claras de identidad colectiva para que haya una resistencia exitosa y obtener réditos políticos.

Las identidades sexuales son productos históricos y sociales, no naturales ni intrapsíquicos. La base de la opresión son los binarios producidos por la sociedad (gay/hetero, hombre/mujer). Negarse a adoptar el estatus de minoría étnica, es la llave de la liberación. Lo *queer* echa luz sobre un dilema que comparten otros movimientos basados en la identidad (raciales, étnicos y de género, por ejemplo): las categorías fijas de identidad son la base sobre la cual se ejerce la opresión y sobre la que se asienta el poder político que el grupo puede alcanzar. Esto plantea muchas preguntas sobre las estrategias políticas para el análisis de los movimientos sociales cuyas teorías no pueden dar respuesta al *impasse* entre las estrategias culturales de desconstrucción y las estrategias políticas. Lo *queer* pide una teoría más desarrollada de la formación de identidades colectivas y su relación con las instituciones como con los significados, que implica reconocer que ese proceso incluye el impulso a destruir esas identidades desde adentro.

Melucci y otros sostienen que las identidades colectivas no sólo son necesarias para que una acción de este tipo sea exitosa, sino que con frecuencia son un fin en sí mismas. La identidad colectiva, en este modelo, se piensa como "un proceso continuo de recomposición más que de algo dado" y "un aspecto dinámico, un emergente de las acciones colectivas". Las investigaciones sobre etnicidad afirman que la concepción que tienen las personas acerca de su identidad étnica es situacional y pasible de ser cambiada.

El proceso exacto por el cual las identidades colectivas surgen y cambian han sido objeto de interés por parte de los estudiosos (llámese hombre o mujer) de los movimientos sociales. Verta Taylor y Nancy Whittier se ocuparon de las comunidades lesbo-feministas. Señalan que esas comunidades con su identidad politizada se crean mediante la construcción de límites (estableciendo diferencias entre "el grupo que cuestiona y los grupos dominantes"), el desarrollo de la conciencia ("marcos de referencia para interpretar la realidad") y negociación ("los símbolos y las acciones cotidianas que los grupos subordinados usan para resistir y para reestructurar los sistemas de dominación existentes"). Otras investigadoras que parten de la noción similar por la cual la localización y el significado de los límites étnicos se negocian, se revisan y se revitalizan continuamente, demuestran que la identidad colectiva se construye no sólo desde dentro sino que también va tomando forma y se ve limitada por "la política, las instituciones, las medidas inmigratorias, los condicionamientos económicos ligados a la etnicidad, y el acceso a la toma de decisiones políticas". No cabe duda que estamos siendo testigos de un proceso de construcción de límites y de negociación de identidades.

# II. CORRIENTES POLÍTICAS:
# LA UTOPÍA DE LA IGUALDAD

> El día en que la mujer pueda amar con su fuerza y no con su
> debilidad, no para huir de sí misma, sino para encontrarse,
> no para renunciar, sino para afirmarse entonces el amor será tanto
> para ella; como para el hombre,
> una fuente de vida y no un mortal peligro.
>
> SIMONE DE BEAUVOIR

El auge del movimiento feminista latinoamericano en la mayoría de países empezó en la década de los setentas y se fortaleció con el impulso institucional de La Organización dc las Naciones Unidas (ONU) y sus programas de desarrollo desde 1975. Para los movimientos homosexual y lésbico, el feminismo tuvo una importante influencia porque inició la discusión de temas como la sexualidad y la reproducción, posibilitando transformaciones en el pensamiento político latinoamericano; sin embargo, podemos afirmar que la influencia fue mutua.

La realización de Encuentros Feministas Latinoamericanos y del Caribe cada dos años en diferentes países, motivó (al principio con dificultad) la discusión sobre el lesbianismo como uno de los conflictos de un sector de mujeres y que el movimiento feminista debería asumir, y dio lugar a la generación de nuevos grupos autónomos de lesbianas o el reforzamiento del discurso feminista dentro de grupos homosexuales mixtos).[51] Algunos de estos colectivos que tenían un análisis del lesbia-

---

[51] Fisher, Amalia, *Feministas latinoamericanas. Las nuevas brujas y sus aquelarres*. Tesis para obtener el grado de maestría en Ciencias de la Comunicación. México, UNAM, 1995.

nismo desde una óptica puramente homosexual, introdujeron en su análisis una perspectiva de género y asumieron llamarse lésbico-homosexuales. Por otro lado, algunos partidos políticos se vieron ganados por esta nueva presencia política, principalmente aquellos de tendencia troskista, quienes apoyaron teórica y militantemente a la lucha homosexual incorporando sus demandas como propias.

La presencia de las lesbianas y el movimiento lésbico en la vida política latinoamericana ha estado íntimamente ligada a la lucha homosexual y feminista, principalmente a esta última, debido en gran medida a la falta de producción teórica propia que oriente una militancia autónoma, y porque el feminismo le permitió un espacio de trabajo y sobrevivencia: donde hacer proselitismo y conseguir seguidoras y, sobre todo, vivir desde el "clóset". Gran número de lesbianas feministas que hacen este trabajo desde el movimiento feminista han preferido apostarle a las demandas heterofeministas, pretendiendo que éstas abarcaban también a las lesbianas, lo cual ha reforzado una profunda lesbofobia internalizada en el movimiento feminista, aspecto que será analizado en el presente trabajo.

En el desarrollo del movimiento lésbico en América Latina encontramos tres momentos históricos cercanos a las tres generaciones teóricas planteadas por el feminismo europeo y que, a pesar de pertenecer a momentos históricos distintos, no son opuestos, coexisten y se refuerzan mutuamente en tanto que pertenecen a un debate todavía inconcluso[52]

*1)* Las mujeres exigen igual acceso al orden simbólico. Feminismo liberal. Igualdad o el momento de la universalidad.

*2)* Las mujeres rechazan el orden simbólico masculino en nombre de la diferencia. Feminismo radical. Se exalta la feminidad. La búsqueda de la "esencia femenina". Feminismo de la diferencia.

*3)* Las mujeres rechazan la diferencia entre lo masculino y lo femenino como metafísica.)[53]

Estos momentos corresponden en el movimiento lésbico a tres formas de conflictividad, ligadas a su vez a tres momentos históricos:

*1)* En su relación con el movimiento homosexual y el movimiento feminista

*2)* En la construcción de un movimiento lésbico autónomo

*3)* En la búsqueda de interlocución con otros sectores de la disidencia sexual.

---

[52] Kristeva, Julieta, "Womens time", en *Signs*, vol. 7, núm. 1, 1981.
Golubov, Nattie. "De lo colectivo a lo individual. La crisis de identidad de la teoría literaria feminista", en: *Los cuadernos del acordeón*, vol. 5, núm. 24, año 3, México 1993.
[53] Moi, Toril. "Feminist, Female, Feminine", en *The Feminist Reader*, Londres, Macmillan, 1989.

## En busca de la igualdad

> Amigas mías: nos damos cuenta de porqué estamos aquí reunidas, comprendemos nosotras completamente que esperamos de la nada a menos que una completa subversión del orden social presente, una disolución del cuerpo social existente
>
> Elizabeth Oakes Smith, 1852

El feminismo de la primera generación aspiró a ganarse un lugar en la historia, lucharon por integrarse a la lógica y los valores de la racionalidad dominante nación-Estado. Para las europeas, se trató de las sufragistas y de las feministas existenciales.

Para Starobinsky, la igualdad tiene dos dimensiones, la filosófica y la sociopolítica. Se trata de una interrogación filosófica relacionada con las representaciones que nos hacemos de la naturaleza humana y, al mismo tiempo implica una reflexión sobre el modelo de sociedad justa que nos proponemos.[54] Para Amorós[55] la igualdad es un ideal ético. Amorós analiza la oposición privado/público y utiliza la exigencia de la igualdad y el concepto de universalidad como referencia ética para la definición del sujeto: todos los seres humanos son iguales porque sus estructuras racionales y su intersubjetividad son comunes. Amorós plantea que la moralidad de la ley radica en que debe ser válida para todos los sujetos racionales. Marta Lamas[56] señala que este punto conduce al dilema ¿cómo igualar a hombres y mujeres?; extendemos el cuestionamiento: ¿cómo igualamos a lesbianas, homosexuales y heterosexuales?

Amorós plantea que es probable que los hombres, principales detentadores de la universalidad en cuanto a sujetos dominantes, no acepten el código moral de las mujeres (aunque declaren que es mejor). En tanto los hombres no se van a "igualar", queda a las mujeres hacer suyo el código masculino, o como dice Amelia Valcárcel, "el derecho al mal", es decir, la apropiación de las mujeres de la norma masculina es ético en tanto instaura que todos los sujetos, hombres y mujeres, son iguales por cuanto responden a la misma ley moral[57]

La autora plantea que para cambiar el actual estado de cosas se requiere poder, y el feminismo no debe tenerle miedo al poder, debe tener una concepción política desde donde desarrollar formas organizativas más eficaces. Criticando la corriente

---

[54] Starobinsky, Jean, "Historia natural y literaria de las sensaciones corporales", en: Feher, Michel, Naddaff Ramona y Tazi Nadia (eds.), *Fragmentos para una historia del cuerpo humano*, Taurus, 1990.

[55] Amorós, Celia. *Feminismo, igualdad y diferencia*. Colección libros del PUEG. Coordinación de Humanidades. UNAM, 1994.

[56] *Ibidem*, p. 11.

[57] Valcárcel, Amelia, *Sexo y Filosofía: sobre mujer y poder*, Barcelona, Anthropos, 1991.

de la diferencia, afirma que, con frecuencia, la política feminista se limita a una búsqueda de alternativas utópicas y simplistas, repletas de declaraciones éticas: "la trampa de la ingenuidad del oprimido es creer que por puro voluntarismo valorativo se cambian sistemas de valores dominantes"[58] y reafirma su cita parafraseando a Aricó: *La utopía es el recurso de los débiles, cuando no se sabe cómo salir del paso, se recurre a la utopía. El exceso de discurso utópico liquida la posibilidad de amar lo posible, y sin algo de adhesión a lo posible, de búsqueda de lo posible, no podemos hacer de la política una dimensión humana*[59]

Aunque contradictoriamente, la utopía en América Latina ha sido más que un concepto, un objetivo de lucha, principalmente en la conformación de la identidad latinoamericana. Desde otro espacio teórico e ideológico, Horacio Cerutti distingue tres niveles en el entendimiento de la utopía. *En el primer nivel* el término utopía es usado como adjetivo descalificativo, de sentido peyorativo y alude a lo quimérico, fantasioso y, sobre todo, irrealizable o imposible. *En el segundo nivel*, lo utópico remite a un género delimitado y se ubica entre la ciencia ficción y la literatura, lo imposible se acerca a la posibilidad, exclusivamente en un mundo ideal, de sueño diurno y, justamente por su inserción en el mundo conceptual puramente, es un mundo o ciudad o sociedad perfecta. *El tercer nivel* se refiere a lo utópico operando y operante históricamente, es la utopía vivida, más que la pensante o escrita. Este nivel remite a la dimensión utópica de la realidad histórica, aquí lo imposible es continuamente rebasado y la historicidad se hace patente en esta frontera móvil. Lo utópico proporciona conocimiento respecto de la realidad y su estructura valorativa interactúa con la cotidianeidad. Lo utópico constituye así el núcleo activo, especulativo y axiológico de todo proyecto y es el modo en que la esperanza se hace operacional respecto de la praxis.[60]

Lo utópico entonces más que un adjetivo calificativo como recurso de los débiles, debemos entenderlo en el proceso histórico del movimiento lésbico como una categoría que nos permite entender los modos en que las esperanzas se hacen praxis y las formas en que el lesbianismo se hace visible exigiendo un lugar en esta heterosociedad.

En América Latina el feminismo de la segunda ola surge en la década de los setentas,[61] junto a la experiencia de la "nueva izquierda" con mujeres de clase me-

---

[58] Amorós, Celia, *Hacia la crítica de la razón patriarcal*, Barcelona, Antropos, 1985.

[59] Aricó, José, "La utopía es el recurso de los débiles", *Leviathán*, p.46, invierno 1991.

[60] Cerutti Guldberg, Horacio. "¿Teoría de la Utopía?", en: *Utopías y nuestra América*, Horacio Cerutti y Oscar Agüero coordinadores. Ecuador, Biblioteca Abya-yda, 1996, pp.93-105.

[61] Se le denomina feminismo de la segunda ola o feminismo de la liberación, al feminismo que surge en los setentas para diferenciarlo de la lucha sufragista de las primeras décadas del siglo.

dia, rebeldes y cuestionadoras de los moldes tradicionales, mayormente intelectuales, quienes reclamaban como *status* teórico –inspiradas en la filosofía de la modernidad– la universalidad y la igualdad que aseguraba a las mujeres como sujetos y les significaba el primer paso para neutralizar la diferencia sexual.[62]

La igualdad, en el movimiento de liberación homosexual mexicano, la encontramos en sus inicios, en la defensa de sus derechos civiles y políticos. Al inicio de los setentas estuvo íntimamente vinculado a las luchas de la izquierda latinoamericana contra el capitalismo y el imperialismo; por la justicia social, por la transformación del sistema social y por la "patria socialista". La utopía de las transformaciones sociales para los homosexuales radicaba especialmente en los cambios de las relaciones sociales y la aceptación de la opción sexual como un derecho político.

Las primeras formas de organización de las lesbianas estuvieron dentro de grupos homosexuales en la búsqueda de la igualdad y la universalidad, de ahí que una de las principales consignas fue "por un socialismo sin sexismo". La importante participación de las lesbianas feministas hizo modificar el nombre inicial de Movimiento de Liberación Homosexual por el de Movimiento de Liberación lésbico-homosexual, mismo que se caracterizó por su discurso feminista y socialista.

Al quedar descartada la idea de la revolución, para la nueva izquierda latinoamericana se volvió cada vez más atractiva una "especie de justicia", una especie de cambio, una especie de independencia e igualdad.[63] Aunque para muchos la esperanza del socialismo no se desvaneció junto a la expectativa de la revolución, ésta quedó presente en el deseo de la tan soñada "justicia social" donde se pretende que todos seamos iguales aunque diferentes.

## Régimen político y los inicios del movimiento homosexual

> La guerra erótica ha comenzado.
> *Interviu* 47, febrero 1979

El inicio del movimiento lésbico-homosexual en América Latina estuvo motivado por las diversas transformaciones políticas, sociales, culturales e ideológicas que acontecieron en la década de los sesenta y cuya mayor expresión se evidenció en 1968 en las revueltas juveniles de diversos lugares del mundo. En México, 1968

---

[62] Vargas, Virginia, "El movimiento feminista latinoamericano: entre la esperanza y el desencanto (Apuntes para el debate)", en *El cielo por asalto* núm. 2, Otoño 1991.

[63] Castañeda, Jorge, *La utopía desarmada. Intrigas, dilemas y promesas de la izquierda en América Latina*. México, Planeta, 1993.

representó un parteaguas en la historia, porque la revuelta estudiantil que acabó en una terrible matanza en la Plaza de las Tres Culturas en Tlatelolco, marcó un cambio no sólo en la política del país, sino principalmente en la actitud de los jóvenes y los sectores sociales antes marginados. Este movimiento dio lugar a la mayoría de los nuevos movimientos sociales mexicanos: el Movimiento Urbano Popular (MUP), el Movimiento feminista y el Movimiento homosexual, entre otros.

El *Stonewall*, la primera manifestación pública en defensa de los derechos de lesbianas y homosexuales en Estados Unidos, también recibió la herencia de las revueltas del 68 y fue otra de las principales motivaciones para que el Movimiento Lésbico-Homosexual en América Latina se iniciara.

Lesbianas y homosexuales latinos se encontraron en primera fila de aquel histórico acontecimiento. Uno de los arrestados era un indocumentado argentino, quien se lanzó de la ventana del tercer piso de la delegación policiaca, incrustándose una verja de hierro en el cuello. Fue trasladado al hospital donde murió. Este anónimo homosexual argentino es el primer mártir del movimiento gay, pero por ser latino, se presume que nadie lo reconoce. Los gays latinos en Estados Unidos afirman que éste es el ejemplo más trágico de invisibilidad de las lesbianas y los homosexuales latinos en la comunidad gay norteamericana y sostienen además que, de haber sido blanco[64] el mártir, actualmente tendría un monumento.[65] Las lesbianas latinas también hicieron resistencia. El periódico de la época *Village Voice* da cuenta de la participación de bandas de jóvenes puertorriqueños, trasvestis, jóvenes negros latinos y en general clientela no blanca, "diferente". La policía trató de sacar a la fuerza a una lesbiana latina, la cual dio una gran pelea y no se dejó introducir al carro policial, la batalla de esta heroica mujer, según narra el periódico, fue fenomenal "de la puerta al carro y del carro a la puerta".[66]

---

[64] Aunque la revista en mención refiere a "blanco" como símbolo etnocentrista o lo que también se denomina sajón o "wasp" (white, anglosajon and protestant), esto no quiere decir necesariamente que el argentino fuera indio o negro; era latino, lo que para la cultura estadounidense significa hombre de color.

[65] Aburto, Gonzalo, "Abriendo caminos. Nuestra contribución". Revista *Llegó nuestra herencia*, N.Y. Stonewall 25, junio 1994 pp. 4-5.

[66] Monje, Víctor Hugo, "Revolución Gay-Stonewall 1969", en: *Confidencial* vol. I, núm. 9, Costa Rica, junio 1991.

## Primeras expresiones de la lucha homosexual:
## el frente de liberación homosexual (FLH) y SEXPOL

> La liberación de los homosexuales es una forma
> mas de liberación social.
>
> *Declaración FLH, septiembre, 1971*

En América Latina, el inicio del movimiento lésbico homosexual está íntimamente ligado a la historia política de nuestro continente. Los primeros grupos organizados coinciden en nombre y año: 1971, en México el Frente de Liberación Homosexual (FLH), bajo un régimen de "democracia formal" y en Argentina, bajo un régimen dictatorial.[67]

El origen tanto del movimiento homosexual como de diversas organizaciones populares, se encuentra en el gran movimiento estudiantil que fue aplastado trágicamente el 2 de octubre de 1968. La década de los sesentas permitió el surgimiento de una nueva generación de jóvenes que recusaba a la autoridad y traía como respuesta actitudes contraculturales, influida por los logros de la Revolución cubana, el Che Guevara y las luchas estudiantiles de Europa y Norteamérica. Los nuevos conceptos sobre libertad sexual que estaban ventilándose en Europa y los Estados Unidos echaron raíces en México a principios de los sesentas.[68]

El despido de un empleado de la tienda Sears en 1971 a causa de su conducta supuestamente homosexual fue el catalizador que reunió a algunos intelectuales, artistas y estudiantes ligados a la Facultad de Filosofía y Letras de la Universidad Nacional Autónoma de México (UNAM), que habían participado en el movimiento de 1968, con el objetivo de realizar un boicot público a la tienda con carteles y volantes, iniciativa que no fue posible llevarla a cabo,[69] sin embargo, el grupo se convirtió en un grupo de reflexión de "gente de ambiente" como se autodenominaban entonces las lesbianas y los homosexuales.

De este grupo inicial se crea, el 15 de agosto de 1971, el *Frente de Liberación Homosexual de México* (FLH), organización pionera de gays y lesbianas que sirvió como semillero de los futuros impulsores del movimiento lésbico homosexual.[70] En septiembre de ese año publicaron un primer documento en el que demandaban el cese de la discriminación legal y social hacia los homosexuales masculinos y feme-

---

[67] Como se verá más adelante, en 1969 hubo un intento de organización homosexual en Argentina: el grupo Nuestro Mundo.

[68] Lumsden, Ian. *Homosexualidad, sociedad y Estado en México*. México, Colectivo Sol, 1991.

[69] Revista *Nuestro cuerpo* núm. 1, mayo 1979, p. 12.

[70] Hernández, Juan Jacobo y Manrique, Rafael, *10 Años de Movimiento Gay en México: El Brillo de la Ausencia*. México, 29 de agosto de 1988. Documento [fotocopia].

ninos; una educación sexual en las escuelas donde se abordara el homosexualismo con criterio científico; que los siquiatras dejaran de considerar esta conducta como enfermedad, así como el cese de la persecución policiaca y de la discriminación laboral. Pidieron también que la prensa no se refiriera a la homosexualidad como perversión, delito o aberración y que se aceptara acorde a las teorías científicas más serias que la consideran una forma válida de sexualidad. Por último afirmaban que la liberación de los homosexuales es una forma más de liberación social. El grupo, antes de publicar el documento, trabajó año y medio en reuniones informales, de intercambio y, principalmente, de autoconocimiento; el trabajo fue realizado básicamente "dentro del clóset" (de manera no pública). Aunque mayoritariamente masculino, su cara pública fue Nancy Cárdenas, pionera en la lucha por los derechos cívicos y políticos de lesbianas y homosexuales. La denominación para hombres y mujeres en aquella época fue de homosexuales masculinos o femeninos, de ahí el nombre del Frente. De hecho, la denominación de "lesbiana" en México aparece como un producto del feminismo a mediados de los setentas. Según José Cobarrubias del Círculo Cultural Gay, el FLH realizó una marcha en 1972 en protesta contra la guerra de Vietnam en la que participaron aproximadamente quince lesbianas y homosexuales, hecho del que no hemos encontrado apuntes periodísticos pero consideramos importante registrar.

Un acontecimiento importante en la historia del Movimiento fue la participación de Nancy Cárdenas en un programa de televisión. A fines de enero de 1973, a raíz de la denuncia de un ciudadano estadounidense contra el gobierno de su país y la administración Nixon por haber sido despedido de su trabajo en la burocracia federal bajo el cargo de ser homosexual, el Movimiento Gay organizado de Estados Unidos salió a protestar públicamente e hizo un llamado a otros homosexuales a ser acusados con el fin de ganar el pleito, sentar jurisprudencia y demostrar a la administración que se podía ser según las normas de un país, sano, homosexual y trabajador. Nancy Cárdenas recibió una invitación de Jacobo Zabludowski para una entrevista en *24 horas*, el programa más visto en ese momento en todo el país.

En el programa se habló de la igualdad de derechos y de la situación legal de los homosexuales, de su persecución y represión sistemática en el país, de las distorsiones de enfoque que el psicoanálisis y la psiquiatría hacen de la homosexualidad. La entrevista, en tanto el primer acercamiento al problema en mención en forma seria por parte de los medios de comunicación, causó gran impacto en la conciencia nacional, especialmente en los homosexuales e impulsó el movimiento homosexual organizado.

> ...como yo ya había trabajado en el clóset, salí a decir un resumen de lo que había trabajado año y medio con mis compañeros, fue el resultado del trabajo de todos...

Haz de cuenta que hubiera organizado un encuentro nacional... fue algo realmente llamativo, fuertísimo. Me hizo una imagen nacional en 15 minutos... Nadie se me acercó para agredirme, todo lo que recibí fueron felicitaciones, amabilidades, todo eso perfecto pero nadie me dio trabajo, por ejemplo. O las amigas que se atrevían a salir conmigo, disminuyeron a la mitad o la cuarta parte. Mi familia dijo qué bien, una participación nacional de esa envergadura, pero lástima que fuera para ese tema de los jotos.[71]

El FLH se disolvió un año después de su constitución, pero continuaron trabajando individualmente o en forma coordinada algunos de sus ex-integrantes principalmente en los medios de comunicación, temas en torno a la sexualidad y la defensa de los derechos laborales y civiles de lesbianas y homosexuales.

En 1974, un grupo de trabajo terapéutico, psicocorporal y psicopolítico fundamentado en los planteamientos de Wilhelm Reich, se identificó como SEX-POL, dirigidos por el terapeuta Antonio Cue. No fue exactamente un grupo homosexual de acción. Eran dos grupos, del martes y del miércoles, dedicados al estudio y la reflexión en torno a la sexualidad y la política. En esta escuela se formaron muchos de los líderes y militantes de lo que posteriormente sería el Frente Homosexual de Acción Revolucionaria (FHAR). El grupo tuvo muy corta duración.

## La irrupción del lesbianismo en la conferencia mundial del AIM

> Es difícil, lo sabemos, despertar la conciencia de nuestras hermanas oprimidas por sus propios conceptos de autodenigración, pero ése es el primer paso ineludible.
>
> *Declaración de las lesbianas de México, junio de 1975.*

Las lesbianas dejaron oír su voz en la Conferencia Mundial por el Año Internacional de la Mujer que se celebró en México en 1975. El 23 de junio la australiana Lauria Bewington, en nombre de la Unión de Estudiantes Australianas, manifestó su preocupación por los problemas generales de la mujer y demandó el cese de la marginación de las lesbianas y la unión en "la lucha común por un universo en el que cada cual puede manifestar sus preferencias sexuales de acuerdo con sus propias inclinaciones y no en función de papeles impuestos por la sociedad... *Yo estoy or-*

---

[71] Entrevista a Nancy Cárdenas realizada para *Otro modo de ser mujer* por Lurdes Pérez, 1990. *joto*, en la jerga mexicana denomina despectivamente a los homosexuales.

*gullosa de ser lesbiana* –dijo–, *no presento trastornos físicos ni psíquicos de ningún orden y he hecho esta elección libremente*. A continuación intervino una norteamericana recordando que el Informe Kinsey sobre "El comportamiento sexual de la mujer", publicado en 1953, afirma que 28% de las norteamericanas había tenido alguna experiencia homosexual en su vida y 5 o 6 % practicaba exclusivamente la homosexualidad.[72]

Los días siguientes la prensa comentó ampliamente el "incidente". El *Excélsior* en su primera plana informaba: *Defienden chicas de EU el homosexualismo*. "Un grupo de escritoras mexicanas pidió a la Tribuna del Año Internacional de la Mujer que se trataran asuntos realmente trascendentes para que la Asamblea no se volviera, a base de temas banales, un show". *Novedades*, bajo el encabezado de *"Armó la Gorda"*, reportaba la participación de la joven australiana, así como la ola de aplausos y agresiones verbales que se desató en el público como respuesta: "¡Sáquenla!", "¡vete a ver al médico!", "¿qué vinieron a hacer y qué derechos reclaman las lesbianas?..." "Lo que repugna es que ellas quieren que su padecimiento se considere como estado normal, su enfermedad como salud, con lo cual no hacen sino probar que su caso clínico ha llegado a verdadera gravedad", refunfuñaba uno de los editorialistas de *Excélsior*, el periódico más progresista en ese momento (24 de junio de 1995).

La ausencia de lesbianas mexicanas en ese "escándalo" parecía darles la razón a las reacciones de prensa que insistían en que el lesbianismo no era más que una extravagancia importada, que no iba a distraer a las mujeres mexicanas de sus "verdaderos problemas". Nancy Cárdenas que ya había aparecido públicamente en 1973 fue localizada por una de las lesbianas asistentes a la reunión.[73]

...Me contaron que las comunistas, mis propias compañeras de antes en el partido habían abandonado la sala de discusiones cuando una chica australiana dijo "yo soy lesbiana feminista". Ellas dijeron 'Fuera las enfermas, nosotras no estaremos aquí' y abandonaron la sala. Eso me pareció que daba una imagen de México incompleta, porque yo también era militante de izquierda, era lesbiana y feminista y tenía otra posición y levanté el dedo.[74]

En la conferencia se reunieron las lesbianas asistentes y presentaron públicamente una *Declaración de las lesbianas de México*, el primer manifiesto en la historia mexicana elaborado por un grupo de lesbianas, en el que expresaron que

---

[72] Sarmiento, Carmen, *La mujer, una revolución en marcha*. Madrid, Sedmay, 1976.

[73] Hinojosa, Claudia "El Tour del Corazón" en: *Otro modo de ser. Mujeres mexicanas en movimiento*. México, 1991.

[74] Entrevista con Nancy Cárdenas, *ibidem*.

sus sentimientos son naturales, normales, dignos y justos; que, desgraciadamente, sus esfuerzos carecen de efectividad porque no han logrado una organización sólida; que es difícil despertar conciencia en otras lesbianas por la autodenigración; que las disposiciones legales que puede aplicar un juez por faltas a la moral y apología de un vicio podrían ser de hasta seis años de cárcel sin derecho a libertad bajo palabra; que esto junto a la acción policiaca y la acción abierta organizada es casi imposible; finalizaron la declaración afirmando que "la liberación de los homosexuales es una forma más de liberación social".[75]

En el evento apareció por primera vez públicamente el término lesbianismo, aunque el ánimo de la lucha todavía seguía siendo de características homosexuales, como se aprecia en el final del documento. La necesidad de precisión de los términos apareció como una exigencia que vino desde el movimiento feminista, como lo expresa Nancy:

> En todos los momentos que leímos de la liberación estaba que había que desatanizar los términos. En la declaración de septiembre del 71 no aparece la palabra lesbiana, sino hasta que ya me forzaron en 75 a precisar los grupos de mujeres.[76]

Otro elemento a destacar de esta primera aparición pública de las lesbianas en México fue la referencia al sistema legal y policíaco con el que se podía juzgar la homosexualidad y que impedía "la acción abierta organizada". De hecho cuando Nancy Cárdenas fue interceptada por los periodistas para declarar sobre el lesbianismo en México, su primera reacción fue de resistencia ante el temor de la legalidad.

> De pronto tenía yo como cuarenta o cincuenta periodistas alrededor, ¡como Sophia Loren en la Vía Appia! No lo podía creer. El asalto era agresivo: "¿Es usted lesbiana?" "¿Quiénes más son?", "¿Por qué aceptó venir?" "¿Qué significa esto?" Una pregunta tras otra. Yo ni siquiera podía contestar. Lo único que alcancé a decirles fue: mientras la ley de mi país no ofrezca garantías para los homosexuales, ni yo ni nadie puede responder a sus preguntas.[77]

La ley mexicana no se modificó al respecto, sin embargo, la reforma política de 1977 permitió mayor apertura para el desarrollo del feminismo y la aparición pública

---

[75] *Declaración de las lesbianas de México*. Documento leído públicamente en el Foro sobre lesbianismo que organizaron las lesbianas que participaron en la Conferencia Mundial del Año Internacional de la Mujer. México, D.F. junio de 1975. Fotocopia.

[76] Nancy Cárdenas, *ibidem*.

[77] Hinojosa, Claudia. "El Tour del Corazón" en: *Otro modo de ser. Mujeres mexicanas en movimiento*. México, 1991.

de un movimiento de lesbianas y homosexuales. Los códigos penales del país no hacen una referencia explícita a la penalización de la homosexualidad, pero la ausencia de una declaración constitucional referida a la no discriminación por razón de opción sexual puede llevar a interpretaciones y sanciones con otras figuras o disposiciones legales, como "corrupción de menores", "delitos contra la moral y buenas costumbres" o los Reglamentos de Policía y Buen Gobierno que dan a la policía un amplio poder para arrestar a cualquiera que adopte "actitudes o use un lenguaje que contraríe las buenas costumbres; que haga ademanes indecorosos que ofendan a la dignidad de las personas; que perturbe el orden público y llegue a invitar, permitir y ejercer la prostitución o el comercio carnal", entre muchas otras ofensas (Artículo 3).[78]

En la práctica, el Código Penal puede ser usado para legitimar o excusar la arbitraria persecución de homosexuales, principalmente a los que dan la cara en público. Como señaló Max Mejía, "poco importa que no se llame por su nombre el delito de la homosexualidad. El criterio sobre lo inmoral está legitimado en la existencia de la moral, el pudor y las buenas costumbres machistas".[79]

Con la participación de las mujeres en el primer grupo organizado, el FLH llegó a tener una composición del 50%. Por las características de trabajo interno del grupo, la actividad empezó a saturar a los agremiados y la responsabilidad de liderazgo a recaer en Nancy Cárdenas, sin lograr articular acciones que comprometieran la permanencia de sus militantes. Es posible advertir en esta primera experiencia organizativa de carácter mixto, la primera forma de conflictividad entre hombres y mujeres y el primer intento de formar un grupo exclusivamente de mujeres.

> Lo malo era que no regresaban y yo tenía aquí en mayo de 71, domingo a domingo, en mi día de descanso, hasta sesenta gentes y el domingo siguiente otras sesenta gentes, población flotante que venía a ver que veía, muchos se cansaron de estar viendo las leyes, después de una etapa en que ya contaron su vida y de que oyeron otras cuatro y ligaron a un novio, ya se fueron. Me decepcionó por la crisis entre hombres y mujeres y dije vamos a separar el grupo. Hice otro grupo para puras mujeres, porque habían sido problemas con los varones. Pero también, eran mis amigas las borrachas, llegaban ahogadas y hasta el gorro, nos divertíamos muchísimo pero era lo mismo, emplear mi día de descanso en eso, terminó por ser antieconómico para mi organismo y mi economía personal. No llegamos a hacer documentos pero sí llegué a leerles documentos. No funcionó evidentemente y vino lo de Zabludowski. Eso motivó muchísimo, como si hubiera organizado un encuentro nacional.[80]

---

[78] Lumsdem, *ibidem*.

[79] Mejía, Max, "Nadie es libre hasta que todos seamos libres", en Fratti, *Gina liberación homosexual*. México, Posada, 1984.

[80] Nancy Cárdenas, *ibidem*.

Con la desaparición del FLH y Sex-Pol, se cerró la primera etapa de organización del movimiento lésbico-homosexual. Se destaca sobre todo de ambos grupos pioneros, el que hicieran social y político el tema de la sexualidad y la homosexualidad. Después de un vacío de cuatro años, la aparición pública de un contingente de homosexuales el 26 de julio de 1978, en la marcha de apoyo a la Revolución cubana inauguró un segundo momento en la historia del movimiento lésbico-homosexual mexicano.

## Una nueva generación: de cara a la sociedad

> Dar la cara implica un cambio en la manera de vernos, de sentirnos, de mantener nuestras relaciones afectivas y de desarrollarnos como individuos en la sociedad.
>
> *Dar la cara.* Tríptico Lambda

Esta segunda etapa (1978-1984), de cara a la sociedad, tuvo la presencia y activismo de grupos masculinos, femeninos y mixtos. En su inicio, fue autodenominado como Movimiento de Liberación Homosexual. Aunque la palabra lesbianismo ya había aparecido en 1975, todavía no tomaban fuerza las reivindicaciones lésbicas como una necesidad específica de las mujeres.

Esta fue la etapa del florecimiento y expansión del movimiento de liberación homosexual, organizado por la difusión de nuevas ideas en torno a la sexualidad y su indesligable relación con la política, por la búsqueda de legitimidad y reconocimiento en diversos sectores de la sociedad, por la creación de un contra-discurso opuesto a las caracterizaciones hechas por la prensa amarillista, la psiquiatría tradicional, el psicoanálisis y la moral religiosa, por las enormes movilizaciones en las marchas por el orgullo lésbico-homosexual, por la solidaridad con otros sectores sociales y por la defensa de la democracia.

Desde sus inicios, dos características marcaron profundamente la historia del movimiento de lesbianas y homosexuales en México: su discurso feminista y su posición socialista. Su principal demanda, "Por un socialismo sin sexismo", remite a la necesidad de politizar aspectos de la sexualidad tradicionalmente considerados privados, propios de la intimidad del individuo y de la privacidad de las alcobas, ajenos del ámbito social y la vida política.

La sexualidad, analizada desde un pensamiento troskista, de gran influencia en el momento "tiene que ver tanto con el tipo de relaciones sociales de producción como con el tipo de individuos que el mismo modelo de sociedad requiere". Esto es, para la burguesía resulta indispensable mantener la división social de los sexos, pues la reproducción del capital solo puede obtenerse mediante la explotación del trabajo fabril y con la reproducción biológica y el trabajo doméstico; infiriéndose de ello, la existencia de papeles especiales para el hombre y la mujer. La ideología burguesa a través de las categorías sexuales de masculinidad y feminidad someten a la población al modelo de pareja heterosexual, base de la institución familiar actual. Esto implica la sujeción sexual de las mujeres a las necesidades del hombre y el rechazo de la homosexualidad. De ahí que la supuesta privacidad de lo sexual, no es más que una maniobra de la ideología burguesa, con la que difunde la creencia de que la vida está dividida entre lo privado y lo público. Con ello invisibiliza la existencia de la opresión sexual y ahuyenta cualquier posible confrontación con una de las bases sociales que la sustenta".[81]

Uno de los aspectos más importantes en la militancia de la época fue el impulso a la "salida del clóset". Dar la cara fue una de las consignas que levantó el movimiento lésbico-homosexual, instando a lesbianas y homosexuales a salir del encierro y la mentira, a luchar por la libertad, a expresar abiertamente el orgullo de ser lesbianas y homosexuales, a asumir una conciencia crítica ante la reducida alternativa de la heterosexualidad, a solidarizarse, organizarse, luchar contra la represión y la intolerancia.

## El clóset

Hasta finales de los setentas, el término clóset era restringido a la jerga gay, donde significaba un estado de encubrimiento en el cual uno vivía su homosexualidad. Algunos individualistas decían permanecer en el clóset, y por lo tanto pasaban por heterosexuales, eso esperaban. Algunos eran reprochados por sus ilusiones siendo etiquetados como "reinas de clóset", siendo la idea que ellos continuaban siendo lo que eran sin importar cuan elaborada o aparentemente exitosa pareciera su personificación de la heterosexualidad. Otros salían del clóset, o eran presionados a hacerlo. Posteriormente los periodistas de medios masivos se apropiaron y extendieron el uso del término para poder hablar de "conservadores de clóset" y "gourmets de clóset" sin ninguna connotación sexual.

Todas estas connotaciones de clóset dependen de una metáfora subyacente. En el uso americano, el espacio arquitectónico designado en su significado primario es típicamente pequeño, encerrado, esencialmente una alcoba asegurada por una puerta para guardar ropa. El uso inglés antiguo trata al clóset como cualquier cuarto o cámara privada. A través de una combinación de estos significados, el verbo *enclosetarse* viene a fusionar la idea de privacía y alejamiento por un lado, con el

---

[81] Folletos *Bandera Socialista*, núm. 91, *ibidem*.

encierro estrecho, por el otro. Para el elemento del secreto ocasionado por el carácter sospechoso de lo que está siendo escondido compárelo con el proverbio: un esqueleto en el clóset. Historiadores de la literatura también hablan del "drama de clóset", que es uno que jamás se intentó para una actuación pública. Un escritor eclesiástico del reino de Jaime I de Inglaterra escribió la expresión "pecados de clóset", así que el uso como adjetivo de la palabra tiene una larga historia. Algunas veces los escritores y oradores gay reactivan la metáfora, de tal manera que la expresión es tomada en su sentido literal arquitectónico, como en "clóset paralizador" o "su clóset está clausurado con clavos". Apoyar en el proceso de salir del clóset ha sido comparado, por la activista Barbara Gittings de Filadelfia, como "aceitar las bisagras de la puerta del clóset." También es posible hablar de "regresar al clóset" refiriéndose a aquellos que se sienten incómodos con su homosexualidad pública o sienten que es imprudente anunciar su orientación sexual.

Sociólogos como Erving Goffman han escrito acerca de tendencias análogas entre otros grupos, como ex prisioneros y ex pacientes mentales, para "manejar una identidad dañada" al editar su presentación del sí mismo. Es dudoso, sin embargo, que la gente gay "enclosetada" piense sobre sí misma de la misma manera. Librados, como están la mayoría de ellos, de documentos de origen oficial que los estigmaticen y convencidos de que su fachada no ha sido descubierta, rara vez consideran su propio auto encierro (o auto ocultamiento). Cuando son presionados, ellos apelan a la tradición anglosajona de separar los asuntos públicos de sus vidas privadas. Muchos heterosexuales estarían de acuerdo en que la sexualidad es un asunto privado.

En la visión de los activistas gay, las personas de clóset pueden tener un impacto negativo en el bienestar de otros homosexuales, "una verdad para las personas activas en el movimiento gay es que los mayores impedimentos del progreso homosexual con frecuencia no son los heterosexuales, sino los homosexuales de clóset. Por definición, éstos han rendido su integridad. Esto hace a la gente de clóset muy útil para el establecimiento: una vez empoderados, tales personas están garantizadas para apoyar las más sutiles trazas del prejuicio anti-gay. Un homosexual de clóset tiene la más aguda comprensión de estas sutilezas, ya que escogió vivir bajo la tiranía del prejuicio. Es mucho menos factible que demande tratamiento justo o imparcial para su gente, porque hacer eso atraería atención a sí mismo".[82]

Por una variedad de razones –las cuales pueden no ser claramente sabidas por ellos mismos– un amplio número de homosexuales y lesbianas en nuestra sociedad

---

[82] Shilts, Randy, *And the Band Played On* (Y la banda siguió tocando), New York, 1987, p. 406

permanecen "en el clóset". Esto sucede a pesar de exhortaciones frecuentes y vehementes por parte de los líderes del movimiento lésbico-gay para *"salir del clóset"*. Su negativa o duda hace muy difícil la organización política de homosexuales y lesbianas. Ha habido alguna discusión sobre la ética de "desclosetamiento forzado". Por ejemplo, gays liberales afirmaban que el fallecido político conservador Tina Dolan se beneficiaba de "actuar en ambos lados de la calle": participando en campañas para reunir fondos para causas que incluían actos anti gay, mientras que personalmente disfrutaba una vida gay, aunque de clóset para el público en general. Dolan murió en 1987, haciendo decaer este chisme, aunque la discusión general permanece. Aun en notas luctuosas, muchos periódicos se rehusan a mencionar que un amante le sobrevive u otros aspectos del estilo de vida gay, presuntamente para proteger la privacía de los parientes. Esta resistencia parecería que va muy lejos. Por supuesto la restricción de la información ha hecho difícil asegurar la homosexualidad o lesbianismo de figuras pasadas quienes muy probablemente lo eran. La tarea del biógrafo que es llamado a estudiar la evidencia de las tendencias sexuales de una figura del pasada, es un reto. El individuo puede haber tomado grandes precauciones para destruir o hacer destruir cualquier "evidencia incriminatoria".

## *Coming out* (saliendo del clóset)

El proceso cultural y psicológico por el cual las personas se relacionan a un modelo particular de homosexualidad, internalizando un sentido de identidad como "homosexual" o "lesbiana" de acuerdo a ese modelo, se llama "saliendo del clóset". Como hay diferentes (si los hay) modelos de identidad homosexual en diferentes culturas, el proceso de salir del clóset también muestra una amplia variación.

## *Problemas conceptuales*

En los países industrializados de Europa del Norte y Estados Unidos, el proceso puede ser aplicado a cualquiera con un interés erótico sustancial en otros del mismo género, y su resultado final es la identificación como homosexual o lesbiana. En muchas otras partes del resto del mundo, el proceso concierne primariamente al hombre sexualmente receptivo, no al activo-penetrador, y el resultado final puede ser una identificación como una *cuasi-mujer*; permanece confuso a qué grado un proceso correspondiente existe para las mujeres. En otras culturas y en otros tiempos, y en particular en áreas donde la pederastía ha sido popular, no hay un modelo de identidad y el tema de "salir del clóset" no surge.

La investigación sobre "salir del clóset" ha sido generalmente limitada a áreas donde predomina un modelo industrial primer mundista del homosexual, y esto debe tomarse en cuenta al evaluar cualquiera de sus afirmaciones como resultados universalmente válidos. Otra falla en muchas de las investigaciones es asumir que una identidad homosexual es de alguna manera innata e intrínsecamente valiosa y necesita solamente ser descubierta o no reprimida, para que florezca; una alternativa que posiciona el sentido de una identidad homosexual como algo aprendido de la cultura (sub-cultura y dominante), visualiza "el salir del clóset" como un proceso de socialización y que no ha sido suficientemente explorado. La mayor parte de la investigación asume "salir del clóset" como un proceso necesario y beneficioso la larga (aunque difícil algunas veces), lleva a una identidad como objetivo.

Aun en las sociedades industriales primermundistas, hay una considerable disputa sobre la pregunta en dónde termina "el salir del clóset". Los minimalistas sostienen que es un estado de aceptación interna de la autoidentidad homosexual (la cual debe ser totalmente privada); para los liberales gay, es un estado en el cual la homosexualidad propia se hace conocer virtualmente a cualquiera con quien se tiene un contacto significativo, al tiempo que varios autores se ubican en posiciones intermedias. Este último grupo parece dividir "el salir del clóset" a un proceso de fases múltiples en el cual uno "sale" consigo mismo, con la familia, las amistades, con la gente en un contexto social gay, con los superiores en el empleo, colegas y otros en muchas combinaciones y secuencias.

### Saliendo del clóset como un proceso de desarrollo

Unos cuantos homosexuales y lesbianas reportan no tener recuerdo de un proceso de salir del clóset; ellos siempre se consideraron homosexuales y nunca estuvieron "encerradas". Otros han reportado una revelación súbita de su propia homosexualidad, lo cual no encaja en ninguna teoría de etapas pero que los ha llevado de ser un aparente heterosexual, a ser cómodamente homosexual de un día para otro.

Los teóricos del proceso de salir del clóset, lo han caracterizado generalmente como una serie de acontecimientos importantes por medio de los cuales una persona se mueve de un punto de casi total ocultamiento de la homosexualidad, a uno de auto reconocimiento o proclamación externa de una identidad semejante. Quizás una de las declaraciones más amplias de este proceso es la de Gary J. McDonald: "Como un proceso de desarrollo a través del cual las personas gay se dan cuenta de sus preferencias afectivas y sexuales y escogen integrar este conocimiento a sus vidas personales y sociales; salir del clóset involucra adoptar una identidad no tradicional, reestructurar el concepto propio, reorganizar el sentido personal de la historia, y alterar las relaciones propias con otros y con la sociedad todo esto refleja una serie compleja de transformaciones cognitivas y afectivas al igual que cambios de comportamiento".

La mayoría de los modelos de salir del clóset proponen una serie de etapas lineales de desarrollo basadas en una perspectiva teórica particular. Ejemplos de tales secuencias incluyen: pre-salir del clóset, salir del clóset, exploración, primeras relaciones, integración; sensibilización, significación, desorientación, disociación, compromiso; confusión de identidad, comparación de identidad, tolerancia de identidad, aceptación de identidad, orgullo de identidad, síntesis de identidad. Los temas no resueltos incluyen la linealidad del proceso dentro de la vida de un individuo (incluyendo regresos y cambios en la secuencia de las etapas) y diferencias individuales en los tiempos del proceso, incluyendo tiempo absoluto en términos de edad al alcanzar varios puntos determinados y tiempo relativo en términos de cuanto tiempo toma el proceso.

Hay alguna evidencia de que salir del clóset está ocurriendo más pronto y que el proceso se está haciendo más compacto con cada nuevo aliado de homosexuales y lesbianas, especialmente en comunidades urbanas, universitarias y saturadas por los medios de comunicación. Ya no es raro que el proceso comience poco tiempo después de la pubertad y sea esencialmente completado para el final de la adolescencia. Esto es atribuible en gran parte a la reciente visibilidad de tópicos homosexuales y lésbicos en muchas partes del mundo.

### Obstáculos y dificultades

Los individuos utilizan muchas defensas para negar el aparentemente inevitable proceso, incluyendo la racionalización ("estaba borracho"), relegación a insignificancia ("sólo lo hice como un favor para un amigo"), compartimentación ("me excito con chicos, pero eso no me convierte en "*queer*"), retiro al celibato o la asexualidad ("me estoy guardando hasta el matrimonio") y negación ("no puedo ser lesbiana porque salgo con chicos"). La represión de los deseos con el mismo sexo puede llevar a sentimientos futuros de pánico o interrupción de estrategias establecidas para luchar. Puede ser difícil para una persona que pasa por etapas tempranas, solicitar ayuda para lidiar con la turbulencia interna porque conscientemente no hay problema, y los temas son tan nebulosos e intensamente personales que constituyen una crisis existencial. No es fácil reconocer que los estándares sociales de comportamiento, actitudes, y expectativas para el futuro que normalmente acompañan la identidad heterosexual, no son relevantes a la vida propia. Pasar por heterosexual tiene sus propios costos: pérdida de autenticidad, sentimientos de hipocresía, constante temor de ser descubierto y ansiedad generalizada.

Un resultado positivo de salir del clóset puede proveer una integración de identidad, reducción de los sentimientos de culpa y soledad, una fusión de la sexualidad y la emotividad (tal como tener una amante), un sentido de apoyo de la comunidad gay o lésbica que les rodea. La existencia de un proceso de salida del clóset es comúnmente atribuido a un medio homofóbico, en el cual uno debe tomar una posición en contra del consenso social percibido para poder acertar las preferencias, atracciones, sentimientos e inclinaciones propias. En este punto de vista, la aceptación social de la homosexualidad como natural y una variación común de un tema sexual, acabaría con las dificultades emocionales al igual que con el sentido de significado destinal de lo que es descrito como salir del clóset.[83]

En este sentido, la historia que estamos narrando responde a la necesidad de tomar posición frente a un medio homofóbico y salir del clóset es reclamar derechos y libertades. En este período de "dar la cara a la sociedad" o en el que "salir del clóset" se hizo un imperativo, surgen diversos grupos lésbicos, homosexuales y mixtos, de los cuales, presentamos un recorrido.

## Lesbos

> Ellas son sus dueñas que dominan el paisaje. En esta posición estratégica, en la que tienen toda su ventaja, llevan los arcos en adelante y lanzan millares de flechas...
>
> MONIQUE WITTIG, Las guerrilleras.

Un año antes de la aparición pública del primer contingente de homosexuales mexicanos en la marcha del 26 de julio, un grupo de lesbianas ya se había organizado, trabajando en torno a una identidad lésbica autónoma.

En 1977 algunas lesbianas que habían participado en grupos feministas sintiendo el aislamiento por razón de su preferencia sexual, se animaron a asumirse públicamente formando el primer grupo de lesbianas feministas. "Lesbos se levanta como una organización política, junto con las luchas de todos los sectores marginales, contra los sistemas socioeconómicos represivos y por la construcción de una nueva organización social", reza la descripción del grupo en la revista *Fem*.[84] Hacen una crítica a los sistemas socioeconómicos represivos (capitalismo y socialismo) que

---

[83] Tomado de: *Encyclopaedia of Homosexuality*, Edited by Wayne R. Dynes Associate Warren Johansson, Editors William A. Percy with the Assistance of Stephen Donaldson. Volume 1 A-L. Garland Publishing, Inc. New York and London, 1990.
[84] "Grupos Feministas en México". *Fem* vol. II núm. 5 octubre-diciembre 1977 pp. 27-32.

intentan determinar todos los aspectos de la vida y someter a los grupos marginales o débiles: negros, homosexuales, indígenas, mujeres, prostitutas, niños, enfermos mentales, etcétera para garantizar la estabilidad de sus intereses económico-políticos y abogan por la construcción de una nueva organización social.[85]

El inicio de la primera organización lésbica en México se debe en gran medida a la influencia que dos de sus fundadoras recibieron de Europa en los primeros años de los setentas, donde conocieron y compartieron experiencias con grupos feministas y lésbicos. A su retorno, Yan María C., una de las figuras más controvertidas en la historia del movimiento lésbico mexicano, se incorporó a la Coalición Nacional de Mujeres, una de las primeras instancias de coordinación de los grupos feministas mexicanos en 1976; experiencia en la que reafirmó su necesidad de iniciar una lucha propia, que reflejara los intereses de su sector:

> En la Coalición, me di cuenta que las demandas por las que se luchaba eran necesarias y justas, pero que respondían a las necesidades de las mujeres heterosexuales; no había demandas lesbianas. Solo Cristina había comentado que era lesbiana, de manera muy privada a otras de las compañeras de la Coalición. Cuando me abrí como lesbiana en coalición, al principio se sacaron de onda, me daban una palmadita y me decían: "De todas maneras te apreciamos, está bien que seas eso, aquí respetamos a todas las mujeres, pero quizás no convenga que lo digas al exterior". Después de venir de Europa era muy difícil para mí volver al clóset. Con Cristina queríamos echar a andar el primer grupo de lesbianas pero no teníamos elementos, no sabíamos cómo. No teníamos una metodología de trabajo ni material teórico de apoyo ni teníamos lesbianas. No sabíamos dónde encontrar lesbianas, creíamos que éramos las únicas lesbianas mexicanas en toda la república. Ella en alguna ocasión fue a un bar y hubo una redada de la policía, echaron gases lacrimógenos adentro y todo el mundo salió corriendo. Y se juntó con otras lesbianas y homosexuales en un Sanborns, donde estaba Luz María que venía también de Europa. Hablaron que sería importante que en México hiciéramos un grupo para defendernos de la policía que constantemente nos estaba hostigando. Nos reunimos las tres, pero Luz María tenía una perspectiva patriarcal del lesbianismo, no tenía una formación feminista. Por otro lado, Cristina tenía una formación feminista, pero no tenía experiencia lesbiana.[86]

> Cuando regresé a México, ya no era la misma, ya no me sentía igual. Fui a un bar gay que estaba por el Monumento a la Revolución, el "Topo", también iba gente heterosexual. Hubo una redada como a las ocho de la noche. Llegó la policía con uso de violencia, con "julias" (judiciales). Echaron gases lacrimógenos pero como yo estaba casi en la entrada y ellos se metieron hasta adentro; pude salir. No huimos. Quedamos observando de lejos.

---

[85] González, Cristina, *El Movimiento feminista, Aproximaciones para su análisis*, tesis de Maestría Facultad de Ciencias Políticas y sociales, UNAM, 1987.

[86] Entrevista con Yan María C., 9 de febrero de 1995.

Vimos cómo golpeaban a la gente, los subían a las "julias", principalmente hombres, pero también lesbianas y alguna que otra pareja hétero. Protestamos, y como no teníamos seguridad, quedamos en vernos en el Sanborns de Aguascalientes. Nos juntamos, los chavos luego se fueron al bar, y nos quedamos las chavas platicando. Una chava, me habló de Yan María y coincidimos con su interés de organizar algo. Invité a otras dos mujeres, estaba Yan María y empezamos a hablar de la necesidad de conformarnos en un grupo. De ahí nació Lesbos. La primera reunión fue un 6 de enero con el pretexto de partir una rosca de reyes. Fueron como diez mujeres y se fueron formalizando las reuniones cada viernes. No sabíamos qué hacer más allá de hablar de nuestras experiencias personales y en un principio se conformó como grupo de autoconciencia y cada una dábamos nuestra biografía. Eso daba un margen para diez reuniones.[87]

La conformación del grupo tampoco fue sencilla porque los espacios donde tradicionalmente se encontraban las lesbianas, espacios de "reventón", tenían poco interés por discutir cuestiones teóricas.

Nos juntamos, pero dijimos: ¿dónde vamos a encontrar lesbianas? Pues vamos al bar. Fuimos al bar y a nadie le interesaba lo que estábamos haciendo. Logramos juntar a un grupito como de siete lesbianas y hubo una primera reunión. Nos miramos a la cara y, "¿qué hacemos?". Casi no nos atrevíamos a decir la palabra lesbiana: "somos eso", "yo me siento muy mal", "pues yo quisiera dejar de ser eso", "yo soy desde chiquita pero ya quiero casarme". Unas cosas tremendas. Empezamos a hablar sin metodología ni objetivos precisos. Al principio era tan fuerte encontrarse con otra lesbiana y empezar a hablar sobre el lesbianismo, que nos empezamos a agarrar unas a otras con una desesperación y una necesidad de ser entendidas, de ser escuchadas, de comunicación.... Luego tuvimos dos reuniones donde todo el mundo se emborrachó, hubo pleitos y una se quería echar por la ventana, ¡horrible! No hallábamos qué hacer, Cristina y yo no sabíamos como manejar la situación.[88]

La labor de convencimiento de nuestras pioneras con las lesbianas de bar, una labor casi mesiánica, de llevar el mensaje de liberación, fue importante no sólo porque presentaba una opción alternativa a la actividad de los bares, presentó, sobre todo, los antecedentes a la lucha organizada por los derechos de las lesbianas y por una identidad nueva.

Funcionamos con mucha dificultad debido a la carga emotiva, de frustración y agresión que teníamos y la volcábamos contra el grupo, que estuvo a punto de desbaratarse varias veces, pero logramos sostenerlo hasta que llegamos a ser unas doce o quince. Le pusimos

---

[87] Entrevista a Luz María, 3 de diciembre, 1994.
[88] Yan María, *ibidem*.

Lesbos porque el único documento que teníamos era un folletito que alguien consiguió en Estados Unidos de una revista de lesbianas que hablaba sobre las amazonas. Entonces, nosotras nos sentíamos amazonas. Ahí decía la palabra lesbiana y hablaba de Safo y Lesbos.[89]

La primera referencia para Lesbos obviamente fue el feminismo, tanto por la militancia de algunas de ellas como por la imagen europea que se tenía de la íntima relación entre el movimiento feminista y el movimiento lésbico.

Como Luz María y yo traíamos la experiencia europea de que las lesbianas estaban integradas al Movimiento feminista pensamos que aquí iba a ser fácil integrarnos al Movimiento feminista. Cuando el grupo se logró consolidar como a los siete, ocho meses, fuimos con las compañeras feministas heterosexuales y les dijimos a nivel individual: "ya tenemos un grupo". Nunca nos atrevimos a plantearlo en la asamblea de la Coalición de Mujeres porque nuestro temor era tanto, nuestra inhibición, que no nos atrevíamos a plantearlo públicamente. La reacción de ellas fue decir que qué bueno que nosotras nos empezábamos a reunir, pero cuando les dijimos que queríamos ingresar a la Coalición de Mujeres, nos dijeron de manera muy diplomática que no era conveniente, que podía ser muy peligroso porque el pueblo de México no estaba acostumbrado a ese tipo de cosas, que esa era la experiencia europea y que nada tenía que ver con la realidad latinoamericana y que nuestra presencia dentro del Movimiento feminista iba a ser perjudicial porque todo el mundo iba a decir que las feministas eran lesbianas, que eran desviadas, que eran machorras. Ellas nos recomendaban que siguiéramos trabajando en la Coalición de Mujeres, pero no consideraban oportuno plantear el ingreso de un grupo de Lesbianas a la Coalición. Después de platicar con estas compañeras nosotras sentimos que íbamos a seguir siendo lesbianas militantes, pero de clóset.[90]

La reacción de las heterofeministas[91] fue defensiva. Temerosas de perder la imagen y la legitimidad social que venían ganando, cuestionaron la participación de Lesbos en Coalición de Mujeres. A la mayoría de ellas todavía les daban terror las lesbianas y ser confundida con una de ellas. El movimiento feminista mostraba un rostro lesbofóbico,[92]

---

[89] *Ibidem*.

[90] *Ibidem*.

[91] Heterofeminista es la activista del movimiento feminista con una práctica política y sexual heterosexual. Su interacción erótico-afectiva sólo se entabla con personas de su sexo opuesto y su visión política está principalmente asociada a la heterosexualidad como la práctica de interrelación normal y modelo único a seguir. Algunas lesbianas feministas que prefirieron mantener su lesbianismo en secreto, han desempeñado un papel de respaldo a la visión heterosexual debido al temor de ser señaladas como lesbianas.

[92] Lesbofobia u homofobia es el miedo irracional y odio a aquellas personas que aman a alguien de su propio sexo (Paharr, 1988). El rechazo irracional a la homosexualidad históricamente ha tomado dife-

poco transgresor y una extremada preocupación por "las apariencias". Las lesbianas intentaron entonces buscar alianzas con aquellas que ya estaban militando en el feminismo pero dentro del clóset.

> Contactamos con otras lesbianas de la Coalición de Mujeres, pero ellas ni se asumían como tales, ni estaban dispuestas a dar una lucha lesbiana, ni querían juntarse con nosotras para que no dijeran que ellas eran lesbianas. A partir de entonces aprendimos que muchas veces nuestras peores enemigas son las lesbianas feministas no asumidas, las militantes de clóset, porque fueron las que más nos rechazaron. Una de las dirigentes de la Coalición que es lesbiana y todo el mundo lo sabe –Mireya– fue la que más se opuso, de una manera muy hábil, hizo toda una elaboración teórica de por qué no era conveniente que las lesbianas como grupo estuviéramos presentes dentro de la Coalición. Nosotras que carecíamos de documentos, de elementos, de una base teórica para un análisis político que fundamentara nuestra acción, nos quedamos calladas. Nos sentimos hasta culpables de tener un grupo de lesbianas. Unas nos dijeron que para qué nos apartábamos, que estuviéramos con todas. Otras dijeron: qué bueno que están juntas para que estén allá todas aparte de nosotras. Y otras vieron que era peligroso políticamente que nos juntáramos porque entonces íbamos a exigir nuestra inclusión en las organizaciones feministas.
>
> No pudimos entrar como grupo a la Coalición de Mujeres y siempre permanecimos aisladas y aparte. Claro, fue una reacción natural frente al desconocimiento de otras opciones políticas, de otras experiencias en otros países por parte de las compañeras, pero por otro lado, fue también el heterosexismo internalizado de muchas compañeras feministas heterosexuales y lesbianas feministas no asumidas que quisieron evitar por todos los medios posibles nuestra presencia como grupo en la Coalición de Mujeres.[93]

Esta primera confrontación, para algunas de las militantes lesbianas, significó que el espacio feminista era ajeno a la lucha de sus reivindicaciones.

> Cristina y yo seguimos en la Coalición a nivel individual pero las demás lesbianas no querían ir porque tenían razón, ellas decían: "para qué vamos a la Coalición si estamos lucha y lucha por el aborto, por las mujeres golpeadas y todo eso, pero no estamos luchando por nosotras"; la Coalición no tenía ninguna demanda lesbiana. Cristina y yo

---

rentes formas e intensidades, llegando en casos extremos al exterminio de homosexuales o agresiones físicas. Al no estar integrada la homosexualidad con un estatuto simbólico similar al de la heterosexualidad, ocurre que la mayoría de las personas homosexuales comparten la visión dominante sobre ellas (Lamas, 1994). La homofobia es un prejuicio comparable al racismo y antisemitismo, tan irracional como la claustrofobia (*Encyclopaedia of Homosexuality*), que otorga a la conducta sexual humana la misma "complementariedad" reproductiva, adjudicándole a la heterosexualidad la valoración de natural y a la homosexualidad la de contra natura (Lamas, La Jornada, julio 15, 1994).

[93] Yan María, *ibidem*.

les decíamos: 'no compañeras, algún día históricamente vamos a lograr que las compañeras feministas heterosexuales incluyan las demandas lesbianas...' Pero ellas no quisieron participar y Cristina y yo nos dimos cuenta de que estábamos luchando por otras cosas menos por nosotras mismas, lo mismo que hacen las mujeres en la izquierda".[94]

## La organización de Lesbos. Salir o no salir del clóset

La formación de la identidad grupal, como veremos a lo largo del proceso de la mayoría de los grupos lésbicos, está íntimamente vinculada a la identidad de la líder. Generalmente es quien imprime los objetivos, contenidos, características y línea del grupo. En el caso de Lesbos y varios subsecuentes, Yan María fue la impulsora:

> Después de hablar de nosotras empezamos a tratar de hablar de temas más concretos. Te hablo de un proceso de enero a septiembre. Siempre Yan María trataba de poner el enfoque político".[95]
>
> Como yo era socialista y tenía la experiencia de la organización sindical y partidaria, Luz María tenía la experiencia de una organización esotérica también muy disciplinada. Juntamos las dos cosas y le empezamos a dar una estructura al grupo. Le pusimos objetivos, métodos de trabajo... Y como yo era socialista dijimos que era un grupo socialista, aunque a todo el mundo le valía. Se definió como socialista pero en realidad no había ninguna conciencia socialista".[96]

El segundo conflicto que apareció en el grupo fue la definición del trabajo: interno y de autoconciencia como había venido siendo hasta el momento, o abierto y público como las necesidades lo estaban exigiendo. "La salida del clóset" de las integrantes de Lesbos implicaba una nueva identidad grupal: ser en una organización lésbica de cara a la sociedad.

> Luz María y yo planteamos que el grupo Lesbos se abriera y saliera a la luz pública. Nos dijeron: ¡de ninguna manera!, es un grupo cerrado y no va a ser un grupo abierto. Después de grandes debates nos dieron chance de publicar una cosita en un periódico sobre el grupo Lesbos. Y fue algo extraordinario porque fue la primera publicación de un articulito sobre lesbianismo organizado que hubo en México. Esto fue en 1977. Nos respondió Nikito Nipongo, un articulista atacándonos pero en broma, burlándose de nosotras. Nosotras decíamos que éramos un grupo de lucha social y él se burlaba diciéndonos: estas degeneradas sexuales que se creen luchadoras, pero luchadoras de lucha libre. Hubo otra salida a la luz pública: yo di una ponencia en un Encuentro Centroamericano de Mujeres,

---

[94] *Ibidem.*
[95] Luz María, *ibidem,*
[96] Yan María, *ibidem.*

organizado por El Colegio de México. Allí por primera vez me manifesté como lesbiana públicamente y expuse un análisis político sobre el lesbianismo. Todavía en el 77, pero las compañeras no querían que tuviéramos ninguna manifestación pública. Entonces, Luz María y yo ya nos sentíamos incómodas con el grupo y dijimos: 'vamos a salir a la luz pública', porque había unas periodistas que nos querían entrevistar a raíz del artículo que sacamos en el periódico, y dijimos: "vamos a formar la parte visible de Lesbos, la parte pública y ustedes sigan en el clóset", hubo un debate y no nos dejaron. En ese momento, el 26 de julio del 78, apareció en los periódicos que un grupo de homosexuales marchó en apoyo a Cuba.

Al día siguiente de esta marcha salieron muchos artículos en los periódicos, fue un escándalo nacional: "A unos putos no les daba vergüenza decir lo que eran y además, en una marcha de apoyo a Cuba". Eran puros homosexuales. Luz María y yo nos contactamos rapidísimo con el FHAR. Entonces les dijimos "ya salieron los homosexuales, nadie los ha matado, ni linchado así es que vamos a salir nosotras" y nos dijeron "no salimos, rompemos con ustedes y si quieren sálganse del grupo". Eramos como quince, y sólo cuatro o cinco que planteábamos la salida del Clóset. Como se negaron a salir a la luz pública, rompimos con Lesbos.[97]

Al romper con *Lesbos*, la parte disidente que planteaba la salida pública formó otro grupo, OIKABETH, para imprimirle las características que habían deseado. Por su parte, *Lesbos* continuó un año más. Al final de su existencia ingresó Marcela A. una lesbiana que también acababa de volver de Europa, quién luego de algunas diferencias políticas con Lesbos, formó el grupo Acratas (sin gobierno). Llegaron a publicar dos documentos, que a la fecha se encuentran extraviados, Acratas tuvo una corta duración, aproximadamente un año.

## Oikabeth

> Declaramos nuestra solidaridad con las mayorías oprimidas y los grupos marginados, ya que como parte de la *clase trabajadora*. Luchamos en contra de un enemigo común: EL CAPITAL, que se manifiesta como poder burgués, poder masculino y poder heterosexual.
>
> Declaracion OIKABETH, punto 6; sept. 78.

Su nombre proviene de las siglas de las palabras mayas: Ollin Iskan Katuntat Bebeth Thot, que significan "Movimiento de mujeres guerreras que abren camino y espar-

---

[97] *Ibidem.*

cen flores". Surge como una necesidad de radicalizar su política, y aunque pareciera increíble, nace cercano al grupo masculino de homosexuales, el FHAR.

> Rompimos y formamos el grupo OIKABETH, que era parte del FHAR, era el grupo de lesbianas del FHAR, pero duramos como cuatro meses, nos peleamos con los homosexuales. Un homosexual, Fernando Esquivel del grupo Mariposas Negras, nos agredió verbalmente: 'machorronas inútiles y estúpidas'. Nos enojamos mucho y Luz María dijo 'ya ven por trabajar con hombres, necesitamos ser un grupo autónomo', a partir de entonces nos separamos del FHAR y nos constituimos en grupo autónomo de lesbianas. OIKABETH. Nos sentíamos como reinas agredidas, muy dignas, y dijimos nos vamos y nos vamos. Un poco antes empezaron a llegar las 'mujeres viajantes', muchísimas mujeres de Europa y Estados Unidos, hasta sesenta mujeres. Fue un movimiento de mujeres que viajó mucho al tercer mundo y por todo el mundo, en los setenta con la experiencia hippie. Traían un rollo del feminismo radical europeo y estadounidense y nosotras lo absorbimos; y cuando tuvimos la agresión, apoyadas con todas las mujeres viajantes, ya no cedimos a los ruegos de los homosexuales y decidimos ser autónomas. Fue una influencia grandísima la de estas mujeres viajantes que además de lesbianas radicales, traían la onda del separatismo y OIKABETH se convirtió en un grupo separatista y muy radical durante sus dos primeros años de existencia, yo fui separatista, ahora ya no. Nos separamos del FHAR y empezamos a impulsar la idea del Movimiento Autónomo de Lesbianas, esta idea la impulsamos desde Lesbos en el 77.[98]

Las características de OIKABETH en su inicio, fueron muy *sui géneris*, porque la suma de las identidades personales de sus principales exponentes, confluyeron en un sentido místico y político.

> Inicialmente Luz María, Lilia y yo teníamos la idea de que fuera un grupo político espiritual, ellas tenían un poco más de experiencia en lo espiritual, por ese organismo esotérico al que pertenecen y yo en la parte política. Inicialmente fue un grupo que pretendía ser de iniciadas, de amazonas, de guerreras heroicas. Construimos toda una filosofía alrededor del grupo. Se formó pre-OIKABETH, como en la masonería para las que se iban a iniciar. Habíamos diseñado hábitos, túnicas largas blancas, para hacer rituales de iniciación. Debían pasar pruebas de miedo, de valentía de audacia para pasar a OIKABETH, tenías que pasar sola una noche en el campo y saber sobrevivir; de fortaleza física; de meterse en el agua helada en el río; de aguantar la parafina en el estómago; pruebas de fuerza; de guerreras. Eramos como guerreras —estábamos muy jóvenes en ese entonces–, y teníamos que leer cuatro libros: La Revolución sexual de Wilhelm Reich; Actitudes Patriarcales de Eva Figes; El manifiesto del Partido Comunista; y El Capital de Marx. Nosotras sí, sí los

---

[98] *Ibidem.*

leíamos. Cuando las empezamos a someter a las pruebas como que, o no las aguantaban o no tenían la mística que teníamos nosotras. Nosotras las habíamos pasado todas".[99] Nos llevó un buen rato conformarnos como grupo. De repente empezó a llegar mucha gente y nos dimos cuenta de que nos estaban rebasando. La gente quería hacer cosas y nosotras no teníamos qué darles para hacer. Si había que ir a pintar bardas, les dábamos pintura pero la gente esperaba más. Ahí viene una etapa un poco mística; quisimos hacer rituales de iniciación. Llegó un momento que había que jerarquizar porque nos rebasaban. Se habló de hacer un pre-OIKABETH. Eramos de OIKABETH las que ya teníamos más tiempo, militancia; y el pre-OIKABETH era de las chavas que iban llegando. Para pasar de pre-OIKABETH había que cubrir algunos requisitos, haber leído por lo menos una bibliografía básica, porque cada vez que llegaba alguien nueva, era como volver a empezar y preguntaba cosas que nosotras ya habíamos preguntado y analizado. Los cinco libros básicos eran: El origen de la familia, la propiedad privada y el Estado, de Engels; El segundo sexo, de Simone de Beauvoir; Política sexual de Kate Millet; La respuesta sexual Humana, de Master y Johnson; y El Capital, de Marx; creo que nadie pudo con este último libro; yo leí uno que estaba resumido, y no lo iba a decir ahí. Es bueno guardar algunos secretos. Se comprobaba que habían leído porque ya no hacían cierto tipo de preguntas o de comentarios. Cuando en OIKABETH empezamos a decir que debíamos tener una mística, hacer rituales y manejar las cuestiones energéticas, en una marcha entrevistan a una del grupo que apenas alcanzaba a ingresar y había oído el rollo de las místicas. Cuando le preguntan que pretendíamos como grupo, dijo que queríamos hacer otra religión de lesbianas. Casi la queríamos linchar porque estas declaraciones salieron en la prensa; a partir de ahí, "coscorrones" a las nuevas, "no van a hablar y hacer declaraciones". Lo tuvimos que hacer para que no la sigan "regando".[100]

Con la influencia de la época, OIKABETH se planteaba la necesidad de "formar amazonas" que transformarían el mundo. La leyenda de las amazonas como una raza legendaria de mujeres guerreras, ha sido recuperada por diversos sectores de lesbianas debido al simbolismo que trae consigo.[101] El nombre asignado en la

---

[99] *Ibidem.*

[100] Luz María, entrevista anteriormente citada.

[101] Warren Johansson afirma que provenientes del Este, las amazonas fundaron una comuna de mujeres en el noroeste de Asia Menor en el Thermodon, entre Sinope y Trapezus, con Themiskyra como su capital. Ellas honran a Ares como su antecesor y a Artemis. Para efectos de reproducción, ellas viven durante dos meses de la primavera con gente vecina. Los menores varones son eliminados (o nombrados incapaces para el servicio militar o devueltos a sus padres). Las niñas son criadas como guerreras; permanecen vírgenes hasta que han eliminado a tres enemigos. Sus armas son el arco y la flecha y una espada colgando de una cinta que corre sobre sus pechos; estas son principalmente montadas. En su genealogía no cuentan al padre. Las principales fuentes de esta leyenda son Diodorus Siculus y el geógrafo Strabo de Alexandria. Herodotus conecta a las Amazonas con los Scythians y hace que los Sauromates (Sarmatians) desciendan de ellas. Hay una pseudoetimología que deriva el nombre de a-privative y mazos, "pechos", con la explicación de que cortaban uno de sus pechos para

Iliada de Homero es *antianeirai*, posteriormente interpretado como "odiadoras de hombres" o "parecidas al hombre". Algunas escritoras lesbianas de los tiempos modernos han reinterpretado la concepción de J. J. Bachofen del matriarcado (1861) hacia la dirección de una sociedad primitiva, predominantemente femenina, matrilineal, pero admiten que el amazonismo y el lesbianismo son fenómenos distintos, aunque pueden coincidir en tiempo y espacio.[102] La época alentada por la búsqueda de modelos que reflejaban una sociedad utópica, en el caso de las lesbianas, las Amazonas remitían al deseo de una sociedad matriarcal.

La salida pública del grupo representaba un reto, la aparición en los medios de comunicación y de esta manera, convertirse en un referente social y político para la población lésbica. Este objetivo las llevó a una dinámica de activismo sin límite.

> Estábamos organizando las iniciaciones, cuando nos ganaron los hechos históricos y en vez de dedicarle atención y tiempo a este tipo de preparación interna, nos volcamos al exterior. Entramos a una dinámica de exposiciones públicas impresionante y dejamos de lado la preparación político espiritual. Sacamos dos Manifiestos a la opinión pública, las llamamos "las hojas verdes", siempre eran verdes, repartimos como siete mil hojas de cada una, nuestra producción publicitaria era impresionante. Nunca hubo ayuda, lo financiábamos nosotras, hacíamos fiestas o de nuestro bolsillo. OIKABETH era revolucionario. Mucho más radical que Lesbos. No volvimos a tener contacto con ellas porque nos volcamos a trabajar con FHAR y Lambda y preferíamos a las lesbianas de Lambda que a las de Lesbos porque con ellas no podíamos hacer nada, estaban en el clóset.[103]

La división interna entre pre-OIKABETH y OIKABETH creó inconformidades entre las militantes, sobre todo porque el crecimiento del grupo planteaba la necesidad de cierta reglamentación para el mejor manejo y control por parte de las líderes. En contraposición surgió una corriente contestataria que recusaba las regla-

---

poder apuntar mejor sus flechas; las imágenes artísticas de ellas siempre muestra ambos pechos. La leyenda es interpretada algunas veces como el eco de combates históricos con las tribus asiáticas matriarcales combinados con los motivos de cuentos de hadas como los de abducciones de mujeres. Las amazonas fueron un tema favorito en el arte y escultura clásica; particularmente conocidas fueron las estatuas de *La Amazona Herida* por cuatro artistas del siglo quinto a.C.: Polycleitus, Cresilas, Phidias, Phradmon.

La leyenda de las amazonas tentaba e intimidaba a los exploradores de Latinoamérica; sociedades de Amazonas fueron reportadas en Brasil, de ahí el nombre del río del Amazonas; en Guiana; la parte oeste del Perú de los Incas; en Colombia; Nicaragua; las Antillas del oeste; en México, Yucatán, y Baja California. La academia moderna tiende a desacreditar estos recuentos como reverberaciones del mito clásico o como ficción inventada por los nativos para desanimar a los europeos de avanzar hacia tierra adentro.

[102] Warren Johansson, "Amazons, Classical" en: *Encyclopaedia of Homosexuality*, edited by Wayne R. Dynes. Associate Warren Johanson. Editores William A. Percy with the assistance of Stephen Donaldson. Volumen A-L. Gar land publishing inc. New York and London, 1990.

[103] Yan María, *ibidem*.

mentaciones y la pretendida identidad de grupo socialista que le había querido imprimir su líder. Tal como había pasado en Lesbos, ante un conflicto interno, la mejor salida fue la reproducción. Fenómeno similar a las crisis internas del feminismo, las divisiones responden a prácticas poco democráticas. Generalmente un poder establecido por antigüedad refuerza prácticas verticales que han llevado en el feminismo al crecimiento por atomización más que por reproducción.

> Esta idea fue buena, pero hizo que mucha gente dijera que nosotras éramos las dirigentes, la elite, y se molestaron. De ahí surgió Comunidad Creativa, donde entra Patria Jiménez y mujeres que buscaban otro tipo de actividades. Para Yan "o eras de izquierda o no tenías mucho qué hacer en OIKABETH". Había gente que iba entrando y tenía otras ideas, nuevas, diferentes. Se fueron haciendo como subgrupos. A mí me parecía válido, a Yan María, no. Yo le decía: "Recuerda cómo nosotras salimos de Lesbos, por una necesidad y tan válido es para ellas que de OIKABETH salgan otros grupos". OIKABETH ya era un bloque muy grande, como cincuenta o sesenta mujeres que se reunían cotidianamente... Nosotras tratamos de que en las reuniones no hubiera alcohol, pero fue imposible controlar eso y se terminaba en baile; decíamos que OIKABETH no era un lugar para ir a ligar, que para eso estaban los bares... era una línea un "poco" rígida. Y bueno, al encontrar oposición a las normas, se pierden los objetivos iniciales de OIKABETH pero como se quería tener otra fracción netamente política, de izquierda, con todo este enfoque, se formó Lesbianas Socialistas, que igual, sale de OIKABETH, empezó a parir otras hijas.[104]

Con el ingreso de Patria Jiménez[105] se empezó a gestar una nueva corriente de "hijas" rebeldes que recusaban las reglas de la madre. Los objetivos políticos que habían heredado de la década anterior eran todavía fuente de vida aunque ya no eran el interés principal de las nuevas generaciones.

> No estábamos de acuerdo, me parecía que la división no debía de hacerse. Yo no veía la necesidad de los prerrequisitos, se ejercía en todo caso un control, una utilización del poder. Yo decía "no, todas iguales", le dimos mucha lata a Yan con el rollo de que quitara esos prerrequisitos, creo que fue una de las cosas que ocasionaron que Yan ya no quisiera seguir con nosotras y que se escindiera.[106]

El reclamo a un trato igual al interior del grupo correspondía también a un conflicto generacional, un fenómeno que no es único del movimiento lésbico. La recu-

---

[104] Luz María, *ibidem*.
[105] Líder lesbiana cuyo trabajo (a decir de muchas lesbianas) está más ligado al heterofeminismo que al lesbofeminismo. A decir de las autónomas, Patria impulsó la institucionalidad en el movimiento lésbico; en 1997 fue elegida diputada por el PRD.
[106] Patria Jiménez, entrevista 28 de agosto de 1995.

sación del poder de los nuevos a los antiguos, la expectativa de compartir el poder mediante la circulación del mismo, es un valor que los seres humanos heredamos desde la antigua democracia griega.

Esta confrontación empezó a evidenciar una lucha de poder entre dos líderes que representaban intereses y estrategias políticas diferentes y que, a lo largo de la historia, se distanciaron más. Una reclamaba una línea política definida, acorde con los intereses políticos del momento, la lucha socialista. La otra, sin una clara posición política (entonces) pero crítica a las sobredeterminaciones y cuya práctica definía una línea diferente de hacer política, ligada tal vez más a lo social que político, en atención también a los intereses del sector.

> De las diferencias con Yan, esencialmente que se nos pidiera que fuéramos lesbianas puras 100% a toda prueba, impermeables a todo, porque todas vivimos procesos diferentes dependiendo de las personas. Había que respetar los procesos y fomentar en todo caso el aprendizaje, que la gente pudiera manejar información, que supiera de su sexualidad, no que llegara con una camiseta y se autonombrara pura y virgen. Yo compartía la idea de la formación de las guerreras, fui muy jalada por la mística que entonces ejercía Yan, fue la primera lesbiana con conciencia de clase y de muchas cosas que yo no tenía, y fui muy seducida por ese rollo. Lo de las guerreras fue metafórico pero era una realidad porque éramos unas verdaderas guerreras porque era de andar en la calle, volantear, subirnos a los camiones, hacer pintas, entrarle al activismo fuerte, armar lo de las primeras semanas culturales, armar lo de las marchas; éramos tal vez muy jóvenes y no entendíamos lo que estábamos haciendo, pero ahora a la distancia éramos muy valientes porque nuestro trabajo lo hacíamos en la calle. Muchas veces en la noche, hubo muchos intentos de apañones por parte de la policía que nos querían llevar detenidas pero nosotras siempre ejercíamos nuestros derechos, era una cuestión clave porque sí los conocíamos, sabíamos que no estábamos cometiendo ningún delito, que no había nada que lo sancionara, que nada más era abuso de autoridad, entonces nos imponíamos regularmente.[107]

La nueva generación traía consigo nuevas inquietudes, sobre todo de orden social. Lo político no era el único ni el aspecto central de su interés. Junto a lo social venían las fiestas, el ligue, el alcohol y a veces las drogas. Contra lo que Yan empezó a luchar.

> Todas marchábamos con la cara pública y dábamos entrevistas pero cuando se dio la crisis económica del 82 te echaban del departamento o el trabajo y ya no conseguías, entonces descendió la militancia y la existencia de líderes. De ser como sesenta,

---

[107] *Ibidem*

descendimos como a quince o diez. Luz María y Lilia se fueron a Veracruz, me quedé con Patria y entraron varias anarquistas. La crisis me empezó a afectar, porque yo venía de la experiencia histórica del hippismo, las comunas, la medicina alternativa y naturista con una perspectiva ecológica, el feminismo radical y empezaron a llegar los 80 con una oleada de reformismo, conservadurismo, individualismo, de consumismo que empezó a permear al movimiento. Mientras Luz María y yo teníamos la idea de formar guerreras cósmicas, llegaban las otras chavas para formar lesbianas fiesteras, para mí fue difícil aceptar haber invertido tanto tiempo para el movimiento, porque nosotras vivíamos para el movimiento. Con OIKABETH pensábamos conquistar lo político y construir una sociedad nueva y liberar a todo el pueblo trabajador: obreros, campesinos, indígenas. Mientras Luz María y yo impulsábamos al grupo a participar en guardias nocturnas en las huelgas, participar en marchas obreras y campesinas, en las asambleas sindicales, el grupo empezó a reventarse, a hacer fiestas y desmadre, entonces yo tuve muchos enfrentamientos con Patria y Tina. Reconozco que me empecé a portar autoritaria porque las reuniones eran en mi casa y a mí no me gustaban los desmadres en mi casa hasta que el grupo se empezó a reunir en otro lado y Patria se quedó con el grupo. Otro elemento fue la entrada de las drogas, mientras el movimiento del 78 al 81 era esencialmente político: carta que sacaba el gobierno, carta que le contestábamos o le hacíamos un mitin en la embajada tal o en Gobernación. El movimiento se empezó a convertir en un movimiento de desmadre, de fiestorrones locos donde se vendía todo tipo de drogas y hasta se regalaban y después analizamos que la policía misma introdujo las drogas, que tuvo agentes lesbianas y homosexuales que metieron las drogas para destruir el movimiento, para quitarle su carácter político porque el movimiento se estaba convirtiendo en un movimiento muy fuerte, con influencia sindical, de los partidos políticos, yo tuve una lucha muy fuerte en contra de las drogas no por moralismo, sino porque sabía que eso era para destruir el movimiento. Discutí con Patria y Tina les decía 'las drogas en sus casa, nunca en una reunión o nunca en una actividad política', empezaron a decir que era moralina, era hitleriana, que yo quería formar un ejército de lesbianas. Sí quería formar un ejército de lesbianas, efectivamente. Me fui apartando del movimiento a partir del 82, participando tangencialmente.[108]

Yo tengo a Yan en una estima muy alta porque creo que gracias a ella se empezó a abrir una participación abierta de cara a la sociedad. Pero diferíamos por su dogmatismo, el querer hacer de los gustos y de las propias preferencias políticas, dogmas, reglas para todas las demás. Porque el proceso de las chavas no era ése, no entraban siendo socialistas, no entraban siendo marxistas, ni ecologistas, entonces no podíamos estar llamándonos socialistas cuando la verdad no lo éramos, por más que Yan intentara, nos diera lecturas, nos explicara en sus esquemas, pero la situación real, era que su posición no se compartía del todo. Mi posición era que fuéramos un grupo de "Lesbianas Feministas de Estudios Socialistas", de estudios, pero no

---

[108] Yan María, *ibidem*.

socialistas porque no lo éramos, yo puedo decir a lo mejor yo sí, pero la demás gente estaba muy lejana del asunto, sí, estaba de acuerdo con el manejo que ella tenía en ese entonces, pero yo sabía que no íbamos a derrocar al sistema y no íbamos a cambiar solas las cosas, eso estaba completamente lejos, nadie quería, me acuerdo que por aquel entonces Leticia A. entró al grupo y decía "yo a duras penas cargo mi violín y no podría cargar absolutamente más nada". La gente era muy diversa, muy plural, no necesariamente consciente. El ser lesbiana no garantizaba que tuvieran una posición política y no podíamos forzarlas y además huían despavoridas.

Si, hubo una escisión fuerte. Tuvimos una sesión entre las tres más comprometidas, pero no había acuerdo en los métodos, no en los fines, allí era donde chocábamos realmente, a lo mejor yo era muy tolerante, absolutamente tolerante a todo y ellas más rígidas, más cuadradas. Un día nos sentamos Luz María, Yan y yo y decidimos que no podíamos seguir trabajando juntas, pero que sí era necesario trabajar. Nos propusimos como un pacto, separarnos y cada una formar una organización diferente, pero seguir. Yo seguí con OIKABETH, Luz María se fue a Veracruz con el proyecto de Fortaleza de la Luna y Yan empezó con Lesbianas Socialistas, ya con toda la estructura que había hecho.[109]

La escisión del grupo era inminente. Luz María y Lilia se mudaron a Xalapa, Veracruz. Quedaron a cargo del grupo Yan y Patria en abierto conflicto. La crisis ideológica y política de los ochentas dejaba sentir sus efectos, principalmente, en estos espacios de transgresión social, donde lo político diluido en lo social daba lugar a una imagen de posmodernidad similar a la desesperanza.

No es que las tres no podíamos trabajar, Luz María y yo no podíamos trabajar con Patria, Luz María y yo nos dimos cuenta que estábamos dirigiendo a muchas lesbianas, como sesenta, y estábamos conscientes de que no teníamos la suficiente claridad hacia dónde las íbamos a conducir. Le dijimos que formara otro grupo; de hecho Luz María me dijo: "hay que pedirle a Patria que si se quiere quedar con el grupo le ponga otro nombre porque el proyecto de Patria es muy distinto al nuestro", al OIKABETH que nosotras planteamos. Empecé a ver la crisis de la izquierda desde el 82 y le dijimos a Patria, "si quieres quedarte con el grupo, la gente quiere estar contigo, cámbiale de nombre al grupo" porque OIKABETH tenía un carácter místico, espiritual y político y Patria le daba otro carácter.[110]

En la etapa conflictiva de OIKABETH ingresó al grupo Tina, ex militante del FHAR, en busca de un espacio femenino. Al mismo tiempo que cuestionaba la posición política de Yan, planteaba la necesidad de integrar a la lesbiana a la sociedad haciendo más efectiva su estrategia.

---

[109] Patria, *ibidem*.
[110] Yan María, *ibidem*.

Cuando llegué a OIKABETH todavía estaba Yan, ella salió por una diferencia conmigo: la heterofobia, el rechazo hacia los heterosexuales, como un sexismo al revés, y la androfobia. Es decir todo lo que fuera hombre y de ser intolerante ante todas las cuestiones. Patria estaba entrando. Trabajé un tiempo sin Yan y sin Patria, ya se había ido Yan a hacer Lesbianas Socialistas y Patria quién sabe por dónde andaba, con alguna de sus novias seguramente. El enfrentamiento lo manejamos como una diferencia, y se polarizó la organización. Teníamos diferencias políticas, Yan andaba mucho en el rollo de un ejército de lesbianas, para mí el asunto era a lo mejor, yo muy metida dentro del drama personal de trabajar la represión interna, de tratar de ver cómo tener mejores relaciones con nuestras parejas, como ser más cautivas, cómo evitar los conflictos, los pleitos, las borracheras, esa vida de las lesbianas que tomaba y se caía, cómo sacarla fuera y construir a partir de allí una estima propia que le permitiera romper las barreras que la marginaban de la sociedad, para mí lo importante no era reconocer tu dignidad para atrincherarte a partir de ella y construir un *guetto*, sino, *dar un paso hacia la sociedad, hacia la integración con la sociedad.*[111]

OIKABETH se dividió y dio lugar a Lesbianas Socialistas, dirigido también por Yan María, pero con una duración corta. OIKABETH continuó con la dirección de Patria hasta aproximadamente 1984.

## El grupo como espacio social y de ligue

Uno de los problemas que han enfrentado casi todos los grupos fue no lograr cohesionar a la población flotante que estuvo en torno a ellos. En el caso de OIKABETH, el grupo atrajo a las ex-militantes del grupo FHAR que desapareció en 1982. El hecho de ser un grupo exclusivamente femenino lo convertía en un grupo atractivo para muchas mujeres, sin embargo, el núcleo básico fue pequeño.

OIKABETH tuvo dos épocas de esplendor, la época en que estuvieron Yan y Tina, antes de que se pelearan y después la época en que muchas nos salimos del FHAR y nos fuimos a OIKABETH. Eramos diez, quince que estábamos ahí, pero a veces llegamos a ser cuarenta que iban y venían. En una reunión por ejemplo éramos treinta pero estábamos solo siete, ocho, a lo sumo quince siempre, y las otras eran población flotante.[112]

---

[111] Esta persona solicitó se le cambiara de nombre, la denominamos: Tina, entrevista 11 de octubre 1995. *Las cursivas son mías.*

[112] Gina, entrevista para *Otro modo de ser mujer.*

La posibilidad de conseguir pareja en un grupo lésbico atrajo a muchas lesbianas, que seguramente encontraban esa alternativa cerrada en la sociedad heterosexual. Todavía se vivía un oscurantismo que rezagaba a las lesbianas a espacios subterráneos poco seguros y más de las veces poco dignos, donde a decir de ellas "nos cobran por ser lesbianas". Este elemento de atracción generaba una gran población flotante que hacía del grupo un espacio de referencia social.

> Hacíamos fiestas de mujeres, ahí eran momentos para cooptar. Había mucho intercambio sexual y eso dificultaba avanzar. Habían épocas en que llegaban muchas mujeres buscando una relación, un acostón, una pareja. Había épocas en que el hostigamiento era muy fuerte, aún entre nosotras. Ali decía que era un nido para conseguir ligue. Las reuniones de OIKABETH eran el ligue, para el lucimiento, para conseguir a la chava. La chava nueva era la chava codiciada, y si era bonita era más.[113]

Si bien el grupo como espacio social era importante para atraer adeptas y generarles la necesidad de una conciencia para politizarlo, indudablemente la posibilidad de llevar consigo en la militancia el elemento erotizador, se mezclaba con el ejercicio de la política y el liderazgo.

> Para mí, OIKABETH nunca fue realmente un grupo, éramos un conjunto de mujeres que nos juntábamos intentando ser un grupo con gran población flotante. Su desaparición fue muy difusa porque había momentos que nada más era Patria o momentos que éramos treinta y cinco. La fuerza llegó a ser Patria, siempre tenía su club de admiradoras y agarraba fuerza mientras había chavas que la seguían. En 1983, en verdad no tenía fuerza, era un club de admiradoras de Patria con cierta presencia. Es cuando entra Socorra, Ali, la pirata, yo y que se rompe el *monopolio patriótico* y empezamos a tratar de formar un grupo y nunca lo pudimos formar porque eran las que estaban con Patria y las que no estaban con Patria. Cuando Lambda puso su local en Baja California también se volvió un club de coqueteo, la diferencia es que como Lambdinas, tenían más claro una línea política y feminista, hacían talleres, reuniones, etcétera, cosa que en OIKABETH no existía.[114]

Con la nueva estructura de OIKABETH, las actividades estaban más centradas en aspectos culturales, lo que permitió que muchas artistas se acercaran e iniciaran una producción artístico-cultural. Las lesbianas artistas y aquellas interesadas en generar una producción cultural propia, encontraron en estos espacios alternativos un lugar para su creatividad.

---

[113] Emma, entrevista para *Otro modo de ser mujer*.
[114] Gina, *ibidem*.

Todas éramos muy jóvenes. Ahí conocí lesbianas muy creativas, para mí fue abrir otro camino en mi vida, fue conocer el mundo de otras lesbianas porque a muchas nos pasó que sentíamos ser la única lesbiana del planeta. Compartíamos muchas cosas. La que hacía teatro; daba talleres de teatro, otra que pintaba nos daba *tips* para pintar, con otra que hacía música; cantábamos; hacíamos muchas cosas juntas.[115]

Producto de esa nueva experiencia, surgió el grupo de música *Surco*. Fue un grupo de música mexicana inicialmente conformado exclusivamente por lesbianas (posteriormente ingresaron dos mujeres heterosexuales). La presencia lésbica identificaba al grupo como tal, principalmente por el apoyo que daba a las actividades del movimiento lésbico como del movimiento feminista. Beltia, una de sus integrantes, nos cuenta su experiencia:

Cuando entré a OIKABETH Lety tenía un dueto con Verónica, el dueto Surco y tocaban nueva canción y cuando yo entré hicimos un trío en 1982, iniciamos música mexicana. Para el 89 ya era un grupazo! Ya habían entrado y salido varias. Siempre estuvimos Lety, Verónica o yo, todas lesbianas. En la última parte del grupo entraron Rosa, Virginia y Sarina que no eran lesbianas, pero seguíamos teniendo actividades con lesbianas, íbamos a Cuarto, a Lambda.
Se llamaba *Surco* porque surco es abrir un camino para sembrar algo. OIKABETH se sentía orgullosísima de tener su grupo de música mexicana e iban con nosotras a donde tocáramos y mis amigas canallas también estaban orgullosísimas de tener a una canalla[116] en Surco y también seguían a *Surco* donde tocara. El único grupo musical lésbico, era muy importante porque estábamos presentes en todas las actividades del movimiento, también con las feministas, éramos un grupo exitoso. Estaba también el grupo *Música de Contra Cultura* MCC de gays. Cuando nos entrevistaban no salía la identidad lésbica, salía el feminismo, era la cara pública –en una entrevista en Radio Educación llamaron a acusarnos de sexistas–, entre la gente lesbiana se sabía que era un grupo de lesbianas. Trabajábamos en peñas. Al principio nos exigían que diéramos la cara de lesbianas porque OIKABETH estaba en todo lo que daba, después ya se fue atenuando el movimiento, las chavas de OIKABETH se fueron dispersando. Existimos hasta después de que OIKABETH desapareció en 84, Surco siguió hasta el 89. Impresionaba mucho que fuéramos mujeres que manejábamos treinta instrumentos entre cuatro chavas, pensaban que éramos las cargadoras de los músicos.[117]

---

[115] Entrevista con Rotmi para el proyecto *Otro modo de ser mujer*.
[116] Las "canallas" un grupo de amigas lesbianas que empezaron a reunirse en antros aproximadamente desde los sesentas, el nombre adjetivaba a mujeres audaces, atrevidas, malditas que (a decir de algunas de ellas) generalmente se "bajaban" las novias entre sí; de ahí su denominación.
[117] Entrevista con Beltia Pérez, 2 de noviembre de 1995.

## El ocaso de OIKABETH

La desaparición de OIKABETH no es clara para muchas de sus ex-integrantes. La mayoría coincide en que la situación económica de México había afectado enormemente a las lesbianas quienes en su mayoría, después de cinco o siete años de militancia y entrega a la causa, debieron asumir compromisos sociales tales como el dejar de ser estudiantes, de vivir en casa de los padres y tener que afrontar una economía propia o con pareja o familia nueva y pocas estaban dispuestas a arriesgar su trabajo mostrando la cara pública.

> Ya por el 85 andábamos a punto de desaparecer como organización, hasta antes del temblor existíamos, intentamos la formación de otras organizaciones pero no fueron duraderas. Desapareció por el desgaste propio de la organización, no plantearse cuestiones tácticas, métodos, objetivos, armar una estrategia, se desgastó también nuestro discurso, nuestras demandas, aparentemente estaba todo resuelto y empezamos a bajar y vino la crisis económica, las que éramos antes jóvenes, siete años después ya debíamos trabajar, antes éramos niñas de casa, estudiantes... empezó a bajar la participación en inversión de horas. Durante los siete años hubo muy fuerte participación, no teníamos sede, nos reuníamos en el departamento de alguna de nosotras, había veinte, treinta, hasta cuarenta. Ya no dio más, la gente se retiró y con tres personas era insostenible, decíamos todo lo que nace tiene que morir, todo lo que sube tiene que bajar y llega un momento en que OIKABETH pasa a la historia.[118]

Eugenia, cercana a OIKABETH, sostiene que además de la crisis económica y el desgaste de siete años de existencia del grupo, tuvo mucho que ver la ruptura entre Patria y Leticia.

> OIKABETH andaba en crisis. Yo iba a sus reuniones porque estaba muy ávida de aprender, de saber para dónde iba el movimiento feminista y para dónde estaban los derechos humanos. Porque cuando yo llegaba a Lambda, las plenarias estaban en otro nivel, me costaba muchísimo trabajo entender. Me servía mucho ir a las reuniones de OIKABETH a enterarme otras versiones y ver cómo funcionaba un grupo de chavas. Para ellas fue más difícil la organización por que tenían más población flotante como yo, menos gente comprometida, menos capacidad económica, muchas de ellas incluso vivían juntas en una especie de comuna, por el Parque México. Yan realmente ya no estaba en OIKABETH, había tenido crisis con Patria. Cuando yo entré la fase más sólida que recuerde, donde verdaderamente hubo un interés y una necesidad de que el grupo madurara, fue cuando Leticia y Patria empezaron a ser pareja y Lety le dio bastante estructura al grupo, concreción a los trabajos, ayudó

---

[118] Patria, *ibidem*.

mucho a aclarase a Patria porque era bastante caótica; yo creo que fue la mejor época de OIKABETH. Creo que duraron cuatro años juntas. Leticia se salió en parte por el truene con Patria y OIKABETH después tronó, no duro mucho, OIKABETH se quedó aparentemente en pie, pero ya era mas una idea que otra cosa.[119]

Mientras tanto Yan María daba a luz a una nueva hija:

## Lesbianas Socialistas

Por segunda vez, Yan se separó del grupo del cual fue fundadora para formar uno nuevo en el que pudiera plasmar su ideal político. El nuevo grupo, desde el nombre expresaba una identidad política inequívoca. Cuidando, con ello, que la adherencia a su grupo sea por lesbianas socialistas exclusivamente, o, que respetaran y se adhirieran a el. Sintomáticamente, el grupo no tuvo mucho éxito.

Nos salimos de OIKABETH Luz María y yo cuando la tendencia socialista de OIKABETH se convirtió en anarquista, fundamos Lesbianas Socialistas para contrarrestar la posición del neo-OIKABETH, fue un grupo muy pequeño, duró unos meses nada más, como una respuesta a Patria, después se convirtió en *Seminario Marxista Leninista de Lesbianas feministas*.[120]

Otro de los grupos activistas de la época fue:

## Frente Homosexual de Acción Revolucionaria (FHAR)

El sector más combativo, enérgico y progresista de los homosexuales mexicanos nos hemos aglutinado en torno al Frente Homosexual de Acción Revolucionaria que, partiendo de una conciencia de clase, hace suyas las reivindicaciones de la clase trabajadora reprimida y se solidariza con ella, exigiendo a la vez su solidaridad contra la represión policiaca en todo México contra los homosexuales.

Documento FHAR, julio 1978.

Algunos de los pioneros de este grupo que traían consigo la experiencia del (Frente de Liberación Homosexual) FLH y Sex-Pol, influenciados por la experiencia nor-

---

[119] Entrevista con Eugenia Olson, 19 de enero de 1995.
[120] Yan María, *ibidem*.

teamericana del movimiento homosexual y movimiento feminista iniciaron a reunirse el 15 de abril de 1978 y prontamente desafiaron la salida a la calle. Otros, temerosos de que el hecho pudiera repercutir en su vida familiar y laboral no lo hicieron. El 26 de julio de 1978, en la marcha por el XX aniversario de la Revolución cubana, desfiló un grupo de aproximadamente treinta homosexuales. Desde que se habían reunido asumieron un nombre en forma provisional. La prensa dio a conocer públicamente sobre la participación histórica del FHAR y el nombre ya era conocido.

La aparición pública del FHAR en la marcha de apoyo a la Revolución cubana, marcó un hito histórico, porque además de tratarse del primer grupo homosexual mexicano hecho visible, abrió la historia del movimiento lésbico homosexual a la sociedad.

En uno de los primeros documentos de presentación, el FHAR se definía como "un grupo de homosexuales y lesbianas conscientes y orgullosos de nuestra condición sexual que hemos decidido agruparnos en un Frente Homosexual de Acción Revolucionaria, amparados en los derechos de reunión, asociación, libertad de expresión e información que, como ciudadanos mexicanos, nos otorga la Constitución Política de los Estados Unidos Mexicanos". El tríptico en mención manifestaba la necesidad de "tomar la palabra homosexuales y lesbianas para luchar en contra de la discriminación social, política, cultural y económica, acabar con mitos y mentiras acerca de la homosexualidad, vincularse con las luchas de las mujeres y otros oprimidos, pues no seremos libres mientras haya otros oprimidos". Con el documento invitaban a organizarse para reflexionar y discutir, denunciar arbitrariedades, defender el derecho a escoger la preferencia sexual, apoyar la lucha de los trabajadores y de las feministas.[121] La aparición de FHAR trajo consigo una reflexión teórica respecto de la cuestión gay, en la que se reclamaba el derecho a la ciudadanía y la participación política. Al mismo tiempo transmitían una nueva imagen de sí mismos, manifestándose orgullosos de ser homosexuales.

El FHAR se caracterizó por su composición mayoritariamente masculina. La presencia de algunas mujeres abrió la posibilidad de constituirse como un grupo mixto, sin efectivamente lograrlo en forma equitativa. Su principal interés de trabajo no estaba centrado exclusiva o principalmente en las mujeres, sino en los sectores marginados de la comunidad homosexual como los trasvestis, transexuales y la población cercana a ellos como mayates,[122] chacales[123] etcétera, a quienes –a decir de ellos– "había que rescatar".

---

[121] Trípticos "Nadie es libre hasta que todos seamos libres". FHAR, s/f.

[122] Según Lumsden es una palabra náhuatl para el "activo" que generalmente coge por dinero. Prieur y Hernández afirman que es una denominación para el hombre que identificándose como heterosexual, además de tener relaciones sexuales con mujeres, las tiene con hombres. Juan Carlos Bautista lo define como proveniente del náhualt *mayatl*, y que designa al escarabajo "que empuja la mierda" y se trata de un coleóptero carábido mexicano, en Liguori *Debate feminista* núm.11, año 6 abril de 1995.

[123] Personaje con aspecto indígena, deportivo y bandoso que es de gran atracción para los homosexua-

La versión de algunas mujeres que vivenciaron su militancia lésbica al interior del FHAR nos muestra una visión interna del grupo y sus procesos, seguramente incompleta y parcial ya que es la visión del sector que fue minoritario en el grupo.

Yo estaba en un momento muy particular, en el que supe del Movimiento, venía después de muchos años y experiencias personales y un esfuerzo personal de no ser gay. Finalmente caí en la cuenta de que no podía ser otra cosa. Tenía un proceso personal de revisión y aceptación de la represión interna que te hace boicotear tu vida. Estaba en psicoanálisis cuando leí que en una marcha que celebraba los veinte años de la Revolución cubana, un 26 de julio. Había surgido un contingente de homosexuales en la marcha. Días antes conocí a Yan María que estaba formando un grupo. Yo me conecté con ambos grupos. Con FHAR por dos razones: una porque era un movimiento independiente, Lambda surgió con una influencia muy fuerte del PRT y yo no estaba muy cercana a los partidos de izquierda ni con ganas de entrar a formar parte de una organización que estuviera manejando un partido, yo tenía una versión de la manipulación. Conocía a la gente de Lambda que estaban en el PRT. El FHAR no tenía ninguna relación ni con el PC, ninguna, la tendencia política era anarca. Como yo estaba en el proceso de psicoanálisis, para mí era muy importante la confrontación con hombres, que eran homosexuales, este proceso de liberación gay era, antes que nada, un proceso interno, una liberación personal interna porque yo no creía que pudieran darse procesos de liberación externa si antes tú no tenías en cuenta todas las cosas que estaban moviéndote interiormente. Aquí está la otra razón por la que me vinculé al FHAR porque venía en la línea de Sex-Pol que es Freud, marxismo, Reich.[124]

Aunque los antecedentes del FHAR en Sex-pol incluían una reflexión y el análisis de la identidad homosexual desde un proceso de liberación interna, inspirados en los autores que señala Tina, a decir de otras militantes, el discurso y la reflexión teórica en FHAR no fue un proceso colectivo, fue más bien atributo de algunos líderes. La necesidad de una liberación como proceso interno, como liberación de la lesbofobia internalizada, de confrontación de los miedos y odios internos frente al espejo de una misma, fue una reflexión propia de los trabajos de autoconciencia de grupos lésbico-feministas.

---

les. Para Monsiváis es el joven proletario de aspecto indígena o recién mestizo. Es la sensualidad proletaria, el gesto que los expertos en complacencias no descifran, el cuerpo que proviene del gimnasio de la vida, del trabajo duro, de las polvaredas del fútbol *amateur* (o "llanero"), de las caminatas exhaustivas, del correr por horas entonando gritos bélicos, del avanzar a rastras en la lluvia para sorprender al enemigo. Y es la friega cotidiana y no el afán estético lo que decide la esbeltez (la noche popular: paseos, riesgos, júbilos, necesidades orgánicas, tensiones, especies antiguas y recientes, descargas anímicas en forma de coreografías). *Debate Feminista*, Año 9, vol 18. p 60, octubre 1998.

[124] Tina, entrevista anteriormente citada.

Por otro lado, el interés casi místico de "rescatar" la población homosexual marginal implicaba un discurso que atraía a dicha población masivamente, de ahí que el desarrollo teórico no fue precisamente una característica de la base amplia.

FHAR asumía el lenguaje de la denigración, decían que los homosexuales no teníamos porqué ser o aparecer decentes para que la gente nos aceptara, asumía la defensa de las locas, de las vestidas como sujeto transformador, de ahí sale "soy loca ¿y qué?, soy homosexual ¿y qué?, soy tortillera ¿y qué?". Sí, yo compartía esos planteamientos. Para Lambda las vestidas no debía ser, no teníamos que prestarnos a hacer escenas ni encarnar estereotipos con los que la sociedad nos marginaba y nos estigmatizaba. Esa fue una diferencia fuerte, se derivaba también en líneas de trabajo entre uno y otro, porque el FHAR se dedicaba a la lucha contra las *razzias* y sacar locas de la cárcel. Con OIKABETH fue el rechazo fundamental, radical que había dos cosas: a los heterosexuales, era un sexismo al revés, era una heterofobia por la línea que mandaba Yan y la androfobia, o sea todo lo que fuera hombres, todo lo que fuera heterosexual estaba prohibido, y nosotros la línea que manejábamos era espejearnos unos y otros y ver cómo vivía cada quién su homosexualidad, encontrarnos en un espacio común, en un encuentro.[125]

La definición del sujeto transformador marcó una diferencia sustancial entre los grupos existentes y definió un discurso. Para el caso de FHAR el lenguaje de la denigración traía consigo una propuesta a la que ellos identificaban como "anarquista", es decir, una propuesta de ruptura de las estructuras, de las formas sociales, culturales, incluso políticas. La reivindicación de los sectores sociales más marginados se acercaba más bien a la propuesta política de la diferencia como alternativa disidente y que se emparentaba con movimientos como la antipsiquiatría, la filosofía del deseo, algún estructuralismo y nietzcheanismos varios.

La presencia masiva de los trasvestis y la población diversa que circulaba en su entorno, no atrajo a las mujeres. Las que llegaron al FHAR entablaron conexión con las mujeres de los otros dos grupos para desempeñar algunas tareas en conjunto. Sin embargo, la rivalidad entre los tres principales grupos (FHAR, Lambda y OIKABETH), permeaba también en la relación entre las mujeres quienes no pudieron desarrollar estrategias mayores para reforzar la identidad lésbica.

Teníamos la idea de un grupo de mujeres dentro del FHAR. Se trató, hubieron varios intentos, tuvimos algunas miembros, éramos pocas, cinco o seis mujeres, tampoco eran muchos hombres, aunque la capacidad de convocatoria de Juan Jacobo con los hombres sí era muy grande y en el caso de las mujeres, Lambda y OIKABETH jalaron

---

[125] *Ibidem.*

mucho más mujeres porque para las mujeres era mucho más atractivo estar en grupos con puras mujeres que con hombres. Porque además, desde el principio se polarizaron FHAR, Lambda y OIKABETH, nunca hubo una buena relación. Sí, me afectaba la visión falocéntrica y misógina del FHAR pero me parecía un punto a partir del cual había que trabajar, era algo que poner sobre la mesa con los compañeros, muchas veces discutimos el punto, planteamos el hecho que se trabajara. Estuve poco tiempo cinco u ocho meses, hubo algo no me acuerdo que pasó y yo entré a OIKABETH.[126]

La primera vez que supe de FHAR fue en la marcha de 1978, para la conmemoración de los diez años del 2 de octubre. Era dirigente de la prepa popular, estábamos sentados en la plaza y pasó el contingentes de homosexuales y lesbianas, eran más hombres, era la primera vez que vi un contingente de homosexuales, por primera vez me di cuenta que había más gente. Un mes después el FHAR fue invitado a dar una charla a la prepa popular, ahí los escuché e invitaban a hombres y mujeres a participar. No hice ninguna pregunta porque tenía miedo de balconearme, nos dejaron documentos y muchos años después, antes de salir de la prepa me robé la propaganda y venían nombres y un apartado postal. Así fue como llegué al FHAR en enero del 81. Hablaban de Yan y Tina como gentes que habían estado al principio. En ese tiempo nada más habían tres mujeres, conmigo cuatro. El FHAR era un grupo homosexual, donde se hablaba de lesbianas era en Lambda, el mismo nombre incluso Frente Homosexual de Acción Revolucionaria. El feminismo en FHAR era muy incipiente, básicamente Juan Jacobo e Ignacio, dos o tres, no eran mujeres, solamente cuando hubiera mujeres se puede hablar de feminismo.[127]

Como acertadamente planteaba Gina, la discusión teórica sobre el feminismo sólo podía hacerse profundamente desde la necesidad de las mujeres. Aunque los líderes manejaban un discurso feminista, éste no era precisamente un tema que se discutiera en el grupo debido al escaso número de mujeres.

Había sido corrida por mi pareja y estaba en la casa de un amigo y me empezó a hablar del FHAR, fue bonito porque de los miedos que vivíamos las lesbianas de la época, una no terminaba con la pareja porque no había posibilidad de pareja, era muy difícil encontrar una pareja. Iban a pasar un audiovisual con las cosas que había hecho el FHAR, era un caserón precioso, descuidado, en la colonia Alfonso XIII y yo empecé a hablar del Partido de los Homosexuales, la popularidad, el aplauso general porque era solo un foro íntimo y yo lo convertí en Partido Político. La línea del FHAR no era tanto de izquierda, era de rescatar a los homosexuales *lumpen*.[128]

---

[126] *Ibidem.*
[127] Gina, entrevista anteriormente citada.
[128] Emma, entrevista anteriormente citada.

La identidad *lumpen*, como ellos la definían, si bien permitió el acercamiento de un gran número de homosexuales a los que difícilmente podían acceder otros grupos, fue un aspecto de conflictividad para el movimiento. Para algunos sectores el lumpen-homosexual reflejaba "una mala imagen" del movimiento. La forma en como FHAR asumía la problemática tampoco aportó a un tratamiento serio de estos sectores. El "rescate" de los más marginados entre los marginados planteaba una práctica mesiánica que marcaba una diferencia entre el yo y el otro, y la necesidad de conversión del otro a imagen y semejanza de mi yo.

> El FHAR era de gente prole, de los lumpen, de los trasvestis, había mucha loca, era una crítica que recibía el FHAR. A mí me parecía que era necesario que también se les rescatara. No era precisamente feminista, estaba abierto a que las mujeres hicieran su labor, a que fuera mixto.[129]

El escaso interés del grueso de la población *fharina*[130] en la problemática de las mujeres, evidenciaba una ausencia de reflexión en aspectos feministas. Para muchas de las activistas los fharinos expresaban una actitud misógina. El interés centrado en el ligue y el falo no sólo invisibilizaba la presencia femenina; para muchas, resultaba agresivo.

> Muchos homosexuales tenían un gran porcentaje de misoginia, sí, era misógino. Hubieron publicaciones con temas homosexuales, básicamente rollos de chavos. Eramos las únicas mujeres con Claudia y Mariana, después llegamos hasta veinticinco, treinta mujeres. Empezamos a organizarnos y sacamos dos números de una revista *Anécdota*, teníamos reuniones sólo de mujeres, sentíamos que nos faltaba experiencia, y entonces llegó Yan y se acabó el asunto porque llegó con la idea de hacer un Frente, un grupo armado de guerrilleras, ir por la mañana a Chapultepec a entrenar gente. El discurso articulado estaba en boca de dos o tres, Juan Jacobo, Nacho, Jorge Mondragón, todos los demás éramos caballitos de batalla. Quienes articulaban el discurso no estaban en ningún partido, Juan Jacobo nunca fue del rollo de partido, incluso se negaba que se capitalizara para algún partido. El FHAR se debilitó, se volvió un desmadre, en una fiesta hicieron un desorden, parece que llegó a haber un provocador, sacó una pistola, hubo balazos y a partir de allí hubo muchas broncas y no se pudo mantener la casa abierta, se desmembró y se hicieron varios colectivos. Yo hasta el momento sigo sosteniendo que se puede hablar genéricamente de hombres y mujeres como homosexuales..[131]

---

[129] Gina, *ibidem*

[130] Rescatamos la denominación coloquial que el movimiento hizo en su momento a manera de gentilicio del nombre del grupo, como una afirmación de identidad.

[131] Emma, *ibidem*.

Yo diría más bien de liberación homosexual. También podían entrar las gentes con otro tipo de problemas sexuales, sin estar sujeto a ser lesbiana u homosexual como los trasvestis. FHAR luchaba más por los problemas reales, sociales de los homosexuales, como los trasvestis, se hacían plantones para sacar a la gente de la cárcel, se denunciaba en periódicos los problemas de razzias. El discurso de Lambda era ¿porqué tenemos que ser obvios los homosexuales si somos gente común y corriente, somos gente educada...? esto generaba un rechazo hacia locas y trasvestis. No había gente preparada, estaba Juan Jacobo, un tipo muy preparado, pero estaba como en veinte lugares, y no dejaba de ser una estrella, lamentablemente. Creo que la crisis pasó porque el *ghetto* se convirtió en un nido de promiscuidad y que el gobierno abrió lugares, centros, bares y ya no habían razzias. Aparecen bares autorizados para el homosexual clasemediero, el sistema logra desunir al movimiento, a alcoholizarlo, a alienarlo. Hubo una fiesta para celebrar la reina de la primavera en el salón Riviera, Paco Malgesto fue el moderador, fue toda la farándula, un fiestonón y además con policía, ya teníamos permiso para celebrar pendejadas. Una de las broncas que nunca permitió cristalizar un movimiento fue la falta de preparación y de compromiso de la mayoría de los que estábamos y responsabilidad de las estrellas, a lo mejor fue que les rebasó y por mucho... no pudieron.[132]

El intento por crear un espacio lésbico estuvo presente en el FHAR en varias oportunidades. Posiblemente la falta de involucración de los homosexuales en un proyecto común no permitió que el grupo de lesbianas permaneciera y creciera. El Colectivo de Lesbianas del FHAR hizo su aparición pública en el boletín *FHAR informa* número 1 en septiembre de 1979 con un artículo, en el que anunciaron la próxima aparición del periódico *Amazona* "como un vehículo de comunicación entre las mujeres homosexuales, en la lucha por la abolición del machismo, el patriarcado, el falocentrismo y la explotación de clase y sexo".[133]

La publicación no llegó a salir, pero el colectivo de lesbianas participó en el Primer Encuentro de Lesbianas y Feministas en Cuernavaca, en diciembre de 1978, en el que presentaron un documento de reflexión respecto la heterosexualidad obligatoria como "la base de la represión homosexual, cuyos intereses económicos y políticos imponen los roles sexuales que dan lugar a las relaciones de poder y el sometimiento de la mujer, el comunismo sin sexismo es el anhelo de las lesbianas del FHAR".[134]

En la revista *Nuestro Cuerpo* número 1 en mayo de 1979, el Colectivo de Lesbianas del FHAR manifestaba sus razones del porque militan en un grupo mixto,

---

[132] Gina, *ibidem*.
[133] *FHAR informa*, núm. 1. septiembre 24, 1979.
[134] Política Sexual, *Cuadernos del Frente Homosexual de Acción Revolucionaria*, mayo 1979.

afirmando "que el mantenimiento y propagación de identidades sociales, políticas, sexuales diametralmente opuestas entre hombres y mujeres son un pretexto para mantener separadas y encontradas a dos mitades del mundo y sólo una acción conjunta nos puede devolver nuestra imagen completa y crítica".[135]

No es casual que los mismos argumentos fueron expresados al inicio del movimiento feminista latinoamericano por la izquierda, que llegó a acusar al feminismo de ser una práctica reaccionaria y burguesa porque dividía a la sociedad entre hombres y mujeres y los enfrentaba fraticidamente, además porque distraía la atención de los "verdaderos" problemas que el capitalismo imponía al Tercer Mundo.

En 1981, el FHAR hizo una evaluación sobre la desmovilización del Movimiento Lésbico Homosexual en comparación a los años iniciales de movilización masiva, y tomaron la decisión de disolverse. Dieron lugar al nacimiento de otros colectivos y anunciaron la muerte del movimiento en su conjunto.

Hicimos un documento de porqué se disolvía el FHAR. Fue una crisis político-administrativa. Fue un proceso de disolución que duró de agosto a noviembre de 1981. Hicimos un análisis interno de por qué había fracasado el proceso y abrimos el Frente para dar paso a un grupo de colectivos autónomos: Colectivo Sol, Colectivo GHR (Grupo de Homosexuales Revolucionarios) que todavía existe en Neza; se hizo una red abierta, la Red (Red de Lesbianas y Homosexuales, Colectivos Autónomos). LHOCA. El movimiento lésbico-homosexual había muerto, reclamábamos que ya no se siguiera hablando de ese movimiento, que se hiciera punto y aparte. Que buscara nueva manera de organizarse o no se organizara nada. No organizar nada no era ninguna tragedia conforme a las condiciones de ese momento, en parte por la referencia de las marchas multitudinarias, en parte porque el movimiento había llegado a un impasse en su conjunto. Nosotros estábamos incluidos dentro de la sátira, no estábamos fuera, muchas de las cosas que describíamos era a nosotros. Fue una autocrítica terrible donde nosotros nos reflejábamos ahí, la gente sintió que los estábamos atacando, que si nosotros éramos los puros. Dejémonos de grandilocuencia, ya no funciona, son otras épocas, ya dimos de sí, tenemos que abandonar, no había ninguna vergüenza en abandonar, en fracasar, no estábamos vendidos con nadie, vámonos a buscar otro tipo de cosas y en ese momento llegó el SIDA.[136]

---

[135] Nuestro cuerpo. *FHAR, Información homosexual* núm. 1, mayo 1979.
[136] Entrevista con Juan Jacobo Hernández, 18 de diciembre, 1995.

## Grupo Lambda de Liberación Homosexual

> Lambda agrupa a hombres y mujeres, buscamos acabar con
> los patrones de conducta de una sexualidad mitificada que
> reproduce todas las injusticias que se ejercen en contra de
> la mujer, los homosexuales, los obreros, los ancianos y los
> niños, los minusválidos físicos y psíquicos, las diferentes
> razas y etnias, así como contra los reos que, en las socieda-
> des opresivas, sufrimos de las muy variadas formas de ex-
> plotación, que ejerce una minoría privilegiada.
>
> *Tríptico Lambda s/f*

Importante sobre todo por la gran participación de lesbianas, quienes le imprimieron
una orientación feminista, Lambda inició sus actividades en junio de 1978 y tuvo
como objetivos fundamentales la lucha contra todo tipo de opresión y represión
dirigida a las personas por su orientación sexual.

Eligieron la letra Lambda del alfabeto griego (L en castellano) "por ser una letra
que no cuenta con un género específico, porque significa igualdad y justicia". Encerrado en un triángulo equilátero invertido, recuperaron el sentido de liberación en
contra de la represión y el aniquilamiento, así como la lucha por una sociedad libre.[137]

Uno de los elementos importantes en la formación de la identidad del grupo
Lambda fue el origen de sus integrantes, muchos de los cuales habían tenido o
tenían al momento de conformar el grupo, una militancia partidaria, la mayoría de
ellos en el Partido Revolucionario de los Trabajadores (PRT). La experiencia partidaria de varios de los lambdinos dinamizó el discurso y la militancia política. La
identificación con los pensamientos socialista y feminista fue clara y abierta. Sin
embargo, el análisis troskista les imprimió un sentido crítico a los sistemas socialistas "realmente existentes", URSS, China, Cuba, etcétera.

> No han logrado cambiar las estructuras de la sociedad burguesa como la división
> sexual del trabajo, la familia y las relaciones machistas de la pareja; prejuicios que
> oprimen a las mujeres y producen persecución y represión contra lesbianas y homo-
> sexuales a quienes consideran 'lacras sociales' o producto de la 'decadencia del
> capitalismo'.[138]

---

[137] Tríptico *¿Que es Lambda?* s/f. El triángulo proviene de la época nazi. En los campos de concentración alemanes, a las personas que eran detenidas como homosexuales se les marcaba con un triángulo
equilátero color rosa, en este caso, la punta del triángulo era hacia arriba.

[138] Tríptico *¿Qué es Lambda?* s/f.

La composición mixta de Lambda fue una de las características más criticadas por los grupos autónomos, feministas y homosexuales. Sin embargo, atrajo a un gran número de mujeres quienes encontraron en la interacción con el sexo opuesto un espacio desde el cual enfrentar el sexismo.

Este acuerdo estuvo fundamentado en la necesidad de comenzar a erradicar los antagonismos sexistas desde nuestra propia casa.[139]

Queremos erradicar el machismo tanto en hombres como en mujeres. Este no se elimina por el hecho de ser homosexual. La mayoría de las feministas heterosexuales que nos hacen esta pregunta comparten su vida con hombres muy de cerca. Militamos en un grupo mixto, pero las mujeres tenemos espacios propios porque tenemos necesidad y derecho a ello.[140]

La presencia femenina en el grupo Lambda tuvo gran importancia en la construcción de una identidad feminista. Las lesbianas lambdinas agrupadas en su mayoría en el Comité de Lucha Feminista defendieron la necesidad de espacios propios al interior del grupo.

A nivel internacional incluso no daban crédito que pudiera existir un grupo mixto donde pudiéramos las mujeres levantar demandas específicas y que los compañeros hombres se pudieran identificar con ellas. Estábamos convencidos que no era posible separar el proceso de liberación de los homosexuales del proceso de liberación de las mujeres. Era muy fuerte la participación de los compañeros cuando teníamos reuniones de mujeres, por ejemplo en el FNALIDEM, quienes estaban en la guardería siempre eran ellos -los comisionábamos- y nosotras siempre procuramos tener espacios aparte para las mujeres. Hacíamos la reunión de las mujeres y ya luego nos juntábamos con los hombres, siempre defendiendo nuestros espacios.[141]

Se decía que las mujeres de Lambda tenían suprimacía sobre los hombres. La gran mayoría de ellos tenían una posición bastante abierta, consciente. Se entendía que todos los espacios tenían que ser mixtos y en todos los eventos se trataban que hubieran hombres y mujeres, pero a la vez, se pensaba que tenían que haber espacios exclusivamente para mujeres. Cuando tuvimos oportunidad de tener un local en la calle Baja California había un día específicamente de mujeres y no faltó quién dijera que "un día especifico para hombres". Analizamos que las mujeres no era tanto que

---

[139] *Ibidem*.
[140] "No hay contradicción, ni política ni emocional, en trabajar con hombres homosexuales feministas". *Uno más Uno*, lunes 29 de junio de 1981.
[141] Entrevista a Trinidad Gutiérrez para *Otro modo de ser mujer*.

necesitáramos estar separadas de los hombres, sino que, necesitábamos un espacio de reconquista ante la segregación que al interior del movimiento se vivía y de la sociedad misma. La fracción de mujeres fue importante con una voz, una presencia y sobre todo con argumentos políticos, con posibilidades de decisión, muy tomadas en cuenta. Yo pienso que los hombres que estaban incorporándose al proyecto Lambda, tenían cualidades que no tenían quizás los otros, y que permitieron que sobreviviera tantos años Lambda de una forma mixta.[142]

La identidad feminista de las lesbianas lambdinas se debía principalmente a la doble (y hasta triple) militancia (en el movimiento lésbico homosexual, en el movimiento feminista y la izquierda) de gran parte de ellas, ello permeó una identidad feminista en el grupo en su conjunto. Encontramos en uno de sus trípticos de presentación un sustento a su identidad feminista:

En primer lugar por la consecuencia con el carácter mixto, en segundo lugar porque la opresión homosexual se desprende de la opresión que sufren las mujeres como sexo, y en tercer lugar, vemos en el feminismo la más amplia posibilidad de confrontación con el machismo. En síntesis la opresión de las mujeres heterosexuales, lesbianas y la que afecta a los homosexuales, proviene de un modelo de sociedad masculina heterosexista, que se afianza en el poder, por medio de la familia, la religión, la escuela y las fábricas, luego entonces nuestra lucha general es la misma. Incluso consideramos que no habrá liberación gay sin la liberación de las mujeres y viceversa.[143]

El liderazgo a su interior, a diferencia de los otros grupos de la época, no estuvo centralizado en uno o dos personajes, se diluyó en un grupo activo de militantes.

Yo no podía identificar en mucho tiempo quién fue el líder o la líder del grupo. Al principio fue muy importante la participación de Claudia, Alma, Javier, Enrique, etcétera pero en general, el grueso éramos gente con formación política y el grupo nos sirvió para dentro del proyecto político que ya teníamos, de lucha por el socialismo, integrar la lucha por nuestra liberación sexual.[144]

Era un liderazgo natural para mi gusto, dado quizás por el respeto al trabajo, también por la imagen y el magnetismo. Había bastantes líderes de diferentes tipos y que en un momento dado servían para diferentes objetivos, por ejemplo el de Claudia fue muy importante para poder tener una excelente penetración a los grupos feministas;

---

[142] Esta persona solicitó cambio de nombre, la denominamos Carmelita. Entrevista octubre, 1994.
[143] Tríptico ¿Qué es Lambda? s/f.
[144] Trini, ibidem.

Carlos Bravo, Trini, Max Mejía estaban en el Comité Contra la Represión, Dani y Manuel en Prensa y Propaganda.[145]

Uno de los primeros conflictos que el grupo Lambda de liberación homosexual experimentó fue el trascender o no el ámbito interno. Para unos aún no era el momento de salir públicamente y hubo que dedicarse al trabajo interno, otros, señalaron la necesidad de abarcar el espacio interno y externo, posición esta última, la mayoritaria, por la que decidieron aparecer públicamente el 2 de octubre de 1978 en la marcha por la conmemoración del X aniversario del movimiento estudiantil mexicano. "Dos de octubre no se olvida", consigna usada en la marcha que año con año se realiza ese día. La marcha ha cobrado importancia simbólica en la política mexicana porque se conmemora la caída de cientos de jóvenes estudiantes que salieron a las calles clamando por sus ideales. La marcha traduce la renovación anual de los ideales de la juventud.

> En la primera escisión de Lambda, algunos de los integrantes decidieron no dar la cara y se fueron. Argumentaron que no era el momento político ideal para asumirse públicamente y que el riesgo era muy alto. Había quienes consideraban que el trabajo de grupo no podía ser de estudio, encerrado en un espacio, que era seguir fomentando el guetto y querían salir, entonces quienes marcharon en Ttlatelolco fueron quienes después continuarían el proyecto de Lambda y los otros se fueron aunque no en una actitud de discordia, siempre siguieron.[146]

Una segunda problemática que Lambda enfrentó fue la integración grupal, dada la división del trabajo. La estructura grupal estuvo organizada mediante Comités de Trabajo: educación política, actividades artísticas, asuntos jurídicos, enlace con otros grupos, información y prensa, investigación científica, asistencia médica, conscientización,[147] posteriormente fueron creados el Comité de Lucha Feminista y el Comité de Recepción, este último ante la necesidad de facilitar la integración de nuevos militantes al trabajo del grupo, otorgarles la preparación teórica apropiada y facilitar una división del trabajo.

> Se hizo el Comité de Recepción y Formación para recibir a la gente y ofrecerles algo de información. La gente tenía que soplarse veinte plenarias para poder incorporarse a algún trabajo. En una ocasión fueron unos argentinos que vivían aquí, discutimos

---

[145] Carmelita, *ibidem.*
[146] *Ibidem.*
[147] Lambda un año de lucha, *ibidem. Declaración de principios.* [Documento fotocopia], s/f. (presumiblemente septiembre, 1978).

toda una plenaria sus propuestas y nunca más volvieron. Dijimos "esto no puede ser, los cuarenta militantes de base estamos discutiendo una plenaria entera con estos que nunca vuelven". Tenía que haber niveles de participación. Sin embargo siempre hubo el temor de que con la división del trabajo no fuéramos tan democráticos. Todos teníamos que participar y el que llegaba hoy tenía el mismo derecho de voto, de palabra etcétera. Había varios niveles en la división de trabajo; el trabajo intelectual, los que hacíamos folletos, los que participaban en los frentes o en organizaciones, los que se encargaban de vincularse con otros grupos y en especial con algunas acciones en los estados, y el trabajo manual; se pensaba que eso era dividir el trabajo en obreril e intelectual. Los mismos que hacíamos los folletos en chinga, amarrábamos, cargábamos las mantas y todo, en ese sentido una experiencia rara de participación, en los últimos tres años pensamos tener responsables de comité, que era una especie de jefe del comité, responsables y corresponsables, para llamarlos a cuentas cuando se había acordado un trabajo y no se había elaborado.[148]

Yo pertenecía a la "Sección obrera", que consistía en ir a las plenarias y como eras nueva y eras chiquita, pelabas oreja para aprender, opinabas lo menos posible porque no sabías de muchas cosas y abrías bien los ojos para aprender quién decía pendejadas y quién no, cuáles eran las propuestas interesantes, aprendías el lenguaje, la ideología, por qué era muy importante este movimiento gay, por qué era importante que fuera feminista, escuchabas las nuevas propuestas, te enterabas para dónde iba el grupo, pero tú eras el apoyo, ibas a las marchas, vendías los periódicos que todavía quedaban, boteabas, te tocaba llevar volantes a donde fuera, yo hice muchísimo ese trabajo, hasta que dejé de ser de la categoría de obrera y entré a los grupos... es que no era obrera, yo le bautizaba así, era la gente nueva.[149]

La división del trabajo entre manual e intelectual produjo reclamos y resentimientos porque entablaba distancias y jerarquías entre los miembros del grupo.

Yo estuve en la sección Mixcoac, ahí vivíamos tres parejas y era el centro de reunión de la comisión de Prensa, Propaganda y Publicidad, íbamos desde hacer pintas; elaborar y repartir volantes; botear; ir a las imprentas; ahí se decidía cómo hacer los volantes; cómo elaborar el periódico; algunas mantas; y también ahí se hacían las primeras fiestas para obtener fondos y financiar las actividades del grupo. Muchas de estas actividades, propiamente de talacha no las realizaban "los intelectuales". Los que vivíamos en Mixcoac llevábamos la chinga de limpiar la casa antes y después de las fiestas, después de una fiesta les reclamamos a los intelectuales que por qué nunca agarraban la escoba y el trapeador, dijeron que lo iban a hacer pero nunca lo

---

[148] Carmelita, *ibidem*,
[149] Eugenia, entrevista anteriormente citada.

hicieron. No los recuerdo ni en las pintas, ni boteando, ni cargando las mantas, a veces llegaban a prestar su carro o te acompañaban en su carro a hacer algo, pero nunca las vi que se ensuciaran las manos. Discutían en las reuniones y plenarias y yo no tenía la preparación política e intelectual como ellos, discutían textos muy complicados, *El origen de la familia, Política sexual*, yo no tenía esa formación y para mí eran muy complicados en esa época, pero el trabajo manual alguien tenía que hacerlo, como vivíamos en el mismo condominio varias gentes, propiciaba que nos hiciéramos cargo de que se resolvieran las cosas prácticas.[150]

## El amor y las parejas

> Afrekete, amada mía/ siente el sol de mis días que te circunda/ uniendo nuestros senderos/ tenemos agua que llevar/
> miel que recolectar/ luminoso semen que plantar/ para la próxima feria/ nos quedaremos cambiando aceite dulce/ cada una de nosotras/ a lo largo de las piernas de cenizas/ la noche ilumina/ una cresta de nuestros zigomi.
>
> AUDRE LORDE, 1992

El amor, la sexualidad y la política, temas que han sido centrales en las discusiones teóricas, expresaban las nuevas tendencias que se empezaban a discutir en los sectores de la izquierda.[151] Apuntaban a desestructurar instituciones como la familia, la monogamia y la heterosexualidad obligatoria que mantenían y justificaban relaciones de poder y dominación entre los sexos, así la monogamia y los celos se presentaban como valores poco apreciados, en teoría.

> Uno de los problemas en Lambda era un grupo muy promiscuo y muy reducido, el discurso era, '¿a quién le interesa la monogamia? ¿a quién le interesa con quién se acueste la demás gente?, estamos más allá de cualquier cosa', pero por supuesto que nos importaba, pero como no se podía decir eso abiertamente, los celos no eran un bien reconocido, entonces nadie se atrevía a verbalizarlo, pero de repente había conflictos porque había una persona que estaba en medio. Por ejemplo Carmelita y la Sabandija tenían un montón de problemas porque estaba Marta en medio, claro, Carmelita no lo podía decir porque eso era severamente condenado en el discurso, pero de todas maneras se manifestaba. Eso creaba correlaciones políticas, a veces eran casi como fracturas.[152]

---

[150] Entrevista con Isabel Martínez (Chave), octubre de 1995.
[151] Textos como *El origen de la familia, la propiedad privada y el Estado; la Historia de la sexualidad; Política sexual; La nueva moral socialista*, etcétera, eran temas de discusiones colectivas.
[152] Entrevista con Marta T., 16 de noviembre de 1994.

Sin embargo, en la estructuración de los grupos lésbicos es común e inevitable la formación de parejas. Para muchas lesbianas, el aspecto más atractivo de la militancia consiste precisamente en que el grupo y la militancia son espacios de encuentro con más mujeres, en los cuales existe la posibilidad de entablar una relación de pareja. A decir de Marta Lamas, las lesbianas llevan en la militancia su objeto erotizador.[153] Por el hecho de que las lesbianas cuentan con muy pocos espacios de encuentros, los grupos se convierten no solamente en un referente político, sino también en un mundo social, lúdico y de ligue. Es en este tipo de organizaciones donde queda más claramente expresado la conjunción entre amor y política. Sin embargo, es uno de los aspectos poco tratados.

Para el caso de los grupos lésbicos, la constitución de parejas al interior del grupo se presenta como una fuerza que dinamiza y también como un conflicto inevitable o de difícil manejo ya que la formación y ruptura de las mismas da lugar a la formación de alianzas y correlaciones de fuerzas.

A decir de Alberoni, el enamoramiento es el *estado naciente* de un movimiento colectivo de dos. De la misma manera que un movimiento social en el que la vida es intensa, cualitativamente diferente, donde el sujeto se olvida de sí mismo y se entrega enteramente a los fines comunes,[154] dos personas enamoradas se encuentran luchando hombro con hombro por un proyecto común. Alberoni encuentra en el *estado naciente* del enamoramiento las mismas características del *estado naciente* de los movimientos, pero cuando ambos coinciden en un mismo objetivo, es decir el encuentro de dos personas cuando está por eclosionar un movimiento, reconociéndose en su ideología y sus valores, y se enamoran, este enamoramiento se encauza en el movimiento reconociéndose en su ideología y valores, la pareja entra en el movimiento como una unidad. Por eso el enamoramiento es más frecuente en el comienzo de los grandes movimientos y a menudo los precede. Las dos personas enamoradas sienten que son el núcleo mínimo de un movimiento mayor, el movimiento socialista.[155]

De la misma manera que el enamoramiento intensifica la acción del grupo, la ruptura de la pareja produce un quiebre en el mismo, así, uno de los más sentidos conflictos en Lambda estuvo centrado en la ruptura de una de las parejas que fueron fundadoras del grupo y líderes importantes. La ruptura amorosa provocó también una ruptura emocional en el grupo mixto y principalmente en la Comisión de Lucha Feminista.

---

[153] Entrevista hecha por González, Cristina. Tesis de Maestría, anteriormente citada.

[154] Durkheim, E. "Giudizi di valore e Giudizi di realta", en *Sociología e Filosofía*, Comunitá, Milán, 1963.

[155] Alberoni, A. *Enamoramiento y Amor*, Gedisa, México 1989.

El Comité Feminista tuvo una severa fractura cuando Alma empezó a andar con Carmiña y se separó de Claudia,[156] porque la gente empezó a tomar partido. Claudia fue una persona muy querida en el grupo, era muy apreciada por todos, era una líder, sus opiniones se tomaban en cuenta, era una persona brillante y era muy audaz y asumía públicamente el rollo lésbico, cosa que no mucha gente lo hacía. Cuando Claudia se va de viaje a Copenhague para un encuentro en 80, por el Decenio de la Mujer, dos horas después de que salió el avión, Carmiña se instaló en casa de Alma, entonces el grupo se convirtió en juez contundente y satanizó mucho la relación Alma-Carmiña, por varias cosas, pero una de las más importantes era la figura de Claudia: "pobre Claudia, anda de viaje y las cosas que le pasan", eso tuvo varias consecuencias, Alma sí, era líder, pero estaba muy acostumbrada a que la vieran a través de Claudia, Claudia le hacía sombra, es mi pura impresión. Tanto Alma, Claudia, como Carmiña estaban en el Comité de Trabajo Feminista, obviamente fue allí donde se sintieron las consecuencias. Eso yo no lo conozco muy bien porque yo no estaba en ese comité. Lo que sí sé es que tanto, Carmiña como Alma tuvieron una actitud un tanto de retraimiento y de rechazo del grupo, al grado que todo el mundo empezó a decir 'qué pasa con el Comité Feminista, ya no hay trabajo, ya no pasa nada, entonces pidan refuerzos, les apoyamos, les ayudamos, qué hacemos'. Alma me dijo que habían hecho una reunión del Comité en casa de Carmiña; ahora de Carmiña y Alma; con cena y todo y que nadie fue, no era solo que ellas rechazaran el grupo, era una cosa de ambas partes. Después Claudia se alejó mucho del grupo porque andaba muy mal, resintió la pérdida de la relación, la ruptura y se metió a trabajar como loca, tenía tres trabajos como para no pensar. Esa fue una fractura.[157]

A decir de muchas militantes, la separación de esta pareja fue uno de los elementos que provocó un gran resquebrajamiento en el grupo. Aunque el discurso teórico de la época se presentaba como crítico al modelo de pareja monogámica, estable y heterosexual, la pareja monogámica y **estable** seguía siendo un valor también en los espacios lésbico-homosexuales, debido en gran parte a que carecemos de modelos de pareja diferentes.

[156] Claudia Hinojosa fue una líder carismática e importante en Lambda que junto a su pareja de entonces, Alma A. constituyeron importantes pilares en el Comité Feminista. Ninguna de ellas aceptó tener una entrevista con la autora de este trabajo.

[157] Martha T., entrevista anteriormente citada.

## Los partidos políticos y la competencia electoral

Los lilos quieren ser rojos
Diario de México, 30 sept, 1978

La presencia política partidaria en la dinámica grupal lambdina se convirtió en un *nudo*[158] que afectó en el desarrollo del grupo Lambda. La adherencia al PRT de varios líderes le imprimió al grupo en su conjunto una identificación partidista. También hubieron militantes lambdinos sin adhesión partidaria y defendieron la autonomía de su organización.

Es importante señalar que la época estuvo grandemente influenciada por la dinámica de la política internacional. Dos grandes bloques político-económicos se disputaban la hegemonía del mundo: el socialismo soviético y el capitalismo euroestadounidense. La movilización política de los sectores de izquierda en América Latina estaba en su apogeo, la búsqueda de esa hegemonía implicaba abrazar las demandas e intereses de los movimientos sociales y políticos de los sectores oprimidos, marginados y contestatarios. Sin embargo, la lucha de los sectores homosexuales como un grupo social marginado, no había sido considerado como tal por muchos de los sectores de la izquierda. "La cuestión sexual" tenía todavía una óptica dicotómica entre una sexualidad burguesa y otra proletaria. La izquierda latinoamericana heredaba aún las posturas soviéticas respecto a la sexualidad y la homosexualidad. Con el ascenso del estalinismo se modificó u culpabilizó el concepto del homosexual, afirmaron que la homosexualidad es un producto de la decadencia del sector burgués de la sociedad y un resultado de la "perversión fascista". En marzo de 1934 fue promulgada una ley federal, con intervención personal de Stalin, que condenaba con ocho años de prisión los actos homosexuales.[159] La aparición y desarrollo del estalinismo en la URSS y su posterior expansión a todos los partidos comunistas de la III Internacional, modificó el sentido de la interpretación marxista, abrogándose el monopolio de dicha teoría, reintrodujo la dicotomía entre las relaciones sociales de produc-

---

[158] El término "nudo" en referencia al nudo gordiano ha sido retomado por la mayoría de los movimientos sociales como sinónimo de conflicto.

[159] Lenin por decretos del 19 y 20 de diciembre de 1917 –a solo dos meses del triunfo insurreccional de octubre– estableció la abolición del matrimonio, la mujer pasa a un plano igualitario respecto al hombre; se legaliza el aborto y se dejan sin vigencia las leyes que condenan a la homosexualidad, leyes que desde 1934 con el ascenso de Stalin al poder cambiaron. Algunos autores comentan que los periodos de mayor apertura a la homosexualidad coinciden con periodos que evidencian una evolución hacia la libertad y los grandes cambios en los planos político, económico e intelectual como el Renacimiento, la Revolución francesa o la Rusia de Lenin y paradójicamente los periodos de mayor homofobia y censura sexual coinciden con los de más represión y prohibicionismo como la Edad Media, la Francia monárquica o la Rusia de Stalin, podríamos sumar a ellos las dictaduras militares de Sudamérica.

ción y la ideología y propició en la práctica política la priorización de la lucha economicista y el abandono de la lucha contra las formas de alienación ideológicas.

La crisis del marxismo sólo se reveló en toda su magnitud en los años sesenta, con la irrupción del movimiento internacional de los jóvenes. La situación internacional, marcada por una renovada crisis estructural y de valores, fue el escenario para nuevas luchas políticas que evidenciaron el autoritarismo del estado burgués, la educación, la familia, y pusieron en tela de juicio el proceso estalinista, esclareciendo que la revolución socialista no debe ser entendida como la mera transferencia de la propiedad de los medios de producción, sino que ésta debe transformar los procesos de trabajo, la sexualidad y la vida cotidiana, de ahí que la IV Internacional defendió y asumió la lucha de liberación de las mujeres y la liberación sexual como parte intrínseca de la revolución socialista.[160]

Para la corriente troskista, defensora de la IV Internacional, el asunto de la sexualidad, el feminismo y la lucha homosexual fueron aspectos centrales del análisis de la opresión social. En México, el Partido Revolucionario de los Trabajadores (PRT) de tendencia troskista, consideraba tanto la lucha del feminismo como de liberación homosexual las primeras luchas directas contra la opresión sexual, de suma importancia para el combate al dominio patriarcal sexista burgués que se perpetúa en el sometimiento del cuerpo y la sexualidad de los individuos. "Para la burguesía resulta indispensable mantener la división social de los sexos para mantener la producción fabril y la reproducción biológica y social, precisamente a través de esta ideología se somete a la población al modelo heterosexual que implica la sujeción de las mujeres a las necesidades del hombre y el rechazo de los homosexuales. De allí que el PRT haya decidido apoyar la lucha de las mujeres y los homosexuales. Consideramos todas éstas que no sólo nos han abierto el camino para estar en la primera fila del movimiento homosexual, sino que también nos ha permitido readecuaciones autocríticas al interior de nuestra vida partidaria".[161]

La estrategia política de los militantes perretistas era impulsar la lucha de liberación homosexual no solamente desde el partido político, sino también desde la lucha social. El movimiento lésbico-homosexual era el espacio propicio que daba lugar a una doble militancia.[162]

---

[160] "Liberación homosexual. Un análisis marxista". Folleto *Bandera Socialista* núm. 91, 1983.

[161] *Ibidem.*

[162] Las primeras militantes del movimiento feminista latinoamericano provenían principalmente de organizaciones de izquierda en las que descubrieron que realizaban una "doble jornada de trabajo", es decir que además de realizar el trabajo doméstico que generalmente era invisible a los ojos de sus compañeros, realizaban otra jornada de trabajo en la organización social o el denominado productivo. Cuando empiezan a militar en el movimiento feminista denominan a esta duplicidad de activismo como "doble militancia" en referencia a la doble jornada de trabajo.

En el grupo coincidimos muchas personas que teníamos una formación política y una militancia política previa, muchos habíamos estudiado antropología o ciencias políticas o comunicación. La influencia del PRT no nada más fue en Lambda, el discurso político en particular de los trosquistas, de la gente que viene de la IV Internacional, plantea cuestiones feministas y cuestiones de la libertad sexual. Habían militantes del PRT, pero también habían militantes del PC dentro del movimiento lésbico-homosexual. La mal criticada doble militancia dio buenos frutos porque el propio movimiento lésbico-homosexual estaba obligando a los partidos políticos a pronunciarse respecto a la cuestión sexual, que era un tabú. Quizá hasta 1982, cuando la campaña del CLHARI, no se había visto en la necesidad de que todos los partidos dijeran que piensan respecto a la cuestión sexual y que piensan respecto a las lesbianas y homosexuales, el propio movimiento obligó a los partidos a tomar posiciones. No es en balde que en el XIX Congreso del PC mexicano salió una declaración respecto a la libertad sexual, donde se habla que "no hay una sexualidad normal y no hay una sexualidad burguesa y otra proletaria".[163]

La doble militancia traía al grupo homosexual la disciplina partidaria. Para muchos de los no partidarios, las decisiones políticas ya eran tomadas en el partido e impuestas en el grupo.

Daba la sensación de bloques que se habían reunido antes, sobre todo el PRT, por que llegaban muchas veces con una línea muy clara, era como es la "Cámara" ahora -me imagino- "tal cosa" ¡bum! votaban todos en bloque, era muy evidente. El hecho de que se empezara a hacer tan evidente hizo que mucha gente en verdad se enardeciera: '¿Cómo es posible aunque ustedes sean partidistas no tengan una visión personal de las cosas y lleguen a votar en masa y entonces nos chingan a nosotros nuestras propuestas nada más por que ustedes son mayoría?', tuvo muchísimo que ver, para gente como Carmelita la presencia del PRT al interior de Lambda era una presencia peligrosa, así la conceptualizaba, porque además la gente del PRT estaba planteando llegar a formar un 'Frente Homosexual' era como acortar el movimiento y a todos nosotros que no éramos del PRT, realmente considerábamos que no era posible porque evidentemente no todos eran del PRT, era una locura pretender que podíamos formar un frente único.[164]

Una de las tantas teorías de la crisis del movimiento lésbico-homosexual dice que se debió a que se trabajó demasiado con la izquierda y muy poco con el sector específico de lesbianas y homosexuales. En lo personal creo que las lesbianas y homosexuales al estar en todas partes, en todos los sectores de la sociedad, creo que era correc-

---

163 Trini, *ibidem*.
164 Eugenia, *ibidem*.

to hacer un trabajo de información, buscar espacios en los medios de comunicación en donde dábamos a conocer nuestros puntos de vista, gritábamos y analizábamos lo que decíamos, que no éramos enfermos ni criminales, etcétera. Dado que las lesbianas están en todas partes, el trabajo que se tiene que hacer es a la sociedad en general, de información, de buscar espacios, de propagandizar el discurso político en los espacios políticos donde nos interesaba. Creo que la militancia de los grupos de liberación de lesbianas y homosexuales en instancias de la izquierda, no era un rollo oportunista: "a ver si nos ayudan", era por ser consecuentes con el proyecto político que teníamos. No podíamos dejar de estar, para mí era muy claro que las lesbianas teníamos que participar en el Frente Nacional Contra la Represión (FNCR), instancia de la izquierda que se creó en 79. Estos años de trabajo continuo con ellos nos legitima y no es una dádiva, creo que entró en su conciencia política que el proyecto de liberación sexual que nosotras teníamos era totalmente consecuente con un proyecto de construcción de lucha por el socialismo.[165]

Para las elecciones presidenciales de 1982, el PRT invitó a Rosario Ibarra de Piedra, presidenta del Frente Nacional Contra la Represión (FNCR), madre de un desaparecido político por quién había luchado; invitó también al movimiento lésbico-homosexual a participar con siete candidaturas a diputación. Lambda aceptó la invitación junto con OIKABETH y formaron el Comité de Lesbianas y Homosexuales en Apoyo a Rosario Ibarra (CLHARI). El análisis más detallado de la participación del movimiento en su conjunto en su primer proceso electoral, será analizada más adelante, ahora haremos únicamente referencia a la involucración del grupo Lambda en dicho proceso.

La invitación vino del PRT, la participación en las elecciones con el CLHARI fue muy honesto por parte de todos sobre todo para la sección de mujeres porque fue muy importante ver que por primera vez en la historia de México había una mujer que se candidateaba para ser presidenta. Recuerdo que hubo malestares por que Rosario Ibarra tuvo un discurso incoherente con respecto a los homosexuales. La cuestionaron "que onda con su movimiento gay" porque se sabía que había un conglomerado de gays que la estaban apoyando. Contestó que en primer lugar no era del PRT, a ella la habían invitado como candidata independiente y no coincidía con todos los planteamientos que hacia el PRT, y no estaba de acuerdo por supuesto con toda la plataforma ideológica del PRT, entre otras cosas. Fue muy claro que ella se desligó de la visión del PRT en relación al movimiento homosexual. Ella no entendía cual era el nexo entre el PRT y el movimiento gay y no recuperaba nuestros planteamientos, nuestras demandas etcétera. Eso causó bastante polémica entre nosotros, mucho

---

[165] Trini, *ibidem.*

112

malestar y bajó mucho la energía y la entrega de la gente. Recuerdo gentes como Carmelita indignadísima, encabronadísima, defraudada sintiéndose traicionada -pues era con quien yo vivía, era mi nexo mas cercano-, de allí a ella le vino una quiebre emocional e ideológico muy fuerte con la gente del PRT, que por supuesto tuvo mucho que ver porque su presencia a nivel ideológica era muy fuerte entre las mujeres".[166]

Es cierto que el CLHARI desencantó pero la difusión que permitió la campaña llegó a muchos lugares que no hubiéramos podido llegar y sí es cierto que Rosario Ibarra no sabía ni entendía sobre el movimiento homosexual, ella era una ama de casa cuando su hijo fue desaparecido político, ella llegó a organizarse y dirigir el FNCR. El PRT le propuso la candidatura no porque pensaban que iba a ganar sino porque quería unificar a todas las organizaciones en torno al FNCR con una candidata, atraer a los votantes. Obviamente causó disgustos la influencia del PRT en Lambda porque en un momento casi todo Lambda se dedicó a la campaña, sin embargo los que no estuvieron en la campaña no hicieron mucho luego por Lambda, obviamente los del PRT eran muy fuertes en Lambda, lo importante era la difusión, sabíamos que no íbamos a ganar, era una plataforma de difusión autorizada, legalizada, era una estrategia. Después de CLHARI, la gente siguió yendo a las reuniones, no bajó la militancia".[167]

La campaña electoral había robado gran parte de la atención del grupo, el número 4 del periódico *Nuevo Ambiente* que publicaban con cierta regularidad dejó de salir durante casi dos años. Para algunos de los militantes la campaña dinamizó la imagen de la lucha lésbica-homosexual y se estaba difundiendo una nueva imagen de lesbianas y homosexuales que llegaba a gran parte de la población. Para otros, los intereses político-partidarios, principalmente del PRT, habían acaparado la atención y restado tiempo de calidad para la alimentación interna del grupo.

### Ya tenemos un local!!!

Lambda funcionaba en diversos lugares, sin un lugar fijo que centralizara todas las actividades. Uno de los espacios que hizo las veces de local fue "la sección Mixcoac", un departamento en la calle Leonardo da Vinci que era habitado por tres parejas del grupo en donde se realizaban las plenarias y muchas de las fiestas, y el departamento de junto donde vivía una pareja de lesbianas en el que generalmente se realizaban las reuniones de la Comisión Feminista. Muchos otros locales eran usados,

---

[166] Eugenia, *ibidem*.
[167] Chave, *ibidem*.

casas de militantes, restaurantes, cafés o peñas de amigos cercanos, etcétera. La necesidad de un espacio único centralizador cada vez más se hacía una urgencia, hasta que la propuesta llegó al grupo:

> Después del CLHARI el PRT iba a desalojar un local y nos preguntaron si lo queríamos tomar, la dueña era una simpatizante del PRT, la renta era muy baja y ella supo que éramos un grupo gay; en otras circunstancias difícilmente nos lo hubieran rentado.[168]

> Fue por agosto o septiembre, después de muchos planes al respecto, la posibilidad de tener un local propio, se hacía cada vez más cercana. Muchos veíamos el acontecimiento con poco entusiasmo, otros pensaban que no podíamos dejar pasar la oportunidad, después de una reunión de todo el grupo, se decidió que sí... Sí. Ahora o nunca. Las posibilidades eran muchas, los riesgos y compromisos también. Para el mes de octubre, teníamos nuevas perspectivas de trabajo; después de más de cuatro años por fin habíamos logrado conseguir un lugar, que adaptaríamos inmediatamente como nuestro centro de trabajo y oficinas del grupo. Un local, un lugar propio donde pudiéramos desarrollar nuestras actividades y nos permitiera continuar con nuestras tareas como grupo gay.[169]

El local ubicado en la calle de Baja California se festejó con una semana de inaguración del 6 al 13 de noviembre de 1982 con fiestas, conferencias, obras de teatro e intercambio de todos los grupos de la época. Como era de esperar, el local atrajo a más gente, sobre todo jóvenes. El local de Lambda remediaba la carencia de espacios político-gays y sociales. También trajo mayores responsabilidades políticas y administrativas, como garantizar al público demandante diversas actividades que dieran la imagen de un espacio vivo y diversificado en las cuales pudieran involucrarse. El mayor peso caía en las finanzas, la renta y el pago de servicios, lo que implicaba realizar actividades extras para el sostenimiento del local y las diversas actividades de la militancia que se producían en coordinación con los otros grupos del movimiento y otros movimientos afines. La multiplicación de actividades modificó la dinámica interna del grupo, a cuatro años de militancia muchos integrantes ya no estaban dispuestos a darle al grupo una dedicación de tiempo completo como en años anteriores; todo ello confluyó para que disminuyeran enormemente las acciones políticas que anteriormente realizaban:

---

[168] *Ibidem.*
[169] "¡Lo logramos! Ya tenemos un local". *Nuevo Ambiente* núm. 4, abril-mayo 1983, p. 4.

El local atrajo más gente, ya teníamos el espacio tan anhelado pero por supuesto que desgastó porque implicaba tener un ingreso fijo que nosotros jamás pensamos tenerlo, no pensamos en un financiamiento. Los mismos intelectuales, los dirigentes, se abocaron a administrar el local, no supieron dejarlo en manos de otros, no delegaron funciones y eso los agotó. Lo mismo tenían que hacer compras, dedicarle tiempo. También desgastó el querer participar en todos los eventos, se mandaba un contingente a cada evento, había que dedicarle tiempo a atender el local, sacar fondos para mantenerlo, asistir a las plenarias de Lambda, ir a eventos de otras organizaciones y atender tu comisión, era demasiado, además todos ya trabajábamos, nos rebasó, era agotador. Mucha gente dejó de cumplir con todo, nada más iba a unas u otras actividades y eso causaba fricciones. En esa época no había tanta gente que fuera abierta, entonces nosotros hacíamos todo, si había que actuar nosotros actuábamos, si había que hacer la limpieza nosotros hacíamos la limpieza, si había que organizar una fiesta, nosotros, el querer hacer todo, no supimos conectarnos con otros grupos de arte, sentíamos que podíamos y debíamos hacer todo, fue falta de visión administrativa, ya la gente iba menos.[170]

Un hecho importante que permitió el local fue "los jueves de mujeres" en los que participaron también el grupo OIKABETH de lesbianas, espacio que permitió acercar a muchas lesbianas y feministas a las actividades lésbicas, fenómeno que será analizado detalladamente más adelante.

El gran desgaste ocasionó finalmente que los militantes más comprometidos se distanciaran y que en consecuencia, la nueva generación no encontrara formas de involucración. Sumado a ello, la gran crisis económica que ya se dejaba sentir, así como una tendencia más derechizante de la nueva administración política de Miguel de La Madrid iniciaba su campaña de "renovación moral" con la que se exaltaba la familia, los valores y las buenas costumbres; todo esto hacía prever un peligro para los homosexuales de una persecución por parte de la policía y de posibles despidos laborales.

Se decide cerrar el local por cuestiones económicas, porque aparte de la crisis ideológica se nos viene la crisis económica del 84, contábamos con menos recursos. Los fundadores que antes eran estudiantes ya tenían otras responsabilidades, muchos se fueron. Empezaron a llegar chicos que no tenían conciencia, no les interesaba aparentemente nada, pero sí les interesaba el movimiento, el espacio, ligar, ser respetados y aceptados y muchos de ellos se retiraron porque no entendieron los problemas políticos internos del grupo, los perdimos. Llegaban y se salían porque nos estábamos peleando, no se comprometían con los trabajos y no tuvimos la capacidad de

---

[170] Chave, *ibidem*.

comprometerlos en trabajos que les interesaba como en otros años. A nivel económico no pudimos sostenerlo, la renta salía de fiestas, pero nada más salía eso, en la cafetería trabajábamos con números rojos, nosotros trabajábamos y pagábamos por trabajar.[171]

Un análisis hecho por el propio grupo respecto de la crisis que el movimiento estuvo viviendo en 1984, plantea que las condiciones económicas, políticas y sociales del país generaron un clima de agotamiento en el movimiento lésbico-homosexual con poca participación de lesbianas y homosexuales y escasa capacidad de respuesta a coyunturas políticas y la represión, donde el local fue uno de los tantos elementos que apoyaron la crisis del movimiento, que generó una dinámica de desgaste tanto a nivel discursivo, de propuestas como de acciones en el que asumieron haberse extraviado entre lo inmediato y lo trascendente y la dinámica interna.

> Al contar con un local, tratamos de abrirnos a un proyecto más amplio, que incluyó instancias de servicio, tales como atención médica, cafetería cultural, espacios de convivencia y biblioteca; todos fallidos en mayor y menor medida. Ello nos llevó a un fenómeno que parecía obligarnos a optar entre lo importante y lo urgente, entre lo inmediato y lo trascendente. Se configuró una crisis política por el desgaste del discurso y el extravío de la discusión. En ella no hubo, por parte de nadie, propuestas de nuevos objetivos para el movimiento, que tomaran en cuenta la distinta situación política del país, nos perdimos en el microcosmos del grupo y aún hoy se pretenden explicar las defecciones y la crisis como resultado de características personales, de estructuras orgánicas y aun de "canibalismo". Ir más allá de la anécdota requiere el procedimiento inverso.[172]

El cierre del local significó la finalización del grupo Lambda; hubieron algunos intentos de hacer sobrevivir al grupo sin éxito. Al cerrarse el local, se cerraba también una etapa importante en el movimiento lésbico-homosexual, un espacio de convergencia, una etapa que en su momento había sido de mucha efervescencia y esperanzas que abrieron camino a otras generaciones y otras etapas en la historia.

---

[171] Nayeli, octubre de 1996.
[172] "Se nos escapó el sujeto de nuestra historia". Ponencia presentada a la Tercera Semana de los Derechos de Lesbianas y Homosexuales, organizado por el Grupo de Orgullo Homosexual de Liberación GOHL de Guadalajara. Julio de 1984. Documento. [fotocopia].

# III. EL DESENCANTO DE LA IGUALDAD: DIFERENCIAS INEVITABLES

> La heterosexualidad es una forma de sexualidad masculina que a las mujeres nos es impuesto en las sociedades patriarcales.
>
> CARLA LONZI

El *Feminismo de la diferencia* empieza a dibujarse desde los años setentas, basándose fundamentalmente en el rescate a los llamados "valores femeninos", en la búsqueda de una identidad propia de la mujer que marcaría su *diferencia* con respecto al hombre. Carla Lonzi en su pionero trabajo, *Escupamos sobre Hegel,* argumenta contra la igualdad y por la diferencia con una crítica especialmente al sistema jurídico:

> La igualdad es un principio jurídico… lo que ofrece como derechos legales a personas colonizadas. Y lo que se les impone como cultura… La diferencia es un principio existencial que concierne a los modos de ser humano, la peculiaridad de las experiencias, fines, y posibilidades de cada quién, y al sentido de su existencia en una situación dada y en las situaciones que se puede prever. La diferencia entre mujeres y hombres es la diferencia básica de la humanidad.[173]

Esta diferencia expresa el rechazo a la organización y estructuras patriarcales, en una cultura paralela y marginal a la cultura del sistema con otros cánones, otros

---

[173] Lonzi, Carla, *Escupamos sobre Hegel. La mujer clitórica y la mujer vaginal*, Anagrama, Barcelona, 1981.

valores; en una revaloración de nueva lectura de los mitos, del papel que ha desempeñado la mujer, y de su propia participación histórica. En este marco se desarrollaron los llamados "grupos de autoconciencia", que son grupos de reflexión sobre las experiencias personales y sociales de la mujer, con marcados tintes psicologistas, desde donde se construye y se asume la "identidad" como un espacio propio de la mujer, semejante al espacio privado que ha sido históricamente su único reducto.

El *feminismo de la diferencia* se construye a partir de dos puntos centrales: la llamada esencia o identidad femenina, y los valores femeninos, elementos ambos que han sido presentados con un grado de generalización y de abstracción tan amplio que sólo pueden calificarse de irreales.

La esencia o identidad femenina, se encontraría en el papel de madre, reproductora de la especie y de los valores sociales, en su capacidad de "darse a los demás", en su tendencia a resolver los conflictos por medio de arbitrajes o acuerdos y en su íntima relación con la naturaleza y los ciclos lunares o estelares. Esta esencia que se considera común a *todas* las mujeres, independientemente de otras diferencias (tan válidas como las sexuales) como las diferencias raciales, sociales o religiosas, todas ellas puestas más claramente de relieve en los últimos tiempos.

En cuanto a los valores, íntimamente relacionados con la naturaleza, se consideran como "valores en sí" ajenos a toda contingencia histórica, social económica. Aunque ninguna de las teóricas del *feminismo de la diferencia* hace referencia expresa a los valores que consideran esencialmente "femeninos", de sus textos podrían considerarse: el amor, la hermandad, el sentimiento antijerárquico, la paz, la virginidad y otros similares.

Entre las principales teóricas del *feminismo de la diferencia* está Luce Irigaray, para quién la liberación de la mujer va más allá de las luchas del *feminismo de la igualdad*, que, limitándose a la crítica al patriarcado o a la reivindicación de la igualdad, no han propuesto nuevos valores. El lenguaje, el derecho y los mitos son los ejes sobre los que gira su postulado. Un movimiento de liberación de la mujer debe cambiar un lenguaje que privilegia lo masculino por su supuesto carácter neutro. Pero como este cambio requerirá un cierto tiempo, es necesario enfrentarse a la modificación del derecho civil vigente que es un derecho formulado por los hombres y que concierne fundamentalmente a los bienes, donde el individuo se define en conexión con ellos. El derecho patriarcal es neutro y debe ser redefinido en derechos sexuados.

Referente a los mitos, afirma que el patriarcado ha separado lo humano de lo divino, y ha privado a las mujeres de sus divinidades propias. En toda organización social, el elemento religioso permite la cohesión del grupo. Debido a que las mujeres carecen de representaciones válidas de sí mismas, surge la incapacidad de unirse y asumir una identidad propia.

La noción de una "condición esencial de la mujer, común a todas las mujeres, y suprimidas o reprimidas por el patriarcado" es planteado por varias teóricas que se erigen como representantes de dicha corriente: Mary Daly, Susan Griffin y Adrianne Rich. Esta misma postura ha sido duramente criticada desde el *feminismo de la igualdad*, el feminismo postestructural y la contemporánea llamada institucional.

¿Existe una "esencia" femenina? ¿Existen "valores" femeninos? Mujer y hombre son parte de la naturaleza. Ese mito del "eterno femenino" no es tal, se trata de una construcción ideológica tributaria de una concepción patriarcal dependiente de las circunstancias económicas y de las necesidades del poder político. Ambos deben ser analizados en sus circunstancias particulares y en su relación con la sociedad. La mujer a pesar de estar ligada a las circunstancias reproductivas (parir, menstruar, amamantar, abortar, etcétera), es la dualidad hombre-mujer el elemento generador de la vida, ninguna de estas condiciones biológicas son elementos suficientes que permitan afirmar que existe una esencia común a todo el género. Pobreza y riqueza, ejercicio del poder y posición subalterna, trabajo manual e intelectual, diferencias culturales; raciales, son variables que atraviesan las relaciones de mujeres entre sí, y determinan diferencias entre ellas, afirma Inés Capucho.[174]

Lauretis, desde la defensa a una esencia femenina, afirma que "el concepto de mujer", nuestra misma autodefinición, está fundada en un concepto que debemos desconstruir y desencializar en todos sus aspectos. Alcoff encuentra que las feministas culturales no han cuestionado la definición de la mujer, sino sólo la definición dada por los hombres. Lauretis afirma que, tanto las posiciones culturalistas como las postestructuralistas, despliegan contradicciones internas; su énfasis sobre la afirmación de la fuerza de las mujeres y los roles y atributos sociales positivos ha hecho mucho para contrarrestar las imágenes de la mujer como víctima, pero, en tanto, refuerza las explicaciones esencialistas de esas actitudes que son parte de la noción tradicional de la feminidad, por lo que el feminismo cultural puede alentar otra forma de opresión sexista. El rechazo absoluto del postestructuralismo al género y su negación del determinismo biológico a favor de un determinismo cultural-discursivo resultan en lo que a las mujeres concierne, en una forma de nominalismo. Si la "mujer" es una ficción, un lugar de pura diferencia y resistencia al poder logocéntrico, y si no hay mujeres en tanto tales, entonces el mismo tema de la opresión de las mujeres parecería obsoleto y el feminismo en sí no tendría razón de existir.

Alcoff reflexiona sobre el concepto de "política de identidad" en tanto el género no es natural sino una posición desde dónde actuar políticamente y concebir al

---

[174] Capucho Cabrera, Inés, "Diferencias con la diferencia" en *Cotidiano Mujer*, núm. 9, julio de 1992, Uruguay.

sujeto no-esencializado y emergente de una experiencia histórica. Al respecto Lauretis critica a Alcoff su lógica binaria de esencialismo y antiesencialismo, tesis y antítesis; la teoría feminista, afirma, no es de un nivel inferior a aquella que algunas llaman "teoría varonil", sino que es de un tipo diferente; y es su diferencia esencial.[175]

Aunque esta corriente tuvo muchas críticas y también muchas adherentes, se le reconoce que para que las mujeres se asuman como un nuevo sujeto colectivo, tienen que incorporar un nuevo principio de identidad –un nosotras– que no interiorice el discurso del Otro. En este proceso, el *feminismo de la diferencia* cumplió una función necesaria y deseable, ya que propició formas de toma de conciencia e identificación, y creó un discurso propio, una nueva "palabra de mujer".[176]

Para el movimiento lésbico esta corriente ha sido de especial importancia porque a partir de identificar al Otro, las lesbianas empezaron a articular un discurso propio, lo cual implicaba una identidad propia, un mirarse al espejo y hablar en primera persona. La etapa de la diferencia ha sido y sigue siendo la más importante en el movimiento lésbico. Producto de las diferencias experimentadas en la relación con el *movimiento homosexual* y el movimiento feminista, las lesbianas retomaron la línea del separatismo[177] e impulsaron el surgimiento de grupos autónomos y la formación de instancias de coordinación autónomas (de hombres homosexuales y heterofeministas), tales como la Coordinadora Nacional de Lesbianas en México, el Frente Sáfico –primero– y el Frente de Lesbianas en Argentina, la coordinación de tres grupos lésbicos en República Dominicana y encuentros regionales, nacionales y latinoamericanos. Se inició entonces una etapa[178] de reafirmación de la diferencia y la búsqueda de la esencia femenina como sub-cultura existente con características de grupo étnico, que incluye una identidad consciente, una solidaridad de grupo, una literatura, una prensa y un nivel de actividad política.[179]

En esta propuesta de la diferencia *Showalter* tomando el modelo base de Ardner sugiere que las mujeres constituyen un grupo "acallado".

---

[175] De Lauretis, Teresa, "La esencia del triángulo, o tomarse en serio el riesgo del esencialismo: teoría feminista en Italia, Estados Unidos y Gran Bretaña", trad. Salvador Mendiola, en *Debate Feminista*, vol 2, año I, septiembre de 1990.

[176] Amorós, Celia. *Feminismo. Igualdad y diferencia*. Colección Libros del PUEG, UNAM, México, 1994.

[177] Separatismo en el contexto lésbico-gay significa organizarse y/o vivir separadamente, en este caso la organización de lesbianas separadas de los homosexuales y heterofeministas es una forma de separatismo; las comunas de lesbianas son otra expresión separatista.

[178] Showalter, Elaine. "Feminist criticism in the wilderness", en *The New Feminist Criticism*, Londres, Virago, 1986.

[179] Rubin, Gayle. "Reflexionando sobre el sexo: notas para una teoría radical de la sexualidad", en: Carol Vance, *Placer y Peligro. Explorando la sexualidad femenina* (selección de textos). Hablan las mujeres, Routledge & Kegan Paul, 1984.

X
Hombres

Y
Mujeres

Gran parte del círculo acallado "Y" cae dentro de las fronteras del círculo dominante "X". La media luna "Y" que queda fuera de la frontera dominante es por lo tanto "salvaje". Showalter concibe esta "zona salvaje" de la cultura femenina (léase lésbica) como un lugar vedado a los hombres, zona "X", en términos de experiencia, porque serían las experiencias de la vida cotidiana desconocidas para los hombres, o, si se considera en términos de metafísica o de conciencia, no existiría un espacio masculino correspondiente porque toda la conciencia masculina está dentro del círculo de la estructura dominante y por ende es accesible por medio del lenguaje. En este sentido lo "salvaje" sería siempre imaginario desde el punto de vista masculino, ya que podría entenderse simplemente como una proyección del inconsciente. En términos antropológicos, las mujeres conocerían la media luna masculina, a pesar de no haberla vivido, porque es materia de estudio de los hombres. Para algunas feministas esta "zona salvaje" o "espacio femenino" sería la fuente de la crítica, la teoría y del arte centrados en la mujer, con el fin de hacer visible lo invisible y sacar a la mujer del silencio. Para el feminismo francés éste sería el espacio (el "continente oscuro" de Cixous) de la diferencia y sería la fuente de un lenguaje femenino revolucionario, el lenguaje de todo aquello reprimido.

Para el caso de la cultura lésbica no sólo implicaría la media luna de la vida cotidiana como zona salvaje, sino todo el círculo Y porque aunque es parte del lenguaje y cultura dominante masculina, mantiene una autonomía en tanto que para las relaciones lésbicas el hombre es una figura inexistente, así la construcción del círculo "Y" dejaría de ser punteado y se convertiría en un círculo "L", construido con la "política de identidad" desde dónde actuar políticamente.

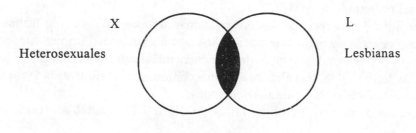

X
Heterosexuales

L
Lesbianas

El espacio mínimo en común es el espacio de la cultura patriarcal que construye el imaginario de la existencia lésbica desde los mitos o concepciones fundamentalistas como perversión, complejo edípico, castración, envidia del falo, o enfermedad, delito, inmadurez emocional, definiciones del ser lesbiano ajenas a la realidad lésbica y construidas desde una lógica falocentrista y por lo tanto heterosexual.

## Homosexuales y lesbianas: formas diferentes de concebir la problemática y la construcción del sujeto social histórico

> Me han llamado rara,/ pero que podían saber de tu sonrisa, de tu hablar,/ de tu paso ondulante,/ de tus manos y de tu cuerpo... ...me llaman disoluta, qué pueden saber/ del camino que tomamos y de la noche que era,/ y del sentimiento que así fue justo/ y nos buscó allá, nos besó allá,/ temerosa de lo que hubiéramos perdido?/ Oh, desvergonzada yo soy, mala soy,/
> y sin embargo, tan estupendamente feliz soy!
>
> RADCLYFFE HALL

El grupo en los primeros años del movimiento lésbico-homosexual sirvió fundamentalmente como un espacio de refugio y terapia, la necesidad de transformar el grupo en un espacio de lucha política implicaba la necesidad de aparecer públicamente.

Para Lesbos, cuya caracterización hicimos en el capítulo anterior, la principal referencia en el ámbito social y político fue el movimiento feminista, tanto por la militancia previa de algunas de ellas como la influencia estadounidense y europea de identificar la lucha lésbica con el movimiento feminista. Sin embargo, en 1977 el feminismo mexicano era incipiente. La efervescencia política estaba aún centrada entre las diferentes corrientes izquierdistas. La moral de los izquierdistas católicos y el de los stalinistas, con alta dosis de homofobia, satanizaba la homosexualidad. De ahí que el acercamiento inicial de las lesbianas en el medio feminista no haya tenido eco, por el contrario, causaba todavía resquemores y aversiones. Las posiciones feministas más avanzadas si acaso toleraban la existencia lésbica y preferían que las lesbianas feministas se mantuvieran en el clóset (ver notas 90 a 94).

En la necesidad de ser reconocidas en sus demandas específicas como lesbianas, encuentran eco con sus hermanos de opción, los homosexuales. El primer encuentro entre lesbianas y homosexuales después de la primera marcha de apoyo a la Revolución cubana en julio de 1978 selló una alianza de lucha conjunta por visibilizar la existencia lésbico-homosexual y el reclamo de sus demandas.

Para mediados de agosto, Lambda, FHAR y OIKABETH ya habían formado la

Coordinadora de Grupos Homosexuales (CGH) para conjuntar acciones en torno a la marcha del 2 de octubre en conmemoración del X Aniversario de la matanza de Tlatelolco. El contingente fue mayor y por lo tanto también su significado político. Los homosexuales se unieron a las demandas de los manifestantes en contra de la represión, reivindicando consignas contra la represión sexual y política. La presencia en la calle, a la luz de la opinión pública, respondió a la necesidad de poner en práctica métodos y estrategias que permitieran luchar por una nueva alternativa de denuncia. Aparecieron públicamente en la marcha asumiendo públicamente su opción sexual y reclamando por los desaparecidos políticos. A pesar del abierto compromiso político de lesbianas y homosexuales, su presencia pública provocó el rechazo de algunas organizaciones y el apoyo de los estudiantes y ciertos partidos políticos como el PRT.

Meses más tarde se desvaneció la CGH por exceso de trabajo interno, intentando ser retomada en junio del siguiente año a fin de realizar la Primera Marcha del Orgullo Homosexual.

**Un grito común: contra la represión**

"Se quejan los lilos de que la policía les tuerce la mano"
*UN 28 abril, 1979*

La ola de desapariciones por razones políticas en la década de los años setentas, permitió al movimiento homosexual insertar sus propias demandas en un marco de reclamo político general "contra la represión" política y sexual. La CGH hizo posible una serie de acciones conjuntas y dirigidas en contra de la represión.

Las razzias y detenciones arbitrarias de la policía atentaban no sólo el derecho a la libertad de movilidad y la individualidad, se presentaba además, como un elemento desmovilizador de los homosexuales, ya que junto a los chantajes policiacos estaba la amenaza de la prensa amarilla que podía acarrear fatales consecuencias familiares y laborales. La CGH se dedicó a hacer mítines frente a las delegaciones por detenciones arbitrarias con resultados favorables porque los homosexuales eran liberados.

Realizó también mítines en las embajadas de Brasil, Canadá y Argelia por la represión que esos países ejercían en contra de sus similares. Fue importante sobre todo el que se realizó en la embajada de Irán por la represión sangrienta que el Ayatollah Jomeini impuso a las mujeres que se quitaban el chador.

En 1979 se creó la Coordinadora Nacional de Derechos Humanos y un mes después el Frente Nacional Contra la Represión (FNCR), la instancia de izquierda más importante en el momento porque aglutinaba a diversos sectores políticos e independientes y tenían a la cabeza a Rosario Ibarra de Piedra pionera en el reclamo de familiares desaparecidos. FHAR y Lambda solicitaron su ingreso provocando largos debates, finalmente aprobaron el ingreso con la impugnación de dos grupos: Organización Nacional de Estudiantes (ONE) y Punto Crítico. Las participaciones activas del movimiento lésbico-homosexual en los diversos espacios políticos del momento, abrieron la discusión a la problemática homosexual como la de un grupo social vulnerable, susceptible a la represión política.

Ese año de intenso trabajo político, el movimiento lésbico-homosexual realizó su primera actividad propia más importante: la Primera Marcha del Orgullo Homosexual. En junio de 1979, con el intento fracasado de reunificación, se evidenciaron las discrepancias entre los grupos FHAR y Lambda en principio sobre el carácter de la marcha: si debía adoptar tácticamente o no el carácter de los estereotipos. El FHAR planteaba que la política de los estereotipos "es la manera más radical de revertir el sentido sexista y de las palabras e imágenes impuestas", Lambda por su lado, planteaba que esa actitud hacía el juego a la ideología opresora. En una de las evaluaciones internas, Lambda manifestó la permanente exclusión de que fueron objeto en la organización del evento.[180] Esta divergencia que terminó por imponerse a la unidad, fue el inicio de una irreconciliable diferencia y que marcó la posición política de dos corrientes en el movimiento lésbico-homosexual. Pese a ello, la marcha se realizó con la participación de aproximadamente mil homosexuales y lesbianas que salieron a la calle a denunciar a la sociedad su condición de opresión y marginación.

La diferencia ponía de manifiesto la construcción de un "tipo ideal" de sujeto revolucionario o contracultural. FHAR priorizaba su trabajo con los trasvestis, las locas, los tíbiris,[181] homosexuales de bar y la diversa variedad de tintes que le daban color, población a la que denominaron "lumpenproletariado".[182] A decir de ellos,

---

[180] Documento de evaluación, 1978-1980. Lambda, fotocopia s/f.

[181] Grupo social marginal que acude masivamente a fiestas populares donde asisten trasvestis.

[182] Lumpenproletariado es un concepto marxista que designa a una capa social formada por la masa parasitaria y miserable de elementos desclasados, desechados de los estratos explotados y oprimidos de la sociedad, y que se concentra generalmente en las grandes ciudades. El lumpenproletariado está compuesto de una suma muy heterogénea de tipos sociales: el hampa en general, individuos sin ocupación fija que viven de exprimir dinero por medios diversos a la población (vagabundos, mendigos, jugadores, timadores, saltimbanquis, adivinadores de la suerte, etcétera), personas que lucran con el comercio ilegal(chantajistas, vendedores de drogas, etcétera), y toda clase de gente que vive al margen de la sociedad, como expresidiarios, prostitutas, etcétera.

Marx en referencia al lumpenproletariado francés en las famosas Guardias Móviles organizadas por el gobierno provisional emanado de la Revolución de febrero de 1948: "El lumpenproletariado, ese producto pasivo de la putrefacción de las capas mas bajas de la vieja sociedad, puede a veces ser arrastrado al movimiento por una revolución proletaria; sin embargo, en virtud de todas sus condiciones de vida está más bien dispuesto a venderse a la reacción para servir a sus maniobras." *Manifiesto del Partido Comunista*.

éstos eran *los sujetos* de represión más directa por ser justamente los más transgresores de las normas establecidas. Lambda en contraposición remarcaba una línea más política, planteando que un homosexual no tiene que ser necesariamente "diferente". El momento expresaba una identificación con las corrientes ideológicas que empezaban a perfilarse, Lambda por la igualdad y FHAR por la diferencia.

> Nos unificaban demandas comunes pero tuvimos muchos enfrentamientos en cuanto a métodos de trabajo porque cada quién pensaba que tenía el liderazgo del movimiento y quería imponer alguna línea, hay gente que dice que ese fue un problema de vedetismo, que todo el mundo quería brillar. Yo creo que fue un problema político en cuanto a cómo concebir la militancia.[183]

La construcción del sujeto contracultural, "el más marginal entre los marginados" traía consigo una jerarquización de los oprimidos y un sentido religioso y mesiánico, el rescate significaba llevar consigo la verdad al descarriado. Las diferencias que empezaban a sentirse tanto al nivel de posiciones ideológicas, construcción de sujeto social, así como de protagonismos, más tarde se agudizaron y se hicieron diferencias irreconciliables.

## La importancia de marchar por las calles

"El tercer sexo gana la calle"
*El Diario de México*, 30 de septiembre, 1978.

La marcha ha sido la manera más efectiva de enrolar más gente en la lucha. Esto es importante porque la manifestación pública es el arma más poderosa que tenemos, no sólo porque demuestra nuestro poder político potencial como homosexuales unidos en lucha, sino que también es una manera de romper nuestro aislamiento y autodenigración. La influencia, propaganda y enseñanza del sistema capitalista siempre trata de convencer a la gente de que las minorías oprimidas pueden rogar, suplicar e implorar pero que no pueden hacer algo de importancia, hasta que tienen el consentimiento de la "mayoría". La marcha es la táctica más efectiva de romper esta ideología. Debemos notar también que en el período actual es menos probable que las manifestaciones sean atacadas por la policía. Esto quiere decir que debemos poner más esfuerzos en la construcción de los contingentes gay, volanteando y pegando posters en todas las zonas de reunión.[184]

---

[183] Trini, *ibidem*.
[184] Documento de evaluación. *ibidem*.

A pesar de la mofa periodística, la salida pública del movimiento de liberación homosexual produjo efectos positivos, muchas organizaciones sociales empezaron a cuestionar sus conceptos en relación a la homosexualidad como una enfermedad o un delito y empezaron a verlos con mejores ojos. La participación comprometida del movimiento de liberación homosexual en demandas de tipo popular como el apoyo a la Revolución cubana y en contra de la represión, mostraban un rostro menos satelizado de los homosexuales, quienes encontraron en las marchas su táctica política.

El trabajo del movimiento lésbico-homosexual se intensificó en 1979, además de las diversas manifestaciones públicas, iniciaron una tradición de publicaciones: el boletín *FHAR Informa* (al parecer fue un único número);[185] *Política Sexual. Cuadernos del FHAR*[186] y posteriormente *Nuestro Cuerpo*.[187] Lambda en junio de 1979 publicó el primer número de *Nuevo Ambiente*, periódico que llegó al número 4 en abril-mayo de 1983, y en septiembre apareció *Círculo 11* una publicación independiente, dedicada a las lesbianas.[188] Difundían sobre todo las actividades de los grupos y del movimiento lésbico-homosexual, artículos de denuncia, de la cultura lésbica-homosexual y noticias del mundo gay.

El año de 1980, pese a las divergencias fue el de mayor trabajo coordinado, de mayores logros, manifestaciones y participaciones en diversos espacios de la escena política. En junio, los grupos concertaron una nueva alianza sobre la base de dos puntos: el "caso Mariel" y la preparación de la Segunda Marcha del Orgullo Homosexual. Sobre el primer punto resolvieron denunciar la represión contra los homosexuales cubanos y defender la Revolución cubana contra el imperialismo. Respecto al segundo, convocaron a la marcha bajo tres demandas centrales: contra la represión policíaca, por los derechos laborales y contra la homofobia de los medios masivos de comunicación.

La segunda marcha, la más grande de esta primera etapa, se desarrolló en un ambiente inusitado de fiesta política: acudieron entre cinco mil y siete mil personas y contó con el apoyo de organizaciones políticas como el PRT, el PCM y el POS, grupos feministas, comités de familiares y la participación de grupos del interior de la república. El trabajo coordinado durante el año permitió ver sus frutos. Entre

---

[185] Boletín *FHAR Informa*, núm. 1, sept. 24, 1979.
[186] *Política Sexual.* Cuadernos del FHAR Vol. 1, núm.1 s/f (aproximadamente mayo de 1979).
[187] *Nuestro Cuerpo* núm.1, mayo de 1979, y núm. 2y3, julio de 1980.
[188] De *Círculo 11* sólo pudimos encontrar dos números: septiembre de 1979 y enero de 1980. El primer número elaborado exclusivamente por mujeres, sin embargo el lenguaje utilizado para referirse a las lesbianas es el de homosexuales y en el segundo, ya aparece más claramente la denominación de lesbianas; incluye a un hombre en la subdirección y en el contenido aparecen un par de artículos dedicados al ambiente gay masculino.

centenares de globos rojos de colores, banderas violetas y carteles, la segunda marcha cobró un sentido más combativo para exigir la cesación de la discriminación social, laboral y política contra homosexuales y lesbianas. Con la consigna "Ni enfermos ni criminales, solamente homosexuales", se demandó la erradicación de las razzias por su carácter ilegal, se condenó la extorsión contra los homosexuales y trasvestis, así como los crímenes machistas contra gente gay. *Dar la Cara* fue el nombre de un folleto que el grupo Lambda repartió durante la marcha en el que expresaban la necesidad de dar la cara y organizarse para salir de la segunda vida, la mentira y las amenazas del trabajo; para un cambio en la autopercepción y aceptación con orgullo el ser gay. "Ocultarnos ayuda nuestra opresión porque nos negamos, no aceptemos la tolerancia porque es pedir permiso, debemos crear redes de comunicación y solidaridad. Dar la cara es una lucha cotidiana y única alternativa para el cambio".[189]

*Dar la cara* era una consigna que los homosexuales asumieron en la época casi como moda, significaba tener un comportamiento contracultural, contestatario y desafiante "soy puto y que?", "soy tortillera y que?" expresaba el discurso de la denigración.

*Dar la cara* fue para México lo que *coming out* o salir del clóset en Estados Unidos. El proceso cultural y psicológico por el cual las personas se relacionan a un modelo particular de homosexualidad, internalizando, un sentido de identidad como "homosexual" o "lesbiana", de acuerdo a ese modelo, se llama "saliendo del clóset".[190]

El año de 1980 fue la cúspide del movimiento lésbico-homosexual, no sólo por el inmenso contingente que logró aglutinar para la marcha. Las actividades fueron múltiples: manifestaciones públicas ante diversas embajadas, un gran mitin en la plaza Tlaxcoaque[191] en repudio a las razzias y a la represión policiaca ejercida contra lesbianas y homosexuales. Participación en el Congreso de sexología, antipsiquiatría y conferencias en medios universitarios. La participación del movimiento lésbico-homosexual fue activa en diversos espacios políticos, principalmente *FNALIDEM* y FNCR.

Las repercusiones de tan importante movilización no se hicieron esperar. Las organizaciones de izquierda comenzaron a ablandar su oposición al movimiento

---

[189] ¡*Dar la cara*! tríptico del grupo lambda s/f. distribuido desde la segunda marcha del orgullo homosexual.

[190] *Encyclopaedia of Homosexuality*. Edited by Wayne R. Dynes Associate Warren Johansson. Editores William A. Percy with the assistance of Stephen Donaldson. Volumen A-L Garland Publishing inc. New York & London, 1990.

[191] Lugar donde se ubicaban las oficinas de la jefatura de policía; el *Negro Durazo*, jefe de la policía era el hombre más temido bajo la administración de José López Portillo.

lésbico-homosexual. La lucha homosexual dejaba de ser una nimiedad despreciable y se convertía en un movimiento atractivo y masivo.

El año de 1981 marcó en el movimiento una serie de hechos contradictorios, los que dieron inicio a una de las crisis que se agudizó posteriormente. Este fue un año también de intenso trabajo por denunciar la discriminación en contra de los homosexuales; una de las principales acciones fue la campaña que llevaron a cabo contra la cadena de restaurantes VIPS que prohibía el acceso de los homosexuales. Empleando una serie de tácticas, tomas de restaurantes, manifestaciones callejeras y algunos recursos legales se logró acabar con la discriminación que se ejercía hacia los clientes homosexuales.

En junio los grupos del movimiento reanudaron la unidad coyuntural en torno a la tercera marcha. Para la preparación de ésta hubieron algunos contratiempos ocasionados por parte de las autoridades en el otorgamiento de permisos. El día de la marcha una brigada fue detenida por la policía, sin embargo se realizó. Con una participación de más de dos mil personas, el 27 de junio se realizó la Tercera Marcha del Orgullo Homosexual. Con la consigna "No que no, si que sí, ya volvimos a salir" lesbianas y homosexuales de la ciudad de México, Oaxaca, Veracruz, Aguascalientes, Toluca, Puebla y de Ciudad Nezahualcóyotl reafirman su participación. Las consignas que acompañaron la marcha fueron: "Derechos laborales para los homosexuales", "liberación sexual para el pueblo en general", "luchar, luchar, luchar, por la libertad de amar", "lesbianas y homosexuales estamos en todas partes".

En el mitin, los grupos participantes FHAR, Lambda, OIKABETH y Lesbianas Socialistas presentaron sus oradores. El primero demandó una educación sexual científica y objetiva para los niños en la que se desmistifique la homosexualidad y se den a conocer múltiples alternativas sexuales. Lambda cuestionó la etiquetación de enfermos o inmorales, anunciando al pueblo una concepción de amor. OIKABETH hizo un llamado a que la marcha no se convierta en una tradición de calendario de Gobernación, sino que forme parte de un movimiento de reivindicaciones democráticas. Las Lesbianas Socialistas afirmaron que no es posible levantar un movimiento revolucionario y cambiar la sociedad, si no se levanta una liberación sexual. En esta tercera marcha estuvieron presentes también como oradores Rosario Ibarra de Piedra, representante del FNCR quién se pronunció a favor de las luchas de los marginados; y representantes del Centro de Apoyo a Mujeres Violadas A.C. (CAMVAC), sindicato de Trabajadores de la Universidad Nacional Autónoma de México (STUNAM) y el Sindicato de Trabajadores de la Universidad Autónoma Metropolitana (SITUAM).[192]

[192] Fratti, Gina. *Ibidem.*

El balance fue halagador y, sin embargo, en los grupos se empezó a resentir una crisis marcada por la incapacidad de dar respuestas y alternativas a los miles de simpatizantes dispuestos a luchar. Salieron a flote problemas como el escaso nivel de conciencia entre los militantes y la falta de solidez interna. Esta crisis provocó que algunos grupos decayeran al grado de desaparecer FHAR. A partir de entonces los exmilitantes de FHAR sostuvieron la inexistencia del movimiento lésbico-homosexual.

## Los homosexuales ingresan a la campaña electoral

> "¡Cuidado con las manitas! Los homosexuales dispuestos a tomar el poder".
>
> *Cuestión, 14 de noviembre, 1981.*

En el año de 1982 con ocasión de las elecciones presidenciales, el PRT ofreció la candidatura presidencial a Rosario Ibarra de Piedra, representante del FNCR, uno de los espacios más fuertes de la oposición, y por primera vez, siete candidaturas gays para diputados federales en las ciudades de México, Guadalajara y Colima. La propuesta era un reto para el movimiento lésbico-homosexual porque ofrecía una estrategia segura para salir políticamente del clóset, para lo que conformaron el Comité de Lesbianas y Homosexuales en Apoyo a Rosario Ibarra (CLHARI).

El CLHARI realizó una fuerte campaña en la comunidad homosexual levantando la consigna: "No votes por tus explotadores". La campaña tuvo un matiz festivo, uno de sus actos en el parque México con la participación de grupos de rock, música folklórica, lecturas de poemas, oradores etcétera, se vio violentamente interrumpida por agresiones de grupos paragubernamentales. El CLHARI denunció la agresión y a la semana siguiente se volvió a realizar el acto, en el mismo lugar, con mayor participación.

La Cuarta Marcha del Orgullo Homosexual en 1982, estuvo un tanto opacada por el despliegue de la campaña electoral, pero multitudinaria. Marcharon grupos de Puebla, Guadalajara y Colima y organizaciones cristianas como el grupo Fidelidad y la Fraternidad Universal de Iglesias de la Comunidad Metropolitana. La marcha se manifestó en contra del machismo nacional, la marginación social, la delincuencia policiaca, contra el hostigamiento sexual a homosexuales en centros de trabajo y lugares públicos, por una educación sexual no sexista, contra el amarillismo de los medios de comunicación, contra la discriminación y en favor del empleo y la vivienda y por el esclarecimiento de los asesinatos de dos homosexuales de Colima y la libertad de otros dos compañeros que mediante tortura fueron obligados a declararse culpables.

Hasta este año, principalmente con la campaña de CLHARI, los partidos políticos no habían visto la necesidad de pronunciarse sobre "la cuestión homosexual" y "la libertad sexual". Debido a la amplia movilización del movimiento lésbico-homosexual el XIX Congreso del PCM otorgó su apoyo a la lucha homosexual y sustentaron el respeto a la libertad sexual: "cada individuo debe tener el derecho a realizar su sexualidad como mejor lo entienda, de hacer libre uso de su cuerpo y de reivindicar el placer como un atributo humano sin presiones jurídicas, políticas o morales..."[193]

Aunque el resultado de las candidaturas no fue positivo, ya que no ganaron ninguna, la evaluación general de la campaña sí lo fue para algunos porque permitió movilizar al movimiento lésbico-homosexual una amplia cobertura de difusión de una nueva imagen. Para otros, la posición política que había asumido la candidata respecto a los homosexuales, no estuvo libre de homofobia y la fuerte injerencia del PRT en el movimiento lésbico-homosexual causó descontentos y resentimientos porque lo teñía de una identidad político partidaria (ver notas 164, 166 y 167).

Más allá de la identificación político partidaria, la campaña electoral mostró las diferencias que se venían gestando desde los inicios del movimiento, diferencias respecto al sujeto histórico y la concepción del cambio social que evidenciaba una vieja confrontación teórica de la izquierda: "reformismo *vs* revolución".

> Mucha gente del FHAR nos tildaba de reformistas por ser un grupo mixto, por haber participado en las elecciones en el CLHARI, por haber tenido un acercamiento con el PRT.[194]

En 1983 la crisis del movimiento evidenció más claramente las divergencias, las actitudes personalistas de los líderes, la falta de respeto a las diferencias y las consecuencias del SIDA que afectaba ya al sector homosexual, problema ante el cual, el movimiento lésbico-homosexual no encontraba aún repuestas.

La Quinta Marcha del Orgullo Homosexual, el 26 de junio de 1983, estalló en ruptura. El FHAR que ya no existía pero dejaba sentir presencia con la Red de Lesbianas y Homosexuales, Colectivos Autónomos (Red LHOCA), integrada básicamente por ex-fharinos, planteaban que por la crisis del movimiento lésbico-homo-

---

[193] *Sexualidad y Política*, ponencia presentada por el PRT al Foro de Derechos Humanos, Ciudad Universitaria, octubre de 1989, Documento, [fotocopia].
[194] Eugenia, *ibidem*.

sexual no se podía hablar de la existencia de un movimiento lésbico homosexual. Para otros como, Lambda y OIKABETH, la desaparición del FHAR no involucraba la desaparición del movimiento lésbico-homosexual y continuaron trabajando con dificultades y crisis, pero mostrando presencia. La quinta marcha partió del monumento a los Niños Héroes y sufrió un cambio debido a las divergencias políticas del movimiento y se dividió en dos, para terminar una sección en el Hemiciclo a Juárez y la otra en un costado del Zócalo, junto al Templo mayor. La primera fue organizada en defensa de los derechos civiles y políticos de los homosexuales, por los grupos Lambda, OIKABETH, el Grupo Orgullo Homosexual de Guadalajara (GOHL), el grupo Fidelidad, los contingentes de provincias y el Instituto Mexicano de Sexología. La segunda fue una marcha político-carnavalesca, encabezada por un grupo de trasvestistas y miembros de la Red LHOCA, que finalizó con un mitin denunciante de la violencia ejercida contra los trasvestis y el cese de las razzias.[195]

> La primera marcha que se escindió fue la del 82 cuando el CLHARI, porque la gente del CLHARI quería marchar en la mañana a las once porque queríamos hacer campaña de Rosario y los chavos del FHAR decían que no, que ni madres, que no iban a cambiar lo que ya era una tradición y que ellos iban a marchar en la tarde, entonces salieron dos marchas. Al año siguiente, en 1983, los ánimos estaban bastante caldeados, estaba el rollo que ellos eran el proletariado y nosotros los burgueses y había bronca entre la gente de FHAR -hombres- y obviamente también con las compañeras, pero era FHAR-Lambda la mayor bronca, y nosotras (OIKABETH) trabajábamos con Lambda, nos veían como aliados naturales. Dejamos que salieran ellos primero y nosotros guardamos una distancia de una cuadra más o menos porque ellos iban en un tono muy agresivo, iban tomando, y provocando.[196]

Ese mismo año, el pueblo mexicano se vio duramente afectado por la crisis económica y política, ante dicho panorama, diversas organizaciones buscaron aglutinarse con el objeto de dar respuestas unitarias a los problemas. La Asamblea Obrero Campesina Popular convocó a un Paro Cívico Nacional, el cual fue callado o minimizado por los medios de comunicación. Los grupos del movimiento lésbico-homosexual, aún golpeados por los últimos acontecimientos participaron del mismo pero era evidente el desgaste no sólo del movimiento lésbico-homosexual, sino de los movimientos sociales en general. Todavía con cierta actividad, Lambda contaba con el local en el que centralizaban acciones para la población gay.

---

[195] Fratti, Gina. *ibidem*.
[196] Patria, *ibidem*.

### Diferencia entre lo femenino y lo masculino. La lucha contra el falocentrismo y la misoginia

> Se puede explicar la diferencia entre el hombre y
> la mujer homosexual con el hecho de que la angus-
> tia de castración concierne sobre todo al hombre.
>
> GUY ROSOLATO, 1968.

Para 1984 tanto OIKABETH como Lambda estaban bastante desgastados pero con cierta actividad, convocaron a la organización de la sexta marcha, la última de esta etapa. La marcha tendría un carácter luctuoso, llevarían un ataúd para representar la muerte de lesbianas y homosexuales por la violencia y la represión. Para algunos, el desgaste del movimiento ya no atraía la atención de la prensa, sus acciones ya no eran noticia, esperaban que la marcha luctuosa diera visibilidad al movimiento.

El ambiente era adverso para el movimiento lésbico-homosexual no únicamente por su desgaste; el nuevo régimen presidencial de Miguel de la Madrid impulsó el lema de la "renovación moral de la sociedad", y con ello daba pie a que los sectores más conservadores enarbolaran valores tradicionales en torno a la unidad familiar y valores religiosos como los únicos válidos moralmente, condenando todas las manifestaciones críticas a la familia o la religión. En un artículo titulado *Renovación moral (?) ¡Lucha homosexual!*, Max Mejía, del grupo Lambda manifestaba que no estaba claro que era exactamente "renovación", ya que la moralización era sospechosa en la crisis económica porque se exaltaba a la familia, los valores y las buenas costumbres, existiendo el peligro de despido a homosexuales y la posibilidad de intensificar acciones de la policía en su contra; ante esta situación hizo un llamado al movimiento lésbico-homosexual para estar alerta enarbolando el estatus de perseguido y preso político, "asumir que entramos a un momento de resistencia política implica superar la actual fragmentación, retomar la unidad rompiendo islotes donde sólo nosotros creemos que vamos a la liberación".[197]

El 30 de junio de 1984, el día de la sexta marcha (luctuosa) del orgullo lésbico-homosexual, aparecieron los grupos Lambda, OIKABETH, GHOL, Comunidad gay, Fidelidad, Horus, Nueva B de México, Unificación y la Iglesia de la Comunidad Metropolitana con una caja mortuoria. Del otro lado aparecieron la Red LHOCA, el Colectivo Sol, Mariposas negras, la revista *La Guillotina*, un grupo de trasvestis y un grupo de punks. Algunos homosexuales de este contingente traían consigo unos

---

[197] "Renovación Moral (?) ¡Lucha homosexual!" en: *Nuevo Ambiente* núm. 4, abril-mayo 1983.

falos inmensos hechos de material plástico con los que pretendían graficar el lenguaje de la denigración y mostrar una imagen provocadora. El Colectivo Sol repartió un famoso documento al que denominaron "Eutanasia al movimiento lilo", en el que planteaban que la tolerancia y la aceptación social acabaron con las demandas más subversivas del movimiento, que actualmente se encontraba integrado, desmovilizado e inexistente con el que proclamaban darle eutanasia al movimiento lésbico-homosexual por decreto.

Una descripción hecha por el colectivo gay Masiosare en respuesta al volante de Juan Jacobo Hernández y Rafael Manrique, ex líderes de FHAR,[198] manifiesta:

> En una marchamos los autodenominados "radicales", los desmadrosos, los revolucionarios, las vestidas, las locas irredentas (había quienes podían ser todo a la vez), y en general, la gente que asumía posiciones de extrema izquierda del Movimiento, todos encabezados por los ex militantes del FHAR. En la otra iban los "reformistas" encabezados por Lambda, con posturas de izquierda, mucho menos radicales si se quiere, que en esta ocasión se manifestaron como coligados con otras organizaciones, algunas de ellas identificadas con la derecha. La marcha de estos revestía un carácter luctuoso, mientras que la de los "radicales", la segunda, organizados sólo de última hora, se proclamaba "de la diferencia", y convocaba a integrarla a gays, bandas, prostitutas (que no fue ninguna que recuerde), tíbiris, y toda la raza rara de la capital. En esa ocasión los compañeros del Colectivo Sol repartieron el legendario volante "Eutanasia al movimiento lilo", donde *a grosso modo* describían al movimiento lésbico-homosexual como *chimuelo*[199] y ya integrado, denunciaban la coalición de Lambda y OIKABETH con los grupos de derecha del Movimiento, "enumeraba las faltas" de los grupos gay y deploraban el carácter luctuoso de la marcha reformista, y por todo ello, proponían la muerte del movimiento lésbico-homosexual. Las marchas transcurrieron dentro de una tensión tolerable sobre Reforma, pero cuando arribaron al Hemiciclo a Juárez, tradicional punto de arribo, los radicales, acompañados por un grupo de bandas y encabezados por compañeros del Colectivo Sol y de *La Guillotina*, protagonizamos un acto de provocación cuyas repercusiones han sido tan perdurables como el trabajo de los generosos pioneros. Impedimos realizar el mitin que los reformistas tenían previsto; se destruyeron los ataúdes que portaban, hubo jaloneos, agresiones verbales[200] y conatos de violencia física, hasta que se retiraron los *lamdinos* con sus aliados. Esta gran victoria de los radicales ha sido la peor derrota del movimiento lésbico-homosexual.[201]

---

[198] Hernández, Juan Jacobo y Manrique Rafael. *10 Años de Movimiento Gay en México: El Brillo de la Ausencia*, agosto 30 de 1988, documento (Fotocopia).

[199] Sin dientes.

[200] Se gritaban consignas como "los muertos apestan", "los muertos al hoyo, los vivos a mi hoyo".

[201] *Tolerancia y Democracia del MLH*. Colectivo gay Masiosare. diciembre de 1988. Documento [Fotocopia].

Desde el lado de los manifestantes del Colectivo Sol, Juan Jacobo Hernández cuenta su experiencia:

Nos dijeron que iban a hacer una marcha fúnebre porque ya no teníamos prensa, nadie nos pelaba. En esta marcha Alcaráz les dijo que tenía que ser una marcha fúnebre para que llamara la atención y les dijimos que era un error "ustedes que no han hecho absolutamente nada por los crímenes, las denuncias, ahora salen con que están preocupados por las gentes que mataron. Sean congruentes, si nunca se preocuparon, ahora por consigna quieren salir a presentar esto", eso generó un discenso fuerte. Trabajábamos con chavos banda, había un gran temor porque andaban con el pelo punk y hacían slam, te empujaban cuando bailaban, y cuando se enteraron de la marcha quisieron ir porque dijeron "nosotros somos como vestidas", vamos en la calle y nos agrede la policía, nos detienen, nos violan, nos roban, se identificaron e hicieron unos volantes y le pusieron "la marcha de la diferencia" y otros chavos hicieron unos falos de espuma, juguetones y andaban jugando con los falos, los fuimos a provocar. Los de *La Guillotina* nos dijeron que fuéramos a provocar a los chavos de Lambda, no de pegarles, dicen que les pegamos y nadie los tocó jamás ni con el pétalo de una rosa. *La Guillotina* nos dijo "vamos a marchar al frente", y yo les dije "no, vamos atrás más sabroso" y ellos dijeron no al frente y los chavos banda dijeron vamos al frente porque *La Guillotina* había dicho al frente y algunas gentes del FHAR y vestidas se fueron al frente y jalaron a todos y yo tuve que salir al frente y decir (a los de la marcha) "vamos a ir al frente" "¿por qué?" "porque se nos da nuestra gana, nada más por eso". Había mucha tensión muy fuerte, habían habido muchas chingaderas por ambos lados, estábamos excesivamente satanizados, nos sentíamos en el fondo muy frustrados por la insidia de la satanización, muy densas, estábamos muy enojados y trajimos el documento juguetoncillo que fue hecho en otro espíritu y nos fuimos adelante, entonces Max y la Pepa fueron por la policía y la policía al que reconoció fue a mí y me dice "¿que pasa?" y les digo "Nada, ustedes ni se metan, ni se metan es una bronca entre nosotros y nosotros lo vamos a solucionar" "es que va ha haber violencia, están los punks" "no, no va haber violencia y los punks no van a hacer nada". Entonces acordaron "que se vayan ellos" y nosotros dijimos "no va a ser como la marcha pasada que nos van a hacer un cordón sanitario que van a quinientos metros de ustedes, marchamos juntos maestros" "¿por qué?" "para que se les quite", ya era un pique de tipo personal, no nada más yo, yo era probablemente el que menos piques traía, traían entre todos piques impresionantes y nos fuimos caminando, llegando los punks patearon las cajas de muertos de Lambda que traía Max y ellos, luego Patria y otras arrebataron unos pitos y los prendieron y eso fue todo, alguien me empujó, y otro chavo del FHAR la empujó a ella y se iban a agarrar a golpes, fue un conato de violencia, que era tan común a veces en estas cosas, el empujadero. Yo lo vi después como una cosa que había sido totalmente innecesaria en el sentido de la violencia que se desató, a nadie le pegamos, absolutamente a nadie. Esta violencia había sido generada por una frustración política en un lado y en otro y nos enfrentábamos a nosotros mismos, resultó finalmente absurda, y hubo un análisis maniqueo donde unos éramos los malos, unos los provocadores... era tan rupestre el análisis que se hizo de esto, nos irritaba esta falta de comprensión al abordaje de situaciones tan difíciles como son la sexopolítica. Había esta frustración fuerte, cuando nos salíamos de esos formatos, éramos locos, desatados. Yo diría unos profetas en el sentido bíblico de la palabra, como el enloquecido que anda en el desierto clamando, avisando, diciendo, sin falsa modestia, tanto en un lado como en otro, ha habido mucha gente así con este carácter de profeta, de *Casandra*, las cosas que escribimos, todavía tienen vigencia.[202]

Además de las diferencias en la construcción del sujeto histórico (lumpen o político) donde las lesbianas estuvieron ausentes, y de las rivalidades entre los líderes estrellas; flotaba en el ambiente una inconformidad debido a la importante presencia de mujeres en el movimiento lésbico-homosexual, especialmente en el grupo Lambda. A decir de algunas militantes, había hecho permanente ruido en los fharinos, en quienes como expresión de su misoginia,[203] subsumía la acusación de estar influenciados o dirigidos por mujeres. En este contexto, para las mujeres la marcha tuvo un simbolismo mayor: Los falos fueron interpretados como una agresión directa a las lesbianas.

Esa pinche marcha fue muy agresiva desde que los chavos llegaron con esas cosas, que parecía un carnaval falocéntrico. Llegaron con esos pitotes, venían organizados, eran exfharinos, creo que eran los Mariposas Negras. Mucha gente del FHAR nos tildaban de reformistas también por ser un grupo mixto. Patria llegó con la gente de OIKABETH y cuando estábamos en el *Homociclo* ella le tiró un avioncito encendido a unos de los pitos y lo incendió. Los chavos se sintieron altamente agredidos así como nosotras nos habíamos sentido totalmente agredidas. Nosotras no éramos profalocentristas, al contrario, nuestro discurso era totalmente cuestionador del falocentrismo y el androcentrismo. Obviamente era una agresión ideológica en contra de nosotras, incluso contra los planteamientos de Lambda, no nada más en contra de las chavas porque en Lambda se defendían los planteamientos feministas. Patria estaba muy enojada, primero en una queja abierta de "¡que es esto! ¿van a marchar con nosotros?!".[204]

Esta marcha más o menos cayó en el mismo patrón, íbamos a hacer lo mismo, dijimos "si hay bronca vamos a marcar una diferencia (como el año pasado)", entonces cuan-

---

[202] Entrevista con Juan Jacobo Hernández, 18 de diciembre, 1995.
[203] Odio o desprecio a las mujeres. La centralización del deseo erótico y de las relaciones interpersonales de los homosexuales en el falo, ha desarrollado en muchas oportunidades un desprecio por las mujeres aun cuando sean lesbianas.
[204] Eugenia, *ibidem.*

do llegamos al Hemiciclo nada que se van (al zócalo), sino que se meten al Hemiciclo y nos toman el sonido, entonces empiezan a hacer el mitin ellos y nos empiezan a mandar al demonio entonces, empezamos a juntar los falos que se cayeron por ahí y empezamos a quemarlos como acto de protesta de las chavas y sí se los quemamos y estaban muy espantados porque estábamos verdaderamente furiosas, ya no nos dijeron nada pero sí hubo mentadas de madre porque nos tomaron el sonido, eso y las broncas que parecían políticas pero que verdaderamente eran personales y lograban arrastrar al movimiento a una inmovilidad impresionante, todo mundo quería aparecer como cabecilla, los líderes, habían muchas pugnas, fue cuando Juan Jacobo Hernández dijo que les daban la eutanasia por decreto al movimiento gay, nosotros seguimos, que importaba la opinión de una persona.[205]

Las marchas eran una especie de celebración, de salir a la calle y decir "soy gay y estoy orgulloso" de dar la cara, de convivencia de lesbianas y gays en un espacio político para hacer demandas conjuntas. En esa marcha vinieron "las vestidas", chavos de *La Guillotina* y exfharinos a agredirnos con esos falos, a pasárnoslos por la cara. Yo me saqué de onda porque eran las mismas locas quienes nos agredían, ni siquiera la policía. Se decían radicales y eran tan radicales que parecían la extrema derecha. Cuando te agrede la policía sabes qué hacer, pero si te agreden las locas... el único sentimiento que tuve es que no quería saber nada de las locas y esta gente que hacía eso, de no volver a compartir las calles con ellos. Sentí que era una agresión tan fuerte o peor que la de los heterosexuales machos, que todo su poder y agresión lo centran en la falocracia; en ese sentido, me di cuenta que yo no tenía mucho que compartir con esos hombres gays. Las marchas eran una muestra de la fuerza del movimiento gay, no de las contradicciones, no tenía sentido mostrar al público ni vedetismo, ni rencillas, ni la intolerancia.[206]

Para muchas mujeres esta marcha fue el momento donde la diferencia se hizo explícita y generó la ruptura de relaciones cercanas con los hombres, muchas se alejaron de la militancia, especialmente mixta, algunas volvieron a acercarse al movimiento feminista y otras iniciaron su experiencia con grupos lésbicos autónomos.

En todas las marchas fueron pleitos con el FHAR porque siempre tenían que marchar antes, las locas obviamente porque se querían lucir, salir en los periódicos. El FHAR siempre quiso estar adelante, "los hombres", porque siempre los he ubicado como Juan Jacobo y su novio de turno, otros dos o tres chavos que eran líderes y una gran masa de trasvestis. Para ellos eso era revolucionario, usar el lenguaje de la degradación, autodenominarse putos y lilos como para hacerlo más presente, para mí era incomprensible, todavía lo sigue siendo, pensar que el mundo se compone de hom-

---

[205] Patria, *ibidem*.
[206] Chave, *ibidem*.

bres exclusivamente y no es cierto, la negación de lo femenino pero siempre creerse mujer, tratar de imitar un rol de mujer que además ninguna mujer es así, como ser más mujer que las mujeres. En Lambda no había trasvestis o muy poco y las joterías se las reservaban cuando estaban solos, por ejemplo decir Marca en lugar de Marco, o Pepa, eso siempre. En nosotras nunca se vio que dijéramos Trino o Marto. Ellos nos apoyaban y de alguna forma sabían que teníamos razón. Lo que sí me quedó claro después de participar en Lambda es que *nunca más* iba yo a meterme a un grupo donde hubiera hombres.

En Lambda empecé a formarme una idea de lo que es la política y la política tenía mucho que ver con lo masculino y me dije "*No quiero esto*, facciones de poder" cosas incomprensibles para mí, si eres el líder de mi grupito y si levantas la mano yo la tengo que levantar aunque esté dormido o alguien me empuja para que la levante porque lo que cuenta son los votos, ese tipo de cosas que son muy propias de la política masculina. **Entre mujeres debe darse dinámicas diferentes, debe haber y si no las hay, hay que hacerlas.**[207]

El rechazo de las lesbianas al falocentrismo[208] como sistema de poder se hizo explícito después de la sexta marcha. El culto al falo o falocentrismo por parte de

---

[207] Entrevista a Marta Nualart, 13 de marzo de 1995.

[208] Falocentrismo, dícese del culto al falo. La cultura patriarcal ha centralizado la imagen del poder y la violencia en el falo. Para el caso del movimiento homosexual, falocentrismo es la centralización de un supuesto discurso erótico-transgresor o contracultural en el falo.

Para Adela Hernández y Salvador Mendiola "falogocentrismo" es el orden simbólico que expresa la forma del inconsciente actual, que impide que el "conócete a ti mismo" devenga verdadero, hace fracasar lo social por miedo a la castración simbólica y así frustra el proceso de autoconciencia. "Falogocéntrico" es un neologismo. Falo es varón (padre), logos es burgués (patrón) y centro es gobernante político (patria); las inversiones de la injusticia: varón, capital y control social ( milicia y policía), la realidad imperante que unifica a la fuerza en el (des)orden planetario del capitalismo tardío: la "libertad" militar/ civil para reprimir a las mujeres, explotar la fuerza de trabajo y dominar la voluntad de los sujetos. Dentro del orden simbólico falogocéntrico únicamente se acepta y produce una figura de sujeto, válida en apariencia de géneros: la del varón al que la naturaleza supo dotar de pene. En la civilización actual sólo hay sujetos sociales masculinos, no puede haber mujeres reales; porque el sujeto sólo existe y se piensa a partir de la diferencia sexual producida por el narcisismo del pene. Sólo se es sujeto desde la valoración superior del miembro sexual masculino, una valoración que, sin discurso divide a todos y todas dependiendo solamente que tengan o no un pene, ya que entonces brotan distinciones entre: íntegro o castrado, real o fantasmal, completo o incompleto. No hay mujeres, solo hay "no varones", castrados ontológicos, máscaras, muecas, entes que nacen para siempre incompletos, sin pene, ontológicamente condenados a carecer de sentido por sí, remedos, no-varones, condenados a depender de un varón. No varones significa "naturalmente" cuerpos y mentes puestos al servicio del varón. Está socialmente prohibida la producción de otro tipo de libido, sólo hay libido de y para el varón. Las mujeres en tanto género civilizatorio sólo existen como un ente de servicio, como objeto valorizador del valor primordial (falo capital, poder). Hay una falta original, previa al contrato social: el precio social de las mujeres. La castración simbólica, la valoración del símbolo identificante falogocéntrico. La presencia social de los cuerpos con el sexo femenino queda sobredeterminada, subsumida, enajenada en la posibilidad de ser el lugar físico en que ocurre la reproducción real de la especie, la reproducción social de la fuerza de trabajo, el proyecto físico de la sobrevivencia de la especie (*Teoría Hermenéutica*, UNAM, 1997).

los homosexuales produjo una ruptura en la militancia o activismo de las lesbianas. En rechazo a la vida contemplativa, las lesbianas optaron por renunciar a la militancia mixta que implicaba la actitud falocéntrica gay. El rechazo al falocentrismo no implicaba androfobia, ponía de manifiesto el rechazo a un sistema de poder en el que el falo simboliza un instrumento de dominio y violencia y mantiene a las mujeres en calidad de "incompletas", por tanto carentes de poder.

Volver a las mujeres sería, entonces, un reto a fin de redescubrir una lógica de relación y de activismo diferente. Una cultura que refleje su identidad propia. La ausencia del falo como símbolo de poder implicaba necesariamente un imaginario de relación diferente, no fálica.

Las marchas del Orgullo Lésbico-Homosexual siguieron realizándose año con año, convirtiéndose así en "una tradición de calendario", como lo había advertido OIKABETH en 1981; las coordinaciones de las marchas fueron haciéndose por nuevos grupos que fueron naciendo, ya que los pioneros desaparecieron entre 1984 y 1985. La mayoría de los militantes de estos grupos se dedicaron básicamente al trabajo de una de las problemáticas que afectaban al movimiento, el SIDA; conformando ONG's, grupos de ayuda, servicios, etcétera, siendo algunos de estos grupos los que todavía están en la coordinación de las marchas.

Los últimos años de crisis se hicieron diversos análisis de la situación del movimiento lésbico-homosexual, con los que se buscaba "solucionar" la etapa conflictiva. Si bien el movimiento en esos seis años de apogeo ha denunciado el sexismo, la persecución política, el amarillismo de los medios de comunicación, la discriminación laboral y ha realizado acciones en favor de la legitimidad en diversos espacios políticos; ha descuidado las acciones en el plano de las conquistas tangibles. Las persecuciones políticas, las *razzias* y el prejuicio aún no han sido erradicados. A nivel legislativo, las lesbianas y homosexuales son ciudadanos de segunda clase, siguen sin tener un reconocimiento en relación a derechos laborales, de vivienda, de seguro social. Tampoco se ha logrado una mínima comunidad gay como existen en otros países que, aun cuando son criticados por constituir ghettos, se hacen necesarios como espacios de referencia social y política.

Mientras sigamos siendo ciudadanas de segunda clase, mientras no podamos ejercer los mismos derechos que ejercen los heterosexuales por nuestra preferencia sexo-afectiva, necesitamos propuestas de cambio para nuestro aquí y ahora. La legalidad en el aquí y en el mañana implica garantizar el ejercicio de nuestros derechos y nuestra democracia. El cambio social es una impronta que ha salido, gracias al feminismo, de los estrechos actos épicos. Los cambios se empiezan desde ya con nuestra práctica cotidiana.

## Feministas y lesbianas feministas: la lucha contra la lesbofobia y el heterofeminismo. La construcción de demandas

*El feminismo sin las lesbianas no va.*

Bajo la influencia de la renovación de conceptos, la radicalización de la juventud por el movimiento del 68 y el pensamiento socialista, surgieron en México los primeros grupos feministas y homosexuales al inicio de la década de los setentas.

El movimiento feminista en la primera etapa (1971-1975) se caracterizó por su expansión, por la reproducción de ideas y concepciones básicas del feminismo estadounidense y europeo, bajo cuyo influjo surgió en el país.[209] Se aglutinaron mujeres de sectores medios con educación promedio alto, alrededor de pequeños grupos de reflexión y acción. Surgieron las primeras preocupaciones por el fortalecimiento y crecimiento del feminismo en sectores populares y la articulación de demandas socialmente más sentidas con las del movimiento feminista. Fue una etapa de expansión y enorme crecimiento (algunos grupos llegaron a más de cien adherentes), su despertar fue como el inicio de una llama que muy rápidamente incendiaba la conciencia de las mujeres en diversos sectores, llevando ideas de renovación y liberación, para las que no fue del todo difícil acceder a algunos de los grupos, o información al respecto.[210]

El movimiento de liberación homosexual, por su lado, se inició desde la clandestinidad debido principalmente a las sanciones con las que podía ser juzgado. Aunque la homosexualidad como tal no estuvo penada, había el antecedente de su persecución por medio de otras figuras legales que ya fueron comentadas en el capítulo anterior. El inicio de la lucha estuvo limitada por el temor a la discriminación social, al encarcelamiento o la agresión violenta de paramilitares que el Estado mexicano había usado tradicionalmente para intimidar a los disidentes. Además de ello, las razzias o redadas policiacas masivas siguieron siendo una amenaza constante para los homosexuales. Aunque para algunos de ellos la época se caracterizó por una excesiva paranoia ya que las interpretaciones de las leyes hacían *estirar las posibilidades de represión, y era como enseñarles a los jueces cómo juzgarnos*. Sin embargo, esas interpretaciones (ver notas 77-79) mostraban un gran temor, al grado de la desmovilización o la clandestinidad.

---

[209] Las primeras ideas feministas que llegaron al país estuvieron ligadas a las ideas libertarias como libertad sexual, libertad y derecho sobre el propio cuerpo, la igualdad jurídica, social y política, entre otras.

[210] Mogrovejo, Norma. *Feminismo popular en México*. Tesis de maestría, Flacso, México, 1990.

Para el inicial movimiento feminista, bajo el fuerte influjo de la izquierda nacional de la época, era importante caracterizar la situación de las mujeres a partir de un análisis de clase, así que, los primeros grupos dirigieron su trabajo hacia sectores de mujeres obreras, en un claro reconocimiento del "sujeto histórico" revolucionario, protagonista del cambio social. A decir de las propias militantes de la época fue difícil plasmar un concepto feminista en la reflexión referente a la producción. El feminismo empezó a levantar reivindicaciones que se convirtieron en ejes de trabajo y lucha, tales como el aborto, en torno al cual realizaron un gran trabajo de concientización mediante charlas, debates, artículos en la prensa, etcétera. En algunos casos, esta demanda se convirtió en la lucha más consecuente de algunos grupos. Se revisaron los textos escolares y la legislación cuestionando el sexismo que contenían, y pidieron que se modifiquen las leyes que son discriminatorias con las mujeres, y el reconocimiento del trabajo doméstico.[211]

La gran expansión y posterior desaparición de la mayoría de los grupos iniciales se debió a un proceso de atomización, desintegración y desvanecimiento. Cristina González atribuye a la falta de definición de objetivos y a problemas de cultura política: estrellismos, amiguismos y voluntarismo como los factores que determinaron la desaparición de éstos.

Para el movimiento de liberación homosexual, esta época significó más bien, una época de difusión cultural: actividades artísticas como el teatro, la música, la literatura y también la prensa; así como grupos de discusión, estudio y autoconciencia, con lo que se empezaron a remover en la sociedad mexicana los conceptos religiosamente tradicionales en torno a la sexualidad. Pero el trabajo de difusión tuvo una dinámica diferente a la de las feministas. No fue masivo ni ampliamente abierto y, por tanto, no posibilitó espacios de referencia para la gran mayoría de homosexuales y lesbianas que vivían en la clandestinidad.

En el segundo momento del movimiento feminista (1975-1984) los intentos por articular esfuerzos de los diversos grupos, hacia acciones conjuntas que le dieran al movimiento una fuerza y una imagen pública de "movimiento social alternativo" para las mujeres, fue una preocupación. El panorama de atomización con pugnas y rivalidades entre los grupos por razones de antigüedad, obligó a perfilar la unificación para lograr del feminismo una fuerza social. La primera coordinación surgió en 1975 ante la necesidad de responder al Estado por la organización de la Conferencia Mundial del Año Internacional de la Mujer (AIM) en el que se pretendía dar una imagen falsa de la situación de las mujeres mexicanas tanto a nivel jurídico como

---

[211] González Cristina, obra citada anteriormente.
Varias Autoras. *Hilos nudos y colores en la lucha contra la violencia hacia las mujeres*, CICAM, México, 1991.

social. Tres de los grupos de la primera etapa (MLM, MNM y MAS[212]) trabajaron coordinadamente para la realización de un contracongreso, tarea que permitió un espacio de crecimiento en el movimiento porque se dio lugar a debates, conferencias y sobre todo, contactos con organizaciones de muchas partes del mundo.

En el ámbito lésbico, aún cuando la Conferencia Mundial del AIM no había considerado ni remotamente espacios de discusión en torno al lesbianismo, la presencia de lesbianas extranjeras abrió el tema causando tal conmoción que los periódicos de la capital comentaron el hecho en primera plana. Nancy Cárdenas salió al frente de una multitud de periodistas que la interrogaban enfatizando la falta de seguridad pública para dar declaraciones debido a la posibilidad que daba la ley de penalizar afirmaciones en favor de la homosexualidad y con el respaldo de un grupo de lesbianas, por primera vez en la historia de México sacaron a luz la *Declaración de las lesbianas de México*" (ver nota 75).

El encuentro de las lesbianas mexicanas con las extranjeras fue, para Nancy Cárdenas y su grupo, casi como un encuentro de dos mundos, ya que la falta de información para relacionarse en su militancia con los compañeros varones, el ejercicio de los roles sociales, sexuales, la cotidianeidad en la vida lésbica, etcétera, abrió a las lesbianas mexicanas un mundo antes desconocido:

> Aglutinamos a las extranjeras, las invité a una reunión en mi casa para presentarles a las lesbianas mexicanas, entonces les traje desde las que se sentían hombre en cuerpo de mujer, que entonces tenían 60 años y ya no habían aceptado la terapia de la militancia gay; jovencitas de 20 años, de todo, para que vieran. Yo quería preguntarles cosas. ¿Qué hubieran hecho ellas con el problema hombres-mujeres?, porque yo me sentía muy derrotada por no haber vencido ese problema. Cuando ellas me dijeron "¿Qué? Nosotras también, los problemas entre hombres y mujeres tienen que seguir existiendo porque tal y tal". Ay!, cómo descansé, me subió muchísimo la moral. Que en Estados Unidos, en Francia, de todas partes de donde vinieron dijeran que el problema era el mismo y no era mi torpeza personal, me alentó mucho, por una parte, y por otra, se provocaban muchas rupturas, ansiedades y malas comunicaciones entre lesbianas. Los roles masculino y femenino eran hasta ese momento muy pesados, tan te sentías ridícula de romper uno de los roles como no rompiéndolos, no hallabas cómo seguir de machina si no creías en eso y cómo aparezco de femenina si se van a burlar de mí o yo me voy a burlar de mí misma y les pregunté: "¿ustedes cómo resuelven eso?" Nos ayudó mucho su respuesta: "¿A ver, quién tiene la regla?, es la pasiva, ¿de qué humor andas?". Para nosotras fue escandaloso y maravilloso saber

---

[212] Movimiento de Liberación de la Mujer
Movimiento Nacional de Mujeres
Mujeres en Acción Solidaria

que se podía cambiar así de apetencia, de preferencia dentro de la apetencia ya definida. Entonces quiere decir que ellas no se lo tomaban tan a fondo, que su deformación no era como la nuestra, aunque no lo comprendimos tan bien en ese momento; nos dio una perspectiva que no había pasiva ni activa, que arriba y abajo era igualmente delicioso, que todos los orificios son santos para comunicar energía amorosa, que se puede, se debe ser para realizarse plenamente lo más activa que se pueda y lo más pasiva que se pueda, o en días, en etapas, en momentos. Pero llevar eso a la práctica nos ha costado muchos años. Gracias don Luis Echeverría por habernos traído a esas lesbianas desde tan lejos para que iluminaran nuestras vidas.[213]

Luego del Año Internacional de la Mujer los espacios públicos para las lesbianas volvieron a cerrarse, así que para el discurso lésbico –todavía no organizado– los espacios feministas fueron una alternativa, pero desde el "clóset", a manera de subtexto o como dice Nancy, como un desliz:

> El feminismo era más tolerado como me lo pongas, nos permitió a muchas luchar dos, tres, cuatro puntos fuertes de la lucha gay, sin necesidad de declararla como lucha gay. No por ti, sino porque tus auditorios no te correspondían igual. Me invitaban a provincia amigas militantes que pagaban todo para que yo fuera a hablar y hablaba sobre feminismo, pero ahí deslizaba un punto, una mención sobre homosexualismo, dando tres, cuatro puntos fundamentales y me acomodé perfecto de esa manera mientras no hubo foros más accesibles.[214]

En 1976 y en 1978 se formaron *Coalición de mujeres* y el *Frente Nacional de lucha por la liberación y los derechos de las mujeres* (FNALIDM), respectivamente. El primero fue una instancia de lucha coordinada por seis de los grupos feministas (MNM, Movimiento feminista, Colectivo de Mujeres, MLM, Colectivo a Revuelta y Lucha Feminista), dedicados a la lucha por el derecho al aborto libre y gratuito, la lucha contra la violación y el apoyo a mujeres golpeadas. El Fnalidem agrupó a feministas, comisiones de mujeres de partidos políticos y sindicatos. Los objetivos eran la lucha por la obtención de plenos derechos civiles y políticos; se dedicó de lleno a las demandas de maternidad voluntaria (incluida la despenalización del aborto) y a la defensa de las mujeres contra la violación. La participación irreconciliable de partidos políticos (especialmente el PC y el PRT) desviaron sus objetivos iniciales. Sin embargo no puede dejar de señalarse que conjuntamente con la

---

[213] Nancy, *ibidem.*
[214] *Ibidem.*

Coalición, contribuyeron a darle un espacio político al feminismo mexicano y que fue una de las pocas experiencias de este tipo en el mundo (unificación de feministas, sindicatos y partidos). Obligó a la mayor discusión del tema en partidos políticos y otras organizaciones. No es casual que anterior y posterior a la experiencia del Fnalidem uno de los temas centrales del debate feminista fue el de la relación del movimiento feminista con otras fuerzas sociales, y el de la autonomía.

La experiencia de las coordinaciones e intentos de unificación, expresaban la necesidad de relacionarse directamente con mujeres de sectores populares, y perfilar desde el movimiento feminista una fuerza social capaz de representar los intereses y demandas de las mujeres de los sectores mayoritarios. En algunos casos "la alternativa" era el acercamiento a mujeres obreras, luego mujeres campesinas, empleadas, universitarias, amas de casa y mujeres de los sectores urbano populares. Sea por opción propia o para legitimar al movimiento feminista ante las fuerzas de izquierda, en razón a los ataques recibidos tales como "el movimiento feminista divide a la organización social es externo propio de las realidades europeas y norteamericanas y no de los países tercermundistas, donde los principales problemas son de subsistencia" y también porque varias de las militantes provenían de organizaciones de izquierda o centraban sus perspectivas utópicas en una población socialista.

Las demandas que reivindicaron la lucha por el aborto, la lucha contra la violación y el apoyo a mujeres golpeadas aun cuando partieron de una confrontación de las necesidades sentidas de las mujeres de sectores más deprimidos económicamente, no eran exactamente las que dichas mujeres priorizaban. Es decir, que aun siendo válidas, las estrategias para acercarse a las mujeres de sectores populares, no fueron las más apropiadas. La experiencia política feminista era incipiente y adquiría los usos y costumbres políticos de los partidos existentes (formas de negociación, manejo de coyunturas y correlaciones de fuerzas). La política estaba centrada en la negociación de fuerzas políticas más que en la actividad militante, de formación y/o fortalecimiento de las organizaciones de mujeres, que abrieran más bien los espacios de negociación.[215]

La gran cercanía del movimiento feminista y muchas veces adhesión a la izquierda y a las categorías de análisis marxistas, diluyeron el reconocimiento de la especificidad genérica como punto de partida y aspecto central del movimiento. Algunas posiciones feministas marxistas, reconocían únicamente como valedero el trabajo ligado a aspectos economicistas (sectores obreros y/o populares) y descalificaban o esquivaban las demandas referidas a lo personal, al cuerpo y la sexuali-

---

[215] González, Cristina, *op cit.*

dad, a las que acusaron de temas burgueses. Así, el lesbianismo y la homosexualidad existieron fuera de la agenda, aunque hubieran lesbianas militando en él. En esas circunstancias se explica por qué ellas que no encuentran eco y un espacio apropiado para levantar sus demandas dentro del propio movimiento feminista; inician entonces una corriente separatista como es el caso de Lesbos y OIKABETH.

Ante los intentos fracasados de las lesbianas por integrarse a coalición,[216] OIKABETH, FHAR y Lambda solicitan al Fnalidem, su ingreso lo que ocasionó la salida de algunas mujeres, como las de la Unión Nacional de Mujeres (UNM), sección femenil del PCM.[217]

> Cuando salió la convocatoria para formar el Fnalidem, se congregaron todas las organizaciones de mujeres sindicales y partidarias, y pedimos nuestro ingreso como OIKABETH, junto con las lesbianas de Lambda y FHAR, pero la UNM del PC dijo que cómo era posible que quisiéramos ingresar a una organización seria, de lucha por la mujer, con una perspectiva proletaria y popular, "si entran estas mujeres aquí pueden entrar las alcohólicas, las prostitutas, las delincuentes". La defensa la dio Marta Lamas y las mujeres del PRT. La UNM decidió salirse del FNALIDEM por nosotras, fue una pérdida muy importante sobre todo por contactos a nivel internacional con países socialistas, muy importante. Para mí como comunista fue muy doloroso que compañeras se salieran por nosotras. Desde que fundamos el primer grupo de lesbianas, ha sido muy doloroso, muy áspero, políticamente muy desgastante, hemos recibido las negativas más fuertes por parte de mujeres, feministas y lesbianas feministas, la peor represión.[218]

Las lesbianas se integraron activamente a todas las actividades del Fnalidem y lucharon conjuntamente por las demandas que entonces el frente levantaba, todas con una perspectiva heterofeminista, porque no fue posible integrar las demandas lésbicas al conjunto de las demandas feministas.

> Se nos respetaba, pero tuvimos muchos problemas para que en los documentos se pusiera la palabra lesbiana. No aceptaban el lesbianismo, nos toleraban a nosotras como lesbianas. Estábamos presentes en todas las marchas obreras, sindicales, campesinas, en la marcha en contra la ley Simpson-Rodino en contra de los inmigrantes en los Estados Unidos, en contra de la bomba de neutrones, en contra del charrismo

---

[216] Algunas de las lesbianas siguieron integrando coalición a nivel individual pero desde el clóset (ver notas 93 y 94).
[217] González, Cristina, *ibidem*.
[218] Yan María, *ibidem*.

sindical, en todas las marchas del 2 de octubre conmemorando lo de Tlatelolco, en todas las marchas de apoyo a Nicaragua contra Somosa, contra los contras, estábamos presente en todos los actos públicos frente a la embajada de Estados Unidos en repudio a la política gringa en contra de Latinoamérica, teníamos siempre posturas antiimperalistas, anticlasistas; estábamos en los congresos sindicales, en los foros de cultura popular.

Fueron tres años de apogeo, íbamos a los CCH a hablar a los estudiantes, fuimos invitadas a la UNAM, a la Facultad de Medicina, repartíamos volantes pero nuestras demandas no se integraron.[219]

La adhesión del movimiento lésbico a las demandas del movimiento feminista fue incondicional,[220] aun cuando tenían un sentido heterosexual: *La defensa de los derechos reproductivos como la maternidad libre y voluntaria y el aborto*; y *La lucha contra la violencia hacia las mujeres*, fueron demandas que el feminismo levantó en las décadas 1970 y 1980. La primera respondió a la necesidad de las mujeres ante sus maridos, la iglesia y los legisladores de ser dueña de su propio cuerpo, y la segunda expresaba la necesidad de reformular las relaciones de pareja entre hombres y mujeres desde el respeto y la democracia. Ambas demandas estaban planteadas únicamente desde los marcos de una relación heterosexual. El movimiento lésbico cuestionó (y aún lo hace) al movimiento feminista esta construcción de "identidad heterosexual", en tanto se consideran parte integrante del mismo. Aunque para algunas feministas, debido a la incapacidad del movimiento lésbico de permear al feminista con sus demandas por una carencia de discurso, estaban llamadas a hacer u ofrecer hacer el "trabajo sucio" o de "talacha". Sin embargo, las lesbianas afirmaban que asumían el trabajo en favor de una lucha por la libertad sexual.

> En las marchas del 80 era fuerte nuestra participación como lesbianas por la maternidad voluntaria y aparentemente esto de la maternidad no tenía mucho que ver con nosotras, esto de las madres lesbianas es algo más o menos nuevo; no quiero decir que no podamos ser madres las lesbianas, pero nosotras manejábamos que era una cuestión de libertad sobre el uso del propio cuerpo y veíamos que ahí teníamos coincidencias, aunque a lo mejor muchas de nosotras no nos planteábamos ser madres. No fue por congraciarnos y tener aceptación, era ser consecuentes con el discurso político. Ha sido fuerte la lucha de las lesbianas desde el clóset o públicamente; hemos estado en el movimiento feminista siempre y el movimiento feminista nunca

---

[219] *Ibidem.*
[220] Las lesbianas apoyaron las demandas feministas, porque estratégicamente entendieron la lucha conjunta para el logro de condiciones igualitarias para las mujeres en una nueva sociedad.

ha incluido, desde su raíz, en el análisis de la sexualidad la cuestión de las lesbianas. El movimiento feminista en México es un movimiento que cuyo discurso va en una perspectiva heterosexista, incluso algunas compañeras dicen 'para qué hablar de lesbianismo si el problema es de género, ¿para qué hablar de lesbianas si el problema es la lucha de género?' Eso es falso, mientras exista represión, discriminación, es necesario especificar que hay lesbianas".[221]

En los primeros años de la década de 1980 se dieron nuevos intentos de unificación del movimiento feminista. En 1982, ante la experiencia agotadora y desgastante de coalición y el Fnalidm, surgió un nuevo intento de unidad, la Coordinadora de Grupos Autónomos Feministas, quién convocó a dos Encuentros de Grupos Autónomos, con la intención de coordinar nuevamente acciones. Posteriormente surgió la Red Nacional de Mujeres, que organizó los Encuentros Nacionales de Colima y Michoacán en 1983 y 1984 respectivamente. En ellos se pusieron de manifiesto las diferencias entre los diversos grupos participantes respecto a los objetivos y concepción del feminismo, en las formas de organización y maneras de concebir los Encuentros y sobre todo, una lucha "encarnizada" por preservar espacios de poder. Seguían faltando ejes precisos, demandas que unificaran. La idea de "unidad por encima de todo" quebraba la posibilidad de debatir temas concretos y definir acciones.[222]

## Preferencias *vs* opciones: el acercamiento de las heterofeministas

> Muchas de nosotras asumimos abiertamente estar interesadas en tener una experiencia homosexual y a partir de esa apertura de las heterosexuales, como un diez por ciento de las mujeres que estábamos en el grupo asumieron que ellas tenían experiencias lésbicas o que si no las habían tenido sentían en su gusto algo muy especial por las mujeres, y ahora son mujeres gays.
>
> NORMA BANDA, GAMU.

En esta época, las lesbianas organizadas realizaron un trabajo proselitista o de sensibilización dentro del movimiento feminista, hubieron invitaciones sugerentes para

---

[221] Trini, *ibidem*.
[222] González, Cristina, *ibidem*.

que las feministas conocieran de cerca la existencia lésbica, reuniones y encuentros a fin de intercambiar y discutir puntos conflictivos y de unión en las dinámicas.

En diciembre de 1978 se llevó a cabo en Cuernavaca en casa de Nancy Cárdenas el Primer Encuentro de Lesbianas y Feministas, en el que las feministas superaron las recriminaciones que les pesaban para relacionarse con las personas situadas al margen de la sacrosanta heterosexualidad, y las lesbianas rompieron el cerco de aislamiento en el que se encontraban para dialogar con las mujeres heterosexuales en actitud avanzada. Los resultados del encuentro si bien no se concretaron en un trabajo conjunto, lograron abrir una veta riquísima de discusión que rebasó las reivindicaciones propias y se situó en el cuestionamiento de los postulados de la sexualidad, las instituciones sociales que reglamentan y fijan las condiciones del intercambio sexual como la familia, el matrimonio, el Estado, la heterosexualidad impositiva, el sistema productivo y la división social del trabajo sexistamente estructurada.[223]

El Segundo Encuentro realizado también en Cuernavaca el 23 de junio de 1979 contó con la participación de las lesbianas de los grupos existentes, lesbianas independientes y feministas heterosexuales principalmente del Grupo Autónomo de mujeres universitarias GAMU, sirvió para dar a conocer los trabajos que cada uno de los grupos venían realizando y profundizar, sobre todo, en los puntos que habían iniciado a discutir en la primera reunión.[224]

Una tercera reunión fue organizada como reciprocidad por el GAMU en la casa de una de las integrantes a la que denominaron "encerrona". Además de la discusión en torno al eje central de la sexualidad como una preferencia sexual y como una postura política que desafiaba ideas e instituciones, la encerrona sirvió para estrechar relaciones entre los grupos y sobre todo a las lesbianas y heterosexuales muchas de ellas empezaron a cuestionar su preferencia sexual.

> Nancy propuso que se hicieran algunos encuentros. Eran de captación, hablábamos de lo que hacían los grupos, de la represión y sus costos; la represión interna, es decir, en casa, nosotras mismas y la represión externa, las razzias; el que no hubieran espacios para mujeres; éste era un tema muy recurrente que creo que hoy por hoy sigue haciendo falta. En algunas de estas reuniones lográbamos captar una o dos, por organización, había una comidita y después algo cultural y fotos. El número de gentes que iban era como unas sesenta en cada evento, que nadaban, loqueaban... Nancy salía a la reunión hablaba quince, veinte minutos, una hora de su experiencia teatral como había ganado los espacios, a través de su preferencia con algunas obras. Fueron encuentros muy fructíferos porque las heterofeministas perdieron un poco el

---

[223] "Primer Encuentro de Lesbianas y Feministas". En *Política Sexual*. Cuadernos del FHAR, Volumen 1 núm. 1, mayo de 1979.

[224] II Reunión de Mujeres, Cuernavaca, 23 de junio de 1979, documento de trabajo, grupo Lambda.

miedo a ser etiquetadas como lesbianas por el echo de ser feministas, perdieron el miendo a la imagen o estereotipo. El grupo GAMU se hizo muy amiguito de los grupos gays fundamentalmente de Lambda y OIKABETH y teníamos encuentros en casa de Lorenia Parada, encuentros curiositos donde estaban hasta aspectos no solo políticos, también de relación personal, nos quedábamos a comer, dormir, juguetear toda la noche, platicar y loquear, era una época curiosa y ellas despuntaban como una corriente joven dentro del feminismo tradicional y esto generó mayor aceptación con el resto de los grupos feministas porque se vio una participación igualitaria de trabajo no tanto ligosa que quizás era el temor, el deseo, la fantasía de algunas. En Lambda no se nos prohibía, pero decíamos que no había que ligar a las feministas, porque decían, les íbamos a cumplir su deseo y entonces recuerdo mucho que Trini nos regañó: 'Ustedes están aquí manitas de tontas y las de OIKABETH, listas, ya son novias de algunas', en forma quizás transitoria otras obviamente se sumaron al movimiento gay, a partir de esos espacios y el planteamiento cada vez más fuerte del feminismo éste se incorporó a la lucha homosexual.[225]

Yan nos invitó a un encuentro de mujeres lesbianas. Dijimos que íbamos a mandar una comisión de mujeres. La mayoría del grupo aparentemente éramos heterosexuales, después de tiempo nos dimos cuenta de que había mujeres con una práctica lésbica, pero no lo decían en el grupo, no se atrevían, porque éramos una mayoría apabullante heterosexual.
Llegamos al encuentro de lesbianas y vimos a las gays de carne y hueso, hablamos con ellas, vimos que eran iguales que nosotras, que sí eran selectivas y que había de todo, había muy *fems*, había muy masculinas, había muy rolleras, muy inteligentes, medias sonsas, como en todos lados. A partir de eso decidimos como grupo empezar a discutir el tema, a leer sobre el tema y empezamos a hacer conferencias en toda la Universidad, en los diferentes núcleos que teníamos. Antes de este encuentro GAMU nunca se había planteado el tema del lesbianismo como un tema a discutir, salió como tema de la conversación con ellas. A esas discusiones invitamos a psicoanalistas, a académicos dentro de la Universidad a tocar el tema. Realmente tenían mucha demanda. La bronca vino cuando muchas de nosotras empezamos a tener experiencias homosexuales. Habían inquietudes como 'platícame manita para ver si yo me animo', o que cuando la gente se diera cuenta de que había lesbianas dentro del grupo o que teníamos prácticas seductoras entre nosotras, la seriedad que teníamos como grupo político iba a desaparecer, hasta posturas de que 'o se salen las que andan de lesbianas y se van a sus grupos o me salgo yo'. Por fortuna el grupo discutía tanto, porque éramos estudiantes y teníamos mucho más tiempo. Nos pasábamos reuniones de veinticuatro horas en pleno, porque la discusión era desde lo personal hasta tener planteamientos hacia fuera. Nunca dividió eso al grupo, pero evidentemente si no hubiéramos tenido tanto tiempo para debatir, para convencer, para argumentar... Muchas de las mujeres que eran muy recalcitrantes en sus planteamientos eran las

---

[225] Carmelita *ibidem*.

mujeres que en algún momento tuvieron prácticas homosexuales, pero tenían muchas más resistencia porque venían de la izquierda, del PRT, del PC. Eran militantes de izquierda, a diferencia de otras que éramos de izquierda pero muy humanistas y no teníamos militancia.

Muchas de nosotras asumimos abiertamente estar interesadas en tener una experiencia homosexual y a partir de esa apertura de las heterosexuales, como un diez por ciento de las mujeres que estábamos en el grupo asumieron que ellas tenían experiencias lésbicas o que si no las habían tenido sentían en su gusto algo muy especial por las mujeres, y ahora son mujeres gays. Las que no lo habían asumido era porque les daba miedo el rechazo del grupo y las otras no estaban muy seguras, pero tenían un gusto por las mujeres desde el kinder.

El tema fue asumido más bien porque había una fuerte cantidad de mujeres que estábamos teniendo experiencias -unas transitorias y otras no- y había otro grupo que se había asumido gay, de hecho, dentro de GAMU salieron parejas.

Las líderes eran en su mayoría heterosexuales, pero casi el noventa por ciento de esas mujeres en esa época tuvieron experiencias homosexuales. Algunas de ellas, todavía hasta la fecha, somos lesbianas y otras se quedaron bicicletas[226] o tienen una pareja estable heterosexual, pero todavía siguen teniendo experiencias homosexuales. Ninguna lo borró de su vida.[227]

Entre las coincidencias y los acercamientos entre lesbianas y heterofeministas, en estas reuniones empezaron a surgir también las diferencias de posiciones, la manera en que cada grupo social experimentaba su militancia feminista, y la discusión de las demandas que acercaban y separaban aparentemente a unas y otras.

En casa de Nancy, era una casa con alberca, preciosa, entonces a Yan se le ocurre desnudarse e invitar a todo el mundo a nadar desnudas. Entonces nos desnudamos todas. A partir justamente de estas reuniones empezaron a surgir con más fuerza la discusión de que si había un feminismo lésbico y un feminismo heterosexual. Hubo una discusión muy fuerte en que las lesbianas decíamos que tenemos un feminismo distinto de las heterosexuales, heterofeminismo y lesbofeminismo; se hicieron bandos, por ejemplo que a nosotras no nos interesaba la maternidad, porque estábamos definiendo que consignas podíamos enarbolar. Se llegó al extremo de decir que a las lesbianas la maternidad no nos interesa, por lo tanto el aborto no podía ser una consigna central de movimiento feminista lésbico; otras afirmaron que la violación no concernía a las lesbianas, saltamos la mayoría: 'como mujeres estamos expuestas de la misma manera' y se comenzó a decir que en el movimiento feminista tampoco éramos aceptadas y que a fuera teníamos una situación similar o peor por el hecho de

---

[226] Bisexuales.
[227] Entrevista con Norma Banda, integrante del grupo GAMU, octubre de 1994.

ser lesbianas. Esa fue una de las reuniones más bonitas que congregaron a todas las mujeres. Fue la primera vez que las feministas y las lesbianas se reunieron, fue un encierro de tres días para contar todas sus experiencias de carácter sexual, sus opresiones y se conocieron mas cercanamente lesbianas y feministas. Fue un encuentro totalmente cálido donde además se dieron y nacieron muchísimos romances, las feministas empezaron a destaparse ahí, las lesbianas fueron seducidas por las feministas. En Mixcoac, hubo una dinámica como un juego, se llamó *el banco de los acusados*, te sentabas al centro y todas te hacíamos preguntas, fueron diálogos al desnudo, fue muy emotivo, la gente contó cosas insólitas, sus experiencias de opresión como mujeres, su ignorancia en la sexualidad, las lesbianas con problemas familiares.[228]

## Determinación sexual u opción política

> ...Y hay tantos como yo... Millares de miserables no deseados, que no tienen derecho al amor, que no tienen derecho la piedad porque son deformes, horriblemente disminuidos y feos...
> ¡Dios es cruel! ¡Nos ha señalado con el estigma de la infamia desde el nacimiento!
>
> *El pozo de la soledad*, RADCLYFFE HALL.

La sensibilización al tema por parte del movimiento feminista traía a discusión uno de los temas más estigmatizados, el lesbianismo como una determinación sexual o como opción política. Para las lesbianas, quienes habían asumido su identidad desde muy niñas y a muchas de las cuales *El pozo de la soledad*,[229] una de las primeras novelas que trata el tema del lesbianismo, había reforzado el sentido de que la homosexualidad es una determinación que la naturaleza evidencia desde el nacimiento a algunas personas, el ingreso de nuevas lesbianas a las filas del "ambiente" abría la posibilidad de una nueva corriente política, la del lesbianismo no solamente como una posibilidad amorosa y sexual sino como una alternativa política.

A este punto cabe la pregunta ¿Qué es el lesbianismo; un estado predeterminado, una preferencia de naturaleza afectiva y/o sexual, o una opción política? Para algunas el lesbianismo permanece como un estado de consciencia de "sí misma" experimentado a una edad temprana: una se da cuenta de una diferencia, una atracción hacia las mujeres. Las que proponen esta visión dicen que siempre supieron que ellas eran lesbianas. Para ellas, no había otra opción: ellas eran lesbianas y

---

[228] Gina, *ibidem*.
[229] Hall, Radcliff, *El pozo de la soledad*, Época, México s/f.

tenían que seguir su inclinación. Para otras, el lesbianismo es una opción política, un rechazo consciente del patriarcado, de los roles tradicionales de las mujeres, de las limitaciones impuestas a las mujeres sobre el control de sus propias vidas. Es un abrazo consciente de las mujeres a las mujeres como sus vínculos emocionales, eróticos, y espirituales primarios. Para estas lesbianas, su involucramiento con mujeres puede haber comenzado a una edad mayor, surgiendo de su conciencia feminista, o puede haber comenzado, de hecho, mucho más temprano y sido reforzado a través de su actividad en el movimiento de mujeres. Independientemente de la definición de "lesbiana de nacimiento" o "lesbiana política", el lesbianismo tiene ambos componentes, emocional y sexual.[230]

> Sucedió un fenómeno muy curioso con el acercamiento que tuvieron las feministas heterosexuales, algunas ya eran lesbianas pero no se abrían al grupo; entonces, empezó el desclosetamiento y a otras que ni siquiera se les hubiera ocurrido empezaron a tener inquietudes y otras que tenían inquietudes sin haberse declarado, pues se declararon y definieron lesbianas. Se empezó a manejar la idea que uno de los procesos para llegar a ser lesbiana era la decisión política, llegar a ser lesbiana a partir del movimiento feminista. Entonces habían lesbianas que se abrían y decían yo he llegado al lesbianismo por una decisión política, lesbianas de texto, y muchas le entraron. Se dieron de muchas maneras de desclosetamiento. Muchas le entraron a nivel de un acostón, de una pasioncilla de tres meses, otras le entraron con una relación seria, fuerte, pero cuando tronaron regresaron a la heterosexualidad y otras se quedaron ahí como lesbianas, otras se declaraban bisexuales. Creo que desaprovechamos aquel slogan 'saca la lesbiana que tienes dentro', porque sí efectivamente la gente se daba cuenta que traía una lesbiana dentro.[231]

Este acercamiento entre lesbianas y heterofeministas pareció ser generacional ya que la mayor apertura fue iniciada justamente por el GAMU, grupo de jóvenes universitarias, quienes se encargaron de permear esta nueva actitud en el conjunto del movimiento feminista, hasta que algunas feministas mayores también se vieron obligadas a pronunciarse a favor del movimiento gay.

Esperanza Brito, que era muy formal, fue catalogada de homofóbica, entonces ella hizo un escrito, que lo publicó en *Novedades*[232] haciendo toda una defensa de la gente gay, y esto importó mucho porque era de las *vacas sagradas*, su palabra tenía mucho respaldo y la situación cambió mucho en algunos aspectos, aunque había

---

[230] *Enciclopedia gay*, obra anteriormente citada.
[231] Gina, *ibidem*
[232] "El homosexual en un mundo sexista", en *Política sexual*. Cuadernos del FHAR Vol 1, núm. 1, mayo de 1979, (tomado de *Novedades*), 4 de octubre de 1978.

mujeres reconocidas como gays dentro del movimiento, aun antes de los grupos gays, que se sabía que tenían pareja vivían con otra mujer y públicamente no se decía pero era valor sabido.[233]

Con la apertura del local del grupo Lambda las lesbianas inauguraron un espacio cultural exclusivo, los "jueves de mujeres", el que coorganizaron con el grupo OIKABETH. En sus inicios el espacio fue bastante enriquecedor ya que ante la ausencia de espacios para mujeres era una posibilidad de encuentro, creatividad y expresión libre, sin embargo, como se dijo, el trabajo que ocasionaba mantener activo el local resultó una labor agotadora para el grupo. Las lesbianas encontraron en los jueves de mujeres más que un espacio cultural alternativo, un espacio de encuentro y de posible ligue, lo que terminó por agotar y desilusionar a las organizadoras.

> El local siempre estaba lleno de chavos, como tienen más poder económico lo aprovechaban mucho más y porque además había mayoría de hombres en el grupo. Carmelita dijo "que les parece si hacemos unos 'jueves de mujeres', para que tengamos actividades aparte". Inauguramos, hubo baile, OIKABETH apoyó, la operatividad la teníamos nosotras, ver quién iba a ir a tocar o presentarse y chingarte en la barra, etcétera. Para mi gusto le faltó, no duró mucho tiempo lo cultural y lo político del planteamiento, en mucho porque las chavas que asistían no tenían interés. Había más la necesidad de llegar a un espacio donde no te tirarán un rollo necesariamente, sino que te dejaran jugar ajedrez, conocerse, ligar. Llegabas pedías un café y estábamos toda la noche con eso, podíamos subir los pies a la mesa si querías, no teníamos que conservar ninguna máscara, las chavas rescataron sobre todo eso. Había una actitud: "¿otra ves lo del rollo culturígeno?". Demeritó, hasta que llegó a ser "los jueves de mujeres" una cafetería para chavas y punto. El grupo empezó a declinar, se empezó a cargar el trabajo mucho en ciertas personas y muchas otras empezaron a desbandarse, el barco empezó a hacer agua.[234]

La discusión sobre la determinación lésbica ha sido un tema recurrente en el movimiento feminista, el planteamiento de que el lesbianismo es una transgresión a los tabúes de la sociedad autoritaria, y una afirmación para las mujeres, de ahí que una elección política, ha sido planteada por el movimiento lésbico. La frase de Ti-Grace Atkinson, "El feminismo es la teoría, y el lesbianismo la práctica", reafirmaba que el lesbianismo no se reduce a un comportamiento sexual, es una rebelión psicológica específica de las mujeres contra el rol que les asigna la sociedad machista.[235] Lagarde afirma que:

---

[233] Carmelita *ibidem*.
[234] Eugenia, *ibidem*.
[235] Linhoff, Ursula, *La homosexualidad femenina*, Barcelona, Anagrama, 1978.

múltiples son las transgresiones de las lesbianas, el erotismo dirigido hacia sus pares es un rechazo al erotismo con los diferentes, con los hombres, y no hay que olvidar que la relación erótica es una de las vías personales, directas e íntimas, de reconocimiento y de reproducción del poderío de los hombres sobre las mujeres. El heteroerotismo de las mujeres es un espacio de adoración a los hombres y de dependencia vital y sujeción de las mujeres. Entonces el lesbianismo es, cuando menos, un desconocimiento al poder de los hombres. Aún cuando no sea inmediatamente consciente, el lesbianismo es transgresor porque significa una opción, es un acto de elección y el abandono al destino natural. Por eso es un acto de significación política, tanto como por el atentado al poder patriarcal que consagra lo fálico como lo erótico para las mujeres, como porque posibilita un paso en la constitución de las mujeres en protagonistas en un ámbito de complejidad política. Como un rechazo a la interacción erótica con lo masculino; el lesbianismo es un no a la cultura erótica dominante y es un sí -real y simbólico- de la mujer a lo propio. Es un sí de la mujer a sí misma, y por la mediación de la otra, a la mujer genérica.[236]

Aunque le atribuye al lesbianismo un sentido político muy alto, la posibilidad de elección para hacer de la vida una significación política contestataria al sistema patriarcal, por otro lado afirma que el lesbianismo todavía no puede ser elegido libremente, por el contrario, es una consecuencia del sistema patriarcal.

poco tiene que ver con una 'preferencia', libre y espontánea, con una elección, esa posibilidad es todavía una aspiración enunciada como afirmación. Por contradictorio que parezca, las formas de lesbianismo existentes son una consecuencia cultural patriarcal, de la misma forma que el heteroerotismo es una de sus más sofisticadas creaciones. Los seres humanos no nacen hetero, homo, o bieróticos. Son entes sexuados por sus características físicas y dotados de libido sin objeto, culturalmente se les asigna el objeto sobre el cual se despliega la libido. No obstante la norma es que las mujeres depositen su libido y se sientan exaltadas por los hombres.[237]

Desde el psicoanálisis y ligado al concepto de perversión, Freud reconoce en los aspectos orgánicos o biológicos cierta influencia para la determinación de la homosexualidad. Le otorga más bien la calidad de "ejes centrales" al Edipo, el complejo pulsional, y el narcisismo como los determinantes de la homosexualidad. Es decir, la existencia del inconsciente. Un cierto fatalismo, expresa Freud, como la única vía que pudo optar el homosexual debido a la relación edípica con la madre, competitiva con el padre.

---

[236] Lagarde Marcela, *Cautiverio de las mujeres: Madresposas, monjas, putas, presas y locas*, Coordinación general de estudios de posgrado. Facultad de Filosofía y Letras, Centro de estudios sobre la Universidad, Colección Posgrado, UNAM, 1990.
[237] *Ibidem.*

Si el componente homosexual es parte constitutiva de la complejidad de la experiencia edípica, se debe a que es la única vía resolutiva por la que el sujeto pudo optar. La cuestión sería determinar si esta resolución es en sí misma patológica o una de las posiciones adoptadas por el sujeto en la asunción y superación de su Edipo.[238]

Para Freud, el Edipo concierne a la organización sexual del sujeto y, en este sentido, es un complejo relativo a la evolución libidinal cuyos avatares deciden el destino de las fijaciones y evoluciones. Insiste en hacer coincidir el complejo de castración, la organización libidinal y la predisposición orgánica en el origen de la homosexualidad. En 1931 dice que efectivamente es el complejo de castración el que provoca en el varón el menosprecio por la mujer.[239]

A partir de ese menosprecio se desarrolla, en el caso extremo, una inhibición de la elección de objeto y, si colaboran factores orgánicos, una homosexualidad exclusiva.[240]

Para Torres Arias, la homosexualidad debe ser planteada como una estructura intersubjetiva que deviene identidad homosexual debido a una identificación con el deseo inconsciente de la madre, una identificación negativa con el padre, la negación de la diferencia de sexos, culpa edípica y angustia de castración; ¡todo eso! Y cita a Freud:

El punto central de la homosexualidad es, que detrás de la represión del amor de la madre y de la identificación posterior con ella, el varón se toma a sí mismo como modelo a semejanza del cual escoge sus nuevos objetos de amor... Si esta representación de la mujer con pene se ha "fijado" en el niño, si ella resiste todos los influjos de la vida posterior y vuelve al varón incapaz de renunciar al pene en su objeto sexual, entonces el individuo siendo normal su vida sexual en los demás aspectos, se ve precisado a convertirse en homosexual, a buscar sus objetos sexuales entre hombres que por otros caracteres somáticos y anímicos recuerdan a la mujer. La mujer verdadera, como más tarde la ha discernido, permanece imposible para él como objeto sexual pues carece de encanto sexual esencial, y aun en conexión con otra impresión de la vida infantil, los genitales de la mujer, percibidos luego y concebidos como mutilados, recuerdan aquella amenaza (de castración) y por eso despiertan en el homosexual horror en vez de placer.[241]

---

[238] Torres Arias, María Antonieta, "El malentendido de la homosexualidad", en: *Debate Feminista*, año 3 núm. 5, marzo 1, agosto de 1992.

[239] *Ibidem*

[240] Freud, Sigmund, *Sobre la sexualidad femenina*, Siglo XXI, 1931.

[241] Freud, Sigmund. "Sobre las teorías sexuales infantiles" 1908, en: *Obras Completas*, vol. IX, Buenos Aires, Amorrortu Editores, 1979.

Similar a dichos conceptos, la teoría psicoanalítica conceptualiza a la lesbiana como mujer homosexual predeterminada por la envidia al falo del padre y una ligazón pre-edípica con la madre.

> La homosexual ya no puede concebir, a no ser aboliéndose, la función que tenía: la de mostrar al padre cómo es uno, uno mismo, un falo abstracto, heroico, único y consagrado al servicio de una dama.[242]

La interpretación psicoanalítica sobre lesbianas y homosexuales convierte al *falo* en una premisa o un dato sobredeterminado. El Edipo, cuya representación del mito griego se convierte en interpretación fundamentalista, algo así como la existencia de un dios, hombre. Seguramente el falo es un elemento central en la cosmovisión homosexual y heterosexual, pero no en la lésbica. La forma cómo los homosexuales y los heterosexuales experimentan el falo es diferente a las lesbianas. Freud interpreta a la homosexual por una relación de exclusividad con la madre de alto contenido erótico y amoroso, de carácter fantasmático, con una total exclusión del padre. La causa por la que esta ligazón se va a pique y acaba en odio es porque la niña hace responsable a la madre de su falta de pene y no se lo perdona. Se trata de una castración ya efectuada, irreparable.[243]

Teresa de Lauretis, discípula expulsada de Lacán se pregunta al respecto:

> ¿Que tiene que ofrecer el psicoanálisis a una teoría de la sexualidad lesbiana? En primer lugar, en la perspectiva de la teoría freudiana de la sexualidad como perversión, el lesbianismo deja de explicarse por el concepto freudiano del concepto de masculinidad. Esta noción asombrosamente perdurable, que redefine la homosexualidad según el molde de una heterosexualidad normativa, ha impedido consistentemente la conceptualización de una sexualidad femenina autónoma respecto al hombre. Además en relación con el lesbianismo, el complejo de masculinidad tiene poco o ningún poder explicativo porque no logra dar cuenta de la lesbiana no masculina, esa figura particular que desde el siglo XIX ha desconcertado a sexólogos y psicoanalistas, y que Havelock Ellis denominó "la mujer mujeril", el invertido femenino. En segundo lugar, si la perversión se entiende *con* Freud fuera de los marcos moralistas, religiosos o médicos se referencia, como una desviación de la pulsión sexual de la senda que conduce al objeto reproductivo, es decir, si la homosexualidad es meramente otra senda emprendida por la pulsión de su catexis o elección de objeto, más que una patología (aunque, como todos los demás aspectos de la sexualidad, puede implicar

---

[242] Lacan, Jacques, "Los cuatro conceptos fundamentales del psicoanálisis", en *Seminario 11*, Barcelona, Paidós, 1987.

[243] Torres Arias, María Antonieta, "La homosexualidad a debate" en: *Debate Feminista*, Vol.10, Año 5, núm. 10, sept, 1994.

elementos patógenos), entonces la teoría de Freud contiene o implica, si bien por negación o ambigüedad, una noción de deseo perverso, donde perverso significa no patológico, sino más bien no heterosexual o no normativamente heterosexual.[244]

Simone de Beauvoir en el *Segundo sexo,* refuta a Freud respecto a la determinación de la relación con la madre y conceptualiza al lesbianismo como una opción elegida:

> La fijación a la madre no basta para explicar la inversión. Y ésta puede ser elegida por motivos completamente distintos. La mujer puede descubrir o presentir a través de experiencias completas o esbozadas que no logrará placer alguno en las relaciones heterosexuales y que sólo otra mujer la puede satisfacer plenamente: para la mujer que tiene el culto de su feminidad, en particular, el abrazo sáfico demuestra ser más agradable.[245]

Sin embargo, Beauvoir no dice nada respecto del falocentrismo de la interpretación psicoanalítica. Para quienes también el padre determina la homosexualidad. A decir de Lacan la intervención del padre simbólico consistirá en desalojar al niño (a) de esa relación imaginaria con la madre, prohibiendo un goce situado ahora en un estatuto fálico: como portador del falo, el padre, prohibe al niño/a ser el falo imaginario de la madre, falo absoluto.[246]

El falo como elemento de explicación de la existencia lésbica no deja de ser una interpretación heterosexual o gay que encajona al lesbianismo a una o dos causas. Podemos afirmar que existen tantos lesbianismos como lesbianas existen, con figuras maternas y paternas significativas o sin ellas. Hasta el momento no ha habido un estudio serio y profundo que pueda probar estadística o científicamente que las lesbianas sufren de envidia del pene, de su padre o de cualquier otro hombre o que el falo sea efectivamente un elemento central en sus vidas. Pretender una interpretación desde esa dimensión no escapa a una interpretación falocéntrica y por tanto misógina. En el primer capítulo mencionamos que la *envidia del pene,* axioma sobre el cual se construyen sobredeterminaciones respecto a la heterosexualidad y derivan en una imposición a la mujer del reconocimiento de la omnipotencia fálica, tesis misógina, funcional en los tiempos en los que nace, destinada a instalar en las mujeres la desvalorización de ellas mismas y de las demás mujeres y a frenar el empuje de la liberación femenina del siglo diecinueve.[247]

---

[244] De Lauretis, Teresa, "La práctica del amor: deseo perverso y sexualidad lesbiana" en: *Debate Feminista*, abril, 1995

[245] Beauvoir, Simone, *El segundo sexo* tomo II Ed. Buenos Aires p. 161.

[246] Lacan, Jacques, "El reverso del psicoanálisis", en: *Seminario 5*, inédito en castellano, mimeo, clase 22 de enero de 1958.

[247] Fiocceto, Rosanna, *La amante celeste*. horas y Horas, la editorial feminista, Madrid, 1987, p81.

Para Victoria Sau, las lesbianas, al romper con el papel asignado a las mujeres, atentan con un sistema social. Para Beauvoir el rechazo a lo masculino por parte de las lesbianas es transgresor al orden naturalista.

Las lesbianas son mujeres cuyos principales intereses eróticos y emocionales están dirigidos a otras mujeres, aunque no estén abiertamente expresados. Las lesbianas existen desde que existen mujeres en la tierra. Las lesbianas atentan directa y radicalmente contra el sistema establecido a partir de su negativa a cumplir el papel que socialmente les está asignado.[248]

Para Linhoff el lesbianismo es una propuesta política, porque las lesbianas no están sometidas a los tres factores de opresión del sistema machista heterosexual: *a)* obligación de parir; *b)* reproducción de la fuerza de trabajo para el hombre, y *c)* disponibilidad sexual como objeto, con sus consecuencias de vida dentro de la célula familiar y existencia de ama de casa.[249]

Y agrega:
• Un lesbianismo consciente debería proporcionar a la mujer una nueva forma de verse a sí misma, que ya no estuviera determinada por su dependencia de los hombres.
• Sólo las mujeres podrían transmitirse mutuamente esa forma de comprenderse a sí mismas, y que la nueva conciencia así adquirida, a través de la discusión de mujeres con mujeres, sería la fuerza revolucionaria que habría de impulsar todo lo demás,
• La revolución de las mujeres lesbianas sería una revolución orgánica y cultural, caracterizada por el hecho de que en ella la relación primaria sería la de la mujer con otra mujer, y no la de la mujer con el hombre.

Rich, en su clásico libro *Heterosexualidad obligatoria y existencia lesbiana* al cuestionar la libertad de la heterosexualidad, cuestiona tambien la libertad de elección de otras formas de sexualidad, sosteniendo que:

no existen ni opción ni preferencia reales donde una forma de sexualidad es precisamente definida y sostenida como obligatoria. Las otras formas de sexualidad deben ser comprendidas como vivencias fruto de una lucha abierta y dolorosa contra formas fundamentales de opresión sexual social.[250]

---

[248] Sau, Victoria, *Mujeres Lesbianas*. Colección Lee y discute núm. 108, España 1979.
[249] Ursula Linhoff, *op. cit.*
[250] Rich Adrianne, *op. cit.*

157

Sin embargo para teóricas como Garaizábal, el concepto del *continuum lésbico* es una defensa de la identidad política lesbiana con la que defiende una identidad lesbiana en todas las mujeres, identidad que no está definida por las prácticas sexuales sino por ese *continuum lésbico,* el que incluye:

> una gama de experiencias ginocéntricas; no simplemente el que una mujer haya tenido o deseado concientemente tener experiencias sexuales con otra mujer. Si lo extendemos hasta abarcar muchas otras formas de intensidad primaria entre las mujeres, incluyendo el compartir una vida interior rica, la formación de lazos de defensa de la tiranía masculina, el dar y recibir apoyo práctico y político.[251]

Pat Califia, feminista norteamericana que defiende la identidad lesbiana como una opción y se identifica como lesbiana s/m (sadomasoquista), cuestiona al lesbianismo político de negar las especificidades de la sexualidad lesbiana: *"El lesbianismo se está desexualizando a la misma velocidad que las lesbianas del movimiento aplican una capa de cal para ocultarlo".*[252]

Esta discusión ha derivado en la importancia de una identidad sexual de un movimiento organizado. Al respecto encontramos dos posiciones. Aquellas que definen las "políticas de identidad" defendiendo una identidad gay o lesbiana muy diferente a la heterosexual, que debe ser puesta de manifiesto y sirve de fundamento teórico para levantar una comunidad cohesionada y visible, como ha sido el caso del movimiento lésbico-homosexual. Muy influidos por las ideas de Foucault, consideran esencialista la reivindicación de una identidad y defienden la idea de la "construcción" del homosexual, la lesbiana y, la transexualidad, critican la exclusión de los sectores no identificados con la identidad, pues ésta siempre surge como contraposición o para diferenciarse de otra categoría.[253]

La búsqueda de una identidad ha constituido un *ideal* importante porque están en juego temas fundamentales sobre las elecciones sexuales, la propia vida, dada la importancia que la sexualidad tiene hoy en la definición personal. Sin embargo, habría que hacer algunas consideraciones sobre el concepto de identidad, como esencia coherente, estable y unitaria, o como algo contingente, provisional e incoherente. Como Weeks plantea, quizá sería bueno tener en cuenta que el propio concepto de identidad es ambivalente, pues, por una parte nos uniformiza y tapa la diversidad, y cuando es impuesta sirve para controlar; y, por otra, nos diferencía, y cuando tiene que ver con las afinidades significa elección. En ese sentido, el proce-

---

[251] Garaizabal, Cristina, "Las identidades sexuales" en: *Fuera del Clóset* núm. 13, Managua, junio de 1997, pp. 6-12

[252] *Ibidem.*

[253] Esta segunda posición está definida por Jeffrey Weeks, Ken Plummer o Judith Butler.

so de formación de una identidad colectiva es algo contradictorio que por un lado controla, inhibe y restringe la diversidad, y por otro da confianza, seguridad, acogida y permite autoafirmar la propia existencia.[254]

En la experiencia concreta que analizamos, la posibilidad de asumir el lesbianismo como una propuesta política elegida, optada y que transgrede los pilares básicos sobre los que se construye la heterosexualidad, ha devenido en una corriente ideológica que plantea cuestionamientos interesantes al dominio heterosexual. El mensaje de la opción, de la posibilidad de la elección del lesbianismo como una actitud política, fue llevada por las lesbianas al ámbito del movimiento feminista, encontrando eco en varias de sus integrantes que ahora, todavía comparten su vida junto a otra mujer lo que ha reforzado y dinamizado el campo de la acción lésbica, como mi caso y el caso de muchas otras; a este respecto Teresa de Lauretis nos comparte:

Algunas lesbianas "siempre" han sido lesbianas. Otras, como yo, han "devenido" lesbianas. Tanto construcción sociocultural como efecto de las primeras experiencias de la infancia, la identidad sexual no es ni innata ni *simplemente* adquirida, sino dinámicamente (re)estructurada por formas de fantasía privadas y públicas, conscientes e inconscientes, que están culturalmente a disposición y son históricamente específicas.[255]

---

[254] Garaizabal, *ibidem*.
[255] De Lauretis, Teresa, *op cit*.

# IV. APRENDIENDO A MIRARSE EN EL ESPEJO: CONSTRUYENDO LA AUTONOMÍA

Somos locas rebeldes/ locas de estar vivas/ locas maravi-
llosas/ estrafalarias, floridas.
Ovejas negras/ descarriadas sin remedio/ vergüenza de la
familia.

ROSA MARÍA ROFFIEL

## Movimiento Lésbico Autónomo en México

La tercera etapa en el movimiento lésbico es el de su organización autónoma, es decir fuera de los movimientos homosexual y feminista y fuera de los partidos políticos; sin dejar de tener coordinaciones, el interés principal es el de reforzar un movimiento propio que las refleje en sus necesidades.

Las críticas que las lesbianas desarrollaron a la misoginia de los homosexuales y la lesbofobia de las heterofeministas, modificó el curso de la acción lésbica. El deseo de organizarse autónomamente se remite a los inicios de la organización lésbica homosexual[256] pero fue con Lesbos el inicio de la organización lésbica separatista y autónoma, misma que continua con los posteriores grupos que Yan María y otras lesbianas organizaron. Sin embargo, esta corriente empezó a evidenciarse más fuerte en México desde 1986.

México cuenta con una amplia variedad de grupos lésbicos organizados a lo largo de su historia. Este momento histórico de la autonomía muestra también una gran diversidad de posiciones políticas que iremos viendo en los grupos descritos.

---

[256] Ver declaración de Nancy Cárdenas, nota 80.

## La Comuna de las lesbianas morelenses

Gracias por la diferencia en mí.
*How to write*. Gertrude Stein

Paralelamente a la gran explosión del movimiento lésbico-homosexual en la ciudad de México, en el interior de la república se iniciaron algunas experiencias organizativas bajo condiciones totalmente diferentes. Algunos grupos surgieron por impulso del mismo movimiento lésbico-homosexual del D.F. y otros, los menos, por iniciativa propia. Una de las experiencias más importantes para el movimiento lésbico fue el de La Comuna de Lesbianas Morelenses porque representó una forma de organización separatista. Un grupo de mujeres que convivieron y abrieron un espacio alternativo para las lesbianas en Ocotepec un pueblito de Morelos, actualmente parte de la zona metropolitana de Cuernavaca. La experiencia fue de carácter rural y de autosubsistencia, manteniéndose por aproximadamente dos años y medio.

La experiencia de *La Comuna* se inició en 1980, cuando aún estaba presente la gran efervescencia política del movimiento lésbico-homosexual en el D.F., con un número base de integrantes de entre diez a quince personas, llegando a convivir hasta sesenta mujeres. Martha Solé, iniciadora del proyecto nos cuenta la experiencia:

> Yo era muy machina. Conocí a Yan María, me entregó un libro sobre el patriarcado. Para mí fue importante ese encuentro. Yo tenía un grupo grande de amigas con las que me reunía. Entré a trabajar al gobierno del Estado y un día le presenté a mi jefa un proyecto para hacer una comuna, mi jefa que también era de ambiente, pero de clóset por el trabajo, nos prestó una casa a medio construir y un terreno en Ocotepec y nos fuimos para allá. Con las mujeres terminamos de construir, pusimos puertas, techamos y empezamos un proyecto de una comuna en principio con diez mujeres. Mi jefa, y yo trabajábamos en el DIF y ella nos echó mucho la mano, llegaban donaciones y nos regaló catres, cobijas, y nosotras trabajábamos dentro de La Comuna. Funcionábamos por comisiones, había comisiones de limpieza, de lavado, todas lavábamos la ropa de todas, nos rolábamos. Las que teníamos un trabajo aportábamos dinero para mantenernos y las que no tenían, trabajaban en agricultura. Teníamos un huerto, criábamos gallinas, patos, era de autosubsistencia, nos autoabastecíamos.[257]

La comuna para la época y para México, era muy novedosa. Este tipo de experiencias empezaron a ser comunes en Estados Unidos y Europa pero en ningún país de América Latina, sin embargo aquí, mezclado con la experiencia rural local y el apoyo indirecto del gobierno del Estado, fue posible.

---

[257] Entrevista con Martha Solé, febrero de 1995.

La comuna fue importante sobre todo porque se presentó como un espacio referente para muchas lesbianas de provincia, tanto de Morelos como de los estados cercanos, quienes se acercaron principalmente porque ofrecía espacios de socialización que seguramente eran difíciles de encontrar en sus lugares de origen.

> Yo daba talleres de ideología. Cuando Yan venía nos tiraba línea, nos decía que las mujeres no éramos propiedad privada. Teníamos una biblioteca. Luego hicimos una cafetería y empezamos a hacer fiestas, y comenzaron a venir muchísimas mujeres de Guerrero, Puebla, el DF, de aquí de Morelos, y muchas extranjeras; habían noches de hasta cuatrocientas mujeres y llegamos a vivir hasta sesenta mujeres en conjunto. En las fiestas poníamos un letrero que decía 'problemas sentimentales' y yo hacía de 'doctora corazón', aconsejaba a las mujeres que venían con sus problemas y casi nunca disfrutaba de las fiestas. Nunca hubo problemas en las fiestas, todo era cerradito, nunca tuvimos un escándalo, el espacio era responsabilidad de todas, después de la fiesta limpiábamos y arreglábamos entre todas.[258]

Para Yan María, quien influyó de manera determinante en la iniciadora de este proyecto, La comuna fue una experiencia importante, pero aislada de la dinámica del movimiento lésbico-homosexual de la capital, principalmente, por razones de centralismo y además por razones clasistas y racistas:

> Martha formó la primera comuna de Lesbianas ¡en un estado de la república que no fue la capital!, lo cual es muy valiente, muy audaz. Para mí fue muy importante, no así para las lesbianas, ni las feministas de la capital. En el primer momento político, nosotras (en el DF) hicimos un trabajo muy importante en los estados de la república, salíamos en brigadas a hacer trabajo político, después ya no hubo ningún interés por el centralismo del D.F. Fue una experiencia increíble, viví con ellas, era una casa grandísima con un terreno muy grande, construimos un gallinero, había patos, puerquitos, se sembró verduras. Funcionaba como cafetería los sábados, había un archivo documental, llegaron a haber cuando yo estaba hasta quince lesbianas y llegaban muchas compañeras de los alrededores de los pueblos de Ocotepec. Fue una experiencia bella, pero muy aislada del movimiento, sobre todo porque era un proyecto muy proletario, de mujeres que venían de sectores indígenas de pueblo, desgraciadamente si hubieran sido güeras; hubieran tenido mucho éxito en el D.F., o si hubieran sido de la pequeña burguesía; hubieran tenido mucha trascendencia, pero como eran lesbianas morenitas, flaquitas, bajitas; de extracción popular, esto contribuyó a que no tuviera éxito. Porque desgraciadamente, el racismo y los valores burgueses que permean al movimiento lésbico, sitúan el éxito de una dirigente o un grupo si están guapas las componentes".[259]

---

[258] *Ibidem*.
[259] Yan María, entrevista anteriormente citada.

Para las integrantes la experiencia fue importante, sobre todo porque *La Comuna* mostró la capacidad de trabajo colectivo, y la fuerza de las mujeres. *La Comuna* tuvo algún tipo de participación en el medio, pero desde el clóset, sin dar a conocer abiertamente la identidad del grupo debido a la represión que se ejercía en el estado.

La finalización del proyecto, a diferencia de otros, tuvo que ver principalmente por razones externas. La represión en el estado de Morelos empezaba a resentirse; se temía el resurgimiento de las guerrillas que podrían conectarse con las existentes en Centroamérica. Sin embargo, el aislamiento del grupo, la falta de coordinación con el movimiento lésbico-homosexual o el movimiento feminista y tal vez una falta de consistencia interna, impidieron intentar formas de resistencia o de reimpulso al cabo de un tiempo y por otro lado, una suerte de lesbofobia por quienes las denunciaron y las quisieron relacionar con grupos subversivos y armados. Probablemente en el imaginario de quienes denunciaron, lo subversivo estuvo relacionado con la ausencia de figuras masculinas.

El proyecto acabó porque mi jefa me dijo un día "Martha hay orden de arresto contra ustedes". En esa época estaba muy gruesa la represión, acababan de encarcelar a un grupo de guatemaltecos que empezaban a armarse como guerrilla. La denuncia venía de la iglesia, porque vivíamos en frente de la casa del obispo, quién hizo la denuncia porque nosotras hacíamos karate, defensa personal y pensaban que éramos un grupo que se estaba preparando para la guerrilla. Apenas nos enteramos, desbaratamos la casa en menos de 48 horas y salimos del estado, fue una especie de exilio, nos fuimos al Distrito Federal, una amiga nos prestó su departamento y cinco de nosotras nos fuimos a vivir allí, no podíamos volver al estado porque la cosa estaba gruesa. Se decía que estábamos con orden de arresto. Nos pusimos en contacto con el movimiento feminista, fuimos al Encuentro de Colima pero nunca encontramos un espacio como lesbianas, creemos que el movimiento feminista es un movimiento elitista y siempre nos decían "las lesbianas son machistas". Después de ocho meses volvimos pero el proyecto estaba totalmente desbaratado, no hubo chance de articularlo, nunca se volvió a articular nada entre aquellas mujeres, ellas me veían como rojilla y tenían miedo".[260]

Yo me regresé al Distrito Federal y ellas tuvieron un problema, trabajaban en el DIF y un compañero las denunció, dijo que eran mujeres politizadas, que la policía las estaba buscando porque eran socialistas, ellas tuvieron que quemar todos sus archivos, fue una gran pena, tuvieron que sacar todo lo de la casa y tuvieron que huir a la ciudad de México, bueno, no sabemos que tan cierto fue que la policía las estuviera buscando para aprehenderlas, el cuate dijo que tenían vínculos con organizaciones

---

[260] Martha S., *ibidem*.

guerrilleras y como eran radicales se podía pensar que tenían vínculos con organizaciones armadas, ellas no tenían vínculos con las organizaciones armadas pero sí tenían simpatía y participaban con las organizaciones populares, principalmente campesinas; de hecho, Martha ha sido una dirigente campesina importante, entonces este cuate que trabajaba en el gobierno les dijo que salieran del estado porque iban a ser aprehendidas, entonces de un día para otro, dejaron todo el proyecto y se vinieron al D.F., me enteré hasta más tarde porque no me localizaron, se dirigieron con las feministas y con las lesbianas pero no recibieron ningún apoyo, se fueron a vivir a casa de unas prostitutas y empezaron a organizar prostitutas.[261]

Posiblemente la policía no las buscaba, pero el temor que mostraron las integrantes de la comuna a caer en manos de la policía o de la justicia católica del pueblo, expresa la existencia de una homo y lesbofobia bastante elevada, de tal manera que el hecho de la persecución tiene lugar y es vivido por ambos lados perseguidor-perseguida. Bastó que el acto de la persecución haya sido hecha por un hombre para que el miedo, pánico o terror se manifestara en las lesbianas. En tal sentido, considero que *La Comuna* desapareció de la escena lésbica por represión política directa.

## Seminario Marxista Leninista de Lesbianas Feministas

> Es esta humedad que la noche nos
> viste, quitándonos lo superfluo
> NADIA AGUSTONI, 1995

*Seminario*, como fue mejor conocido, fue la continuación de la línea autónoma de Lesbos, OIKABETH y Lesbianas Socialistas, fundados todos por Yan María. La pérdida paulatina del sentido socialista o marxista de los anteriores grupos, llevó a su fundadora a iniciar uno nuevo con el deseo de bases teóricas sólidas; de ahí que el grupo trabajó como un círculo de estudios.

Seminario empezó como un círculo de estudios, inicialmente pretendía ser un grupo que, a través del estudio marxista y feminista pudiera llegar a un análisis sexo-político que explicara desde el punto de vista del materialismo histórico dialéctico la represión sexual y las alternativas para superarla.[262]

---

[261] Yan María, *ibidem.*
[262] *Ibidem.*

El primer conflicto que experimentó *Seminario*, como en la mayoría de los grupos, fue el de trascender el ámbito interno, el "desclosetamiento" del grupo. La negativa por parte de algunas de sus integrantes a dar la cara pública, motivó el primer quiebre y la deserción de dos de ellas.

> Cuando hubo amenaza de intervención Norteamericana en Nicaragua, hicimos una parada frente a la embajada de Estados Unidos, en apoyo al ejército Sandinista; y cuando se trató de marchar, las dos compañeras que luego se integraron al Colectivo Revolución Integral (CRI), dijeron que no estaban dispuestas a dar la cara pública, y les dijimos que no íbamos a estar aquí estudiando diez años, que se trataba de que salgamos como lesbianas a marchar junto con toda la izquierda mexicana en apoyo al Sandinismo. A la mera hora fuimos nada más tres compañeras y decidimos que no íbamos a trabajar con ellas porque no íbamos a ser lesbianas de clóset. Se fueron, además, porque tenían actitudes patriarcales, no habían incorporado el discurso feminista de crítica a las críticas patriarcales. Después Seminario se formó con otras compañeras.[263]

Para Seminario, la lucha de clases era el punto central del análisis para el entendimiento de la problemática en torno a la sexualidad, la homosexualidad y la discriminación de género. Pero no sólo los aspectos ideológicos fueron un punto de concentración o de expulsión, lo fue también la atracción que la líder causaba en sus nuevas adeptas:

> Fui a la tercera marcha, no entendía de grupos, pero cuando oí consignas más jaladoras; me pegué a ese contingente por eso coincidí con el de Yan. Me decía gay pero nunca había tenido una relación con una mujer. Yan dio una cita a varias compañeras para dar seguimiento a *Las enseñanzas de don Juan* y el mito de Lesbos; me interesaban. Empecé a andar con ella y organizar el grupo, no me acuerdo cómo fue, ¡yo estaba tan enamorada!, casi a primera vista, una mujer ¡tan líder!, yo estaba interesada en trabajar con el movimiento obrero y Yan me dijo que no me preocupara por eso que me pusiera a estudiar Lenin. Dejé la escuela, ya había salido de varias escuelas y decidí ser autodidacta. Me puse a estudiar Lenin, marxismo, la revolución china, para ver cómo podíamos organizar el comité de la revolución, las guerrillas y empecé a participar con las otras compañeras. Nos hicimos pareja, fue una pareja en un contexto de mucha libertad, no era lo que precisamente yo quería pero era lo que era la moda y lo que me tocaba vivir, yo no podía decir siquiera que era mi pareja, porque ella era *polígama por decreto* porque la moda no era amor, fueron cuestionamientos muy fuertes que a mí me hicieron mucho daño, me lastimó mucho esa falta de compromiso. Creo que no andaba con otras pero tenía ese derecho,

---

[263] *Ibidem.*

andábamos las dos juntas de un lado para otro. Vino el terremoto y empezamos a organizar a las costureras, empezó a tronar la relación con Yan, ella me pedía mucho que yo fuera una líder del movimiento y yo me di cuenta que no era una líder, no a ese estilo, ahí empezó a andar con Alma O. ¡Claro!, estuve en duelo total. Eso pesó en mi alejamiento del grupo. Si hubiera tenido más claro sobre cuál era mi lugar en el movimiento hubiera creído en mi misión. Mi misión no estaba ahí, sumado a la ruptura con Yan, me alejé totalmente del movimiento.[264]

Conocí a Alma O. en una marcha del primero de mayo, estaba con *La Guillotina*,[265] pero iba vestida de mujer, con pañoletita, ¡iba de mujer!, luego hubo una junta para organizar la sexta marcha homosexual, a esa junta fue Alma O. y desde entonces ya se quedó en el movimiento; ella estuvo a punto de casarse, he de decirte, ella era hete- rosexual, gracias al señor de los cielos, tuvo contacto con el movimiento lésbico y pudo salvarse. Conmigo inició una relación, nos hicimos amantes, empezamos con Seminario, nos reuníamos en mi sindicato, fue bonito, llegamos a ser como doce chavas, nuevamente la perspectiva espiritual, hablamos mucho sobre naturismo, medicina alternativa, hacíamos deporte, a prepararnos como guerreras. Alma y yo salíamos a las cinco de la mañana a correr, éramos vegetarianas las dos, hacíamos Kun Fu, empezamos a guardar cascos de mineros para las marchas, chacos, sembra- mos agricultura orgánica, usábamos agua fría para calar el cuerpo.[266]

Por pura casualidad llegué a la marcha de junio de 1985, tenía tres meses con una experiencia lésbica, yo era buga,[267] me llegó un volante que decía *Primer Simposio de Sexo-política*, me interesaban todas las marginalidades desde un marco muy liberalista, de entender porqué, nada más quería experimentar, no para cambiar la vida, no tenía ninguna teoría ni mucho menos. El *Primer Simposio de sexo-política* tenía que ver con lucha de clases, los lineamentos que me interesaron fueron la destrucción de la familia, el derecho al aborto y el derecho a manifestarse sexualmente tan libres como uno era. Llegaron otras chicas y nos fuimos anotando con Yan y Alma para tratar de inspirar un cambio social. A la semana de la marcha fue esta reunión. ¡Veías a Yan María y te enamorabas, no sólo de las ideas, también de ella!, me impresionó la personalidad fuerte, más que nada la seguridad con la que estaba hablando de unos temas que nadie manejaba, en términos de "rompimiento" con los esquemas, era muy fresco.[268]

A pesar del deseo de la preparación teórica, Seminario se convirtió en un grupo de acción lésbico. Sus ambiciosos objetivos pretendían hacer una intervención

---

[264] Entrevista con Carolina, 10 de octubre de 1995.
[265] La Guillotina, revista contracultural cercanos a la corriente del FHAR.
[266] Yan María, *ibidem*.
[267] Heterosexual.
[268] Entrevista con Beatriz, 17 octubre de 1995.

holística en la dinámica política, cosa que no fue posible ya que esta segunda generación de militantes (Seminario II); había heredado algunos nudos no resueltos del todo, como la integración o no de bisexuales en el grupo. La resolución de aspectos ideológicos como éstos eran buscados en el estudio de la teoría marxista.

La dinámica de Seminario se vio sacudida por el terremoto del 19 de septiembre de 1985. Como en la búsqueda de la concretización de objetivos, la realidad les puso en frente la tarea de apoyar a la formación del Sindicato Nacional de Costureras:

> El Seminario fue funcionando bastante bien hasta el temblor del 85. El primer día del temblor, Alma y yo nos integramos a las brigadas de rescate y nos fuimos a rescatar cuerpos, mi sindicato quedaba muy cerca de donde se habían caído las fábricas de costureras y alguien nos dijo que estaban las muchachas en la calle, se habían quedado sin trabajo. Al *cuarto* día fuimos a hablar con ellas y nos dijeron que el dueño de la empresa, Elías Serur, no les había pagado la última semana laborada y lo único que querían era su última semana laborada. Tenían varios días en la banqueta esperando al señor y sólo se aparecía con sus abogados y no las pelaba. Nosotras les dijimos, no muchachas, no hay que pedir una semana laborada, hay que pedir indemnización, hay que organizarnos y hacer una guardia permanente para ver cuándo viene. Con palos y plásticos construimos una casa de campaña, ahí, junto de donde se habían caído las fábricas y les dijimos 'vayan a sus casas y traigan una cobija porque hay que pasar la noche aquí'. Fue difícil para ellas porque tenían que pedirles permiso a sus esposos, entonces muchas llegaron con sus hijos y esposos, y ahí nos dormimos todos en la casa de campaña que construimos y al día siguiente empezaron a llegar más y más. Les dijimos 'vamos a agarrar a este señor o vamos a hacer una manifestación pública para exigir que las imdemnice, porque los dueños son gente con mucho dinero'. Esa noche recuerdo que nos hacía mucho frío y fuimos por las bolsas donde metían a los muertos y nos dormimos ahí en las bolsas, hicimos guardias nocturnas cada quince minutos, pero como las compañeras no tenían ninguna experiencia de lucha social, tenían pavor, iban con sus esposos e hijos cada 15 minutos a hacer la guardia, pero además iban acompañadas de una lesbiana porque si a nosotras nos daba miedo, nos aguantábamos, éramos nueve permanentes, el documento que sacamos de esa experiencia está firmado por todas.[269]

> El grupo se cimentó cuando vino el temblor, empezamos a hacer trabajo con el sindicato. Yan, Adela y yo fuimos las primeras en llegar y vimos a unas señoras sentadas en la barda esperando que llegue el patrón a pagarles. Conversamos con ellas que era importante que pidieran su indemnización porque los patrones generalmente estaban asegurados y era un derecho social, que si había un saldo, les tocaba a ellas. Había que impedir que el tipo sacara la maquinaria porque con eso garantizaban los sala-

---

[269] Yan María, *ibidem*. El artículo al que se refiere salió publicado en la revista *Fem* de diciembre de 1985.

rios. Caminamos unas cuadras con ellas y nos topamos a más mujeres en la misma situación y ese trabajo lo seguimos haciendo por varias semanas, hasta que antes del fin de semana estaban preparados los primeros albergues de gente vigilando las fábricas y así es como se levantó el Sindicato 19 de Septiembre, todo esto viene relatado en el artículo de *Fem*.[270]

Al otro día llegó el patrón con un camión para llevarse la maquinaria que había quedado salvable. Ellas tenían mucho miedo y no estaban acostumbradas a luchar, incluso la relación de las obreras y la patronal era feudal, el patrón les hacía el favor de darles el trabajo y ellas estaban muy agradecidas con él y por lo tanto no pensarían en hacer una lucha en contra del patrón, le agradecían a Dios tener un hombre que les diera trabajo, lo amaban, de hecho estaban enamoradas de él. Fue muy difícil convencerlas de luchar para la indemnización, cuando vimos que el camión, una troca enorme, empezó a cargar la maquinaria salvable, nos dimos cuenta de que a través de la venta de esa maquinaria era la única forma en que el patrón las iba a indemnizar. Decidimos evitar que el camión se llevara la maquinaria, eran como las siete de la mañana. Cuando el patrón se dio cuenta de que nos empezamos a organizar y poníamos piedras para evitar que el camión saliera, llamó al ejército que estaba allí cuidando los bienes de los capitalistas, llamamos al sindicato, a los abogados democráticos, a los medios de difusión y casi no encontramos a nadie, era muy temprano, nos empezamos a angustiar. Como hasta las nueve de la mañana que ya estaba el camión con la maquinaria pudimos contactar gente y empezaron a llegar los medios de información, del sindicato, de la Facultad de Ciencias Políticas de la UNAM y otras personas. El ejército en el temblor tuvo por función no ayudar a la gente afectada, sino proteger los bienes de los comerciantes y los industriales y entre otras cosas a veces ayudaban a quitar escombros, rescatar gente, pero su función fue ocupar la ciudad para que no hubiera ninguna rebelión social. Cuando llegó la gente, ya teníamos la valla de piedras, con los escombros que pudimos cargar. Las compañeras iban con su vestidito y sus medias y no se podían mover, fuimos con sus familiares y juntamos como trescientas gentes. Evitamos que el camión pudiera salir por Tlalpan. El patrón nos quería echar el camión encima. La policía y los charros empezaron a quitar las piedras, entonces formamos una valla humana y las costureras dijeron, pues aquí nos morimos pero por aquí no pasa el camión. Logramos que el camión no pasara y que el patrón entablara plática con las costureras, pero llegó con sus abogados; atrás el ejército, la policía, la CTM[271] y como veinte hombres torotes, y las compañeras finitas, flaquitas pero finalmente logramos que fuera a la Junta de Conciliación y Arbitraje. Lo obligamos a dialogar. Ibamos en el metro y les dijimos "cuando les digan liquidación, ustedes digan reinstalación" y ellas decían, "qué es eso", les dijimos, "si las liquidan, les van a dar una porquería de dinero, pero si piden reinstalación como

---

[270] Beatriz, *ibidem*.
[271] Confederación de Trabajadores de México, con adherencia priísta.

el patrón no puede negarse ni reinstalarlas, entonces les tiene que dar más dinero', entonces decían, 'liquidación no, reinstalación sí, liquidación no, reinstalación sí'. Llegamos a la Junta y se había caído la Junta, estaba un señor en la banqueta con una silla y una máquina de escribir con toda la ciudad caída atrás. El patrón dijo, bueno pues, 'las vamos a liquidar como quedamos' y ellas corearon 'liquidación no, reinstalación sí'; se enojó muchísimo el patrón, se puso furioso, nos insultó, dijo que no estaba dispuesto y le dijimos que nos íbamos a la lucha, 'pues váyanse a la lucha'. A partir de entonces nos quedamos a vivir en el campamento durante tres meses, a veces íbamos a bañarnos a la casa. Se formó el campamento y nosotras las lesbianas dirigimos todo el movimiento hasta que llegaron varias organizaciones, la Coordinadora Obrera del Sur, la Facultad de Ciencias Políticas de la UNAM, el CRI y varias otras.[272]

La relación con las costureras significaba para Seminario conjuntar la relación género/clase y aunque en el trabajo con ellas no estaba directamente el elemento lésbico, sí se presentaron como abiertamente lesbianas pretendiendo con esto dar una imagen diferente de las lesbianas en el sector obrero.

Lo interesante era que la mayoría de las trabajadoras de la costura eran mujeres y se nos ocurrió que podíamos empezar a trabajar la cuestión de género. Nos quedábamos a dormir con las costureras haciendo guardias, en la noche los granaderos cubrían las fábricas y las vallas humanas se hacían para evitar que sacaran la maquinaria. Al principio éramos las únicas que estábamos con ellas que no éramos costureras, la relación se fue abriendo poco a poco y una nos preguntó que éramos, entre nosotras manejábamos que era un grupo de lesbianas abiertamente "ya llegamos las lesbianas a ayudar". La idea era que las costureras vieran una presencia de lesbianas trabajando con ellas. No había mucho tiempo para hablar del tema porque teníamos que empezar a que ellas se sintieran en confianza de decir cómo les iba con los maridos y se empezaba a dar el proceso, después aparecieron más grupos.[273]

Esa noche la pasamos más tranquilas porque ya teníamos el camión ahí parado y las costureras nos preguntaron si éramos de una escuela o de una iglesia y les dijimos "ni escuela ni iglesia, somos lesbianas"; estábamos en una fogata en la calle, nos sentábamos en las cajas de muertos. Se hizo un silencio sepulcral y dicen "ah sí, está bien" y otra dice: "qué es eso", les explicamos que somos mujeres que amamos mujeres, que tenemos conciencia de clase, que somos también trabajadoras, etcétera. Pusimos un letrero de "lesbianas comunistas", que por cierto unas compañeras del CRI se molestaron mucho en verlo porque estaba en todo el campamento.[274]

---

[272] Yan María, *ibidem*.
[273] Beatriz, *ibidem*.
[274] Yan María, *ibidem*.

La presencia de otras organizaciones apoyando la causa de las costureras trajo consigo la lucha por la hegemonía de la dirección política en el naciente Sindicato 19 de septiembre. Entre ellas se encontraba el Colectivo Revolucionario Integral (CRI), organización compuesta por algunas lesbianas, quienes reivindicaban principalmente el trabajo sindical y planteaban que lo lésbico estaba fuera de lugar.

Mientras todas las demás organizaciones nos apoyaban hasta los machos de la Coordinadora del Sur, el CRI empezó a hostigarnos. Nosotras habíamos organizado todo para que las costureras controlaran el campamento. Una costurera era la coordinadora de la cocina, o el control de asistencia, o la despensa, o repartir los alimentos u otra tarea con el respaldo de una lesbiana que la apoyaba. Cuando llegaron las del CRI, quitaron a las costureras y se pusieron ellas, entonces las costureras perdieron poder en el campamento. Entraron muchos intereses, muchas organizaciones. Nosotras estábamos muy, muy cansadas porque estábamos las 24 horas allí, excepto el momento en que íbamos a nuestros respectivos trabajos. Nos enfermamos, comíamos bolillo con arroz todos los días, tomábamos agua puerquísima. En cambio las del CRI dormían en sus casas, se bañaban y llegaban en la mañana y ya se iban en las noches. Nos dimos cuenta que hacíamos el trabajo sucio, invisible, otra vez, administrando la comida hasta a veces para doscientas personas, porque llegaba cualquier persona, para las costureras, sus esposos, sus hijos, los charros, la policía, los judiciales y cualquiera que por allí pasaba. El CRI nos empezó a hostigar, nos sacó de todos lados, ya no nos avisaban de asambleas, empezamos a quedar marginales, sugirieron que era peligroso que se dijera que había un grupo de lesbianas que porque el gobierno iba a decir que allí había degeneración sexual y ¡ellas eran lesbianas!
Los tres meses de agotamiento no fue tanto por el trabajo, sino por la marginación y exclusión sistemática pero no directa de estas compañeras, finalmente nos salimos de allí muy madreadas moralmente y ya no quisimos, ya no pudimos seguir trabajando.[275]

En *Seminario* hubo problemas cuando aparecieron otros grupos especialmente derechistas como la CTM que decían que la cuestión de género no importaba. Con las costureras aprovechábamos para decir que estábamos como lesbianas pero no era el momento, no se prestaba, no tenía el peso o la importancia si teníamos unos cabrones enfrente. Algunas sí se asustaban pero parecía no importarles mucho cuando les estábamos ayudando. Por otro lado teníamos la bronca interna porque no abarcamos las cuestiones personales, Seminario era tan rígido que nunca hicimos un testimonial de cómo llegaste y cómo vives actualmente, jamás. Sin embargo, Guadalupe del CRI que también era lesbiana aunque no lo manejaba públicamente se las llevaba a chelear[276] y las mujeres fascinadas de poder contar sus cosas así y se identificaban

---

[275] *Ibidem.*
[276] Tomar cervezas.

más con ellas. Ellas no se asumían públicamente como lesbianas o por lo menos no querían tener el membrete, su trabajo era sindical, no lésbico. Cuando llegaron otros grupos al campamento seguimos manejándonos como lesbianas y algunos grupos como el CRI empezaron a hacer manejo sucio del asunto. Como estábamos tratando estatutos para formar el Sindicato, el tema del lesbianismo estaba fuera de lugar. Se sumó a ello unos gustos entre Alma O., la pareja de Guadalupe y Yan, no puedo decir exactamente que pasó pero era una cadenita, intereses amatorios aún sin compartir ideología, hacia fuera no se manejaba mucho, hacia fuera eran contrarias (enemigas).[277]

El Colectivo Revolución Integral se formó en 1982 como una agrupación política-feminista con mujeres de experiencia en organización popular. Habíamos lesbianas, pero no la mayoría. Desde su fundación, hubo participación de costureras, las cuales llegaron a ocupar cargos de dirección sindical. Por ello, cuando el sismo, el CRI tuvo mayor aceptación y penetración entre las costureras.

Por su cuenta, Seminario y otras brigadas de apoyo, concurrieron solidariamente a San Antonio Abad, desde el primer día. Precisamente Yan un domingo nos avisó por teléfono que un patrón, bajo la vigilancia del ejército, pretendía sacar maquinaria. Así, ese día estuvimos casi cien personas, entre costureras y brigadistas impidiendo que el patrón se llevara la maquinaria y surgió así el primer campamento.

Para discutir las estrategias y las tácticas de lucha, se organizaban plenarias integradas por dos o una representante de cada fábrica y por dos o un representante de cada organización externa. Las de Seminario, acudieron al principio, pero fueron quedando rezagadas porque su proyecto, que se limitaba a reivindicar la homosexualidad femenina, tenía un discurso muy limitado para la complejidad del caso.

Sin que mediara aclaración o discusión, un día desaparecieron. Después nos enteramos que nos acusaban de haberlas expulsado del movimiento por nuestras actitudes homofóbicas, lo cual es falso. El proyecto de Seminario no resistió el desafío de la organización de las costureras y el proyecto de Yan se desquebrajó, sin poder pasar la prueba. Autocríticamente tendría que **decir,** que me faltó la paciencia para escucharlas y el compromiso para alentar su **participación.** Muchas veces me burlaba de la inexperiencia o la cerrazón de Yan, en lugar de haber tenido la tolerancia de un feminismo solidario. Ello, seguramente repercutió en la exclusión de su grupo, aunque no haya sido formal o racionalmente planteada. Me faltó, mayor sensibilidad para entender que mis actitudes prepotentes y patriarcales, de aquel tiempo, no sólo expresaban mi incongruencia personal, sino que además tenían, precisamente por la fuerza de mi liderazgo, una influencia negativa en las compañeras costureras. Ojalá sirva de algo esta lección.[278]

---

[277] Beatriz, *ibidem*.
[278] Guadalupe Benavides, entrevista complementaria, 29 de Junio de 1999.

Después de abandonar el Campamento 19 de Septiembre, intentaron retomar la dinámica interna del grupo. Sin embargo, éste ya estaba bastante debilitado. Ingresaron dos nuevas integrantes quienes evidenciaron una problemática interna que no había sido tratada a profundidad.

> Había entrado Angélica que estaba en mi casa, se había dado una relación cariñosa de vez en cuando y ya, para mí hasta allí, se clavó, se enamoró, por eso llegó a Seminario para estar más cerca de mí. Acababa de entrar también Emilia que tenía un planteamiento interesante defendía su posición como bisexual y yo la apoyaba. Yan suponía que toda bisexual era una lesbiana perdida, que había que alesbianarla para que únicamente fuera lesbiana y se olvidara de sus malas costumbres. En un taller tratábamos de decir nuestras cuestiones personales, era rígido y riguroso, era una lista -aquí está-, tenías que calificarte a ti autocrítica y a tus compañeras para ver si eras puntual o impuntual, segura o insegura, con o sin iniciativa, madura o inmadura, así, no podías salirte de la lista, no habían matices entre estos calificativos. Entre las calificaciones a Yan se le ocurre decir *"Angélica, masoquista"* por andar con una bisexual, yo. Emilia proponía que la gente se expresara con sus palabras y si le costaba trabajo que recurriera a la lista con alguna palabra y Yan no quería, pero Yan dice "masoquista" ¡no estaba en la lista!. Se armó la bronca, yo me sentí agredida y le pedí que explicara.[279]

Emilia defendía la bisexualidad con los mismos argumentos que Yan María había definido al lesbianismo:

> Considero política a la bisexualidad desde el momento en que abiertamente pedimos que no haya represión sexual. Si hay una represión sexual hacia el lesbianismo a mí me afecta como bisexual porque igual, no puedes abrazar a una mujer en la calle. La bisexualidad también es una forma de disidencia sexual al igual que el lesbianismo. Para el mundo heterosexual la bisexual es lesbiana, aunque diga que es bisexual, es lesbiana. Es también una lucha por la rebelión de las mujeres contra el papel histórico impuesto, una lucha contra las restricciones sociales de control y opresión. Yo estoy aquí precisamente porque considero que la lucha lesbiana es mía, lucho por la igualdad. Esto salió por un mal comentario de Yan, dijo categóricamente que la lesbiana es masoquista por andar con una bisexual.[280]

Yan María por su lado argumentaba en contra de la bisexualidad:

> Porque el pene es un instrumento de poder y un problema que hemos sufrido las lesbianas, es que la bisexual nos compara con el pene del hombre; yo he tenido seis

---

[279] *Ibidem.*
[280] Emilia, un resumen de su participación en la reunión del 15 de diciembre de 1985, transcrito por Beatriz.

173

relaciones con bisexuales y las conozco bien, y a mí me indigna la conducta bisexual porque comercia con el enemigo. En el comunismo será diferente, pero mientras los hombres jueguen el papel de opresores yo no puedo comerciar carnalmente con ellos y si comercio sería una traición al movimiento de mujeres. ¿Cómo es posible que puedas comparar a una mujer con un hombre?, ¿cómo es posible que tengas a tu amante hombre y tu amante mujer cuando la mujer carece de falo?. Esta es una cosa que se ha tratado por las lesbianas internacionales de cómo las bisexuales indirectamente oponen y ponen en conflicto a la mujer con el hombre si históricamente el hombre ha tenido el poder. No podemos competir las mujeres de esta manera con los hombres. Un juego muy sádico que tienen las bisexuales es enfrentarnos en una situación de desigualdad. La lesbiana no tiene pene y el pene es un instrumento de poder históricamente hablando, entonces a mí se me hace muy cabrona esta cosa que hacen las bisexuales, muy sádico, muy cruel y además habría que ver qué mecanismos subconcientes operan aquí, de interponer y polarizar a una lesbiana y un hombre heterosexual. Creo que la bisexual es utilitaria 100% porque también utiliza a los compañeros porque crea relaciones de afecto, relaciones emocionales tanto con él como con ella, el hecho de que no te comprometas ni con él ni con ella a mí se me hace un oportunismo de lo más asqueroso.[281]

Yan María analizaba la bisexualidad desde una óptica lesbocéntrica y de clase; asemejándola a la clase media. Mientras que por un lado afirmaba que la bisexual enfrentaba de manera desigual a una mujer con un hombre quién contaba con un instrumento de poder, el pene, por el otro afirmaba que la bisexualidad al igual que la pequeña burguesía, neutralizaba el enfrentamiento entre los opuestos. En su primer argumento subyacía el de la infidelidad que no era abiertamente abordado ya que ella era *polígama por decreto*, suponía que una bisexual debía estar permanentemente al mismo tiempo con un hombre y una mujer.

De la misma forma que en la poligamia, si tú tienes relaciones con varias mujeres ¿cómo le harías para evitar un enfrentamiento?.[282]

"Mira Emilia, así como el movimiento lesbiano radical no nos permite tener relaciones con bisexuales (mucho menos con hombres), puedes ver que en el Black power, el movimiento negro, está prohibidísimo que una negra tenga relaciones sexuales con un blanco, y los judíos tenían prohibidísimo que *sus* mujeres tuvieran relaciones sexuales con un no judío; en el movimiento revolucionario está prohibidísimo que las mujeres heterosexuales tengan relaciones sexuales con un burgués, igual aquí Emilia.

---

[281] Yan María, resumen de su participación en la reunión del 15 de diciembre de 1985, transcrito por Beatriz.

[282] Emilia, *ibidem*.

Por mi parte estoy en contra de la presencia de bisexuales en el movimiento de lesbianas, totalmente en contra. Para que no vayas a emplear fácilmente el argumento de "sexistas" observa el movimiento chicano; hay un profundo desprecio por las chicanas que tienen relaciones con los gringos. Ese es un principio político de conservar la autonomía, la homogeneidad de un grupo y yo me opongo totalmente a la presencia de bisexuales en esta organización. El pensamiento más reaccionario es el que se fundamenta en la igualdad y la libertad, ¡por favor!, hay clases sociales. Nosotros los marxistas-leninistas no creemos en la posibilidad de la alianza de clases, no nos interesa ir con los hombres a convencerlos de que no exploten, esa no es forma de luchar, es una posición reformista y oportunista, es la posición del PST y del PPS que son los partidos más traicioneros del movimiento obrero en México. Yo a ti te podría calificar como una posición oportunista como el PST que mediatiza el movimiento obrero, yo la denuncio y combato al 100% porque yo no creo en la alianza de clases, tampoco en la alianza sexual. ¿Sabes cuál es la mejor manera de combatir el poder masculino?: el amor entre mujeres, esa es la mejor manera, es lo que les da en la madre, lo que rompe las estructuras masculinas y por eso levanto el amor entre mujeres como una bandera de lucha política. Yo pienso que Marx dice: "nunca a la alianza de clase, nunca, el proletariado tiene que unirse". Cuando el proletariado se une y ama se empieza a romper las estructuras del gobierno, pero no a la alianza con el enemigo, esa es una postura menchevique compañeras, no son bolcheviques, son mencheviques, no son marxistas y eso significa: enemigas de clase como las lesbianas burguesas. Y por eso el movimiento lésbico internacional repudia la presencia de bisexuales en este movimiento, son peligrosísimas porque aparentan estar con la mujer.[283]

Por lo demás yo iba a renunciar hoy porque éste no es mi lugar para luchar, no porque no lo considere mi lugar, sino porque ustedes no me lo consideran y ustedes simplemente son la mayoría, tienen el poder al final de cuentas y yo soy la minoría.[284]

Es que no somos oportunistas compañera....[285]

Yo le preguntaría a Angélica, yo tengo mucho tiempo dentro del movimiento lesbiano y no creo que a Angélica no le afecte, la neta no lo creo, (dirigiéndose a Beatriz) o Angélica no te ama o tiene que subordinarse, someterse a tus prácticas por amor y por enamoramiento profundísimo contigo. ¡Por favor! yo soy lesbiana y conozco a mi gente y no creo que Angélica sienta cabrón de saber que estás cogiendo con un hombre.[286]

---

[283] Yan María, *ibidem*.
[284] Emilia, *ibidem*.
[285] Yan María, *ibidem*.
[286] *Ibidem*.

Yo no soy una masoquista, no soy ninguna "hermanita de la caridad" para estar *soportando* cosas. De saber que me iba a afectar me hubiera alejado, yo supe de su bisexualidad desde que la conocí y supe que no me iba a afectar, es más, para nada me ha afectado.[287]

Emilia desde la puerta le comenta a Angélica:

Con eso les deshaces su teoría.[288]

Entonces yo quisiera modificar un punto de vista mío: Eres la primera lesbiana que conozco desde hace treinta y tres años que no le afecta que su compañera tenga relaciones con un hombre y pues es un caso que voy a anotar, es un caso que cuestiona toda mi argumentación de que toda lesbiana con una bisexual es masoquista.[289]

Yan empezó a decir a nombre de un chingo de mujeres que a las que nunca conocimos 'nosotros dentro de los movimientos feministas-lésbico internacionales pensamos que: como que cuando hablaba, hablaban miles y miles de mujeres y que aquella lesbiana que andaba con una bisexual era una masoquista, porque siempre tenía que sufrir con el comportamiento bisexual de ella dado que la ponía a competir con los hombres. Nos pusimos a argumentar en contra. Decía que la bisexualidad era como la clase *pequebu* que no permitía que los ricos y los proletarios se enfrentaran, que era una posición mediatizadora, mediocre, que era un juego muy cruel de parte de una bisexual enfrentar a dos desiguales en un mundo competitivo porque dos hombres o dos mujeres podían competir entre sí pero no un hombre y una mujer porque el falo era un símbolo de poder. Luisa no hablaba, sustentaba lo que decía Yan, andaba con Emilia que era bisexual. Marta estaba de acuerdo con Yan pero el amor de su vida también era "bi"[290] y Mónica lo mismo. Había como doble moral. Las bisexuales –de diez–, éramos dos, éramos minoría. Pero todas nos estábamos relacionando con esas mujeres, no hay lesbianas puras, de dónde las quieren sacar?, eso es lo que siempre he cuestionado, 'la pureza'.

El transfondo era loco, yo era una de las más participativas de Seminario, no entendía por qué Yan me decía que era muy colaboradora, trabajadora y muchos calificativos positivos y después me atacaba. No importó la militancia. Sí, se me expulsó, fue una expulsión. Yan impulsó el rollo, hizo una exposición brillante "y por estas razones no podemos tolerar bisexuales dentro del movimiento lésbico internacional", a Emilia también y Angélica renunció. Pero como si de veras hubiéramos resuelto los proble-

---

[287] Angélica, reunión del 15 de diciembre de 1985, transcrito por Beatriz.
[288] Emilia, *ibidem*.
[289] Yan María, *ibidem*.
[290] Bisexual.

mas en común como feministas, como si hubiéramos conseguido la despenalización del aborto, ¡para fijarse en unas diferencias que no van ni vienen, que ni influían!. Se reunieron como dos o tres veces más, cinco chavas y tronó en ese momento, después fue la decadencia, ellas mismas dejaron de ir al sindicato. Sí Seminario siguió hasta LAL pero ya eran Alma y Yan, solo las dos.[291]

En coherencia con el nombre del grupo, "Seminario Marxista-Leninista..." el análisis hecho por Yan acerca de la "bisexualidad", pretendía incorporar el método de análisis marxista, en la que aquella equivalía a la pequeña burguesía, a la que había que combatir, aun cuando eso significaba combatir con su propio grupo, su propia producción y a sus propias hijas. Esta dinámica de autodestrucción es recurrente en el movimiento lésbico y en la práctica de Yan como deseo tal vez de ser la única líder. La pérdida de objetivos en términos de crecimiento o construcción ocurre con frecuencia debido principalmente a la focalización de falsos enemigos dentro de la propia comunidad, de tal manera que nuestros reales opositores, quienes se valen de la lesbo y homofobia para despreciarnos, discriminarnos y atacarnos, no tienen mucha necesidad de actuar dirigidamente en contra de nosotras, tales como la Iglesia, la policía, el Estado, el falocentrismo y la misoginia.

Seminario continuó únicamente con Yan y Alma hasta aproximadamente 1990 en la Coordinadora Nacional de Lesbianas (CNL). El mantenimiento de un grupo por una pareja de lesbianas es otra característica de nuestra comunidad, de ahí que la interrelación entre política, sexualidad y vida cotidiana es una dinámica permanente en el movimiento lésbico. Yan y Alma terminaron la relación de pareja y, por lo tanto, el grupo, debido a diferencias ideológicas: "un coqueteo de Alma con el PRT' –a decir de Yan–. Posteriormente Alma organizó un círculo de estudios lésbicos *Zinya*, el que entre sus más importantes actividades fue un Seminario sobre Derechos Humanos de Lesbianas. Yan por su lado, continuó con la militancia en la Coordinadora Nacional de Lesbianas desde la autonomía hasta que esta se desintegró y Yan entró en un período de crisis existencial muy grande debido a las transformaciones políticas internacionales como la caída del muro de Berlín y con ello la pérdida de la utopía socialista. Después de un período de recuperación; Yan apareció nuevamente en Guadalajara.

---

[291] Beatriz, entrevista anteriormente citada.

## Cuarto Creciente

Estoy en pleno proceso de divorcio del violento matrimonio que todas las mujeres tenemos en común: el Estado patriarcal.
Con entusiasmo lo estoy alejando de mi vida. Me estoy desprogramando de sus mentiras y comienzo a verlo tal cual es: un débil borracho fanfarrón. Ya no me asusta.

SONIA JOHNSON

Más conocido como *Cuarto* se inició en 1983 como un espacio alternativo para mujeres en un contexto (hetero)feminista; sin embargo, por el carácter que tuvo, la adherencia de sus integrantes y el sentido que dio a las nuevas generaciones de mujeres que se acercaron, es innegable que Cuarto Creciente fue un espacio que contribuyó enormemente al desarrollo de una cultura lésbica con un sentido espiritualista, ecológico, naturista y esotérico.

Virginia Sánchez Navarro, su fundadora y principal impulsora, (hija de una familia muy conocida en el medio artístico de México), recibió gran influencia del desarrollo del feminismo francés y europeo, donde trabajó directamente con un grupo de feministas latinoamericanas en el exilio, después de un matrimonio heterosexual de tres años.

Empezó mi vida sin marido y sin papá por primera vez, tenía 23 años. Fuimos como la generación puente que todavía nos tuvimos que casar de las que creo ya no queda ni una casada. En Francia era el surgimiento del feminismo latinoamericano, de la corriente Psiquepó que era de psicoanálisis y feminismo, la IV Internacional y entré en un grupo con latinoamericanos en el exilio, donde adquirí conciencia latinoamericana. Me hice amiga de las de *Question Feminist*, un grupo de lesbianas radicales. Empecé a leer sobre situacionismo, que habla del cambio personal, fue lo que contribuyó al feminismo y la izquierda, que las contradicciones sociales no sólo son de clase y no sólo están afuera. Para mí ahí estaba la cosa. Veía que el cuestionamiento del feminismo era mucho más de raíz que la izquierda. Tuve una militancia que me permitió pasar por muchos grupos y al año formé una comuna con otras tres latinas.

En el 81 vinimos a México a hacer un documentalito con unas amigas con una formación similar, nos cuestionamos nuestra propia identidad y planteamientos y eso nos llevó a abrirnos, a vivir relaciones íntimas entre nosotras, por ahí fue mi proceso, fue muy conceptual, muy racional, muy trabajado, un proceso de descubrir una parte de mi ser y mi sexualidad que difícilmente era aceptada con los hombres, empecé a asumir mi relación lésbica. Después vino esta cosa de no quiero volver a tener relaciones con hombres y afirmaba *"los hombres todavía no encuentran condiciones sociales que los obligue a cuestionarse suficientemente, entonces no hay que perder el tiempo con ellos"*. Con las mujeres eran relaciones muy creativas, productivas, de mucha ternura, de mucha fuerza.

Mi regreso a mi contexto fue muy desafiante, como lesbiana abierta y con un discurso que era un paso adelante al feminismo y las relaciones convencionales, me encontré en un contexto en que no hacía eco por ningún lado. En mi contexto familiar fue una afrenta. En el contexto laboral no lo pregonaba pero tampoco lo ocultaba, estaba totalmente en contra del clóset y venía muy armada a nivel conceptual y teórico. En el mundo académico no fui muy bien recibida porque argumentaba la cuestión lésbica como una postura política y una práxis de romper con las estructuras de la familia y la división privada-pública, etcétera. No era un discurso cómodo para otras lesbianas que no tenían un discurso sobre su práctica lésbica y no lo querían manejar públicamente. Mi planteamiento era muy incomodante. Para mí; era mi proceso, mi vida personal estaba en la mesa.[292]

El momento en que Cuarto Creciente y Virginia dieron lugar a una nueva corriente en los movimientos feminista y lésbico, el movimiento lésbico-homosexual estaba en declive y el movimiento feminista de crecimiento. A pesar de que los encuentros entre feministas y lesbianas habían empezado hace cuatro años dando lugar a una nueva posibilidad sexo-afectiva entre las feministas, las disquisiciones entre lesbianismo de nacimiento o lesbianismo como posición política empezaba a ser tema de debate.

Habían grupos lésbicos pero muchas tenían el rollo del lesbianismo de nacimiento y a mí me interesaba el lado espiritual, no entraba. Luego había un grupo llamado *Las canallas*, mujeres una década mayores a nosotras pero que no pasaban por el feminismo, más bien tenían un comportamiento como de un hombre, canallesco y provocador, tampoco embonaba ahí. A nivel de cómo entendía yo la cuestión lésbica me sentía solitaria.[293]

Originalmente Cuarto Creciente fue diseñado como un proyecto amplio para mujeres, como un espacio feminista, sin embargo, las lesbianas hicieron suyo el espacio y la mayoría de las integrantes fueron lesbianas. La propuesta de Virginia y Cuarto Creciente, ligaba el concepto de lo femenino como regente de la naturaleza a un discurso esotérico, ecológico y espiritualista en el que la mujer y lo femenino se presentaban como potenciales de transformación a partir de lo cotidiano. El discurso era atractivo especialmente para las lesbianas.

Finalmente maduramos la idea de un espacio para mujeres, con biblioteca, cafetería, espacio cultural, etcétera. Rentamos un local en el Centro. Por la relación entre las

---

[292] Entrevista con Virginia Sánchez Navarro, febrero de 1995.
[293] *Ibidem.*

mujeres y los ciclos lunares, porque es necesario para las mujeres un espacio para crecer, un Cuarto creciente, el nombre lo dio Mercedes. Inauguramos en luna llena de octubre de 1984. Mi impulso por inaugurarlo en 84 tuvo que ver porque empezaba el ciclo que está concluyendo ahora. Plutón el planeta transpersonal, el último de los que le da la vuelta al sol y cuya energía pone a los habitantes de la tierra ondas muy fuertes, limpias y en 84 la limpia plutoniana entraba a la casa escorpiónica, la limpia era en términos de vida o muerte. Mi contribución a la limpia del país era una semilla de vida para evidenciar que el cambio social sin mujeres fuertes y conscientes de la historia de cómo han sido subordinadas; sin un movimiento fuerte de mujeres, no hay posibilidades de diseñar un futuro mejor. Todavía lo creo igual. Inauguramos con una fiesta maravillosa histórica, rica, llegaron todos los distintos feminismos y grupos lésbicos.[294]

Cuarto Creciente se inició como un espacio para mujeres con un Centro de Documentación, una cafetería y un foro cultural. La esencia de *Cuarto* era un proyecto para mujeres, un proyecto feminista, interdisciplinario, novedoso, porque incorporaba conceptos como autofinanciamiento; nunca hubo financiamiento externo. Nunca fue pensado para las lesbianas con exclusividad, aglutinó lesbianas por la calidad del proyecto y porque finalmente las lesbianas se apropiaron del espacio porque se prestaba el ambiente.
Teníamos un calendario mensual (menstrual) sobre los ciclos lunares y veíamos cómo se relacionaba con la mujer. Días como hoy de luna llena había fiesta, en cuarto creciente que es de más reflexión interna, programábamos poesía y calendarizamos las actividades culturales con la luna.[295]

Llegué a *Cuarto* como en el 86 por una charla que dio Virginia en el Chopo, habló de *Cuarto*, de las mujeres, de la relación de la luna con las mujeres por los líquidos y sobre un evento que iba a haber en *Cuarto* por muertos, eso fue lo que me atrajo.[296]

Catalina, la única integrante que entonces no era lesbiana, cuenta su experiencia:

Vi anunciado en el periódico una propaganda de *Cuarto* que decía "Cuarto Creciente un espacio para analizar nuestro cotidiano y transformarlo" me llamó mucho la atención, me entrevisté con Virginia, me impactó, tenía intención de hacer mi tesis sobre mujeres, no tenía claro nada y nos empezamos a reunir para trabajar traducción de textos de las francesas; ahí empecé a darme cuenta que las mujeres que estaban ahí eran lesbianas, nunca había tenido un acercamiento con lesbianas, no me asusté. A partir de esta investigación y al escuchar el discurso feminista todos mis conceptos se transformaron.

---

[294] *Ibidem.*
[295] Esta entrevistada solicitó cambio de nombre, la denominamos Patricia, 6 de diciembre, 1995.
[296] Entrevista con Reina, 8 de diciembre de 1995.

Después empezamos con el proyecto integral de *Cuarto* que era básicamente ofrecer un espacio para el encuentro y el trabajo, dar talleres de mujeres para que prepararan a otras mujeres en las cuestiones que eran tradicionalmente para los hombres como carpintería, mecánica, zapatería, un centro de investigación en el que queríamos hacer una compilación de la *herstory*, grupos de trabajo, de estudio, de concientización, las fiestas.[297]

En su época, Cuarto Creciente se convirtió en el único espacio cultural alternativo para mujeres y especialmente lesbianas, en el que se presentaban espectáculos de mucha calidad, sin embargo, la propuesta de este grupo, por ser "diferente" causaba mucha desconfianza en el medio (hetero)feminista.

Nosotras íbamos para adelante mientras otros se estaban replegando. Los primeros años hubo interés, pero desconfianza de que pudiera implementarse esta voluntad de ser abiertas, desconfianza de que pudiera aterrizar el trabajo en el barrio, desconfianza en que pongamos cosas de calidad y logremos un espacio bonito. Comenzamos con las actividades académicas, asesoría y luego el café-teatro, poco a poco cosas de salud, educación sexual y herbolaria. Empezamos a programar las actividades artísticas en función de las lunas. A las fiestas llegaban entre sesenta a doscientas; yo calculo en esos cuatro años entre talleres, asesorías, actividades culturales, fiestas, sin contar las ceremonias, pasaron como unas dos mil personas.[298]

Eran padrísimas las fiestas, las hacíamos con tanto gusto, tanto amor, y por signo zodiacal, leíamos la parte femenina del signo y decorábamos el salón de esa forma, había mucho trabajo de convocatoria. Mi trabajo era recibir a las mujeres, darles la bienvenida, platicar con ellas, contarles del proyecto. Las fiestas también eran una forma de tener ingresos y el café teatro que tenía como propósito dar espacio a mujeres artistas que tuvieran que aportar para el grupo.[299]

Teníamos una programación de lujo, porque fue un proyecto novedoso, con un atractivo por estar en el Centro. Angeles Mastretta antes de su libro *Arráncame la vida* iba a *Cuarto* y presentaba la novela, Magie Bermejo, Lupe Craus, Ofelia Medina, Olivia Revueltas, Ofelia Ascencio, Nayely Nesme, Nina Galindo, Eugenia León, Susana Alexander. Había gran aceptación, de cineastas estaban Angeles Necochea, Liliana Liverman, Julia Barco; poetas, Nancy Cárdenas, Cármen Bourllosa, Sabina Berman iba mucho; contábamos con la aceptación de muchas mujeres que solidariamente iban a presentarse a *Cuarto*.[300]

[297] Entrevista con Catalina, 15 de diciembre de 1995.
[298] Virginia, entrevista antes citada.
[299] Catalina, *ibidem*.
[300] Entrevista con Patricia, anteriormente citada.

La cara pública de Cuarto Creciente, aunque sin proponérselo fue la de grupo lésbico, el hecho de aparecer como "únicamente mujeres", para el barrio, le daba una connotación lésbica; sin embargo, la interrelación del grupo logró una politización, intercambio y aceptación en ambos sujetos, el grupo y el barrio:

> En los talleres de sexualidad se hablaba de lesbianismo, de facto aparecíamos en el barrio como un espacio lésbico al ser un espacio de puras mujeres, al principio con mucha desconfianza; pero el hecho de vivir ahí y hacer, durante cuatro años y medio una burbuja aparte en donde el comportamiento de los sujetos es distinto y se relacionan y plantean en el entorno cosas distintas, eso fue politizando a la gente de facto más que lo que decíamos. Por ejemplo, los aniversarios o en posadas cerrábamos la calle, todos los de la cuadra y los de las calles aledañas, era una apropiación de la festividad, con micrófono en mano y grupos musicales de apoyo, les tirábamos todo el rollo de manera muy relajada, lo mismo que el rollo lésbico, eso politizó mucho e hizo un nivel de aceptación, nunca tuvimos violencia por lesbianas; jamás; ni una pinta, nada. En un aniversario, fue una semana de actividades con el barrio, está grabado, los chavos del barrio hacen su testimonio, 'al principio sentíamos muy raro mujeres marimachas que estaban solas y luego vimos que en la candidatura para diputados y luego en el terremoto, fueron las que más trabajaron y en la persecución a los ambulantes siempre dieron apoyo...' dieron su relación de hechos y cómo fue cambiando su posición.[301]

Los intentos por consolidar un trabajo popular en el barrio empezaron a ser realidad en 1985; prueba de ello fue el ofrecimiento que el Partido Mexicano del Trabajo (PMT) les hizo para postular a una diputación. El terremoto, radicalizó las necesidades y conflictos del país y obligó a una relación más directa con los damnificados. Se presentó un fenómeno interesante en el grupo, el acercamiento de líderes del Movimiento Urbano Popular (MUP), su integración en el grupo y posterior alesbianamiento.

> En 85 teníamos un trabajo con vendedoras ambulantes en la calle y las vecinas, apoyo a la organización y talleres de educación sexual, de defensa personal, de conciencia histórica sobre el patriarcado con mujeres organizadas de la CONAMUP. En marzo del 85 llegó el PMT y me ofrecieron candidatear a partir del trabajo que vieron ahí, y consideramos que le íbamos a entrar porque teníamos un ancla propia, no es que fuéramos militantes pemetistas; ellos nos buscaban, hicimos campaña y sacamos buena votación, quedé en el cuarto lugar pero no llegué a la diputación. Al poco tiempo se vino el terremoto, la mayoría de mujeres que ya conformaron el grupo se

---

[301] Virgina, entrevista antes citada.

volvieron a ir por pánico al lugar, por la inseguridad, porque todo estaba acordonado, no se podía entrar. Empezamos con el trabajo de rescate, luego de organización, la primera marcha de mujeres a Los Pinos y todo el trabajo de organización de damnificados para que no les agandallaran las ruinas que quedaban y para que entraran a los programas de nuevas viviendas y tuvieran acceso a los albergues, conseguir el agua... se organizó la solidaridad ciudadana, te dejaban sacar agua donde hubiera, eran horas de horas de llenado de bote y luego repartir el agua. Ahí se recompuso el perfil de las integrantes de *Cuarto*, se fueron las otras seis que habían y se integraron nuevas, puras líderes populares, mujeres con las que nos encontramos en la calle trabajando: Guadalupe Zavala que estuvo en la formación de la Nueva Tenochtitlan (UPNT),[302] mujeres habitantes del centro. El caso es que después ellas vivieron el proceso de radicalización y se alesbianaron, fuerte, en el barrio.[303]

Para la campaña íbamos a hacer visitas vecinales, a juntas, a tocar las puertas de los vecinos en el Centro a hablar, básicamente fue hacer trabajo feminista, nos involucramos todas. Una vez las compañeras estaban poniendo propaganda en el centro y las llevaron a la delegación, hasta en Palacio Nacional poníamos propaganda, no tuvimos posibilidad de evaluar.[304]

*Cuarto* no fue dañado directamente por el sismo, pero sí a tres cuadras, estaba todo. Lupe Zavala tuvo una actividad fundamental, contactó con Virginia en una marcha de lo que serían los orígenes de la UPNT, se incorporó a *Cuarto* y le dio ese tinte popular. Fueron trabajos paralelos, el MUP tenía su rumbo; igual *Cuarto* pero se conjuntaban acciones, espacios de discusión y participación, y *Cuarto* prestaba el espacio para reuniones o actividades. Fue importante porque a raíz del sismo las mujeres del centro se acercaron. Antes, *Cuarto* tenía un tinte más lésbico, cuando ocurre el sismo, las mujeres del centro empiezan una organización natural. La sensibilización que tuvieron en *Cuarto* permitió fundar en la UPNT un grupo de mujeres que Dolores Padierna[305] encabezó pero con los pilares de Lupe Zavala y Laya, quienes les daban el arraigo, la base del centro. Dolores en ese momento se acercó al feminismo, hubo una dinámica de intercambio, se juntaron las ONG's, el movimiento ciudadano tuvo vínculos con partidos y con el feminismo, fue una mezcla específica importante, de allí agarró base René Bejarano y Dolores Padierna con las mismas mujeres que apuntalaron *Cuarto*.[306]

---

[302] La Unión Popular Nueva Tenochtitlan (UPNT) se constituyó en una importante organización urbano popular que surgió en el centro de la ciudad después del sismo de 1985, que como el resto de organizaciones urbano populares, estaba integrado mayoritariamente por mujeres.
[303] Virginia, entrevista antes citada.
[304] Catalina, entrevista antes citada.
[305] Es una líder de la UPNT, que en las últimas elecciones logró una diputación.
[306] Patricia, entrevista antes citada.

La composición de Cuarto Creciente fue modificándose por generaciones, venía un grupo (cada quién por separado) y reemplazaba al saliente. Algunas de las integrantes experimentaron la convivencia en conjunto en especies de comunas. En la primera etapa Virginia vivía en el local junto con algunas de las integrantes, generalmente una pareja; en la segunda, las nuevas integrantes consiguieron un departamento arriba de Cuarto Creciente, así surgió *Luna Llena*, el ciclo lunar siguiente. La propuesta de Cuarto Creciente era completar el círculo de militancia política en la vida cotidiana, que la ruptura del espacio "propio" de la casa, en el que se separaban de *Cuarto Creciente*, se convirtiera también en un espacio político y de intercambio.

> Lupe Zavala se encargó que nos lo rentaran, y le pusimos Luna Llena, se sumaba a un proyecto integral, ligábamos la parte que no cerraba donde todas se iban a su casita a dormir, aquí representaba vivir en el mismo espacio en un ejercicio circular y de espiral.[307]

> Descubrimos que teníamos un ciclo menstrual similar, todas menstruabamos al mismo tiempo.[308]

La militancia en todos los espacios de la vida cotidiana o la militancia como una actitud de vida, trajo consigo un fenómeno importante, el de la doble y triple militancia. Había que llevar el feminismo al partido político, la concepción política al grupo feminista y ahora el compromiso lésbico, hecho político, llevarlo también a cada espacio de lucha.

> Las lesbianas en CAMVAC[309] no se asumían, al contrario, eran reticentes al tema, hablaban de una necesidad de imparcialidad para trabajar con mujeres violadas, que tenías que dejar casi, casi tus ovarios y tus senos colgados en el perchero antes de entrar a CAMVAC. *Cuarto* llevó a CAMVAC talleres de sensibilización y varias nos asumimos lesbianas y entramos a *Cuarto*. Hacíamos triple militancia, algunas estábamos en partidos políticos, CAMVAC como grupo feminista y *Cuarto Creciente* como grupo lésbico.[310]

> Las nuevas chavas que llegaron después del sismo tenían una militancia en la CONAMUP y luego entraron a *Cuarto*, hacían trabajos paralelos.[311]

---

[307] *Ibidem*.
[308] Esta entrevistada solicitó cambio de nombre, la denominamos Imelda, 6 de diciembre de 1995.
[309] Centro de Apoyo Mujeres Violadas A.C.
[310] Imelda, *ibidem*.
[311] Patricia, entrevista antes citada.

Uno de los principales conflictos a decir de algunas de las exmilitantes fue el manejo de poder de la líder del grupo. Para algunas, la extracción social a la que pertenecía, el hecho que ella fuera la iniciadora de la propuesta y viviera en el mismo lugar, la convertía en una especie de propietaria del proyecto.

> Mi experiencia en *Cuarto* fue algo muy importante, pero difícil trabajar en colectivo porque Virginia tenía una teoría muy puesta, pero en la práctica, por su clase, tenía más acceso a recursos y un inequilibrio de manejar las cosas. En la teoría no era autoritaria, pero en la práctica sí. Creo que muy inconsciente, aunque trataba de confrontarlo, tenía muy buen intento, es de clase alta y está acostumbrada a hacer lo que quiere.[312]

> Empezamos a tener broncas por la actitud de la Sánchez. Me tocó ver que corrió a una chava, Gabriela, porque no había cumplido una tarea, se hizo una reunión y yo no sabía nada, se gritonearon, y la chava salió y la Sánchez dijo que era porque el grupo lo había decidido así, pero el grupo éramos nosotras y yo no sabía nada, sentí que nos usó para que dijéramos que sí era cierto lo que decía. La que decidía si se quedaban o iban era la Sánchez, como esa expulsión, varias. Mientras no estuviera la Sánchez, la cafetería funcionaba bien, nos ayudábamos todas para que funcionara el asunto, pero llegaba la Sánchez y era como si llegara la patrona, y estuviera checando que hicieras bien las cosas, "hasta el perro le tiene miedo" decía Patricia. Con Aurora, la Sánchez tenía actitudes prepotentes; le gritaba. Yo no me explicaba cómo la Sánchez se atrevía a gritar a nadie, ¡máxime en un proyecto donde estabas regalando tu trabajo, que no te están pagando!.[313]

> Había un liderazgo de Virginia, ella forma el proyecto, lo hecha a andar, es la mamá de *Cuarto*, ella coordina las actividades de las que están ahí.[314]

> Llegamos a discutir el poder, había que nombrarlo y llegamos a la conclusión que el poder era quien tomaba y ocupaba el espacio para hacer las cosas; si yo me di a la tarea de trabajar el centro de documentación; era mi criterio el que aplicaba para la clasificación de los libros para el contacto con las organizaciones internacionales, etcétera y se compartía con las demás y recibían propuestas. La intención era no hacer esa división tradicional entre labores intelectuales y prácticas, sino turnarnos para cocinar, para ir a las compras, hacer llamadas, para estar en investigación, hablar con las mujeres, conectar artistas. A mí no me tocó ver ninguna expulsión, Virginia hacía su propia vida en Cuarto Creciente con sus contradicciones y no era el ángel o

---

[312] Entrevista con Safuega, 9 de febrero de 1995.
[313] Reina, *ibidem*.
[314] Patricia, *ibidem*.

la victoria alada que bajaba del cielo a indicarnos el camino y ser perfecta, pura, creo que Virginia vivía sus propias contradicciones dentro del grupo y había diferentes niveles de compromiso, de conciencia, de intención, de claridad que causaba fricciones entre nosotras. Ella era exigente con las cosas que se tenían que hacer y se hacían, en muchos momentos ella asignaba las cosas que habían que hacerse, pero nunca vi que Virginia dejara de hacer las cosas que todas las demás hacíamos, le entraba super parejo, además esta forma exigente, altanera de Virginia en momentos, al mismo tiempo era cálida, amorosa, yo vi su capacidad de estar ahí, escuchar, hacer en grupos pequeños una concientización y propiciar una verdadera transformación.[315]

La acumulación de inconformidades de algunas de las integrantes por actitudes de su líder las impulsó a enfrentar a la madre buscando un cambio.

Yo no aguanté y junto con otras chavas que habían salido con broncas le hicimos un juicio político. Le dijimos cómo la veíamos y cómo la vivíamos y porqué no funcionaba *Cuarto*. El trabajo del proyecto no era tal, no había trabajo con la comunidad, hacíamos talleres pero casi éramos las mismas que integrábamos el grupo, dos que tres chavas de la colonia, los talleres eran los sábados y eran buenos talleres de nutrición, círculos de estudios, danza, aerobics, medicina natural, era más un grupo de autoconsumo porque trabajo con la comunidad, no. Le dijimos lo que no nos parecía de ella, ella nos dijo lo que no le parecía, cada quien empezó a decir las broncas entre todas. La actitud de la Sánchez fue de total reconocimiento, de aceptar las críticas y decir que iba a intentar mejorar las relaciones con todas. No volvieron las que habían salido, las que estábamos seguimos, no cambió, nada más fueron palabras de reconocimiento. Después de ese juicio sentí que se abrió una guerra subterránea de Aurora y Virginia hacia mí, sin palabras, subterráneo, porque yo llegaba a hacer cosas y sentía la mala vibra y tenían sus reuniones y yo sentía que se guardaban cosas y no me querían decir y yo le preguntaba a la Sánchez de qué se trataba o alguna cosa que quisiera saber y no, no me daban información, porque parece ser que tenían financiamiento y nunca supe de eso; si hubo, sólo lo sabía la Sánchez, si acaso Aurora. Salí corrida por la Sánchez, nos bronqueamos, me fui enojada, resentida. Después de *Cuarto* ya no me enganché con otra cosa, yo ya no le creía absolutamente nada a la Sánchez, andaba metida en el rollo esotérico, de los eventos con la Coyolxauhqui y ayunos, yo la veía muy autoritaria, para mí ella perdió credibilidad.[316]

---

[315] Catalina, *ibidem*.
[316] Reina, *ibidem*.

Otro de los conflictos que estuvo presente en *Cuarto* fueron las relaciones amorosas que interferían la dinámica del grupo y reforzaban el manejo de poder.

> La Sánchez tenía amores con Paty pero tenían broncas. La Sánchez traía bronca con Celia porque Celia estaba media enamorada de Paty, quién también le hacia ojitos a Aurora. Esa noche, después de la fiesta, nos fuimos varias al bar León y Paty ya estaba cuete y Aurora quiso llevarla a acostar a su cuarto y desvestirla para que durmiera bien, por ahí alguien le llevó el chisme a Celia; quién, ve a saber que se imaginó y fue en chinga a alcanzar a Aurora. Se dieron un agarrón!... la verdad yo me espanté, nunca había visto a dos mujeres peleándose. Ambas estaban fuertas y se dieron el agarrón grueso, de golpearse en la pared; la Sánchez ni se preocupó; estaba en el bar, me quedé a dormir y al día siguiente se fueron Paty, Celia y Aurora, luego tuvimos que convencer a Virginia que regresara a Aurora y que las que tenían que salir eran Celia y Paty, ahí fue que la Sánchez corrió a la Paty y a Celia.[317]

Como una manera de superar conflictos intergrupales y como un apoyo al proceso de autoconciencia, en la primera etapa de Cuarto Creciente se implementaron dinámicas terapéuticas de bioenergética. Para varias de las integrantes esta etapa fue fundamental porque las sesiones de terapia sirvieron como un ejercicio de análisis personal, grupal y hasta ideológico. Para otras, la terapia no cumplía la función de mediar los conflictos, sobre todo porque uno de los terapeutas era el terapeuta personal de Virginia.

> En mi experiencia personal, fue la apertura para mi crecimiento y para mi autoconocimiento, al escuchar la historia de otras mujeres, al paso del tiempo me hizo dar cuenta que yo era incapaz de escuchar mi propia historia, que yo era espejo de la otra por incapacidad de escucharme a mí; eso me dio la pauta para ver cuál era mi realidad y era bastante jodida en ese momento. Estaba casada, tenía una hija de un año, me separé en varias ocasiones y finalmente me divorcié cuando pasaron muchas cosas; Cuarto Creciente fue el despegue para ver mi realidad.[318]

> A mí sólo me tocaron dos terapias de bionergética, con Gloria y Lorenzo que era el terapeuta de la Sánchez, se planteaban las broncas, los amoríos ocultos, pero creo que no se resolvía, nomás se exteriorizaba".[319]

> "Tuvimos terapia bioenergética, lo empezó Vicki Malo, después Gloria Willis y Lorenzo Martín Chapa; era algo que se debía hacer, nos llevaba mucho tiempo en terapia de

---

[317] *Ibidem.*
[318] Catalina, *ibidem.*
[319] Reina, *ibidem.*

grupo, cada quince días, nos acabábamos allí y renacíamos, era un canal para verter toda la vivencia, ese ejercicio del análisis me lo dio *Cuarto*, me acostumbré que se me cuestionara y no de manera sencilla, te acababan desde cómo mascabas el chicle hasta diferencias ideológicas, a todas nos dio un ejercicio y una paut".[320]

Después del terremoto y de la participación de Virginia en una serie de programas televisivos, Cuarto Creciente empezó a recibir amenazas telefónicas. La agresión externa sumada al cansancio de cuatro años de actividad, desestabilizó el grupo.

Me invitaron a participar a unos programas en el canal 11 y participé en siete de ellos, se fue haciendo una ronchita y me concentró mucha violencia de Gobernación, tenía un buey al teléfono haciendo unas veinte llamadas diciendo '¿la tortillera Sánchez Navarro? te estoy esperando en la esquina porque me voy a comer tu bizcochito, no vas a salir de ahí', fue duro. Otra vez se volvió a ir la gente de *Cuarto*, hubo muchas que estaban en la parte de administración, asesoría en el centro de documentación, que a cada rato levantaban el teléfono y se iban a comer su bizcocho, que las iban a violar y matar, pero era muy dirigido a mí. Como año y medio estuvo intervenido el teléfono, entre 87 y 88, muy violento, estuve a punto de extenuación total. Se volvió a ir como la tercera o cuarta generación del grupo.[321]

Después del terremoto de 85, la represión militar se hizo presente; a lo mejor siempre había estado, pero en mi vida se hizo presente y en la de Virginia también, yo recibía llamadas de amenazas, sabían los nombres de mis sobrinos, de mi familia, cosas que nadie más que yo podía saber. Era muy claro que había infiltración dentro del grupo, cuando salíamos con Virginia veíamos tipos afuera, nos rompían los vidrios, nos ponían gatos muertos en el coche, nos seguían, para que nos diéramos cuenta que ahí estaban. Siempre que había algún evento, alguna cosa más grande, se recrudecían esas llamadas, amenazas por teléfono, nosotras sentíamos que era por la policía militar; también llegamos a pensar que alguien del grupo pasaba información. Incluso pensábamos que del grupo de terapia alguien estaba pasando información muy confidencial, muy íntima. Yo empecé a desligarme de *Cuarto*, después del sismo, ya no entendía mucho qué pasaba. Llegaba a *Cuarto* y estaban los colonos, yo no entendía nada, había un mundo de gente, nuestro espacio estaba cambiado, gente durmiendo por todos lados, estaba fuera de mi control.[322]

Nuevamente vemos la acción directa de la represión homofóbica que causó la desaparición del grupo. A diferencia de lo que ocurrió con La comuna, la represión

---

[320] Patricia, *ibidem*.
[321] Virginia, *ibidem*.
[322] Catalina, *ibidem*.

con Cuarto creciente fue mucho más dirigida y sofisticada, de tal manera que el ejercicio de la persecución se dio lugar ya que muchas de las activistas desertaron del grupo por miedo. La eficacia del terrorismo radica en la desmovilización producida por el ejercicio del miedo y el terror y es indiferente quien lo ejerza, el gobierno o un grupo disidente. Para el caso, el terrorismo de estado fue ejercido precisamente para desmovilizar no solamente el grupo, a la organización de las lesbianas.

A la incertidumbre de las amenazas telefónicas se sumó un conflicto con el casero, situación que hizo cambiar el rumbo de Cuarto creciente.

El lugar estaba arrendado como habitación a condición de que cuando se constituya la A.C. cambiáramos de contrato y cuando quise cambiar el contrato el casero ya no lo quiso cambiar, me quiso desalojar. Había una parte política porque fuimos una resistencia fuerte a la privatización del centro, al desalojo de los ambulantes, fuimos parte de una incipiente organización porque están organizados de manera muy charra;[323] de manera que ese día el casero llegó con su gente a querernos desalojar. Nosotras ya habíamos estado consignando la renta en el juzgado. El 19 de septiembre de 1988, tres años después del terremoto hubo una manifestación conmemorativa en el Zócalo, venía en la bicicleta de dar un tallercito en la colonia Doctores, y veo que Alejandra se sube al estrado de la manifestación y dice que están desalojando *Cuarto Creciente* y, en ese momento, como mil gentes se separan de la asamblea, hacen un contingente, caminan como ejército, se meten a la calle de Lic. Verdad e impiden el desalojo. Había un movimiento urbano contra los desalojos, era una política de limpia del centro sobre todo de gente como nosotras que somos una piedra en el zapato. Al día siguiente tengo orden de arresto, las únicas en defender con todo a *Cuarto Creciente* fue la CONAMUP. Ellas llegaron a apoyar, yo esperaba a las *Patis Mercados* y las *Martas Lamas* y las *Cecilias*, tanto trabajo y así estaban las cosas, llegaron las masas y tenían experiencia, y yo les dije, les paso la estafeta por completo porque yo... con las llamadas, con el propio movimiento estoy hasta aquí, y en mi situación personal estoy hasta aquí, lo discutieron, no lo creían '¿nos vas a pasar todo?' Sí todo, todo.[324]

De esta manera, la Regional de Mujeres de la CONAMUP, recibió en herencia a *Cuarto Creciente* y se hicieron cargo de custodiar el local y defenderlo. El desalojo fue inevitable y las mujeres instalaron a *Cuarto* en el atrio del Templo Mayor en el Zócalo, iniciando con ello una lucha para el logro de un espacio para las mujeres de los sectores populares. Finalmente el Departamento de Distrito Federal accedió negociar y les otorgó en Comodato una casa pero la Regional prefirió comprar una casa y negociaron un crédito con el DDF.[325]

[323] Gubernamental
[324] Virginia, *ibidem*.
[325] Mayor información sobre este proceso, consultar mi tesis de maestría "Feminismo popular en México". Flacso.

El trato era en comodato, una figura jurídica que te hace ser la custodiadora de la casa por 99 años. A mí me parecía fantástico, pero decide la CONAMUP asesorada por sus machines, que no, que quieren comprar la casa. Era un proceso que lo veía viendo, el feminismo y los grupos oprimidos que quieren vivir como el opresor, se me hacía tan tonto de negociar el derecho de la propiedad privada de la casa. Lograron una casa en la calle Argentina y me dicen "queremos acabar de negociar sin ti". Fue línea, dije "bueno, la adolescente que le dice a su mamá que ya" y me voy. Me quedé un par de meses viviendo en el centro triste, triste como perro sin metate, el sentido de vivir en el centro era el trabajo que hacía, entonces ya no tenía sentido vivir en el centro. Empecé a buscar trabajo, me echaban de todos lados, y ya había empezado a construir acá (en Tepoztlán), un día me vine, moví mi cama hacia el norte y tuc todo cayó en su lugar, se acabó ese ciclo, ya tienes tu espacio acá y ven a aprender de la naturaleza, cerré aquel departamento, quemé mis naves, me quedé sin casa en D.F. y me vine; fue cabrón, aquí no hay agua, luz, ir a grillar a comisión de electricidad, no hay teléfono, está relejos, hubo una parte buena, "métase en usted y aprenda de la naturaleza". Luego para un Encuentro Feminista en Acapulco me encontré a la CONAMUP en el aeropuerto, que abrazos y besos, muy lindas, "que no hemos sido muy justas contigo, que nadie hizo lo que hiciste".[326]

Después de la experiencia de *Cuarto*, muchas de sus activistas no se integraron a ninguna otra experiencia militante, de ser uno de los grupos más radicales en sus planteamientos y prácticas, muchas vieron el proceso del movimiento lésbico y movimiento feminista con mucho desencanto, así lo expresa Virginia:

Yo siento una deuda, para mí el feminismo es un planteamiento radical en el sentido de la raíz de todas las opresiones. Si no haces desde ahí la transformación social y el diseño de tu nueva visión, no pasa de ser una reforma que la institucionalidad recupere, institucionalice y nulifique; en ese sentido, el lesbianismo político *fue, porque ahora ya no sé, ni quién.*[327] Siento que ahora la historia ya nos ganó, ya no hay movimiento obrero, el campo está hecho mierda, la estructura económica del país está en total dependencia; que los partidos están peleados desarticulados, que el feminismo está dividido. Es un buen momento de escribir nuestra historia y vernos en nuestro espejo. Lo veo sin visión, reactivo como la izquierda. Al ritmo que marca la opresión.[328]

Cuarto creciente ha sido un espacio de formación de conciencia y autoafirmación importante para el movimiento lésbico. Principalmente porque ligó al activismo una

---

[326] Virginia, *ibidem*.
[327] Las cursivas son mías.
[328] Virginia, *ibidem*.

dimensión espiritual y ésotérica. Entre ritos ligados a la luna u otro astro regente, e invocaciones a la Coyolxauhqui iniciaban las fiestas "de mujeres" o cualquier actividad. La propuesta lesbo-feminista de Virginia y Cuarto Creciente resultaba sumamente radical y renovador para el movimiento feminista, de ahí el poco eco que encontró en algunos grupos heterofeministas tradicionales. Estratégicamente instalado a un costado de Palacio Nacional, sobre lo que otrora fue una pirámide, lugar sagrado, los aquelarres lésbicos enriquecían una cultura y vivencia lésbica, no es casual que la represión, presumiblemente de Gobernación haya provocado su desaparición.

## Oasis

> Las lesbianas de épocas anteriores, obligadas a decir "él" cuando el pronombre era "ella", "de él" cuando debería haber sido "de ella", también yo fui silenciada. El proceso de deportación más que el estigma social me selló la boca. "Mi queridísima mujer, te amo", se convirtió en una expresión enjaulada, que ansiaba -no, que luchaba por- salir.
>
> *El idioma de mi rostro.* MARGARET RANDALL

Como el nombre, "un espacio de vida en el desierto", en su primera etapa Oasis se ubicó en un pequeño pueblo indígena al norte del estado de Morelos, Tepoztlán, elegido para vivir por artesanos; artistas, esotéricos místicos, (últimamente) lesbianas y gente autodenominada "alternativa"; permitió la convivencia de la población lesbiana con la población nativa, por momentos agresiva de uno y otro lado, y provocó aunque de forma no directa, la visibilidad de las lesbianas en el pueblo.

Oasis se constituyó como un *espacio para mujeres con centro de documentación y lugar de hospedaje*, pero la presencia de Safuega, su fundadora y única responsable del proyecto por mucho tiempo, definió a *Oasis* como un espacio lésbico radical y separatista.

Safuega, de origen holandés llegó a México en 1982 –a decir de ella *"enviada por la diosa"* a construir un espacio alternativo para mujeres–. Al año siguiente se integró a Cuarto Creciente y algunos meses después, en cumplimiento de su "misión", inició un espacio propio en Tepoztlán.

> Oasis empieza muy provisional, en una recámara la biblioteca y el hospedaje. Hacíamos rituales y actividades, muchas visitantes. En 88 nos mudamos a un espacio más grande e hicimos fiestas cada mes, programas de video, estaba la biblioteca, muchas mujeres en hospedaje en tiendas de campaña y un cuarto. Los sábados se juntaban

alrededor de la mesa, y les llevaba información feminista, pero no hay tradición de leer. Las mujeres que llegaban eran más de visita, de fin de semana, de descanso y a las fiestas.[329]

En Tepoztlán, Oasis no fue exactamente un colectivo o un "grupo" en el sentido estricto de la palabra, fue más bien un espacio para lesbianas. Safuega fue su iniciadora y principal impulsora, quién además lo financiaba con una pequeña pensión que recibió de su país.

No había otras que ayudaran en el trabajo, no fue un colectivo. Nadie tenía tiempo, era época de crisis, la gente tenía que trabajar. Sólo en las fiestas recibía apoyo en la puerta, la música o el bar. A las fiestas llegaban como treinta, cuarenta. Cada semana llegaban algunas y fines de semana un promedio de cinco, diez o quince mujeres. Yo misma lo financiaba, a veces tenía que pensar: ¿saco fotocopias o compro tortillas? A veces no comía bien, era un sacrificio, pero yo vi a las campesinas que eran muy pobres y decía 'no me tengo que quejar porque mi casa es más bonita que la de ellas'. Con el hospedaje y las fiestas entraba algo de dinero. De mis ingresos tengo una pequeña pensión. Cuando uno vive normalmente alcanza aunque no es para lujo, pero para hacer Oasis y sobrevivir fue difícil.[330]

Aunque Tepoztlán es un pueblo muy turístico con aproximadamente 20 mil pobladores, gran parte de ellos *fuereños* (llamados también "tepostizos") y una población flotante de fines de semana (entre capitalinos que tienen casas de descanso y turistas), lo que le imprime un margen de cierta tolerancia, la presencia de mujeres "raras" dio lugar a habladurías y algunas agresiones del pueblo hacia Oasis. A pesar de ello, Safuega, en su clara misión "sagrada", intentó integrarse en la dinámica tepozteca.

Una vez se hizo un chisme, el casero me dijo que hubo un matrimonio de dos mujeres en la iglesia; yo me reí y dije "los borrachos hacen chismes" y la vecina me dice "sí es cierto". Luego Vicki me dijo que, después de una fiesta, fueron a la iglesia a pedir bendición porque fue un mal año, como se sentía culpable hizo un taller de yerbas medicinales y llegaron las mujeres del pueblo, yo pasé algunos materiales a las mujeres tepoztecas. Diario iba al mercado y demoraba como cuatro horas, platicaba con la gente para que se bajen (le bajen a las habladurías), llegué incluso a ir al rosario para que me vean cercana.[331]

---

[329] Safuega, *ibidem*
[330] *Ibidem*.
[331] *Ibidem*.

Pese a todo, Safuega recibió diversas formas de agresión directa del pueblo, sobre todo porque en su posición política separatista, los hombres no eran bienvenidos en su espacio; prefería, por ejemplo, contratar –si lo requería- plomeras mujeres del Distrito Federal.

> Una vez la vecina me cortó la electricidad, me robaron, luego rompieron un vidrio del coche en la calle. Hice meditación diario para tener armonía con el pueblo; hice buena conexión con una maestra de kinder; cuando faltaba agua, fui con ellas a pedir y dije: ésta es otra opresión de la mujer porque necesitamos el agua. Me costó mucho, me tocó muchas amibas y enfermedades.[332]

Romper los lazos de opresión del patriarcado, para Safuega significaba romper los lazos con los hombres quienes se constituyen como opresores de las mujeres:

> El lesbianismo es una preferencia personal, también es una postura política. Cuando es sexual, uno nace así con esta preferencia, pero cuando el lesbianismo es una elección política llega de un análisis muy profundo del patriarcado como causa de la opresión de la mujer y para salir de esta opresión; no dar ninguna forma de energía a los hombres, ni emocional; ni física; ni sexual. Para liberarnos necesitamos romper con todos los enlaces con los hombres, quienes a través de la sexualidad nos han explotado. Cuando nos identificamos con las mujeres, damos nuestra energía sexual para fortalecernos nosotras mujeres.[333]

Después de seis años en Tepoztlán, Safuega entendió que un pueblo pequeño daba pocas posibilidades para lograr un grupo de lesbianas que dieran continuidad a Oasis. Por ello, se trasladó a Guadalajara, la segunda ciudad de México, entre otras cosas, porque el grupo lésbico *Patlatonalli* había asumido, junto con un el Grupo de Orgullo Homosexual de liberación (GOHL) de Guadalajara organizar en 1990 la XIII Conferencia de la ILGA. Oasis y Patlatonalli compartieron un espacio en el que funcionaba el local de éste, el Centro de Documentación de *Oasis* y el hospedaje. Sin embargo el centro de documentación no pudo llegar a tener la funcionalidad deseada. Safuega nunca pudo integrarse realmente a la dinámica de Patlatonalli, su posición separatista incomodaba mucho a sus socias. Por su lado, Patlatonalli tampoco pudo integrarse a la dinámica de Safuega, por lo que optaron separarse y Safuega inició nuevamente sola el proyecto de Oasis.

---

[332] *Ibidem.*
[333] *Ibidem.*

Pensé llegar por un año y entregar la biblioteca a buenas manos y salir de México, pero empecé a estudiar escultura y en Patlatonalli no hubo mucho tiempo ni disposición para manejar la biblioteca; así que empecé otra vez Oasis sola.[334]

Durante dos años Oasis funcionó como un espacio abierto para lesbianas con actividades permanentes como los sábados sociales, fiestas mensuales, algunos talleres y la publicación de un boletín artesanal, hasta que pudo conseguir un pequeño financiamiento que le permitió contratar a dos coordinadoras con las que Safuega, finalmente, logró un equipo de trabajo.

Empecé a trabajar con Safuega a raíz de la devaluación del 94, estaba sin trabajo, con deudas, mi pareja no estaba en México y le platiqué a Safuega mis problemas y me ofreció trabajar en Oasis, quería dedicarse más a su arte y acepté. También llegó Yan de México a trabajar con Safuega y empecé a enterarme de un caudal de cosas que Yan traía de México, a entender de la importancia de un grupo de lesbianas y feministas. Yo me dedicaba a lo administrativo, empecé contestando la correspondencia que Safuega tenía acumulada, Yan organizaba talleres aunque no había mucha respuesta de las mujeres. Creo que vino más gente a Oasis con Yan, además que su personalidad es atrayente. Antes, el trabajo lo hacía Safuega, tenía dos que tres colaboradoras cercanas que le ayudaban, cuando llegamos acababa de llegar el financiamiento y esas colaboradoras, que eran pareja, habían roto entre ellas y se salieron.[335]

Con un básico equipo de trabajo, Oasis intentó nuevamente integrar sin mucho éxito a un mayor número de lesbianas a la organización. El grueso de lesbianas asistían a hacer uso de sus servicios sin comprometerse.

Teníamos un programa mensual de actividades, los sábados eran sociales, entre semana estaba abierta la biblioteca pero sólo una vez fue una muchacha a consultar, nadie quería leer, poníamos revistas en la mesa, nadie leía, nada más se la llevaban, llegamos a ser como quince, parecían muy comprometidas, pero en realidad éramos las mismas, era muy difícil organizar algo, decían que venían, se comprometían pero no venían. Realmente éramos Yan, Safuega y yo.[336]

Oasis logró una presencia en el medio tapatío, fue parte de la "Red de Mujeres", una coordinación de doce ONG's dedicadas al trabajo con mujeres, con las que organizaron diversos eventos públicos y aparecieron junto con el grupo Patlatonalli

[334] *Ibidem.*
[335] Entrevista con Carmen, 28 de enero de 1996.
[336] *Ibidem.*

como grupos lésbicos. Una importante actividad que Oasis impulsó fue un Frente de Lesbianas y Homosexuales a raíz de que el Partido Acción Nacional (PAN), de tendencia derechista y conservadora ganó la gobernatura y la mayoría de presidencias municipales en el estado de Jalisco en 1995. Este hecho resultaba amenazante para los logros obtenidos por el movimiento lésbico-homosexual. El frente se propuso presentar al Gobierno del Estado y a todas las Presidencias Municipales de la zona Metropolitana un documento planteando sus exigencias en torno al respeto de los derechos civiles y políticos de los homosexuales y lesbianas. También se solicitaba conocer la postura de dicha instancia respecto a la cuestión lésbico-homosexual y propusieron llevar a cabo un programa de capacitación para los sectores salud, educación y administrativo.

> El documento del frente para pedir audiencia lo firmaron quince ONG's, incluso aquellas que no eran de homosexuales como la Comisión de Derechos Humanos. La presidencia municipal de Tonalá nos dio audiencia, después San Pedro y luego Zapopan. Estuvimos insistiendo con el gobernador hasta que nos la dieron. En todas las presidencias que fuimos nos recibieron bien, con interés de saber, pero con una total ignorancia. El de Tlaquepaque pensaba que Oasis era como Alcohólicos Anónimos, gays que querían curarse, les decíamos que al contrario; 'nos queremos reafirmar'; de repente se asustaban, soltaban su risita nerviosa. Se proponía dar talleres a la parte del Sector Salud, a los doctores, a los maestros en las escuelas, y a los funcionarios sobre mitos en torno al lesbianismo y homosexualidad para que supieran de qué se trata y ellos aceptaron, incluso dijeron que daban apoyo para la impresión de los folletos, se comprometieron a cursar la oferta a las correspondientes instancias y dar seguimiento, en eso estábamos cuando nos vinimos.[337]

Como se mencionó, el mayor problema de Oasis radicó en la dificultad por lograr un equipo de trabajo con lesbianas que asumieran un sentido de compromiso, más allá de la pertenencia. De hecho la toma de decisiones en el grupo siempre fue un conflicto porque se decidía "con las que estaban", aunque ellas no volvieran a las siguientes reuniones.

> Son parte de Oasis quienes van a las fiestas, a las reuniones y dejan sus datos y vuelven, otras van y nunca regresan. Safuega recibía igual a todas, a la que volvía después de un año como la que estaba siempre, la idea de ella era que vinieran, tomaran el espacio, lo hicieran suyo, se hicieran responsables y, como no lo hacían, Safuega proponía y hacía todo, quería todo, era bastante utópica. Sí, era proyecto 'suyo' pero con su desesperación, su personalidad de querer avanzar y no ver res-

---

[337] *Ibidem.*

puesta porque nadie le podía seguir el ritmo; además el tipo de gente que iba a *Oasis* era diferente al de Patlatonalli, era gente con muchas broncas, que se habían sentido rechazadas por Patlatonalli, con broncononones y sin preparación, su mayor interés era ir a fiestas y ver mujeres, los talleres no les interesaban, para Safuega ya que acudieran era algo. Entonces se tomaban decisiones con las que estaban.[338]

Safuega tenía planeado desde hace varios años dejar Oasis a un equipo de lesbianas que se hicieran cargo y ella poder irse del país. Cuando anunció su partida, la responsabilidad de Oasis fue un conflicto ya que tanto Yan como Carmen, las que habían sido contratadas para la coordinación de las actividades no tenían planeado tampoco quedarse en la ciudad de Guadalajara.

Oasis quedó bajo la responsabilidad de una pareja de tapatías quienes mantuvieron el local unos meses más, con parte del Centro de Documentación lésbico; la otra, se donó a un proyecto que se inició en el D.F.: el Centro de Documentación y Archivo Histórico Lésbico "Nancy Cárdenas". La ausencia de Safuega, la falta del sentido de pertenencia al grupo por parte de las asiduas y la falta de conciencia, impidió que el grupo continuara y todo el equipo y materiales que había logrado adquirir el grupo se perdieron.

## Grupo Patlatonalli A.C.

> Te vas y te vienes/ en una quietud azul/ de horas que se mezclan/ con caricias ya lejanas/ un chocolate a media noche/y un cojín en el suelo.
>
> Mariana Romo-Carmona

La lucha lésbica-homosexual en Guadalajara tiene importantes antecedentes. Paradójicamente, a pesar de ser una de las ciudades más conservadoras y católicas del país, tiene la reputación de albergar a la mayor cantidad de homosexuales después de la ciudad de México. En 1981 surgió una sucursal del grupo Lambda del D.F.; posteriormente, con base en una reestructuración, surgió el Grupo Orgullo Homosexual de Liberación (GOHL). Los homosexuales tapatíos participaron en las elecciones de 1982 con dos candidaturas a la diputación. La campaña causó escándalo pero también dio mucha publicidad a la presencia y derechos de los homosexuales. El clima de la campaña electoral dio ánimo a homosexuales y lesbianas para orga-

[338] *Ibidem*.

nizar dos marchas de protesta contra la represión policiaca en una avenida principal. Después de las elecciones, el nuevo gobernador de Jalisco cometió el error de emprender una campaña para castigar a los homosexuales por su temeridad; se dieron órdenes para limpiar las calles de ellos, así como cerrar bares; lo que derramó el vaso fue una redada en una fiesta privada. Los homosexuales salieron del clóset por montones y tomaron las calles y los tribunales para defender sus derechos, con tal éxito, que el nuevo gobierno de Jalisco dio marcha atrás en sus políticas homofóbicas. Lo que no había logrado la campaña electoral homosexual, lo hizo la policía y el Estado.[339]

Patlatonalli es uno de los más importantes grupos lésbicos de México, principalmente, por haberse desarrollado en Jalisco que, como se dijo, es uno de los estados más conservadores del país y porque es tal vez el único grupo lésbico que ha logrado mayor permanencia y actividad militante.[340]

Su primera actividad pública fue un ciclo de cine-debate Lésbico de tres días en un auditorio de la Universidad de Guadalajara. Esta actividad se convirtió en un llamado amplio a la participación política de las lesbianas en Guadalajara, el inicio de la comunicación, difusión y trabajo conjunto entre las integrantes y otros sectores en defensa de la sexualidad.[341]

> Patlatonalli, son dos voces del Náhuatl *Patlachulla* que es mujer que masturba a otra mujer y *Tonalli* que es algo así como energía, destino; nuestra traducción es "energia de mujeres que se aman"; quisimos encontrar algo más relacionado con lo nuestro, también quisimos poder usar indistintamente el término lésbico o no. Aparecemos desde el principio (abril de 1986) como un grupo lésbico y plural, pero abrimos el trabajo a toda la gente que se quiera sumar. Desde nuestra primera actividad se buscó un espacio que no fuese solo ghetto, la convocatoria decía grupo lésbico y llegaron hombres y mujeres, como doscientas cincuenta personas y de allí siguieron las reuniones, éramos catorce, luego treinta, ahora ocho y todo el resto sigue apoyando.[342]

Cuando Guadalupe (Wini) y Martha (exmilitante de Lambda) se enamoraron perdidamente (léase militantemente), Martha se mudó a Guadalajara para compartir con su amada la vida y el activismo. Su presencia fue importante para la co-

---

[339] Lumsden, Ian, *Homosexualidad, Sociedad y Estado en México*, México, Sol ediciones, 1990.

[340] Al momento de redactar el presente trabajo, Patlatonalli celebraba diez años de existencia, al terminar la redacción de la tesis, Patlatonalli finalmente pudo conseguir financiamiento y abrir una casa para la atención de prevención de cáncer cérvico intrauterino y mamario para mujeres lesbianas, lo cual fue considerado un gran logro.

[341] *Antecedentes del Grupo Lésbico de Guadalajara*. Documento, archivo del grupo Patlatonalli, mayo de 1987.

[342] Entrevista con Guadalupe (Wini), 2 de febrero de 1996.

nexión del grupo con las actividades de la capital, donde para entonces ya se estaba organizando el Primer Encuentro Lesbico-Feminista de América Latina y el Caribe (ELFALC). Patlatonalli asumió la responsabilidad de organizar previamente un Primer Encuentro Nacional, su primera gran actividad con el movimiento lésbico, misma que les sirvió para consolidar el grupo.

> Con la conformación de Lesbianas de América Latina (LAL), como comité organizador, se empezó a organizar el Primer Encuentro Lésbico Feminista de América Latina y el Caribe y nosotras organizamos previamente un Encuentro Nacional, para nuestro grupo un éxito porque se integró y consolidó. No se quedó en mucho porque no habían muchos grupos como estados, no había mucha organización. Se cumplió con el requisito y nos fuimos al I ELFALC muy fortalecidas por ese trabajo.[343]

Patlatonalli se convirtió en un importante centro de referencia para las lesbianas "tapatías". El segundo local se logró gracias a la alianza *Oasis-Patlatonalli*, época tal vez de mayor apogeo ya que pudieron realizar múltiples actividades como talleres, asesorías y fiestas a las que llegaron hasta doscientas mujeres.

Patlatonalli logró la personería jurídica y se constituyó como una Asociación Civil (AC), con lo que estarían aptas para percibir financiamientos para su trabajo; sin embargo, ése ha sido y sigue siendo su principal problemática. Los financiamientos que han recibido han sido pequeños y para actividades concretas. Esta problemática ha sido y sigue siendo una gran limitación para el crecimiento del trabajo lésbico. A diferencia del movimiento feminista, la militancia lésbica no ha sido remunerada y la mayor parte de las actividades que han hecho han sido autofinanciadas por las militantes.

> Las crisis más fuertes han sido por problemas personales llevados al terreno del trabajo; personalidades distintas entre las integrantes que generaron diferencias en el trato hasta convertir obesa la problemática, por la sobrecarga de trabajo y porque siempre hemos sido inhábiles para conseguir un financiamiento importante, eso hace que la gente se canse mucho; seguimos, pero hay desgaste.[344]

Patlatonalli, o las *Patlas* coloquialmente nombradas, han logrado bastante prestigio como grupo lésbico militante, sobre todo porque asumieron exitosamente la organización de dos eventos importantes, el Primer Encuentro Nacional Lésbico Feminista y el XIII Congreso de la International Lesbian Gay Asociation (ILGA)

---

[343] Martha N. entrevista anteriormente citada.
[344] Guadalupe, *ibidem*.

organización mundial de lesbianas y homosexuales, evento que será analizado posteriormente. Principalmente este último lanzó a Patlatonalli y el tema del lesbianismo al ámbito de la discusión pública y la negociación con las instituciones políticas de Guadalajara. Esto les permitió una importante cobertura para ser consideradas como referente obligatorio en temas como la homosexualidad, el feminismo, la sexualidad, el VIH/SIDA, etcétera. Buscando la posibilidad de contar por lo menos con una cara pública, Guadalupe López ha permitido que el grupo se convierta en un interlocutor tangible al que se le puede invitar a dialogar en público como sucedió con el programa de televisión de Nino Canún o muchos otros de la prensa local.

> Nos hablan, somos referente obligado para ciertos temas, nos piden que escribamos, que opinemos, la gente nos reconoce, nos llaman, nos preguntan, nos invitan para formar tal red, tal otra, con otros sectores, hay una presencia que no se ha perdido.[345]

La actividad abierta del grupo lésbico Patlatonalli ha contribuido enormemente a hacer visible el lesbianismo y la homosexualidad en el medio. Actualmente participa en el Frente de Lesbianas y Homosexuales que pretende incidir en políticas públicas en torno a la problemática homosexual.

> Entregamos a cada uno de los presidentes municipales de la zona metropolitana y al gobernador un documento con propuestas concretas. Hubo respuestas del gobierno del Estado, del ayuntamiento de Tonalá, de Tlaquepaque, no hubo respuesta del ayuntamiento de Guadalajara y el de Zapopan nos proponían ir a la audiencia pública pero queríamos algo más amplio que cinco minutos para hablar. Se comprometieron a revisar el documento, decidir sobre las propuestas y turnar con los funcionarios correspondientes.
> Hay mucha gente que sabe de la existencia de *Patlas;* por supuesto el gobernador lo sabe, le preguntamos 'qué con las mujeres lesbianas y los hombres homosexuales' y dijo rapidito, fluidito y quedito 'lesbianas y homosexuales, respeto irrestricto a sus derechos' y eso salió en la prensa, regresamos una comisión e hicimos que otras organizaciones firmen el documento. Ya no somos tres gatas arañando los derechos, hay presencia, reconocimientos. Ser lesbianas y homosexuales no nos ha impedido trabajar en un proyecto común de una sociedad diferente.[346]

El grupo Patlatonalli ha publicado cuatro números de una revista con su mismo nombre, publicó conjuntamente con el grupo feminista Servicio Integral para la Sa-

---

[345] *Ibidem.*
[346] *Ibidem.*

lud de la Mujer (SIPAUM) una serie de postales; como material de prevención del VIH/SIDA, las memorias de la ILGA y el video "Una moral de mostrador" que muestra el proceso de organización del Congreso de la ILGA. Para su décimo aniversario tienen un amplio programa. Por la falta de local, las *Patlas* han tenido que modificar su activismo.

> Aparte de atender en directo la terapia, estamos canalizando y capacitando a esas profesionales que se encargan de atender a mujeres que derivamos: asesoría legal, médica, ginecológica. La mayor cantidad de casos son de madres lesbianas que sus maridos o ex quieren quitarles los hijos, o su familia como padres que quieren quitarles los hijos o lesbianas menores de edad que se deciden hablar con los papás y ellos van con una autoridad, sea el ministerio público o el DIF.[347]

Patlatonalli tiene especial importancia por haber celebrado diez años de existencia en 1996. En el contexto de la dinámica lésbica y también feminista, los grupos en su mayoría han tenido una duración promedio de tres años. La dificultad de trabajar juntas a pesar de las diferencias ha limitado la continuidad de los grupos y el trabajo de coordinación. Pareciera que el "ser diferentes" fuera un estigma de mucho peso en la comunidad, de tal manera que las diferencias de posiciones generalmente han disuelto o reproducido al grupo. En el difícil ejercicio de la democracia, las negociaciones a partir de las diferencias debieran ser una práctica que prevalece ante la imposición, la renuncia, el fundamentalismo o la intolerancia.[348]

### Mujeres urgidas de un lesbianismo auténtico (MULA)

> Así he cedido a la tentación/ se entra en el circuito de los gestos/ que aseguran la sobrevivencia, la conquista/ de las mas bellas Así delincuencias/ se mueve un poco la mano/ para que se abra bajo nuestros ojos/ la memoria ágil de las hijas de la utopía.
>
> NICOLE BROSSARD, 1980

El grupo MULA empezó a gestarse en los estertores de Lambda, en 1983. Una de las últimas actividades que Lambda organizó para lesbianas en sus "jueves de mujeres" fue un taller de sexualidad coordinado por Alma, Carmina y Lourdes quienes

---

[347]Ibidem.
[348] Al momento de la revisión final, Patlatonalli consiguió diversos financiamientos que le permitieron abrir un centro salud de prevención del cáncer cervicouterino y mamario para lesbianas.

habían tomado los cursos de formación de educadores sexuales del Instituto Mexicano de Sexología (Imesex). Por la situación que vivía Lambda en sus últimos años y por que dos de las coordinadoras del taller se retiraron, éste fue dirigido por Lourdes Pérez, quien sería una de las fundadoras y principales líderes de *MULA*. Ella llegó a una identidad lésbica gracias a su trayectoria feminista, que ayudó a cuestionar profundamente su matrimonio, su sexualidad y posteriormente su identidad sexual.

> El feminismo me ayudó a cuestionar mi vida personal, cambió mi manera de ver las cosas y en ese mundo empecé a conocer lesbianas feministas. En el taller de Mujeres del Chopo que tomé con Bertha Hiriart, uno de los treinta y dos temas era lesbianismo y me movió. Me di cuenta que me gustaban las mujeres y tuve algunas relaciones ocasionales con mujeres. Empecé a tener orgasmos con chavas porque era anorgásmica, por eso empecé a militar en cosas de sexualidad apoyando a chavas que no habían tenido orgasmos, eso también me ayudaba en mi crecimiento personal. Después tomé los cursos de Imesex y empecé a tener acercamiento con militantes del movimiento gay y a leer mucho. Me volví especialista en el tema sin mucha práctica, pero lo que me ayudó a entender el mundo gay. Me enamoré del mundo lésbico en el taller en 1983 en Lambda. Patria me invitó a participar en los jueves de mujeres en un taller de sexualidad con puras lesbianas y se me movió el tapete. Trabajamos como círculo de estudios todo el año de 1984, fue la preparación del grupo que salió a luz pública hasta el 85. Varias de esas compañeras decidimos formar un grupo, aunque yo en esa época me asumía como bisexual. Me pareció que una de las cosas que podíamos hacer era llevar una ponencia al Encuentro Feminista en Morelia en 1984; posteriormente en 84-85 decidimos fundar un grupo exclusivamente de lesbianas y yo ya me asumí como lesbiana.[349]

MULA estuvo dedicado a realizar talleres de sexualidad y producción de material didáctico sobre el tema, su cohesión en un primer momento se dio en torno a la experiencia personal y la creatividad de sus integrantes para la producción de su material, lo que produjo fuertes lazos de amistad entre ellas.

> Nosotras nos acercamos a Lambda al final, estaba terminándose el grupo. Nos quedamos casi sin nada y fue que empezamos a formar el grupo MULA como una respuesta a los Encuentros Feministas donde no teníamos espacio las lesbianas. Quizá ya se había tomado el tema, pero como nosotras apenas nos acercábamos, era el planteamiento que llevábamos. Para mí fue determinante haber estado en MULA; teníamos un ambiente divertido, hacíamos trabajo y éramos muy antisolemnes. Lo que más me

---

[349] Entrevista con Lourdes Pérez, 15 de noviembre de 1994.

gustaba de los talleres de sexualidad era que podíamos ayudar a otras mujeres a sentirse bien con su opción, sin temor. Creo que logramos incidir sobre algunas opiniones negativas y poderlas cambiar un poco.[350]

MULA me abrió mi mundo interior, un enfrentamiento conmigo misma, con mi cuerpo, con mi sexualidad, con la relación afectiva sin límite, con mis ideas, con la creatividad. Trabajamos en talleres de sexualidad, hicimos fotografía, audiovisuales de lesbianas.[351]

Para mí fue determinante militar en MULA, me ayudó muchísimo, de haber sido una mujer que le gustaba otra mujer y después ser una homosexual femenina y ahora ser una lesbiana de tiempo completo, me ayudó muchísimo a crecer políticamente porque pienso que la sexualidad o el lesbianismo tienen que ver con la política.[352]

El grupo a decir de sus integrantes fue pequeño (ocho) y bastante cerrado, lo que aportó a una fácil integración grupal, aunque los talleres que dieron estuvieron principalmente dirigidos a población heterosexual, realizaron uno para lesbianas, el que tuvo un importante impacto por la metodología y temática.

Dimos tres talleres de anorgasmia a trabajadoras de la UAM, a mujeres del Chopo; estudiantes y a mujeres feministas de Morelia y fue hermosísimo. Nos juntábamos todas, teníamos una reunión de trabajo y le dábamos duro, éramos muy profesionales y teníamos material didáctico, cada quién daba el tema que mejor se sabía, éramos exigentes unas con otras, y además nos divertíamos muchísimo. Esta parte de los talleres fue lo que más me gustó, no sé si se daban cuenta que éramos lesbianas. No manejábamos abiertamente que éramos lesbianas, pero no teníamos reparo en lo que hacíamos, hablábamos con mucha libertad de la sexualidad y creo que tuvimos impacto con las mujeres que trabajamos, sí eran heterosexuales. Solamente dimos un taller para lesbianas en casa de Rotmi, además hicimos dos audiovisuales muy lindos, lo presentamos en la Semana Cultural: *Todo lo que usted quiso saber sobre lesbianismo y nunca sabrá* y *Técnicas sexuales entre mujeres*.[353]

La aparición la hicimos en un taller en casa de Rotmi en 85, el primero que se dio de identidad lésbica, fueron como veintiocho mujeres lesbianas y bisexuales, fue interrumpido por el temblor, volvieron como dieciocho y se concluyó en diciembre del 85. Eran dieciséis temas lésbico feministas, con distinta metodología y dinámicas, eran testimoniales, se trabajaban con pequeños grupos de cinco o seis personas y luego

[350] Entrevista a Vicki, para *Otro modo de ser mujer*.
[351] Entrevista con Rotmi para *Otro modo de ser mujer*.
[352] Entrevista con Bety para *Otro modo de ser mujer*.
[353] Esta entrevistada solicitó cambio de nombre, la denominamos Bertha, 26 de enero de 1996.

nos íbamos a plenaria. Se discutían temas como la salida del clóset, los grados de dificultad para asumirte como lesbiana, relaciones de pareja, roles, sexualidad, familia, religión, cuerpo y salud, enfermedades transmisibles recurrentes o frecuentes entre las lesbianas, grupos que habían, fantasías lésbicas y políticas, qué tipo de sociedad queríamos construir; se invitaban grupos o chavas que platicaran su experiencia en grupos lésbicos, se hablaba de violencia, madres lesbianas, etcétera. No había en esa época muchos grupos lésbicos, ni nos interesaba mucho, había historia por supuesto. Estaba fuerte el movimiento feminista y debilitado el movimiento lésbico y gay y éramos el único grupo en esas fechas.[354]

Una de las principales temáticas dentro del movimiento lésbico ha sido el de la "lesbofobia internalizada", tema que empezó a ser tratado por MULA.

En esas épocas andaba muy picada con lo de homofobia internalizada, había caído en mis manos un libro con un taller, y pedí darlo al grupo y dijeron que no, porque como yo tenía pocos años de ser lesbiana asumida, tal vez, yo tenía lesbofobia internalizada, pero que ellas no. Durante un año intenté darles el taller, una vez se los hice en 87 y se tronó todo el grupo al reconocer que tenían lesbofobia internalizada. Fue un taller muy fuerte, que decidí no darlo como estaba estructurado, lo retomé con Esther y cambiamos el taller con el de un libro que se llama *Nombrando la violencia*, que es sobre relaciones sadomasoquistas lesbianas; entonces, esa segunda vez entendimos la lesbofobia, éramos trece personas, a la segunda sesión quedaron ocho. Es un taller muy doloroso que la gente no quiere entrarle. Hay muchas cosas que nosotras no nos imaginamos que es lesbofobia internalizada que explican estos pleitos que tuvimos entre nosotras. Uno de los objetivos es el reconocer que tenemos lesbofobia internalizada, -ni siquiera tanto el cambiar- hubo mucha resistencia hace siete años. Creo que el movimiento se ha detenido mucho porque no queremos hablar de las broncas que hemos tenido las lesbianas, porque tenemos miedo a que nos desprestigien, de hecho este libro que se escribió en 80, de lesbianas golpeadas, tuvo resistencias del Movimiento Lésbico para que se publicara porque nos iba a desprestigiar. Es importante sacar estas cosas porque sí existen.[355]

MULA estuvo conformado en su mayoría por parejas, a decir de algunas de las integrantes el ocaso del grupo empezó a llegar cuando empezaron a tener relaciones internacionales y se presentó la propuesta de que México sea la sede del Primer Encuentro Lésbico feminista latinoamericano y del Caribe. Las aspiraciones de poder llegaron a las líderes quienes empezaron a manejar la seducción como forma de ganar apoyo, lo que trajo como consecuencia conflictos en las relaciones de parejas.

---

[354] Lurdes, entrevista anteriormente citada.
[355] *Ibidem*.

Lourdes tenía su pareja y yo también, las bubus eran pareja, la Yaguer (su pareja era simpatizante), Rotmi y Lupia sin pareja, éramos 9 y fuimos muy constantes dos años. Me empecé a sentir incómoda con mi pareja y compañeras de trabajo porque empezó a aparecer la competencia, la envidia entre las compañeras; empezó a haber una conexión con grupos de Europa y apareció el rollo del poder, la seducción. El alcohol en las fiestas fue grueso porque fue una desinhibición total, a todas nos salía el instinto y nadie sabía manejarlo y era terrible. Incluso tuve una pesadilla de que una loca desquiciada me estaba persiguiendo y me quería agarrar y me dio pavor, no podía despertarme y sólo mediante un grito espantoso me desperté y en ese instante dije "me salgo de este grupo", se convirtió en una pesadilla porque así fue para mí. Primero fue la gloria, el éxito, el trabajo, el profesionalismo, la creatividad, pero después se convirtió en una pesadilla, se pudrió para mí; no lo supimos mantener, alimentar, cuidar, se rompió el grupo aunque quedaron cuatro cuando vino el Primer Encuentro Lésbico-Feminista de América Latina y El Caribe, se formaron dos bandos, uno en contra de quienes lo estaban llevando y el otro. Peleaban por poder, por llevar el timón y las que estaban en el timón no se lo alcanzaban a merecer completamente porque si se lo hubieran merecido, nadie hubiera protestado; había un montón de telarañas y se hizo una guerra espantosa de chismes, de dificultades, control y repercutió en el Encuentro. No fui al Encuentro, estaba asustada de todo eso, creo que me *faltaron pantalones* para intervenir o ya no me llenaba, encontrarme con mi loca no era fácil, para mí era espeluznante, de pesadilla y no fui, parece que fue caótico en muchos sentidos.[356]

MULA quedó con dos parejas hasta el Primer Encuentro Lésbico Feminista de América Latina y el Caribe. En la organización del Encuentro Latinoamericano, MULA tuvo un papel fundamental, aspecto que será analizado posteriormente, que les otorgó desgaste, estigmatización y provocó su desaparición. MULA contribuyó positivamente a introducir el tema de la lesbofobia internalizada en la comunidad y a recrear técnicas grupales con lesbianas.

## Grupo de Madres Lesbianas (Grumale)

> Somos hijas del destiempo. Yo, en pleno otoño.
> Tú primavera miedosa/ de mis vendavales.
>
> ROSA MARÍA ROFFIEL

El Grupo de Madres Lesbianas surgió en 1986 por iniciativa de Nancy Cárdenas, quién había iniciado una relación de pareja con una madre lesbiana y estaba enfren-

---

[356] Bertha, entrevista anteriormente citada.

tando una problemática nunca antes abordada en el movimiento lésbico-homosexual. Ante la necesidad de hablar o aprender de otras la forma de interlocución que planteaba una relación con una madre y su hijo, Nancy propuso a Lourdes Pérez, madre de dos hijos, iniciar un grupo de madres lesbianas, en un momento en que aún quedaba la nostalgia de lo que había sido el movimiento lésbico-homosexual y, cuando por el terremoto, muchos grupos feministas y algunos lésbicos empezaban a tener fuerza en trabajo con sectores populares.

> El Grupo de Madres Lesbianas se crea porque Nancy Cárdenas en 1986 tuvo una relación, por primera vez, con una madre lesbiana y sintiéndose apanicada, habló con mi compañera para saber qué se hacía. Nancy planteaba espacios separados porque seguramente ellas tenían que quejarse por un lado y nosotras, las madres, debíamos hacerlo también. La formación del grupo coincidió con la Semana Cultural Lésbico Gay de 1986, donde por primera vez se planteó públicamente sobre nuestra situación. Nancy nos emboleta, estaba fascinada, pero terminó a las dos semanas con su compañera y nos deja con el grupo armado, al terminar con su chava ya no le interesó el grupo, ni se volvió a relacionar con otra que tuviera hijos.[357]

El grupo se empezó a consolidar con madres quienes invitaban a otras madres lesbianas y por sus parejas. Las reuniones fueron hechas rotativamente en casas de las integrantes. El número de las interesadas fue creciendo llegando a registrarse entre treinta y cinco y cuarenta asistentes, las que podían ser o no las mismas en las siguientes reuniones. La composición de las integrantes fue sumamente variada, evidenciando la famosa frase del movimiento "estamos en todas partes" pero aun cuando esa variedad se presentaba como una riqueza, complicó la dinámica interna porque se hacía difícil abordar tal diversidad de características y problemáticas.

> Estaban todos los estratos, las *pípiris nice*, las de clase media, las más jodidonas, las empleadas, las obreras, pintoras, era un mundo, un mosaico muy heterogéneo a nivel socioeconómico, con hijos de todas las edades, bebés, niños, adolescentes, adultos, eso era un cuete, ¿cómo trabajar el problema con los hijos? Nadie podía dar la solución de nada.[358]

La metodología de las reuniones fueron testimoniales donde la principal problemática se presentaba en torno a la relación con los hijos, tanto de la madre como la nueva compañera y entre ambas mediadas por ellos.

---

[357] Lourdes Pérez. "Taller de vida cotidiana y maternidad lésbica", IV Encuentro Nacional Lésbico, Cuernavaca, diciembre de 1994.

[358] Entrevista con Chelita, 10 de noviembre de 1995.

Marisol me invitó a su casa porque se estaba formando un grupo de madres lesbianas. Eramos treinta y cinco madres, todas lesbianas. Cada quién conectó a otras. Nos reuníamos en diferentes casas. Platicamos mucho de nosotras, no había nada estructurado. Era llorar porque yo quería estar con mis hijos y traía mucha culpa y Tere –mi pareja– muy linda... pero toda relación con sus asegunes porque ella me decía *"que vengan para acá"* pero luego no le hacía mucha gracia e implicaba situaciones conflictivas.[359]

Las madres que asistían al grupo habían estado casadas, en su mayoría, y habían tenido todas ellas sus hijos con hombres, es decir, un pasado heterosexual. Una relación con otra mujer implicaba una nueva vida, no sólo para ellas, también para sus hijos y en muchos casos también para sus nuevas compañeras. El gran temor de las madres era el rechazo de los hijos o una conflictividad en su proceso de desarrollo.

Me incorporé por invitación de Chela, habían como veinte mujeres en casa de una de ellas por Villa Olímpica. Estaban leyendo una carta de una flami[360] para su compañera sobre lo difícil que era ser aceptada por los hijos de ella, los hijos eran mayores de veinte años. Tenían como cuatro años de relación. La que no era mamá conoció a los hijos ya adolescentes, una etapa difícil. Eso me impresionó, yo platiqué a grandes rasgos mi experiencia. Lo primero que noté fue la preocupación de las madres lesbianas que tenían a sus hijos consigo y lo difícil que era para ellas la vivencia con sus parejas, si bien la pareja aceptaba la maternidad de su compañera, era necesario trabajar con los hijos porque no era fácil para todos los hijos o hijas aceptar que sus madres en vez de un compañero, tuvieran una compañera. El caso mío y de Chela éramos las únicas que no teníamos a nuestros hijos cerca.[361]

La relación con las compañeras, mediadas por la presencia de los hijos, también tomaba interés primordial en las reuniones.

A mí me invitó Lourdes. Asistíamos como veinticinco, a veces eran un montonal, asistían muchas parejas y se quejaban, 'me desplaza por sus hijos, ¿dónde estoy yo? y yo le digo que le ponga límites y no me hace caso', era como la victimización o el encabronamiento y nosotras en la pendeja, no sabíamos manejarlo, nadie lo podía manejar.[362]

Otro tema recurrente en el grupo de *Madres* fue la relación con el padre de los hijos, es decir, la figura masculina como conflicto.

[359] *Ibidem.*
[360] Flami, pareja de una madre lesbiana.
[361] Entrevista con Eréndira, 18 de enero de 1996.
[362] Bertha, entrevista anteriormente citada.

Cuando conocemos a nuestras parejas ya éramos madres, algunas casadas, otras madres solteras, todas habíamos sido bugas y pocas bisexuales. Cuando se toca la bisexualidad, se cuestiona mucho; yo lo menciono y me asumo como bisexual igual mi compañera y a ellas se les hacía muy difícil aceptar la bisexualidad, incluso en muchos grupos lésbicos era muy difícil aceptar a una bisexual, les decían "defínete" yo decía lo tengo bien definido; ahorita vivo con una mujer y no sé, tal vez a lo largo de algunos años viva con un hombre. Para aquellas mujeres que tenían que ver al papá de sus hijos, en su mayoría, era conflicto. Para el radicalismo de algunas les era difícil la presencia del hombre. No quedó concluido el tema de la bisexualidad[363]

La metodología empleada para abordar la infinidad de conflictos y dramas que traía cada una de sus integrantes, fue la testimonial acompañada de comentarios grupales, lo que ocasionó un desgaste y deserciones ya que las más antiguas se cansaban de oír testimonios similares.

Eran testimonios y retroalimentación, cada una daba su punto de visto respecto al testimonio, había quienes se identificaban con el testimonio y daban su propia experiencia y se convertía en otro testimonio, no había una cabeza que dirigiera el grupo.[364]

Además del desgaste producido por la dinámica metodológica, el grupo adolecía de una serie de circunstancias que provocaron más salidas, como la falta de liderazgo; el que en un inicio fue ejercido de manera natural por varias de las integrantes, no fue asumido abiertamente. De igual manera, pesaron los conflictos de poder y una suerte de solidaridad de las parejas de aquellas que dejaron de asistir.

Después de que salieron Silvia, su compañera, Bertha y otras, empezó a haber diferencia entre mujeres, de carácter, no siempre todas simpatizaban. La gente salía quizá por la distancia de las casas donde nos reuníamos; a otras, a lo mejor, no les interesó o les aburrió la dinámica; otra porque tronaba la pareja o porque una no podía y la otra no iba sola.[365]

Después de trabajar un buen tiempo, fluctuábamos entre doce y quince, nos juntábamos a hablar, hablar. Sentíamos rico descargar, no queríamos llamarle terapia, pero no hacíamos otra cosa que eso. Duramos un buen de tiempo así, hasta que empezamos a ser menos, no sé por qué se empezaron a ir, hasta que nos quedamos un grupo más sólido, más compacto y empezamos a planear cómo queríamos trabajar y aprendimos

---

[363] Eréndira, *ibidem*.
[364] *Ibidem*.
[365] *Ibidem*.

a escuchar, ser pacientes porque a veces alguien se colgaba en echar su rollo; no era bonito, pero no nos reuníamos para hablar de política, de reglas.[366]

*Madres*, como fue mejor conocido en sus inicios, se identificó como un grupo de autoayuda y expresaba una resistencia a identificarse como un grupo de militancia político. Esta posición también fue motivo de algunas salidas en el grupo.

Me salí porque vi que el grupo se estaba convirtiendo en grupo de señoras que sólo iban a hablar de sí mismas, que no querían ver más allá.[367]

El grupo ya estaba desfasando porque tal vez se estaba agotando nuestra dinámica, había ciertos desacuerdos con compañeras de otros grupos porque nosotras no queríamos ser un grupo político, queríamos seguir permaneciendo como un grupo de autoayuda, de introspección. No nos interesaba mucho participar políticamente en la dinámica de otros grupos, pero sí fue importante politizarlo y sí participamos en varias marchas pero siempre nos manteníamos al margen con nuestra línea que queríamos conservar.[368]

Otro de los aspectos que pesó en la crisis de esta primera etapa de Madres fue las diferencias socioeconómicas y educativas.

Vivíamos la separación de clase; no recuerdo que me hicieran menos, pero sí me daba cuenta que, en reuniones sociales se hacían grupos, a la mera hora te hacen a un lado porque no somos ricas, ni somos profesionistas. Sí influyó.[369]

Los conflictos del Primer Encuentro Lésbico Feminista de América Latina y el Caribe terminaron por desarticular al grupo al año de haberse formado, pero no en su totalidad, porque dos parejas se encargaron de reactivarlo y mantenerlo hasta 1989. Dos madres y sus respectivas compañeras, quienes después del Primer Encuentro Lésbico Feminista de América Latina y el Caribe (ELFALC) integraron la Coordinadora Nacional de Lesbianas Feministas (CNL). La Coordinadora (que analizaremos en el capítulo siguiente) fue una instancia política del movimiento lésbico; intentaba articular a los diversos grupos lésbicos de la república y se había formado como una reacción ante las organizadoras del Primer Encuentro Lésbico Feminista de América Latina y el Caribe. Grumale, que para entonces ya había

---

[366] Chelita, *ibidem.*
[367] Lourdes, *ibidem.*
[368] Eréndira, *ibidem.*
[369] Chelita, *ibidem.*

asumido estas siglas, integró la Coordinadora pero bajo sus mismas características de grupo de autoayuda y no político.

> Decíamos "nosotras no intervenimos en política, hacemos política pero no en función de la Coordinadora, no nos metan. Funcionamos con nuestra dinámica, estamos en la Coordinadora, porque así conviene pero no más allá". Siempre nos mantuvimos al margen, allá terminaron agarrándose de las greñas quién sabe cuántas.[370]

Las cuatro herederas que se encargaron de reconstruir Grumale habían tenido la experiencia de ser educadoras sexuales del Instituto Mexicano de Sexualidad (IMESEX), donde obtuvieron una amplia experiencia de trabajo en talleres de sexualidad. De ahí que la organización de talleres para madres lesbianas fue el objetivo de esta nueva etapa. Uno de sus más importantes talleres lo realizaron en Guadalajara, organizado por el grupo Patlatonalli, en el que se vuelve a evidenciar el conflicto con los hijos. Aunque reconocieron la necesidad de trabajar el asunto con los mismos, nunca lo pudieron hacer.

> Después del taller de Guadalajara nos sentimos muy satisfechas, siempre decíamos que no estábamos dando una solución porque muchas creían que nosotras teníamos la fórmula de cómo vivir bien en pareja con los hijos. Invitábamos a dar alternativas. Concluímos en que era importante dar talleres a los hijos, pero, ¿cuántos estarían dispuestos a ir? En una ocasión intentamos hacer una convivencia entre los hijos pero nunca lo logramos.[371]

Para Grumale la maternidad no estaba necesariamente ligada al instinto, por el contrario, plantearon la existencia de una *Maternidad circunstancial* o maternidad no deseada, por oposición a la *Maternidad racional*. La maternidad no siempre es bien recibida. En la mayoría de los casos es impuesta debido a la imagen de la feminidad ligada a la maternidad en su función de educadoras; educa futuras madres, de ahí que Lesli Leonelli afirma "la mujer es madre por definición".[372] Por su condición de género, las mujeres están predispuestas a ejercer la "maternidad social" cuando no la maternidad biológica.

> Proponíamos que se eliminara el instinto materno, hay instinto en los animales, pero no todas tenemos ese instinto materno inmediato. De ahí que hablábamos de una maternidad circunstancial y que no siempre la maternidad es deseada. La maternidad

---

[370] *Ibidem.*

[371] Eréndira, *ibidem.*

[372] "¿Qué clase de maternidad ejercemos?" Grumale, VI Encuentro Nacional Feminista, Universidad Autónoma de Chapingo, julio de 1989.

circunstancial es la que vivimos muchas porque nos embarazamos por no usar un método anticonceptivo, por el descuido con el método natural y la maternidad que a nadie se le desea por violación y que más nos preocupaba, porque ahí se vive una maternidad rechazada u obligada (de repente llegaban mujeres que habían sido violadas). Aquellas que no son madres biológicas son madres sociales.[373]

En tanto, el grupo motor de Grumale estuvo conformado por dos madres y sus parejas quienes no tenían consigo a sus hijos, fue importante para ellas trabajar conceptos relacionados a la separación ya que éste lleva consigo culpas; retomaron el concepto de *El Despegue* de Nancy Friday que implica generosidad, en tanto que la separación no es sinónimo de pérdida, ni de aislamiento con respecto a una persona amada. "La separación sirve para dar libertad a la otra persona y que sea ella misma, antes de que se vea resentida, entorpecida, ahogada por una atadura demasiado estrecha".[374]

Grumale permitió el acercamiento también de hombres homosexuales, padres o interesados en ejercer una paternidad, enriqueciendo su experiencia.

En la Semana Cultural del Chopo del 88, nos presentamos y se acercaron varios compañeros gays y solicitaron entrar porque existía la inquietud de ser padres adoptivos o vivir con sus hijos los que tenían y se incorporó un amigo, no era padre pero tenía deseos de serlo, era uno de los candidatos para que Paty (mi compañera) fuera mamá. El nos aportó mucho, también como hijo y de ahí surge el escrito, porque primero somos hijas, luego hermanas.[375]

*Primero hija*
*luego hermana*
*... siempre amiga*
*después novia*
*luego esposa*
*... siempre amiga*
*después madre*
*luego divorciada*
*... siempre amiga*
*después amante*
*luego lesbiana*
*... siempre amiga*
*Ocho consecuencias en mi vida*

---

[373] Eréndira, *ibidem*.
[374] "¿Qué clase de maternidad ejercemos?", *ibidem*.
[375] Eréndira, *ibidem*.

*las dos primeras ignoradas;*
*novia, esposa, madre, la tradición halagada*
*Las otras, las últimas:*
*el fracaso, lo ligero, lo diferente*
*Ocho capítulos en mi vida*
*con muchas culpas, superando:*
*violaciones, ignorancia, desolaciones*
*Sólo una ha calmado mi angustia*
*Sólo una me llena de alegrías... ser amiga.*
*Sólo tú llenaste mi espacio vacío*
*... siempre amiga aquí me encuentro a tu lado*
*recibiendo tu mano*
*recibiendo tu amor.*

(Eréndira, marzo 1987).

Debido a que en los inicios del grupo los ingresos y egresos de las integrantes, en forma bastante libre, no permitieron una integración grupal, las dos parejas, se plantearon en esta etapa mantener el grupo cerrado. Pusieron su local a disposición de las madres que llegaban y ofrecieron apoyo y talleres.

> Queríamos seguir ayudando a las mujeres, no porque les íbamos a solucionar sus problemas; el objetivo era compartir nuestras experiencias, juntarnos a hablar, que hicieran catarsis, apoyarnos porque tú puedes encontrar alguna respuesta a lo mejor en lo que escuchas.
> Hicimos una fuerza de cuatro mujeres y no permitimos que entraran; nos hacía falta, pero teníamos muchísimo miedo de volvernos a desmembrar; había pasado en dos etapas cuando éramos muchas. Había un vínculo de amistad muy fuerte entre nosotras desde antes del grupo, mucho cariño y respeto. Las cuatro pudimos ponernos de acuerdo, trabajar más en armonía. Empezamos a tener contacto con madres de la provincia, volvimos a tener muchas mujeres en las reuniones semanales, tuvimos un departamento que la tía de Tere le había dejado, era de renta congelada, era nuestro local. Nos reuníamos todos los viernes y era un día muy difícil y, sin embargo, llegaban por la gran necesidad de hablar. Llegaban nada más por el contacto de los otros grupos, nunca pusimos un aviso en el periódico, no hubo necesidad, había que abrir un poquito la puerta y llegaban.[376]

Sin embargo, no pudieron evitar la infiltración de una joven, no sólo la organización, sino, a una de las parejas, lo que ocasionó la desestructuración del grupo.

---

[376] Chelita, *ibidem*.

No incorporamos a la nueva gente que llegaba al local porque creíamos que eso lo había tronado. Pensábamos que éramos fuertes y sólidas y finalmente nos dimos cuenta que no éramos fuertes ni sólidas, lo que pasa es que lográbamos trabajar en armonía, compaginar más, estar más de acuerdo cuatro que diez; pero no pudimos. Lo que más buscaban era hablar. Cuando se dieron cuenta que nosotras no solucionábamos nada se retiraban. Otras creían que podían dejar allí a sus hijos, luego en viernes muchas preferían irse a la disco pero nunca nos faltó gente. Tronó de la manera más tonta. No éramos ni tan fuertes ni tan sólidas, amé mucho mi grupo pero que frágil estábamos. Llegó una chica de veinte años, madre, con un niñito de tres años, se coló en mi relación. Mi relación seguramente estuvo muy descuidada, creo que ninguna de las dos puso mucha atención y mi compañera se involucró, ahí me di cuenta que soy una vieja, y me puse a pensar hasta que le puse atención ya no había qué hacer. Fue la única que se coló en este cuarteto, pero no para trabajar. Primero se me acercó a mí, pero yo le dije no; "mi relación es de nueve años y quiero mucho a Tere", no digo que por eso puso la mira en la otra pero con Tere sí pasó y para mí fue fatal, fatal, pero buenísimo a la vez. Yo tenía mucho tiempo de vivir en su casa, yo la sentía mi casa. Me tengo que salir de casa de Tere y sin trabajo, porque me estaba cambiando al negocio de Tere y entonces tenía casa y trabajo por Tere, era mi segundo divorcio pero ya no estaba tan desamparada, tenía amigas. El grupo se acabó, les decía a Eréndira y Paty "sigan ustedes, yo no puedo", Tere se separó estaba muy ocupada y se dedicó a vivir su tórrido amor, tenía razón no era madre. Todo cambió y el local era de Tere. Todo era de Tere. Yo no me di cuenta de nada, hasta que salí, era otra dependencia. Tere no nos lo quitó pero todo cambió. Eren y Paty se quedaron, dijeron vamos a esperar que te repongas y entró un amigo gay, Alejandro, pero soy muy lenta para reponerme, para levantarme, ahora me costó más. El grupo acabó en el 89.[377]

Las que quedamos hasta el último fuimos Paty y yo, Tere y Chela tuvieron una ruptura y a las dos les afectó mucho, incluso Paty y yo fuimos mediadoras para que se dijeran lo que querían sin lastimarse, tratamos de hacer lo más que se pudiera para que no se separaran o para que la separación fuera tranquila. Se separaron y el grupo se desintegró. A Paty no le interesó mucho continuar, no le interesaba mucho la actividad y a mí sí. Me siguieron hablando para continuar el trabajo pero ya no tenía tiempo para seguir pero sí participé en entrevistas, luego me enteré que la Coordinadora Nacional de Lesbianas se desintegró, la mayoría de los grupos de la década del 80, cada quién tomó su cauce creo que hubo un desencanto desde aquel encuentro en Cuernavaca.[378]

Vemos pues que la aparición del Grupo de Madres Lesbianas estuvo motivada por una necesidad surgida de una relación amorosa, pero el objeto de su existencia

---

[377] *Ibidem.*
[378] Eréndira, *ibidem.*

estuvo sustentada por la urgencia de abordar la interrelación conflictiva que presenta la triangulación madre-flami-hija/o. La necesidad de hablar, buscar referentes, modelos, confrontar, desestructurar y reconstruir una imagen de familia diferente a la norma establecida por el *status quo*, llevó a este grupo de mujeres a mantener lazos de solidaridad para mantenerse aliadas y de pie.

La interrelación madre-flami-hija/o fue un tema central en la preocupación de Grumale, aunque no fue suficientemente profundizado. Fue el inicio de la revisión de conceptos en torno a la maternidad y la familia que, por supuesto, rebasaron los espacios propios de la autoayuda, y que dejaron un legado para seguir abordando con más profundidad. Por otro lado, la inseminación artificial o inseminación directa se presenta como una nueva opción para lesbianas y tema de debate en los últimos años para el movimiento lésbico y que, indudablemente, están relacionados con la transformación de la familia tradicional, punto central de la discusión política.

Si bien el rechazo de Grumale a asumirse como un grupo político, aunque en la práctica nunca dejaron de serlo, no permitió articular una perspectiva más allá del grupo de apoyo o grupo terapéutico y plantearse como un grupo cuya trascendencia, no sólo radicaba en el apoyo a los sentimientos de sus beneficiarias, sino en un profundo cuestionamiento a las estructuras familiares y, por tanto, sociales y políticas. Podríamos decir que Grumale renovó el discurso político del movimiento lésbico, ya que su presencia tanto en los espacios lesbofeministas como heterofeministas, provocó una serie de reacciones o rupturas conceptuales. Para muchas lesbianas puristas, las madres lesbianas eran ex-bugas de las que había que dudar tanto por su pasado heterosexual como por la presión social que caía sobre la maternidad, de ahí que causaban poca credibilidad. Para las heterofeministas, significó un reto a la audacia y mostraba que ni la maternidad podía ser un límite a la libertad; de ahí el impacto que causó el tema en el IV Encuentro Feminista en Taxco, fecha desde la que la discusión sobre las madres lesbianas es obligatorio en los Encuentros lesbos y heterofeminista.

Así como su nacimiento, su desaparición estuvo motivada por otro hecho amoroso, en este caso no causó unión sino ruptura, lo que reafirma la tesis de que el amor es un elemento motor de construcción y rupturas en el ámbito de la militancia lésbica. A lo mejor, a este hecho también se sumaron factores propios que envuelven a la muerte de un grupo: desgaste, falta de asumir liderazgos, lucha de poder, desencanto, falta de objetivos claros y la ausencia de una visión más global que retroalimente a sus integrantes.

La desaparición de Grumale dejó un gran vacío en el movimiento lésbico porque la problemática de madres lesbianas que necesitan algún tipo de referencia en su nueva identidad, sigue estando presente, porque la opción de la maternidad sola o en pareja es una alternativa cada vez más retomada por el lesbofeminismo y heterofeminismo sin muchos referentes y por la necesidad de dejar constancia sobre las nuevas formas de familia que, en la práctica, inventan las lesbianas para que se respeten los derechos civiles que de dichas relaciones se derivan.

En 1996 el Centro de Documentación y Archivo Histórico Lésbico y el grupo *Fortaleza de la Luna* organizaron el Primer Encuentro Nacional de Madres Lesbianas, lo que dio lugar a la formación de un segundo grupo de Madres Lesbianas (Grumale II) quienes año a año continuan con dichos encuentros, los que a pesar de mantener la denominación "nacional", en la práctica son más bien locales.

## Fortaleza de la Luna

> Tan blanca/ herida/ de la dulzura/ uñita de luna
> Sabina Berman

Cuando Luz María ex integrante de Lesbos y OIKABETH se fue a Xalapa, Veracruz, formó un grupo mixto: *Dual*, de corta duración debido a las dificultades que imponían las condiciones de una ciudad pequeña donde el anonimato es imposible y donde la falta de espacios suponía más una dinámica social que política.

La existencia de un grupo lésbico-homosexual fuera de la capital y en una pequeña ciudad con gran sentimiento religioso, mayoritariamente católico (como son los de América Latina), tiene un sentido transgresor, aunque su estrategia de hacer política difícilmente transciende los espacios de encuentros, ligues, y socialización. En tal sentido, el concepto de la *visibilidad* tiene un significado diferente.

> Aquí, salir a la calle de ligue es una forma de visibilidad. En el D.F. marchaba con pancartas y difícilmente encontraba a alguien que me conozca, en cambio en provincia caminas dos cuadras y ya tres te saludan y saben quién eres y qué haces. Por eso es más difícil, eres visible. El grupo era mixto, los objetivos no eran muy claros, más allá que formar un grupo 'y a ver qué hacemos'. Yo sentí que no me aportaba nada, aunque entendiera las necesidades de la gente porque ellos estaban en un proceso de inicio similar a cuando estábamos en Lesbos. Pero yo ya no me sentía como "para ir de regreso"; seguí asistiendo pero más bien como apoyo. Siguió funcionando un tiempecito corto y luego tronó. El chavo en donde nos reuníamos se fue a vivir a México y se terminaron las reuniones. ¡Mira qué motivo tan lábil![379]

---

[379] Luz María, entrevista anteriormente citada.

Difícilmente Xalapa hubiera respondido de la forma en que seguramente hubiera deseado Luz María, una movilización política de lesbianas y homosexuales o como desearíamos en cualquier ciudad. La conciencia política es un proceso de comprensión de las necesidades.

En la experiencia del grupo mixto, Luz María manifiesta diferencias marcadas en la forma de militar y de formularse los intereses entre hombres y mujeres.

> Los chavos no se lo tomaban muy en serio; llegaban a ligar, a ver qué onda; les aburría hablar de temas más serios. Yo empecé a insistir sobre otros temas, no sólo la autobiografía, pero pareciera que a ellos les aburría mucho y no vi buena respuesta. En cambio, las mujeres se sintieron interesadas en hablar de otros temas, de roles, etcétera.[380]

Después de Dual, Luz María madura la idea con otras amigas de un espacio de lesbianas principalmente para la tercera edad. Un espacio para vivir o visitar en fines de semana y compartir de una familia lésbica. Este proyecto, pensado a mediano plazo con características de comuna, fue posible con una inversión con la que se compró un terreno rural en Xalapa y se elaboró el diseño arquitectónico de *La comuna*: una lesbiana podría comprar un terreno de 80 metros cuadrados para construir su cabaña, las que estarían ubicadas en forma circular en torno de un espacio común que sería un local comunal.

> Seguía sintiendo la necesidad de hacer algo y fue cuando se me ocurrió lo de Fortaleza de la Luna, platicando con amigas coincidíamos en la necesidad de tener una cabañita con ciertas características para nuestra vejez. Yo compré el terreno e invité a que participaran del proyecto, y la gente fue entrando y les explicaba cuál era la idea. Una chava de México me ayudó para completar lo del terreno, se hizo socia, y luego empezó a llegar otra gente, pero todas con invitaciones personales. Invité a gente que no era conflictiva, buena onda, que sentía que les podía interesar el grupo. Hay de todo; gente más inteligente, politizada y gente que no ha pertenecido a ningún grupo.[381]

Aunque Fortaleza de la Luna no está totalmente constituido como un grupo político porque muchas de sus socias viven en el D.F. y otras ciudades de la república, algunas, que viven en Xalapa se reúnen y participan de algunos eventos.

---

[380] *Ibidem.*
[381] *Ibidem.*

## La Colectiva

Tu ausencia es el útil vacío/ abierto hacia el retorno/ donde
tu cuerpo es formación de pájaros/ emigrando del norte al
Orinoco/ donde mi piel es tambor resonando tu nombre

Nemir Matos-Cintrón

Después del Primer Encuentro Lésbico Feminista de América Latina y el Caribe, el movimiento lésbico quedó polarizado en dos tendencias que se analizarán más adelante. Carmelita, abogada perteneciente a una de las tendencias, consiguió un departamento grande a una renta baja, en torno al cual intentaron articular un proyecto conjuntando aspectos culturales, talleres y convivencia. Sin embargo, las amarguras del Primer Encuentro estaban todavía muy frescas y este proyecto se presentó como una forma de continuidad del trabajo de una de las corrientes, la que más críticas recibió; de allí que sus integrantes no tuvieron la fuerza suficiente para defenderla y preservarla.

La Colectiva empezó antes con un círculo de estudios. Recibí la invitación de Carmelita. Eramos seis o siete personas en el círculo. Cuando surgió la posibilidad de un departamento, de aprovechar un espacio, surge la Colectiva. Carmelita ayudó a Marta con un juicio de desalojo y ella nos lo rentó muy barato. Como yo no tenía donde vivir, estaba en una situación bastante difícil, muy deprimida, me sentía muy sola, decidí aceptar formar parte de este proyecto; finalmente, tenía un lugar donde vivir. Las fuertes del grupo eran Carmelita, Eugenia, Patria y yo, más un montón de otras mujeres. Se inauguró el local con Chavela Vargas, la estrellita; se hicieron algunos talleres sobre sexualidad con Bertha, lectura de poesía; tuvimos una sesión de trabajo con un grupo llamado Impala, de mujeres bastantes grandes, todas veteranas; expresión corporal y varias fiestas. El grupo tronó principalmente por problemas de sábanas y problemas de poder. La rivalidad que había entre Carmelita y yo, entre Patria y yo -Patria nunca me quiso-, entre Eugenia y Carmelita; por todas partes hicimos agua. Las otras personas que formaron parte de esta comunidad y vivían en el departamento, a los primeros conflictos se fueron. De hecho, para mí el final fue bastante amargo: me usaron como chivo expiatorio, me inventaron bastantes cosas, incluso un robo, hasta el final. Salí sacada de onda y bastante molesta, había demasiada mala onda y mejor me fui.[382]

La Colectiva fue un buen intento, pero por un mal manejo... se nos perdió el dinero de las fiestas y yo no estaba dispuesta a tolerar que alguien hiciera una utilización de

---

[382] Entrevista con Cecilia, 13 de octubre de 1994.

ese tipo de recursos que eran el trabajo de mucha gente, no me gustó que nadie se lo *clavara* y porque allí se empezó a dar una bronca grande que se venía arrastrando desde el encuentro, o sea que permeó por mucho tiempo".[383]

Se murió el proyecto de la colectiva, Patria dejó de ir, dejó de organizar cosas. Terminamos muy mal, peleándonos por dinero con Alma Rosa y Carmelita, terminamos prácticamente a golpes, horrible la terminación de ese grupo, como que traíamos todavía la cola del encuentro y la mala vibra. Carmelita y yo ya estábamos muy mal, yo la había cuestionado muy fuerte, de hecho ya no podía estar muy bien con Carmelita porque no me gustaba su manera de hacer las cosas, su forma de agandallarse el poder y de siempre tener el liderazgo y no aceptar los demás liderazgos, me molestaba mucho su estrellismo a ultranza, no permitía que otras personas se formen como posibles líderes o darles apoyo o fortalecer posibles grupos, ella es muy impositiva y muy egocéntrica.[384]

## El Clóset de Sor Juana

> pues no soy mujer que a alguno/ de mujer pueda servirle/ y sólo sé que mi cuerpo/ sin que a uno u otro se incline/ es neutro, o abstracto, cuanto/ sólo el alma deposite.
>
> Sor Juana Inés de la Cruz

Después de la desaparición de la segunda etapa del movimiento lésbico-homosexual (1978-1984) y los tres principales grupos que lo sostenían, el ambiente político estaba todavía efervescente con la participación de las mujeres y principalmente el movimiento feminista. Algunas de las que habían sido líderes del movimiento lésbico-homosexual todavía asistían a eventos internacionales feministas y lésbico-homosexuales en los que pudieron conectarse con algunas agencias financieras que estaban abiertas a financiar trabajos lésbicos. Volvieron a México con la propuesta de elaborar un proyecto editorial.

Adriana B. y Claudia fueron a Nairobi a una conferencia internacional de lesbianas y se habían dado cuenta que no estaba tan cerrado el financiamiento, nosotras decíamos "es que nadie nos va a financiar nunca y es que nosotras las patitos feos" y veíamos que las feministas avanzaban y avanzaban, y nosotras sin financiamiento y sin nada, siempre en cero. Cuando llegan con la propuesta e información: "sí hay organizacio-

---

[383] Patria, entrevista anteriormente citada.
[384] Eugenia, entrevista anteriormente citada.

nes y fundaciones que dan financiamiento a lesbianas y va a haber un congreso de la ILIS", entonces nos reactivamos y se creó el proyecto editorial del Clóset de Sor Juana. Lo trabajamos Adriana, Tina, Claudia, éramos un grupazo. Después fue abandonado casi por todo mundo, algunas a su pesar, otras porque cambiaron de proyecto. A mí me parecía muy importante y lo mantuve vivo a partir de estar en contacto con los grupos de fuera y lo inscribí en cuantas cosas pude, recibía mucha correspondencia a nombre del proyecto editorial del Clóset de Sor Juana".[385]

La idea del proyecto editorial nació posteriormente al descubrimiento de la posibilidad de financiamiento, de ahí que fueron convocadas ex líderes de diversas tendencias para elaborarlo. Por falta de cohesión grupal, perdieron el contacto con la financiera en dos oportunidades.

Lo mandamos en una primera etapa, luego perdimos el contacto porque Adriana que era el contacto directo se desligó y cuando lo retomamos nosotras, decidimos poner como titular del proyecto a una mujer que reuniera los requisitos más amplios, buscamos una doctora en esto y aquello que nos representara, nuevamente me había rodeado de activistas muy jóvenes, yo era de la experiencia pero no tenía una carrera terminada y nos dio el temorcito de que no van a creernos y entonces buscamos a una doctora adelante, lesbiana, la conseguimos, el error fue que esta persona no creyó en nuestra capacidad y ofreció el proyecto, ya que había sido enviado para su aprobación, a madres lesbianas y le dijeron que estaba loca, que era un plagio, que eso no se podía hacer, ella lo congeló, nos mandaron preguntar que pasó que estaba aprobado y en esa descoordinación perdimos el financiamiento y fue preferible a que llegara en condiciones que se había desintegrado, hubiera sido una bronca, pero el contacto siguió con Mamacash.[386]

Luego de un tiempo de lejanía me llamaron porque prácticamente se habían desecho todos los grupos, pero habían quedado residuos; de repente llegó la noticia después de un encuentro feminista internacional, que había la posibilidad de conseguir financiamiento para una organización, fue cuando yo hice el proyecto del Clóset de Sor Juana y yo le puse el nombre, pero era más amplio de lo que es. Era la posibilidad de tener un lugar donde hubiera librería, cafetería, consultorios para ayuda psicológica, legal con aportaciones de las socias y con todo un programa de desarrollo, de política cultural, amplio y serio, una Asociación Civil con recursos y autofinanciable. Supuestamente nos iban a financiar para hacerlo y rentar una casa. A una cosa de esas todavía te puedo decir que le entraría. Con el proyecto pasó lo que pasa siempre, es el cuento del huevito. Uno se encuentra el huevo, otro lo lleva su casa, otro le

---

[385] Patria, *ibidem*.
[386] *Ibidem*.

pone la sal, otro lo hecha a cocer y otro se lo come, eso pasó con ese proyecto, el Clóset de Sor Juana ha recibido financiamiento de agencias internacionales. ¡Me desligaron! de esas cosas que te llaman una vez, haces el trabajo, no te vuelven a llamar y como yo no soy una persona que esté sobre las cosas, tenía muchas cosas que hacer, no le di seguimiento y después encontré a Patria y me dijo que ya se había formado que me iba a llamar... nunca más me volvió a llamar, yo ya me deslindé por completo de eso, me metí a trabajar, me metí al PRI, me metía a la política.[387]

Pero no fue hasta hace tres años, cuando la cancelación de la Conferencia de la ILGA en Guadalajara y las elecciones del 91 en que empezó a haber una derechización más obvia para nosotras. Aunque existían grupos no estábamos siendo contestatarias, nos estaban anulando derechos. Vi con muchísima preocupación la avanzada de la ultraderecha, de la iglesia, del PAN, de pro vida en la cancelación de la conferencia. Hacía falta un grupo político, porque si no salimos a la calle no nos manifestamos, no decimos que existimos, nos barren. Hice una convocatoria, asistieron unas treinta mujeres, antes habíamos analizado el proyecto editorial y era muy limitado y decidimos ampliarlo a las necesidades del momento, no decidimos tirar una línea, dijimos vamos a ofrecer servicios, dejar que la gente venga y después ellas que digan qué quieren y respondieron.[388]

El nuevo proyecto del Clóset de Sor Juana se inició en un restaurante prestado, una vez por semana, proyectándose como un espacio cultural y político para lesbianas, desde entonces el proyecto ha crecido bastante, tanto en espacio como en actividades.

El Clóset lo empezamos un 8 de marzo del 92 primero en un espacio que pedimos prestado los jueves en un restaurante, hacíamos eventos culturales solamente para mujeres y era impresionante, más de cien mujeres, cuando se nos acabó el contrato de seis meses ya no lo quisieron renovar. Vimos que el público cautivo que teníamos era suficiente para generar recursos económicos para alquilar una casa, llevamos el espacio a una casa nuestra. De entrada éramos quince mujeres, y las que pudimos dimos mil pesos, juntamos un capital, compramos el mobiliario y obtuvimos un financiamiento de Mamacash de 1 500 dólares con lo que compramos la tele y el video, con las actividades que hacíamos cubríamos la renta, después el espacio resultó pequeño y nos cambiamos y ahora vamos a cambiarnos nuevamente. Haciendo el *lobby* en los encuentros feministas, en lo de Beijing; congresos y las salidas que hicimos al ILGA y la internacionalización en las que nos vimos involucradas rápidamente fuimos dejando proyectos, hace poco la Global Found nos dio diez mil dólares aunque en dos partidas, entramos a Sedesol con un proyecto de diez mil pesos para medias becas

---

[387] Tina, entrevista anteriormente citada.
[388] Patria, *ibidem*.

para pagar a alguien que conteste teléfono, el centro de documentación. Estamos ahorita en trámites con Kimeta y vamos a Beijíng, con un proyecto para un programa de radio. Estamos viendo de que manera nos hacemos de recursos porque la crisis ahorita ya no nos está permitiendo *salir tabla rasa*.

El colectivo es de ocho personas, todas somos coordinadoras de algo en específico, del archivo, de comunicación, de contactos internacionales, de los talleres. Hacemos talleres los sábados, vienen aproximadamente de quince a veinte chavas, hemos estado saliendo en radio y televisión, calculamos que al mes asisten entre trescientas a cuatrocientas mujeres entre fiestas, cafetería, videos, talleres y eventos especiales.[389]

El Clóset es un colectivo cerrado, a pesar de recibir a un gran número de asiduas, es difícil que ellas lo integren debido a la dinámica interna que hace que el colectivo también funcione en forma de sociedad.

No es un grupo abierto, para entrar al grupo cuesta muchísimo trabajo, la mayoría de las que quieren, truenan, todo lo hacemos nosotras, las que aguantan, las que se fletan toda la chamba, vienen a nuestras juntas, se integran al colectivo, si no pasaron una bronca de divisiones al interior y vemos que caen perfectamente bien pero si vienen con muy buenas intenciones, llegan a dar talleres pero meten bronca de división, no pasan a ser parte del colectivo. El colectivo ha disminuido por desgaste, es muchísimo trabajo, éramos quince, somos ocho.[390]

## La Coordinadora Nacional de Lesbianas

> Seguiremos aunque se nos borre el camino. Seguiremos aún sin nada porque nos respaldarán nuestros propios gritos.
>
> DAMARIS CORRALES

Un espácio de coordinación política de hasta trece grupos lésbicos de la época (1987-1990); el análisis de su trabajo será materia del siguiente capítulo, queremos adelantar que además de los mencionados, integraron la Coordinadora Nacional de Lesbianas, el Grupo Lésbico de San Luis Potosí (1986) que prácticamente fue una persona, Colectivo Gestación (1987) que surgió para el Primer encuentro lésbico feminista de América Latina y el Caribe y estuvo conformada por tres personas; la Carambada, grupo lésbico de Querétaro (1986), integrado básicamente por una

---

[389] *Ibidem.*
[390] *Ibidem.*

220

pareja; Grupo Lésbico de Tijuana, Grupo Lésbico Zainya, Grupo Ser Humano (Serhume) (1990), y el grupo Lilas.

Posteriormente a la Coordinadora Nacional de Lesbianas surgieron otros grupos como Telemanita (1991) dedicado a brindar al movimiento feminista y movimiento lésbico apoyo en la recuperación testimonial documental de sus actividades por medio del vídeo. El taller de sexualidad de los martes (Tasexma), Himen (1994) que elabora la revista *Lesvoz*, Las amantes de la luna (199). Suplemento lésbico de la revista *Del otro lado* Grupo de Madres Lesbianas II (1996), Musas de Metal (1995) que mantuvieron un programa de radio por dos años, Nocturna-les (1997) grupo de jóvenes poetas, Coyolxauhqui lesbianas en la plástica (1997), Pro Derechos Humanos de Mujeres Lesbianas (1996), Lesbianas Zapatistas (1997), entre otros.

## Centro de Documentación y Archivo Histórico Lésbico "Nancy Cárdenas" (CDAHL)

> A dónde te vas/ cuando te vienes/ así,
> entre mis brazos/ con los brazos abiertos
> SABINA BERMAN

La realización de la presente investigación puso de manifiesto la dificultad para rearticular la historia del movimiento lésbico en América Latina, debido a la gran dispersión de las fuentes de información y archivos y a que la militancia lésbica en América Latina sigue siendo semi-clandestina. Las fuentes históricas se encuentran en los archivos personales y testimonios de las militantes, con el peligro de perderse, sea por desaparición física como el caso de Nancy Cárdenas (pionera del movimiento gay en México, y en cuyo reconocimiento, el CDHAL lleva su nombre) o por su alejamiento de la militancia. En el IV Encuentro Lésbico Nacional se expresó la urgente necesidad de formar un archivo histórico lésbico para evitar la pérdida de la historia de este movimiento en México y de las lesbianas en general.

Por otro lado, el traslado de Safuega (iniciadora del espacio para lesbianas y Centro de Documentación Oasis) a Curaçao, Oasis-Guadalajara propuso iniciar el proyecto de *Centro de documentación y archivo histórico lésbico* en México con parte de su material. De esta manera, se acordó un crecimiento de *Oasis*. Guadalajara mantendría el espacio para lesbianas y parte del centro de documentación; otra parte daría inicio al CDAHL-*Oasis*-México y otra parte se iría a Curoçao, donde próximamente se iniciaría otro proyecto de *Oasis*. Cada proyecto con sus objetivos y administración propia. De esta manera con un acervo de aproximadamente cinco cajas de documentos surge el proyecto CDAHL-Oasis-México en 1995 y su primera actividad fue constituir el comité responsable y lanzar una convocatoria abierta de rescate de materiales, archivos y testimonios de lesbianas individuales y del movimiento lésbico organizado. Aunque el proyecto tripartita no funcionó, el CDAHL a pesar de falta de financiamiento y recursos siguió funcionando. Además de dedicarse a la tarea permanente del rescate de la historia del movimiento lésbico latinoamericano, el CDAHL inició el proyecto de una editorial lésbica en 1996, con la publicación de dos libros.

La autonomía para la experiencia lésbica mexicana ha significado construir un rostro y un cuerpo propio, una identidad colectiva que las refleje en su propio espejo, ya no dentro del clóset del movimiento puramente homosexual ni únicamente dentro del clóset del movimiento heterofeminista. Si bien siguen participando conjuntamente en acciones que dan un rostro de unidad como las marchas anuales por el orgullo gay y los encuentros feministas, la organización autónoma ha servido para hacer específicas sus demandas y reivindicar con más fuerza la existencia lésbica.

# V. EL MOVIMIENTO LÉSBICO FEMINISTA AUTÓNOMO EN AMÉRICA LATINA: UNA CARRERA A LA INSTITUCIONALIDAD

> El postulado de la heterosexualidad femenina es un prejuicio inmenso que se ha deslizado silenciosamente en las bases de nuestro pensamiento. Heterosexualidad compulsiva y existencia lesbiana.
>
> ADRIENNE RICH

La tercera postura o generación teórica del feminismo plantea la coexistencia simultánea de las dos anteriores (la igualdad y la diferencia), debido a que las mujeres todavía tenemos que exigir nuestro lugar en la sociedad como iguales y enfatizar la diferencia entre las experiencias femeninas y masculinas. Esta postura deconstruye la oposición masculino/femenino[391] que había sido fuertemente desarrollada por la corriente de la diferencia y la figura masculina, reaparece como interés para el movimiento feminista (y la categoría de género) permitiendo análisis y trabajos donde lo masculino vuelve a ser un referente importante; un nuevo tema de interés para el movimiento feminista es, por ejemplo, la masculinidad. La reaparición de los valores masculinos han transformado una vez más el carácter del movimiento femi-

---

[391] Kristeva, Julia, "Womens time", en *Signs*, vol. 7, núm. 1, 1981.
De Lauretis, Teresa, "Tecnologías del género", en: *El género en perspectiva: de la dominación universal a la representación múltiple*, UAM, México, 1991.

nista. La búsqueda de financiamiento ha llevado al movimiento feminista a un proceso de interlocución con agencias financieras y el Estado, proceso que lo ha llevado a una institucionalización en ONG's. En tanto, ha dejado de ser amplio, masivo, participativo; la institucionalización lo ha alejado de una gran mayoría de activistas y de procesos colectivos y democráticos. La "conquista" de espacios oficiales, antes identificados como patriarcales muestra un conflicto de posturas éticas en torno a la autonomía, por la relación con el Estado e instancias de poder en el *stablishment*, por el manejo de grandes recursos económicos, la forma de interlocución con los mismos y toma de decisiones. Este conflicto expresa la dicotomía entre posiciones ideológicas que ha renovado la vieja discusión política de la izquierda sobre *integración vs disidencia social o reformismo vs revolución* puesta en cuestión ahora desde el (hetero)feminismo autónomo[392] en respuesta al proceso de institucionalización del movimiento feminista, lo que –a decir de las autónomas– ha convertido al feminismo en refuncionalizador del sistema social en tanto que acepta todas las reglas del juego del sistema patriarcal y las hace suyas. Cuestionaron sobre los límites éticos de los recursos y las instancias y métodos para obtenerlos.

No queremos seguir avalando las políticas de financiamientos que desconstruyen nuestros ejercicios de democracia, de pensamiento y nos entroniza en los caminos del sistema, instalándose en todo espacio que intenta ser rebelde.
Nos negamos a negociar con las instituciones supranacionales y nacionales que provocan el hambre y la miseria, instituciones como el Banco Mundial, el Fondo Monetario Internacional, etcétera.[393]

La confusión del movimiento feminista con el conjunto de instituciones laborales de mujeres (aunque tengan un enfoque radicalmente feminista) está haciendo no solamente que los intereses políticos del movimiento se subsuman en los intereses de las instituciones y en los laborales y profesionales de sus integrantes, sino que además la dirección del movimiento ha pasado a centralizarse en aquellas instituciones que la Cooperación para el Desarrollo define como más "eficientes" y merecedoras de sus apoyos económicos y que por lo tanto cuentan con más recursos para hacer ofertas de "servicios, actividades, relaciones y espacios de protagonismo". Elecciones que no tienen nada que ver con los objetivos de transformación e incidencia política de un movimiento intrínsecamente radical y cuestionador, sino con los intereses de eficacia, de temas, productividad y diálogo con el poder que buscan las agencias de financiamiento.[394]

---

[392] Esta discusión se ha hecho presente en el VII Encuentro Feminista Latinoamericano y del Caribe, realizado en noviembre de 1996 en Cartagena, Chile.

[393] "Declaración del feminismo autónomo", VII Encuentro Feminista Latinoamericano y del Caribe, Cartagena, 26 de noviembre de 1996.

[394] Bedregal, Ximena, "Pensar de un modo nuevo", ponencia presentada al VII Encuentro Feminista Latinoamericano y del Caribe, Cartagena, Chile, 1996.

La crítica de las autónomas a la aceptación pasiva de las reglas del juego de un sistema social patriarcal, se extiende también a la participación de feministas y lesbianas feministas en el juego electoral y legislativo que –a decir de ellas– refuerza un sistema social que no nos incluye. Aceptar las reglas de juego de este sistema neoliberal y hacernos partícipes de él, habría convertido al feminismo en un movimiento reformista que abandonó el sentido contracultural y transformador. En tal sentido "lo revolucionario" del movimiento feminista, para las autónomas, está en el desafío de tomar la responsabilidad de crear una nueva propuesta civilizatoria, fundada en la colaboración y no en el dominio, instalada en el imaginario colectivo. En tal sentido, las ideas van construyendo esa propuesta. Para Margarita Pisano, ideóloga de esta corriente, el movimiento feminista hace conocimiento y lo va transformando en una propuesta política. Considera que la ubicación de las mujeres en ciertos lugares de poder no producen cambios culturales, al no tocar las relaciones de dominio que constituyen la esencia del patriarcado, que es preciso construir un movimiento que convoque a las mujeres en torno a las ideas de cambio social, resimbolizadas como mujeres y con una lógica que una lo íntimo, lo privado y lo público.[395] En tal sentido, la contienda electoral o las demandas legales serían parte del juego reformista que legitima al sistema patriarcal.

Para el sector que ha sido denominado *institucional,* la postura planteada por la corriente de la *autonomía* es fundamentalista, peligrosa y aislante porque el feminismo debe tener voz y opinión en los grandes problemas de fin de siglo; que reducir la discusión entre reformismo vs revolución es insostenible no porque algún polo se haya impuesto sino porque impide ver las imbricaciones, las intersecciones, los flujos multidireccionales que tiene lugar independientemente de los deseos de "unas" u "otras", que esta polarización impide abordar la diversidades y las diferencias.[396]

La discusión entre institución y autonomía es aún presente y parece ser una trampa en la que ambas posiciones defienden la propia autonomía y son críticos de la institucionalización ajena. Según Durkheim , la institución es un conjunto de normas que reglamenta el comportamiento social. Según Luce Irigaray, reclamar la igualdad como mujeres es "la expresión equivocada de un camino real". Reclamar la igualdad, en efecto, implica un camino de comparación, mientras la única posibilidad de salir de la institucionalidad vigente, es "definir los valores de la pertenencia a un género que resulten aceptables para cada uno de los sexos".[397] Por su lado,

---

[395] Extraída por internet de las charlas dictadas por Margarita Pisano "Movimientos Sociales y sus desafíos: Definiciones como espacios políticos" y "Movimiento Feminista: su historia y sus proyecciones" en Argentina el 28 de mayo de 1997.

[396] *Mujer fempres* núm. 183, enero 97, pp. 8-11.

[397] Irigaray, Luce. *Yo, tú, nosotras*, Valencia, Cátedra, 1992, p. 9.

Francesca Gargallo manifiesta que la construcción de normas, aunque sean "contraculturales", institucionaliza el deseo, lo descorporaliza, buscando su legitimación. Penetrar la institución política y la cultural es institucionalizarse, es participar de la construcción colectiva del imaginario que fija las reglas de la convivencia social. Esto lo digo con afán crítico, pues no considero justo descalificar a una parte del feminismo latinoamericano llamándolo feminismo institucionalizado, como si el feminismo radical estuviera exento de toda institucionalización, aunque fuera la suya propia.[398]

Si bien la institucionalización ha sido un fenómeno también presente en el movimiento lésbico, tal como se ilustra a lo largo de este trabajo, y al que somos críticas, considero que las lesbianas no pueden renunciar a derechos que aún no hemos podido lograr ejercer y que están directamente relacionados a nuestra vida cotidiana. Esto significa que es necesario resignificar los conceptos de cambio social. El pacto con la legalidad, no como un único fin, sino, como un medio que sensibiliza, moviliza, que refuerza la autonomía en la interlocución, es para lesbianas, homosexuales y otros sectores disidentes de la heterosexualidad, una necesidad histórica. Guste o no. Ser lesbiana u homosexual en nuestro continente es una amenaza que no está permitida, que de preferencia se espera que se mantenga callada e invisibilizada. Ese silencio fue solicitado a las lesbianas tanto en la lucha socialista y en la lucha feminista. El cambio social es una impronta que ha salido gracias a los nuevos movimientos sociales de los estrechos actos épicos.[399] Los cambios se empiezan desde ya con la práctica cotidiana. Si el matrimonio, la convivencia o el reconocimiento de la pareja, la familia, la herencia, el derecho al seguro social y los múltiples derechos civiles y políticos con los que no cuentan lesbianas, homosexuales y otras diversidades sexuales son válidos y deseables para algún miembro de la comunidad, es necesario que existan para quienes lo deseen, y tengan el derecho a optar por ellos. Pensarlo como inútil, ocioso, poco ético o reformista es perderse en discursos ajenos, es seguir entrando a nuevos clósets que nos hacen invisibles, es hablar con lenguaje ajeno y vivir con aspiraciones ajenas.

Kristeva plantea que todavía tenemos que exigir nuestro lugar en la sociedad como iguales, no como subordinadas, el feminismo de la igualdad y el feminismo de la diferencia no son opuestos, son dos posturas que discuten entre sí, que se modifican, que abren polémicas y que proponen metodologías de lectura e interpretación muy sugerentes e innovadoras y finalmente tienen el propósito de contribuir a la continua elaboración de la teoría feminista.[400] Al respecto citamos a Wittig quien reflexiona sobre la violencia

---

[398] Gargallo, Francesca, *Institución dentro y fuera del cuerpo*. Ponencia presentada a la Universidad de Costa Rica, San José de Costa Rica, 24 de julio de 1997.

[399] Nun, José, "La rebelión del coro" en: *Nexos* núm. 46, oct. 1981, pp. 19-26.

[400] Golubov, Nattie. "De lo colectivo a lo individual. La crisis de identidad de la teoría literaria feminista". En: *Los Cuadernos del Acordeón* núm. 24 vol. 5, año 3, México, 1993.

que ejercen sobre los no heterosexuales los discursos que no toman en cuenta una dinámica "diferente".

> Esos discursos de heterosexualidad nos oprimen en tanto que nos obligan a hablar en sus términos. Todo lo que los cuestiona de inmediato es descartado por elemental. Estos discursos nos niegan la posibilidad de crear nuestras propias categorías. Cuando usamos el término generalizador "ideología" para designar todos los discursos del grupo dominante relegamos esos discursos al dominio de las ideas irreales, olvidamos la violencia material (física) que ejercen directamente sobre la gente oprimida, una violencia producida por los discursos científicos "abstractos" y por los discursos de los medios masivos.[401]

Lauretis propone un feminismo alternativo, que no es de la igualdad ni de la diferencia ya que ambos se ubican y se construyen, a distintos niveles, a partir de lo que Wittig llamó "los discursos de la heterosexualidad". La noción de la diferencia sexual es una limitante para el discurso feminista porque finalmente la mujer es diferente al hombre pero él configura el parámetro para construir esa diferencia que, en el sistema ontológico patriarcal, quiere decir a fin de cuentas que la mujer es la diferencia del hombre mismo ya que ella es *lo otro, lo salvaje* de Showalter.

Lauretis concluye que debemos combatir la imagen de un feminismo coherente y monolítico, con sus dogmas, exigencias e imposiciones, ya sea un feminismo blanco, negro, latinoamericano, separatista o académico,[402] todos fácil presa del discurso dominante por su pretendida coherencia. Regresando a Ktristeva: todos estos feminismos deben coexistir ya que sólo así, debatiendo, confrontando las diferencias que nos constituyen como sujetos, y conscientemente evitando la institucionalización, lograremos de(s)construir la dicotomía público/privado y otras más. Las feministas debemos combatir la "heterosexualidad".[403] lo que Rich llamó *compulsory heterosexuality*.

Al igual que en el movimiento feminista, en el tercer momento, en el movimiento lésbico ha surgido una burocracia representativa que está en la conquista y búsqueda de espacios patriarcales y pretende una representatividad regional.[404] Podríamos decir que la casi absoluta desaparición de la figura masculina en la etapa de la autonomía lésbica se transforma y las lesbianas empiezan a revisar su opresión

---

[401] Wittig, Monique, *Les Guérillères*. Avon, Nueva York, 1973.

[402] Agregaría institucional o heterofeminista autónomo.

[403] De Lauretis, Teresa, "La esencia del triángulo, o tomarse en serio el riesgo del esencialismo: teoría feminista en Italia, Estados Unidos y Gran Bretaña", trad. Salvador Mendiola, en: *Debate feminista*, vol 2, año I, México, 1990.

[404] Mogrovejo, Norma "Burocracias representativas y el IV Encuentro de Lesbianas Feministas de América Latina y el Caribe", en *La Correa Feminista* núm. 12, primavera de 1995.

social ya no sólo en tanto mujeres sino en cuanto disidentes de una sexualidad impuesta y en tanto, cómplices de otros grupos también disidentas como gays, bisexuales, transvestidos, trasgenéricos, transexuales, prostitutas, sadomasoquistas voluntarios, etcétera. La figura masculina reaparece pero no bajo el influjo del modelo de adecuación heterosexual, en tanto macho dominante, sino bajo identidades genéricas diversas y hasta opuestas a las imágenes del binario masculino/femenino. Con el movimiento feminista, como una identificación con la madre, las lesbianas han luchado por hacerse un espacio como mujeres y feministas. Sin embargo, el marco teórico dentro del cual el feminismo ha permitido a las lesbianas analizar su opresión ha sido principalmente en términos de opresión de la mujer y no como grupo sexual perseguido y oprimido.

### El género y la diferencia sexual

> Me miraste de lejos/ y tus ojos/me regalaron promesas prohibidas
>
> GILDA ALTAMIRANDA, *Montevideo, 1986*

*El género* fue un concepto liberador cuando fue acuñado a principios de la década de 1970 porque nos permitió a las mujeres deshacernos definitivamente del discurso biologicista. Luego con la experiencia acumulada de los resultados de su utilización, se ha podido constatar que es menos revolucionaria de lo que apareció en un primer momento. Es por otra parte, una categoría analítica que ha tenido gran éxito en ambientes académicos e intelectuales liberales.[405] En su ensayo *El género: una categoría útil para el análisis histórico*, Joan Scott menciona varios usos del concepto género y explica cómo "la búsqueda de la legitimidad académica" llevó a las estudiosas feministas en los ochentas a sustituir mujeres por género. Apunta que gran número de libros y artículos sobre la historia de las mujeres sustituyeron en sus títulos *mujeres* por *género* tratando de subrayar la seriedad académica porque género suena más neutral y objetivo que mujeres. Género parece ajustarse a la terminología científica de las ciencias sociales y se demarca así de la (supuestamente estridente) política del feminismo; incluye a las mujeres sin nombrarlas y así parece no plantear amenazas críticas.[406]

---

[405] Rivera Garretas, María Milagros, *Nombrar el mundo en femenino*. Barcelona, Icaria Editorial, pp. 78, 1994.
[406] Scott, Joan, "A Useful Category of Historical Analysis", en *The American Historical Review*, pp. 91, 1986.

En los setentas Gayle Rubin publicó su texto clásico *El tráfico de las mujeres: notas para la economía política del sexo,* en el que propone una manera de analizar la opresión de las mujeres a la que llamó sistema "sexo/género" definido como el conjunto de arreglos por los cuales una sociedad transforma la sexualidad biológica en productos de la actividad humana. Rubin señala que lo que cuenta verdaderamente es cómo se determina el sexo. Con su señalamiento de que la subordinación de las mujeres es consecuencia de las relaciones que organizan y producen el género, abrió un nuevo cauce a los estudios feministas.[407] Algunos años después Rubin modifica su concepto de género planteando una posición crítica a su originaria propuesta.

Un concepto bastante usado por la mayoría de las teóricas del género establece que "los estudios de género tienen como objetivo comprender y explicar las relaciones sociales a partir del hecho de que los cuerpos humanos son desiguales y que la mujer tiene una condición subordinada",[408], de ahí que la interacción varón-mujer es el punto central de la categoría género. Este concepto centra el análisis de la subordinación de la mujer en la construcción binaria varón-mujer, en la desigualdad social producto de las diferencias entre los cuerpos femenino y masculino. Al respecto Milagros Rivera afirma que:

> La calidad de proponer una historia de las mujeres centrada en los análisis de los mecanismos de subordinación de ellas a los hombres ha facilitado el triunfo de la historia del género en los ambientes intelectuales liberales académicos, especialmente en las universidades de Estados Unidos. Porque al hacerlo, las mujeres no paramos de hablar de los hombres y de hurgar en nuestro dolor, ese dolor femenino que ha inspirado innumerables obras maestras de la cultura occidental pero que resulta muy debilitante políticamente.[409]

Aunque el género cuestione centralmente la lógica binaria, sigue considerando a la figura masculina como un modelo de adecuación social y por tanto limita su análisis a los ámbitos de la heterorrealidad.[410] Para gran parte de las corrientes lésbicas y de las experiencias personales de las lesbianas, el hombre no es el modelo de adecuación social, es por el contrario, una figura ausente, lo cual –afirman– resulta amenazante al predominio masculino, de allí que el lesbianismo es conceptuado como una opción política subversiva. El género, definido desde la relación binaria varón-

[407] Rubin, Gayle, "El tráfico de mujeres: notas sobre la economía política del cuerpo", en: *Revista Nueva Antropología* vol. VIII, núm. 30, pp.95-145, 1986.

[408] De Barbieri, Teresita, "Certezas y Malos Entendidos sobre la Categoría de Género", en IIDH *Serie Estudios de Derechos Humanos* Tomo IV, 1996.

[409] Rivera Garretas, María Milagros, pp. 173, *op. cit.*

[410] Cfr. Infra.

mujer ha sido inadecuado para explicar las dinámicas lésbicas cotidianas donde no hay "un otro", contrariamente, hay una igual, otra mujer. Políticamente hablando "el otro" como construcción colectiva tanto para lesbianas, homosexuales y otros sectores sexuales disidentes, sería la heterosexualidad obligatoria.

El análisis de género ha sido criticado de insuficiente porque da mucha importancia a los juegos del discurso, a los mecanismos de elaboración y de control del discurso, y poca importancia a la vida material. En este sentido, la teoría de los géneros ha servido para recortar los contenidos políticos que había tenido la historia de las mujeres en la década de los setenta. La funcionalidad del concepto de género que ha tenido en la institucionalidad, le ha quitado la rebeldía a las mujeres pero sin embargo, hay que aceptar que ha significado un avance para los sectores que lo han incorporado a fin de mejorar las condiciones de subordinación de las mujeres. Pero hay que reiterar que ha servido para reafirmar un sistema binario heterosexual donde las mujeres son validadas respecto de los derechos o poderes de los hombres, es decir respecto "del otro" de las mujeres heterosexuales.

> El análisis de género no consigue (no pretende quizá) deshacerse del orden sociosimbólico patriarcal, aunque ciertamente exija su revisión y reforma. Es decir, no cuestiona radicalmente ni la epistemología ni la política sexual del patriarcado porque se sustenta en un modelo racional masculino/femenino. En el pensamiento de género las relaciones que constituyen identidad se producen entre dos sexos opuestos que entran en relaciones marcadas siempre por la jerarquía, por la desigualdad.[411]

Desde la experiencia feminista de América Latina, Margarita Pisano plantea que,

> ...a pesar de los avances que ha significado la instalación de los estudios de género en la Academia, han tenido el límite de hacer un estudio sobre la mujer y no sobre el pensamiento crítico construido por las mujeres, confrontable al sistema patriarcal, lo que ha provocado una parcialidad de la realidad: el trabajo, la familia, las leyes, la sexualidad, la salud, la historia, la filosofía, la literatura, etcétera, desde la perspectiva de género. Esta parcialización hace que se pierda la perspectiva real del problema, que es entender la macrocultura patriarcal basada en la dinámica del dominio. Los estudios de género se instalan en la Academia de dos maneras: se estudia a las mujeres desde una supuesta objetividad, recogiendo sus ideas; o bien se incorpora a las mujeres que vienen del movimiento feminista que han producido estas ideas. Se impone entonces desde la institucionalidad, un feminismo de expertas (sustentado por la Academia), desligado del movimiento de mujeres y del movimiento feminista y de sus prácticas y –lo que es más grave– *desde ese poder hablan y negocian a nombre de todas las mujeres y del movimiento.*[412]

---

[411] Rivera Garretas, María Milagros, pp. 175, *op. cit.*

[412] Pisano, Margarita. *Un cierto desparpajo*, Chile, 1996 Sandra Lidid editora, ediciones Número Crítico, pp.87-96. Las cursivas son de la autora.

La reflexión de Pisano toca uno de los conflictos centrales del movimiento feminista, lugar desde donde se han generado estos discursos y donde se han iniciado a trabajar las políticas de transformación para las mujeres. Pisano expresa claramente los riesgos que presenta una visión parcializada de la problemática de las mujeres.

## La diferencia sexual

La categoría de la *diferencia sexual* formulada en el pensamiento y política de las mujeres, ha tardado más tiempo en hallar aceptación; fue mirado con desconfianza en los años sesenta porque parecía conllevar un riesgo que mal entendido o entendido en forma reduccionista, fuera utilizado para justificar los viejos planteamientos del determinismo biológico y que sirviera para eliminar a las mujeres de los espacios de poder social, conseguidos tras siglos de lucha por la igualdad. Lo que dio lugar en los años sesenta a dos tipos enfrentados de feminismo: el *feminismo de la igualdad* y el *feminismo de la diferencia*. La diferencia sexual se refiere directamente al cuerpo; al hecho de que por azar, nacemos en un cuerpo sexuado: femenino o masculino.[413]

Gran parte del pensamiento feminista contemporáneo, trata la sexualidad como derivada del género. Gayle Rubin en una autocrítica a su categoría sexo/género plantea una diferencia entre género y sexo o género y deseo sexual:

> en contraste con mi perspectiva en "tráfico de mujeres", ahora estoy argumentando que es esencial separar analíticamente sexo y género para reflejar más precisamente su existencia social separada. La teoría feminista analiza la opresión de los géneros y supone automáticamente que ello la convierte en la teoría de la opresión sexual. Ello es no distinguir entre género y deseo erótico. La fusión cultural de género con sexualidad ha dado paso a la idea de que la sexualidad puede derivarse directamente en una teoría del género. En "El trafico de mujeres" usaba el concepto de sistema sexo/género, definidos como una serie de acuerdos por los que la sociedad transforma la sexualidad biológica en productos de la actividad humana. El sexo tal y como lo conocemos es en sí mismo un producto social, pero yo no distinguía entre deseo sexual y género, tratando a ambos como modalidades del mismo proceso social subyacente, me parecía que el género y el deseo sexual estaban sistemáticamente entrelazados en tales formaciones sociales. El género afecta al funcionamiento del sistema sexual y éste ha poseído siempre manifestaciones de género específicas. Pero aunque el sexo y el género están relacionados, no son la misma cosa, y constituyen la base de dos áreas distintas de la practica social. Ahora afirmo que es esencial analizar

---

[413] Cavarero, Adriana, "Dire la nascita", en *Diotima. Metere al mondo il mondo*, 1993.

separadamente género y sexualidad si se desean reflejar con mayor fidelidad sus existencias sociales distintas. Esto se opone a gran parte del pensamiento feminista actual, que trata la sexualidad como simple derivación del género. La ideología feminista lesbiana ha analizado la opresión sobre las lesbianas, principalmente en términos de opresión de la mujer. Sin embargo, las lesbianas son también oprimidas en su calidad de homosexuales y pervertidas, debido a la estratificación sexual, no de géneros. Aunque quizá les duela a muchas de ellas pensar sobre ello, han compartido muchos de los rasgos sociológicos y muchos de los castigos sociales con los varones gays, los sadomasoquistas, los travestidos y las prostitutas.[414]

El planteamiento de Rubin aporta una reflexión clave sobre la estratificación social que hay en el ámbito de la sexualidad, por medio de la cual algunas sexualidades son más permisibles y toleradas hasta ser otras perseguidas y combatidas. En tal sentido la "diferencia sexual" debe definir también la distinción entre la identidad heterosexual y homosexual y analizar las estructuras de poder que dan forma al modelo dominante de sexualidad, la heterosexualidad. La diferencia sexual es una realidad corpórea y psíquica, presente en todas las razas, etnias y épocas históricas que nos afecta subjetiva, biológica y culturalmente. Género se refiere a los orígenes exclusivamente sociales de las identidades subjetivas de hombres y mujeres pero no está directamente determinado por el sexo o determinando la sexualidad.[415]

## *Hacia una categoría propia*

> Ser mujer, ni estar ausente/ no es de amarte impedimento/
> pues sabes tú, que las almas/ distancia ignoran y sexo.
>
> SOR JUANA INÉS DE LA CRUZ

La construcción de una categoría de análisis que reinterprete la opresión y persecución a lesbianas, homosexuales y otros sectores disidentes de la heterosexualidad obligatoria ha implicado revisar categorías cercanas y profundizar sobre nuestra problemática.

---

[414] Rubin, Gayle, "Reflexionando sobre el sexo: notas para una teoría radical de la sexualidad", en *Placer y Peligro. Explorando la sexualidad femenina,* Madrid, Revolución S.A.L. (selección de textos). Hablan las mujeres, diciembre, pp. 113-190, 1989.

[415] Penley, Constance, "Missing m/f", en: *The Woman in Question*, Parveen Adams y Elizabeth Cowie, Verso, 1990.

## Mente heterosexual y cuerpo de lesbiana

Es para nuestro sector una necesidad comprender las estructuras de poder que dan forma al modelo dominante de sexualidad: la heterosexualidad. La comprensión de ésta conduce a una lucha que intenta redefinir una nueva legitimidad sexual, ya que es evidente que la normatividad heterosexual impuesta a la humanidad es limitante y opresiva, pues no da cuenta de la multiplicidad de posiciones de sujeto y de identidades de las personas que habitan el mundo.[416]

Vivir en un cuerpo sexuado en femenino, es un asunto que inquieta. ¿Existe el cuerpo antes de ser pensado, fuera de su representación? ¿Existe la sexuación en femenino o en masculino antes de que el lenguaje –patriarcal– nos haya enseñado cómo mirar? Desde el pensamiento lesbiano, se ha cuestionado si las lesbianas son mujeres. Monique Wittig[417] y Teresa de Lauretis[418] han sostenido que no lo son; con la frase "las lesbianas no son mujeres" concluyó Wittig su presentación de "The Straight Mind" en un congreso celebrado en Nueva York en 1978. Se ha cuestionado también que la crítica feminista hecha desde la práctica social de la heterosexualidad (la mayor parte de la existente) sea una crítica verdaderamente feminista. Butler opina que las identidades de género, el ser "hombre" o "mujer" tal como las conocemos son necesarias para la perpetuación y para la inteligibilidad del sistema de géneros y no al revés, como se pensaba antes.[419] Cuando Monique Wittig escribe que las lesbianas no son mujeres, está diciendo (entre otras cosas) que sólo son mujeres las que viven de acuerdo con el sistema de géneros patriarcal, con su orden simbólico, y que es por tanto, posible construir el cuerpo sin género ni femenino, ni masculino. "Mujeres serían las que se atienen al sistema de géneros, que es pensamiento y orden masculino" con ello Wittig afirma que ser mujer implica la construcción de la identidad de acuerdo a una sobredeterminación social masculina y heterosexual. Del mismo modo, el cuerpo como constructo social ha sido modelado a través de la historia de acuerdo a los mandatos estéticos masculinos y heterosexuales de cada época. Las lesbianas al encontrarnos fuera de la lógica masculina y heterosexual, construimos y vivimos en un cuerpo de lesbiana, es decir, *somos lesbianas en cuerpo de lesbianas*. La construcción de nuestra identidad, de nuestros cuerpos, de nuestra sexualidad y nuestra lógica de pensamiento es diferente a la lógica cultural del fundamentalismo heterosexual.

---

[416] Lamas, Marta, "Usos, dificultades y posibilidades de la categoría de 'género'", en: *El Género. La Construcción Cultural de la Diferencia Sexual*, Porrúa y UNAM, 1996 pp.358-359.

[417] Wittig, Monique, *The Straigh Mind and Other Essays*. Nueva York y Londres, Harvester Weatsheaf, 1992.

[418] De Lauretis, Teresa, 1990, *op. cit.*

[419] Butler, Judith, Gender Trouble, *Feminism and the Suversion of Identity*. Nueva York y Londres, Routledge, 1992.

> La mente heterosexual no es capaz de imaginar una cultura, una sociedad en que la heterosexualidad no ordene no sólo todas las relaciones humanas sino también la producción misma de conceptos y todos los procesos que eluden la conciencia. La retórica que los expresa (y cuya seducción no desestimo) se envuelve en mitos, recurre al enigma, procede con la acumulación de metáforas, y su función es poetizar el carácter obligatorio de "serás-heterosexual-o-no-serás".[420]

La heterosexualidad obligatoria afecta a hombres y mujeres mediante su definición y la limitación de sus contenidos sexuales. La heterosexualidad normativa como eje de las relaciones de parentesco expresa la obligatoriedad de la convivencia entre hombres y mujeres en condiciones de tasa de masculinidad/feminidad numéricamente equilibrada. Expresan la imposición sobre las mujeres del modelo de sexualidad reproductiva como único modelo que ellas deben conocer y practicar. Este modelo comporta la definición del cuerpo femenino –nunca el masculino– como un cuerpo violable, un cuerpo siempre accesible para los hombres. Carla Lonzi define la heterosexualidad como una forma de sexualidad masculina que a las mujeres nos es impuesta en las sociedades patriarcales.[421] Retomando el concepto "heterosexualidad obligatoria" de Adrienne Rich, definida en el capítulo I, como un modelo de relación social entre los sexos en el cual el cuerpo de las mujeres es siempre accesible para los hombres. Rich cuestiona que la heterosexualidad sea una "opción sexual", sosteniendo en cambio que no existen ni opción ni preferencia reales donde una forma de sexualidad es precisamente definida y sostenida como obligatoria. Propone que la heterosexualidad, como la maternidad, sean reconocidas y estudiadas como instituciones políticas. Rich no afirma que la heterosexualidad sea necesariamente una forma de sexualidad opresiva para las mujeres. Ninguna relación lo es por sí misma, si no interviene en su ejecución algún tipo de violencia. Lo que resulta opresor es su obligatoriedad social y políticamente sustentada.[422]

Janice Raymond amplía el concepto de Rich al definir la *heterorrealidad* como la visión del mundo de que la mujer existe siempre en relación con el hombre, o que las mujeres juntas son percibidas como solas.[423] Teresa de Lauretis también amplía la categoría de Rich cuando habla de fundamentalismo heterosexual con lo que alude a la normatividad e imposición de la heterorrealidad, es decir, que conceptos

---

[420] Wittig, Monique, *op. cit.*

[421] Lonzi, Carla, *Escupamos sobre Hegel. La mujer clitórica y la mujer vaginal*, Barcelona, Anagrama, 1981

[422] Rich Adrienne. *"Compulsory Heterosexuality and Lesbian Existence"*, en: *Signs* núm. 5, 1980 pp. 631-660 .

[423] Raymond, Janice, *A passion for friends. Toward a Philosophy of female affection*, Londres, The woman's press, 1986.

como la sexualidad para la reproducción (y otros conceptos similares), han sido establecidos como valores morales, éticos y hasta como normas legales.

La existencia de organizaciones lésbicas, homosexuales, transexuales, transgenéricos, trasvestidos, trabajadoras (es) sexuales y otras formas de disidencia sexual, establecen el límite de la *heterorrealidad*. Los significados de la forma de organización de la vida sexual deben ser puestos en tela de juicio. No se trata de defender el derecho de las "minorías sexuales" ya que las sexualidades son tan diversas que aceptar el adjetivo de "minoría" implica la existencia de una sexualidad mayoritaria y hegemónica lo que alimenta la idea de normalidad y anormalidad. Se trata mas bien de cuestionar la heterosexualidad como la "forma natural" alrededor de la cual surgen desviaciones "antinaturales".

La dinámica feminista mexicana y latinoamericana posibilitó un cambio de identidad sexual a muchas militantes en la década de 1980, quienes exploraron o asumieron una sexualidad lésbica desde una racionalidad ética. De ahí que afirmo que la diferencia sexual no sólo proviene de lo psíquico, sino también de la racionalidad o la "conciencia", es decir de la libertad de elegir entre un tipo de sexualidad u otra, enfrentando así la obligatoriedad o compulsividad de la heterosexualidad. Muchos trabajos histórico-desconstructivistas que siguen a Foucault afirman que el género está sujeto a una construcción social y que la sexualidad es sensible a los cambios culturales, modas, transformaciones sociales, de ahí que Rubin plantea la necesidad de separar analíticamente sexo y género[424] para reflejar su existencia social separada.

La experiencia del movimiento lésbico latinoamericano presenta una dinámica muy rica de análisis en tanto que expresa una diversidad de formas de asumir la identidad sexual y que ponen en discusión el carácter únicamente subjetivo de ésta y la diferencia sexual. Si bien, en los inicios del movimiento feminista, la problemática femenina no fue susceptible de comprenderse desde un análisis marxista. En la actualidad, tenemos que entender que los criterios fundamentales del pensamiento feminista no permiten ver ni valorar las relaciones de poder básicas en el terreno sexual. No tendremos un análisis completo de nuestra problemática si nos vemos como mujeres con diferencias sexuales únicamente en relación a los hombres; ello no explica la persecución a nuestra sexualidad, por ejemplo. Concuerdo con Gayle Rubin cuando plantea que debemos construir una teoría radical sobre la opresión sexual que enriquezca al feminismo, y permita una política más coherente al movimiento lésbico. El género es una categoría de análisis insuficiente para explicar la problemática lésbica, homosexual o de otros grupos disidentes sexuales. En tal sentido, la ejecución de políticas públicas respecto a nuestro sector no puede incluirnos sólo y únicamente dentro del ámbito del género o la tan popular *perspectiva de*

---

[424] Rubin, Gayle, *Op. cit.*, 1989.

*género* ya que nuestra problemática tiene un origen y una dinámica diversa. No se trata de construir el género para entender la problemática de la disidencia sexual, se trata más bien de deconstruir los géneros y las identidades. Se trata de redefinir y reconstruir las identidades desde una perspectiva de las *disidencias sexuales*.

No cabe duda que estamos siendo testigas/os de un proceso de construcción de límites y de negociación de identidades. En tal sentido, desde una óptica *queer*, la lucha del Movimiento Lésbico Homosexual, más que la búsqueda de una identidad sexual colectiva, se trata de la ruptura de las identidades fijas, la deconstrucción de los géneros establecidos y también de los sexos asignados, estaríamos hablando entonces no de una "identidad genérica" sino de una época del degenere. "La sexualidad no es un supuesto; es un producto de la negociación, la lucha y la acción humana".[425] Así pues, la lucha por la transformación de nuestra realidad implica combatir en contra de la heterosexualidad obligatoria y la heterorrealidad fundamentalista e impositiva.

## El movimiento lésbico feminista autónomo en América Latina: del purismo excluyente a la salida del clóset

> No tenía a nadie a quién pedir un consejo. La primera consecuencia de las inclinaciones prohibidas es la de encerrarnos dentro de nosotros mismos: hay que callar o bien no hablar más que con nuestros cómplices.
>
> MARGARITE YOURCENAR

Esta etapa, construida desde el contexto latinoamericano, tiene sus antecedentes en los Encuentros Feministas Latinoamericanos. El inicio de la corriente lésbica dentro del movimiento feminista Latinoamericano fue en Colombia en el *Primer Encuentro Feminista Latinoamericano* celebrado del 18 al 21 de julio de 1981. Aunque ya existían grupos de lesbianas en algunos países como México y Brasil, en este Primer Encuentro Feminista las lesbianas feministas expresaron sus inquietudes. En la comisión de *Sexualidad y vida cotidiana* se organizaron discusiones de los temas de violación y lesbianismo.

En el foro de lesbianismo salió a relucir la necesidad de discutir el tema, la urgencia de hacer coherente la teoría con la práctica, el permanente contacto con

---

[425] Weeks, Jeffrey, "La sexualidad e historia", en: *Antología de la sexualidad humana*, México, Conapo, 1994.

mujeres, el radicalismo, el cuestionamiento a la pareja tradicional heterosexual, al condicionamiento de los roles sociales y en general la lucha feminista contra el patriarcado llevó a muchas militantes heterofeministas a identificarse con el lesbianismo.[426]

En el Encuentro siguiente, el Segundo Latinoamericano en Perú, en 1983, fueron las lesbianas quienes evidenciaron su presencia y la importancia del tema dentro del movimiento feminista, al convertir el mini-taller sobre patriarcado y lesbianismo, en el taller del Encuentro. Asistieron alrededor de trescientas cincuenta mujeres del continente de todas las opciones sexuales. La salida pública de muchas feministas fue uno de los sucesos más importantes del Encuentro porque evidenció la necesidad de sacar a la luz pública un asunto que parecía personal; en muchos casos, el origen de esta opción nació al calor de la militancia feminista, y porque esta salida "del clóset" daba origen a una corriente dentro del Movimiento Feminista Latinoamericano, denominada posteriormente *lesbofeminismo*. Del taller regresaron muchas lesbianas a sus respectivos países motivadas en iniciar un grupo de lesbianas feministas. Después del Segundo Encuentro Feminista empezaron: el Grupo de Autoconciencia de Lesbianas Feministas (GALF) de Perú, *Ayuquelén* de Chile, *Cuarto Creciente* de México y *Mitilene* en República Dominicana.

En el Tercer Encuentro Feminista en Brasil en 1985, el tema del lesbianismo y el de las relaciones entre mujeres fueron parte del temario. En este mismo espacio GALF-Brasil y GALF-Perú convocaron al taller: "Cómo organizarnos las lesbianas" y participaron lesbianas de la Colectiva Ayuquelén (Chile), Brigada de Gays y lesbianas Victoria Mercado (San Francisco), Cuarto Creciente (México), Colectivo Concientización Gay (Puerto Rico), GALF (Brasil y Perú), además de algunas lesbianas independientes. Las discusiones en este taller estuvieron centradas en los reclamos de las lesbianas al movimiento feminista, en la crítica al modelo de la heterosexualidad dominante que niega la sexualidad de las mujeres y la centra en la procreación y en defender el deseo lésbico como un deseo posible para todas las mujeres, de lo contrario –afirmaban– es un movimiento que se queda a la mitad.[427] De este Encuentro salió la propuesta de un movimiento lésbico a nivel de América Latina y del Caribe con una dinámica fuera de los marcos de los Encuentros feministas, como había sucedido hasta entonces, y la necesidad de impulsar una red de apoyo e intercambio de información entre lesbianas del continente.

Algunos días previos al Encuentro de Brasil se llevó a cabo el Foro de las Organizaciones No-Gubernamentales de fin de la década de la mujer, en Nairobi, Kenya. Durante el Foro, el International Lesbian Information Service ILIS organizó una car-

---

[426] *Cuéntame tu vida*, Revista de mujeres núm. 6, Cali, Colombia, 1982 pp. 50-53.
[427] Memorias III Encontro Feminista Latinoamericano e do Caribe, 1985, Brasil.

pa de lesbianismo y el taller "Lesbianas del Tercer Mundo", en ella se planteó la necesidad de intercambio de información.

En marzo de 1986, nueve lesbianas latinas recibieron la invitación del ILIS, para participar en su VIII Conferencia a realizarse en Ginebra, Suiza. Por primera vez, el ILIS incluía en sus conferencias a países del segundo y tercer mundo.[428]

## Ginebra: VIII Conferencia del Servicio Internacional de Información Lésbica (ILIS)

> La noche/ la luna/ nuestras cuerpas tendidas/ en la cama
> SABINA BERMAN

La ILIS, organismo que reunía anualmente a lesbianas europeas y norteamericanas, invitó por primera vez, a la VIII Conferencia de marzo de 1986, a lesbianas de Asia, Africa, América Latina y Europa del Este. La intención de la Conferencia era reforzar la red de intercomunicación de las lesbianas en los diferentes continentes e impulsar en los que todavía no existía. Como representantes de América Latina fueron invitadas ocho lesbianas que habían sido contactadas en los Encuentros Feministas latinoamericanos. Por México fueron cuatro lesbianas, no todas invitadas.

> En 86 con Virginia organizamos un tianguis feminista, al lado de Catedral, llegaron varios grupos feministas con sus mesas y materiales, estuvo Lourdes Pérez con su libro sobre la menstruación y le platiqué sobre este Congreso en Ginebra y dijeron vamos a vender nuestro libro y vamos.[429]

La Conferencia de Ginebra fue de gran importancia para entender el proceso del movimiento lésbico autónomo en México y América Latina porque allí se empezaron a gestar formas de ejercicio político de quienes se estaban constituyendo como líderes en sus países de origen y donde se empezaron a permear definiciones políticas que en Europa estaban en boga; como el separatismo, el purismo y la exclusión.

---

[428] Fuente: Boletina núm. 2 de la Red de Lesbianas Latinas y del Caribe, Perú, agosto 1989.
[429] Safuega, entrevista anteriormente citada.

## La Creación de la Red Latinoamericana y el Encuentro Lésbico Feminista Latinoamericano

La ILIS había impulsado la formación de una Red de intercomunicación en Europa y su deseo era impulsarla en el resto de continentes y fortalecerse institucionalmente. La Red consistía en un sistema de intercomunicación de lesbianas y grupos de lesbianas a fin de mantenerse informadas y canalizar denuncias respecto a la violación de sus derechos. Se intentaba crear una instancia similar a la IGA, asociación internacional gay (que años después se le agregó la designación lésbica, ILGA).

> Alida y yo fuimos al encuentro de Ginebra y conocimos como setecientas lesbianas de distintos países y grupos, ahí conocimos a compañeras de Perú, de Chile, de Brasil, Costa Rica, República Dominicana y de México la representatividad la tenía yo. ILIS tenía una historia muy larga en cuanto a Encuentros, primero era un organismo eminentemente europeo, después incluyó nada más a Estados Unidos y en 1986 por primera vez invitaron a países del tercer y segundo mundo (del bloque socialista) pagaron becas. El objetivo de la conferencia era fortalecer el movimiento lésbico internacional, crear vínculos y una red internacional de lesbianas incluyendo el tercer mundo, una red de información, de acciones un poco parecido al ILGA, de apoyo a nuestros países en caso de represión, cambio de información, tener mayor fuerza internacional.[430]

Silvia Borren, lesbiana feminista integrante del ILIS y de una agrupación mixta (COC) de lesbianas y homosexuales en Holanda, interesada en América Latina, tramitó un financiamiento para la Red Lésbica Latinoamericana. En Ginebra, Silvia invitó a las latinoamericanas a elaborar una solicitud para la obtención de dicho financiamiento. La solicitud debía informar de la existencia de una Red ya formada, y la necesidad de realizar un Encuentro Latinoamericano, de ahí que las latinas iniciaron la discusión sobre el sistema de pertenencia a la Red. La dificultad para obtener recursos económicos para proyectos lésbicos, inspiró la primera característica de la Red: únicamente grupos de lesbianas. Esto excluía a lesbianas independientes y grupos mixtos como lésbicos-feministas y lésbico-homosexuales.

> En el Encuentro Silvia Borren de Holanda me preguntó sobre las necesidades de América Latina porque el gobierno de Holanda había dado fondos para trabajo lésbico en América Latina y ella quería dar continuidad a eso. Hablé rápido con las lesbianas latinas, nos reunimos a las siete de la tarde con Silvia y de allí nació la Red

---

[430] Lurdes, entrevista anteriormente citada.

de Lesbianas de América Latina (en Ginebra), estaban Susana de Chile, Luciana de Perú, Miriam de Brasil, de México Claudia Hinojosa, Virgina Sánchez, Lourdes Pérez y su pareja. Silvia empezó a hablar sobre el financiamiento y sobre la Red de lesbianas latinas y de hacer un encuentro cada dos años antes o después de los encuentros feministas, la decisión fue que el primer encuentro sería en México antes del IV Encuentro Feminista de Taxco.[431]

En Ginebra encontré a Silvia Borren, me sugirió que organice a las lesbianas feministas latinoamericanas porque ella llegó con financiamiento gubernamental. Las junto, empezamos a escribir nuestra solicitud, traducí, ella muy primer mundista tomaba la traducción y la metía a su computadora y sacaba copias para cada una. El día que estábamos a punto de firmar lo que ya se redactó como solicitud del financiamiento, una peruana dice "no queremos que esté Virginia porque su proyecto no es lésbico y porque además tiene dinero de otras partes". Ella ¿con qué autoridad desde Perú, se atrevía a juzgar? Veo que es una maniobra, una grilla que ha levantado Lourdes Pérez en mi contra y veo que estas otras caen *pun*. Finalmente digo: "no quiero ni un peso del recurso porque somos el antecedente histórico de espacio feminista autofinanciado", ¿quién más abrió un espacito así? Nuestro desarrollo no depende para nada de esto ni ha dependido el nacimiento ni dependerá el futuro. Deploro este procedimiento, creo que esto no tiene nada de feminista'. Fue muy triste, Claudia Hinojosa también se prestó con Lourdes, es que traía una onda tipo las canallas, andaba de mula, muy rara. Luego alguien me dijo que en Perú cuando hablé del feminismo mexicano no mencioné a MULA, bueno era mi visión incompleta, pero es un poco tonto que haga esta maniobra para curarse de vanidad por apreciación imprecisa de mi parte. Fue tan fuerte que todo ese grupito latino se quedó en una historia.[432]

La posibilidad de obtener financiamiento para un trabajo lésbico, asunto que había sido casi imposible, motivó el interés de la formación de la Red, en principio porque era requisito del gobierno holandés o había sido la oferta de quien tramitó dicho financiamiento. Desde esa perspectiva, la formación de la Red devino en una historia controvertida, perversa e inconclusa. Para la definición de la Red el punto de conflicto se centró en Cuarto Creciente, espacio abierto a todas las mujeres que en la práctica había sido apropiado básicamente por lesbianas y que se constituyó como un espacio importante de referencia y creatividad para varias generaciones de lesbianas. El hecho de no portar en la denominación la etiqueta *lésbica* les valió la definición de grupo de "mujeres", lo que equivalía a no-lésbico y la exclusión del proyecto de la Red.

---

[431] Safuega, *ibidem*.
[432] Virginia, entrevista anteriormente citada.

Virginia Sánchez iba como independiente, Cuarto Creciente todavía existía pero no como un grupo lésbico, era un 'grupo feminista de mujeres', entonces se le tomó a ella, su votación y todo, a nivel personal. Ahí hubo una discusión.[433]

Cuarto Creciente trabajaba con todas las mujeres, fue un trabajo feminista y el trabajo feminista tiene más chance que el lésbico. Se empezó a discutir eso y Virginia llegó muy tarde a la reunión, ella sabía de la reunión. Primero fue un cuestionamiento y como no llegaba poco a poco quedó como una conclusión de que Cuarto Creciente es un proyecto de 'todas las mujeres', que tiene mucho más chance de conseguir financiamiento con otras organizaciones. Fue un cuestionamiento muy fuerte de todas, como llegó a la mitad de la discusión protestó, siguió la conclusión que no incluía Cuarto Creciente porque este proyecto sería exclusivamente para trabajo de grupos lésbicos. Silvia fue muy respetuosa de ir con lo que dicen las latinas, no expresó su opinión yo tampoco expresé mi opinión, fui una herramienta para conectar a las dos partes y no me metí porque era una reunión para latinas.[434]

Finalmente el congreso de la ILIS acordó la formación de la Red Latinoamericana perfilándose la necesidad de establecer parámetros de participación y el *Primer Encuentro Lésbico Feminista de América Latina y el Caribe* en México.

Tomamos algunos acuerdos, uno era hacer un Encuentro Lésbico y formar la Red latinoamericana de información, intercambio y fortalecimiento. Se perfilaron algunas características: debería estar formada por grupos lésbicos feministas, se habló de no querer tener gente independiente sino gente que estuviera haciendo trabajo lésbico que perteneciera a un grupo lésbico y fuera feminista; sino, las características serían otras. Si admitíamos a independientes pues entonces no hacían trabajo específicamente lésbico (aunque hicieran trabajo feminista en grupos feministas). Tampoco que fueran mixtos (con homosexuales), sino que fueran eminentemente lésbico-feminista. Para darnos fortaleza, la condición fue hacer trabajo lésbico en grupos lésbicos. Para que se nos distinga porque sino están las otras redes, las feministas y la ILGA, sobre todo por esa dispersión que teníamos con la doble militancia, decíamos hay que concentrar las fuerzas en un trabajo lésbico feminista.[435]

Es importante anotar que los únicos grupos latinoamericanos bajo las características perfiladas en el Congreso de Ginebra eran únicamente los asistentes al ILIS ya que el grueso de las lesbianas carecía (y aún) de una organización y las pocas organizadas estaban en grupos mixtos (homosexuales y feministas) o haciendo tra-

---

433 Lurdes, entrevista anteriormente citada.
434 Safuega, entrevista anteriormente citada.
435 Lurdes, entrevista anteriormente citada.

bajos diversos. Con lo que cerraban la posibilidad de compartir el dinero del financiamiento y el fortalecimiento de la Red.

Además de la creación de la Red, acordaron la realización del Primer Encuentro Lésbico Feminista de América Latina y el Caribe (I ELFALC) en México, debido a que era un país con más de un grupo lésbico, una historia lésbica-homosexual muy rica y geopolíticamente conveniente para la participación de las chicanas y además porque en México se realizaría al siguiente año el IV Encuentro Feminista.

> Se eligió México para el Encuentro porque era un país, además de Brasil, con mayor historia lésbica gay, el movimiento feminista era también muy importante. Brasil quedaba muy lejos y también se pensó en incluir a las compañeras Chicanas, geográficamente convenía más, había mayor infraestructura, mayor número de lesbianas.[436]

Las características "exclusivas" de la Red surgieron evidentemente bajo la influencia del contacto europeo y empezaban a formar corriente en Latinoamérica a través de los grupos asistentes a dicho evento.

## ILIS visita a los grupos sudamericanos

Como parte del proyecto financiado por el gobierno holandés, dos representantes de ILIS entre las que se encontraba Silvia Borren hicieron un recorrido por el GALF de Perú y Brasil y Ayuquelén de Chile, el objetivo fue apoyar la organización de las lesbianas ofreciéndoles talleres y el de recopilar información para un libro posterior sobre lesbianismo en América Latina. Para algunas, el objetivo de dicho viaje era buscar una líder latinoamericana para apoyarla.[437]

---

[436] *Ibidem.*
[437] Ver la parte correspondiente a Perú y Chile.

## La organización del Primer Encuentro Lésbico Feminista de América Latina y el Caribe (I ELFALC)

> Hasta me da miedo decirlo/ ¡me siento amada!/ Todas las partes dormidas de mi cuerpo/ despiertan/ con la yema de sus dedos/ El amor haciendo canales elevadizos/ descubre mis orillas.
>
> Nidia Barbosa

De regreso, las representantes mexicanas convocaron a las lesbianas del país a fin de que se sumaran a la organización del I ELFALC. Sin embargo, pese a la gran experiencia organizativa que tuvo México en el pasado, en aquel momento sólo existían los grupos MULA, Cuarto Creciente y Seminario Marxista Leninista de Lesbianas Feministas. El grueso de las lesbianas que alguna vez había militado se encontraba sin grupo.

> Cuando regresamos, convocamos a una reunión en casa de Rotmi a toda la comunidad lésbica, a todas las lesbianas que habían militado y que conocíamos, no tanto grupos porque en esa época sólo estaban el Seminario Marxista Leninista de Lesbianas Feministas (SMLLF) que eran como tres o cuatro. Fuimos como sesenta mujeres a esa reunión y MULA decía que nosotras no podíamos responsabilizarnos de ese Encuentro, que era un Encuentro plural y que debía abrirse a quién quisiera participar y no quedarse en manos de nosotras. A la segunda reunión fueron como veinte y así fuimos quedando quince.[438]

Paralelamente se reunía la comisión organizadora del IV Encuentro Feminista, a cuyas reuniones fueron las lesbianas con la intención de compatibilizar fechas y coordinaciones para ambos encuentros. Estas reuniones fueron aprovechadas para terminar de excluir a Cuarto Creciente del que apenas surgía movimiento lésbico autónomo y deslegitimarlas como grupo lésbico, aún cuando el movimiento lésbico estaba bastante desarticulado, como se manifestó, solo estaban organizados MULA, Seminario y Cuarto Creciente.

> Regresando de Ginebra nos reunimos porque estábamos organizando el IV Encuentro Feminista. Habíamos ido al Encuentro Feminista de Brasil: Lucero, Eli, Angeles y una de Chihuahua y decían 'las mexicanas decimos' y eran ellas tres que se habían reunido. De regreso, Angeles traía el video, las conclusiones, las memorias, e hizo un manejo de poder personal con esa información, llegaban hasta el final y no daban los

---

[438] Lurdes, *ibidem*.

documentos. Lucero y Angeles se burlaban de las intervenciones invalidando a las demás, la gente se empezó a agüitar,[439] porque ellas querían tener protagonismo. Anunciamos que como lesbianas nos vamos a separar y vamos a hacer otro encuentro y viene el cuestionamiento de '¿con quién vas a estar?', digo 'por supuesto que con los dos', criticaban que había que definirse, una pendejada porque las militantes más fuertes del movimiento hemos sido las lesbianas.

Me llamó la Pérez y dijo "¿ya les contaste lo que pasó en Ginebra?" no he dicho nada "pues yo no le he dicho a nadie" "que poca madre, tú no tienes porqué decirle a nadie porque no tienes todavía una autocrítica o no me has pedido disculpas, lo que hiciste es una marranada, ¿qué le vas a decir a nadie?". Luego en una reunión me hacen un juicio político, participan Lucero, Angeles, Gabi, Yan, todas, una cosa tan dolorosa y extraña, yo todavía no entiendo por qué. Carmelita toma su papel de abogada y no me deja hablar y yo era la acusada. Fue la última cosa de agresión manipuladora de Pérez, dice: "Virginia me habló por teléfono y dijo que las organizadoras del otro encuentro se oponían que nosotras les lesbianas..." "yo nunca te he hablado por teléfono, tú has hablado a Cuarto y hablamos de esto", y la otra (Carmelita) me callaba, me presentaban como el elemento de discordia entre las lesbianas y las feministas. Me quedé pasmada viendo el show, la propia Yan concluyó 'Virginia estás significando obstaculización entre nosotras, entonces que se quede afuera', 'bueno perfecto, yo me retiro, yo de todos modos hago lo que estoy haciendo'. Luego me invitan las del MAS a que retome lo del Encuentro Feminista, otra vez se quejan que Lucero y Angeles, no pasan información, voy a la reunión y se iba a formar una Asociación Civil para recibir recursos, nombran presidenta a Lucero y me candidatean y votan para vicepresidenta, son culeras,[440] no se saben enfrentar a Lucero y me recogen cuatro meses después de los madrazos[441] para que me enfrente a Lucero.

Con las lesbianas pasaba una cosa semejante, había un manejo autoritario y extraño de Lourdes y Carmelita; al tiempo aparecen Yan y Alma, "qué crees que nos está haciendo Lourdes, ya dividió, por cierto como te hizo a ti", "y ustedes cuando el juicio golondrinamente tomaron la palabra para tomar los argumentos de ella", "sí discúlpanos". Entonces a los cinco meses perdonar, trascender y hasta le entré a la jugadita de servicio, horror. Fue frustrante porque primero estaban proponiendo un lugar aquí en México. Lucero tenía un contacto, entonces yo defendía otra vez el espacio propio, el continuo entre lo personal y político y consigo la hacienda Vista Hermosa, toda enterita para nosotras, consigo comida orgánica vegetariana. Crees que Lucero gastó no sé cuántas semanas y horas de energía para desarticular todo?. Entonces fue en Taxco, en varios hoteles, en unos las ricas, en otro las mujeres.[442]

---

[439] Intimidar.
[440] Cobardes.
[441] Golpes.
[442] Virginia, entrevista anteriormente citada.

Estábamos yendo a reuniones con las feministas porque estaban organizando lo del IV Encuentro Feminista para ponernos de acuerdo en las fechas, pero hubo un desmadre, hubo una especie de juicio político a Virginia Sánchez Navarro porque algo había hecho y se había autonombrado parte del movimiento gay y movimiento lésbico cuando en realidad nosotras no la considerábamos porque su espacio nunca había sido abiertamente lésbico, se convirtió con el paso del tiempo en un espacio lésbico porque las que principalmente llegábamos a las fiestas y a todo éramos las lesbianas. La acusación provenía de las MULAS y creo que en particular de Lourdes Pérez, yo la verdad, ahora lo veo como que fue un movimiento estratégico de las MULAS para sacarla de la organización del I ELFALC. Ella pues, se quería anexar al movimiento lésbico y había gente que consideraba que no, que ella no era parte de tal movimiento. Además en ese momento el movimiento lésbico estaba bastante apagado, estaban MULA y Seminario.[443]

Con el nombre de Lesbianas de América Latina en México (LAL México) se inició el Comité organizador del I ELFLAC, con la participación de las pocas lesbianas organizadas y algunas independientes. Esta calidad de participación (grupos e independientes) diferenciada conflictuó a LAL porque los conceptos y objetivos del Encuentro se conformaban diferentes.

Cuando llegó Lourdes hizo una convocatoria ejerciendo cierto liderazgo para mi juicio bien ganado, realmente ella fue de las promotoras de la idea. Se sumó Seminario y muchas que éramos independientes, que ya no pertenecíamos a ningún grupo. La participación era mixta, de individuas y organizaciones y creo que ese fue uno de los problemas fundamentales.[444]

Desde el principio hubieron diferencias entre los dos grupos. Para las MULAS el evento era una reunión jocosa, amistosa, estética, para nosotras (Seminario) era una reunión de combate donde íbamos a definir estrategias de lucha común para las lesbianas Latinoamericanas, eran dos perspectivas completamente divergentes. MULAS para nosotras representaba el ala reaccionaria y Seminario la Izquierda y el ala radical. Estaban las dos posiciones, MULAS y Seminario y entraron muchas independientes que fueron tomando partido. MULA se quedó con la Comisión del dinero que era la comisión más importante. Carmelita se unió a MULAS, hicieron alianza y se quedaron con la Comisión de Relaciones, o sea todos los contactos y finanzas, nosotras la comida y prensa y propaganda porque yo soy diseñadora gráfica. Alma O. y yo estábamos acostumbradas a trabajar muy duro, pero cometimos el mismo error que con las costureras, mientras nosotras hacíamos el trabajo de base, infraestructural, otras se encargaban de ir hegemonizando el poder político.[445]

---

[443] Eugenia, entrevista anteriormente citada.
[444] Carmelita, entrevista anteriormente citada.
[445] Yan María, entrevista anteriormente citada.

La solicitud de incluir a la organización y al evento otros sectores no lésbicos, hombres homosexuales y sectores sindicales y políticos, conflictuó al comité organizador, en el que un sector defendía ardientemente la autonomía.

En principio había mucha armonía porque nos ganaba el entusiasmo. Tuvimos más dificultades con Seminario Marxista, querían que se convoque a obreras, campesinas, nosotros decíamos, ¿dónde están?, tráiganlas, decían que el Encuentro era muy burgués, que había que conseguir subsidio, bueno sí consigamos. Todo el dinero tan prometido no llegó, nos aportaron dándonos direcciones sobre todo de latinoamericanas que vivían en Europa, se empezó a juntar dinero con fiestas, dijimos 'si no tenemos dinero ni para la correspondencia, cómo vamos a becar a mujeres'. Otra postura fue que el Encuentro fuera con participación masculina incluso en la planeación, una de las discusiones más fuertes fue que los hombres nos dieran talleres. MULA alegaba que no, si nosotras podíamos ser autosuficientes. Las discusiones más fuertes eran con compañeras que venían de grupos mixtos y compañeras que venían de formación marxista más cerrada, partidaria.[446]

Yan quiso incluir a mujeres sindicalistas, tenía un trabajo con las mujeres del Sindicato de Costureras, había sido de sus trabajos más importantes como Seminario. Tengo entendido que salió por broncas con las mujeres del sindicato y quería retomar aquel trabajo. Ella quería que hubiera una presencia muy fuerte en el I ELFALC de la clase obrera, de los sindicatos muy en particular, trabajaba en el sindicato del Situam. Nosotras desconocíamos si habían en otros países esa clase de chavas como Yan, entonces empezamos a alucinar que iba a ser un encuentro básicamente sindical porque la insistencia de Yan era mucha. No teníamos muy claro quienes quería Yan que vinieran, si verdaderamente eran lesbianas o que vinieran las mujeres representantes del sindicato aunque no lo fueran, ella quería a fuerza que hubiera esa presencia, entonces empezó a haber una ruptura. Ellas ya no estaban en el sindicato, además llegaron a trabajar ahí como asesoras porque no eran costureras por supuesto.[447]

Yan quería que participaran las lesbianas de sindicatos pero no hay lesbianas en los sindicatos o no aparecen como tales, eso era lo peor del asunto, Yan vive en otra realidad, quiere cosas que no existen. *Lo que quería era entrar ella como representante lesbiana de los sindicatos.* En el Sindicato 19 de Septiembre con trabajos hacíamos conciencia de género, mucho menos entendían que onda con las lesbianas. A Yan la aceptaban porque se comprometía con su lucha, les hacía de comer, porque estaba con ellas cuando había represión, la querían a ella como individua, sabían que era lesbiana y consideraban que era su cuestión personal, no por eso iban a asumir una postura lésbica sólo porque Yan les cae bien, como incluso no iban a asumir

---

[446] Lurdes, entrevista anteriormente citada.
[447] Eugenia, entrevista anteriormente citada.

posturas feministas porque las del MAS les caíamos bien. *Ella siempre ha sentido que es representativa de sectores* y yo le decía 'no puedes decir que eres representativa de sectores'. Cuando empieza con lo del sindicato decimos no, y se empieza a discutir si se van a aceptar feministas, lesbianas de grupos homosexuales, mixtos. A raíz que Yan insiste tanto en algo que no existe, empieza a radicalizarse el asunto y ya no se aceptan a compañeras de grupos mixtos y feministas, era sólo para lesbianas. Las compañeras de Tijuana pertenecen a un grupo de hombres pero son lesbianas, ya no participaron, era una tontería, ¿eres lesbiana feminista o feminista lesbiana? la gente no puede estar partiéndose de esa manera.[448]

Los procesos de exclusión se fueron agudizando al identificar o descalificar a personas o grupos que no se adecuaban a las características delimitadas "lesbianas feministas" y se vetó la admisión a un grupo de lesbianas a quienes se les denominó "destroyers". En realidad esta exclusión respondía a pasadas divergencias políticas de dos líderes en el extinto OIKABETH.

La crisis se fue dando porque nos dividimos en comisiones, estaba la Coordinadora a la que debían rendir cuentas o informar en que proceso iban las Comisiones. La bronca empezó porque las cosas que se acordaban dentro de la Coordinadora no se llevaban a cabo dentro de las distintas Comisiones, cada una tenía un concepto distinto de cómo debería ser el Encuentro. La bronca se dio más fuerte cuando quedaron excluidas compañeras lesbianas porque habían tenido broncas en esta historia que no nos tocó, que no podían entrar porque eran "destroyers" y que iban a meter ruido, que no podía ser abierto a lesbianas feministas. Las destroyers eran principalmente Patria y su grupo porque no eran feministas, porque no eran marxistas o porque no era no se qué.[449]

En la organización era muy complicada la convivencia de los grupos con las independientes por las votaciones, para las independientes era su propio voto, y los grupos en un momento dado podían representar un solo voto o si los grupos van a votar como independientes; todas y cada una? Había como mucha dificultad de compaginar la existencia en ese momento de grupos yo creo porque muchas veníamos de grupos donde estábamos acostumbradas a funcionar en grupos al interior de grupos. En Lambda habíamos criticado los bloques de los PRTecos, incluso a veces nosotras también éramos un bloque las mujeres. En ese sentido venía el miedo cuando llegaran las destroyers, y mucha gente asumió las clasificaciones que hizo Yan, hacia las de afuera. Muy en particular hacia Patria y varias ex-OIKABETHas, eran considerada como destroyers. Era ambiguo porque nos cuestionábamos si bamos a ser tan ojetes[450] de no dejarlas participar y de pronto

---

[448] Nayeli, entrevista anteriormente citada.
[449] Lurdes, entrevista anteriormente citada.
[450] Mala onda..

muchas decían "pero si son destroyers" y Carmelita decía "sí, pinche Patria, es bien destroyer, me acuerdo en tal fiesta nos hizo esto y aquello". Era muy ambiguo, finalmente tendíamos más a decir, pues vamos a dejárselo al azar si llegan a venir que paguen.[451]

Como control y tamiz, la comisión de inscripción elaboró fichas de solicitud con una lista de requisitos que definirían el grado de feminismo y lesbianismo de la solicitante.

Supuestamente, por seguridad, se quería controlar quiénes iban a ser aceptadas al Encuentro y se hicieron fichas de inscripción para determinadas personas; era una especie de tamiz, para aceptarlas o no. Otra de las cosas que fue un pleito muy fuerte es que hubieran perros para oler mota y que hubiera cateo, fue un agarrón porque yo no voy a un encuentro para que me cateen, es que para que no hubiera droga, no hubiera alcohol.[452]

Dentro del movimiento lésbico se ha dado una tendencia muy fuerte de grupos de lesbianas a una ideología derechista muy debajo del agua, con objetivos reaccionarios como despolitizar al movimiento, hacer todo lo posible por que no haya la menor conciencia política. Por convertirlo o reducirlo a un movimiento de chacoteo o fiestas y autorealización personal, en un movimiento que estaría dispuesto a comerciar con la dictadura, con el gobierno si el gobierno ofreciera algo para las lesbianas, sin principios políticos, o sea tener una clientela cautiva, para beneficio propio. Lo digo por varias compañeras que en sus casas han hecho fiestas como parte del movimiento (creo que es válido como negocio personal, no como parte del movimiento) utilizando al movimiento lésbico como clientela segura para sacar mucho dinero alcoholizando a las lesbianas o vendiéndoles drogas, y lo considero completamente inmoral. Para mí el movimiento lésbico debía ser sagrado, así como hubo gente que ha comerciado con el movimiento obrero o campesino para beneficios propios, hay personas que lo hicieron con el movimiento lésbico, se les llamó destroyers, porque comerciaban con el alcohol y las drogas, destructoras porque están en un movimiento para destruir el movimiento.[453]

Yan planteó tipos de inscripciones F1, F2, F3, para descalificar, fue ridículo. Esa es mi gran crítica a Yan una de las gentes\que más trabas puso y fue a ella que con esas mismas trabas la ahorcaron. Muchos de los reglamentos se hicieron para que Patria no entrara porque nada más se dedicaba a tener haremes, tomaba, fumaba y quién sabe qué cosas, esa era la posición de Yan. Con un poquito de memoria hubieron

---

[451] Eugenia, entrevista anteriormente citada.
[452] Lurdes, entrevista anteriormente citada.
[453] Yan María, entrevista anteriormente citada.

problemas entre Yan y Patria desde OIKABETH porque Patria era anarquista, casi, casi destruye OIKABETH según Yan. Patria puede tener sus errores, yo no comparto casi nada con ella pero así como no podía permitir que a Yan se le juzgue como esquizoide porque tiene un ideal, tampoco puedo permitir que a Patria se le diga destroyer nada más porque le gusta tomar o tener varias compañeras. Entonces Carmelita basándose en esas reglas juzgó a todo el mundo y todo el mundo cayó".[454]

La cabalgante política de exclusión empezó a llegar también a las integrantes de LAL. Bajo un manto de purismo se iniciaron expulsiones o se *presionaron* salidas voluntarias.

MULA sacó a Alma A. Todas la sacamos porque Lourdes había dicho que era bisexual y estaba metiendo un discurso político bisexual, hicimos que se saliera, después sacó a Gabriela O., presionó para que no estuviera allí, entonces las independientes se dieron cuenta que Lourdes Pérez se quería quedar con todo el poder de la organización y nos salimos como un mes y medio antes y formamos el LAL democrático, frente al LAL autoritario pero el problema era que quienes controlaban las finanzas y las relaciones internacionales eran MULAS y Carmelita. Lourdes Pérez como no tenía ninguna experiencia en el movimiento lésbico porque ella era heterosexual, hacía poquito se había vuelto lesbiana y nunca había estado en el movimiento lésbico, se alió con Carmelita que sí había estado mucho tiempo en Lambda, la utilizó como su cara pública, la lucha se dio muy fuerte y me sacaron, yo me salí.[455]

Cuando llegué a LAL, Virginia ya no estaba, Alma A. acababa de salir, Leticia ya no estaba, se habían disgustado y salido. Carmelita empezó a condenar mucho a Yan, y se empiezan a hacer juicios. Hubo un error, Yan y Alma O. crearon un reglamento muy tonto, Alma siempre apoyaba todo lo que Yan decía, eran amantes, con ese mismo reglamento se le hizo un juicio político a Yan.
Para poder entrar al Encuentro había diversas clasificaciones de inscripción, era un reglamento que vetaba, muy coartante. Marta Lamas pidió su participación al Encuentro y se le negó por ser buga[456] y me preguntaba: ¿quién estaba metida las 24 horas en la cama de Marta Lamas?, además si no se puede tener identidades ideológicas a demostrar, ¿cómo Yan se atreve a decir que la gente debía comprobar que era lesbiana o no un lesbianómetro? Terminaron discrepando con Yan quien había propuesto el reglamento. Cuando discrepo con el reglamento, Carmelita me dice -ella es abogada- 'yo no hice este reglamento pero me voy a encargar de que se aplique' y se lo aplicó a quién lo creó y allí empezó un problema de juicios serios, me enteré hasta que los viví. Estuve en el juicio de Yan y Marcela. Cuando empecé a oler que las

---

[454] Nayeli, entrevista anteriormente citada.
[455] Yan María, entrevista anteriormente citada.
[456] Heterosexual.

cosas no andan bien, me encuentro con Virginia, y me entero que no está en LAL porque "dicen que no soy lesbiana pura, resulta que no tengo un proyecto lésbico porque mi proyecto va dirigido a las mujeres y nunca lo he declarado a las lesbianas". Pero en la práctica era un espacio para lesbianas, si llegaron a ir dos o tres bugas eran bisexuales, no me digan que eran bugas bugas. Fue una escuela y de ahí, como yo, salieron muchas con pareja, muy aplicaditas. Virginia me contó cómo surgió LAL, desde Ginebra y fue precisamente allá donde Lurdes desacreditó a Virginia porque dijo que no trabaja con las lesbianas, y me dice "no puedo, porque tienen que ser lesbianas, lesbianas", Lurdes dice que *Cuarto* tiene financiamiento y la acusa que quiere agandallarse de las lesbianas para las feministas. Virginia termina peleada, sale muy triste de Ginebra y decide no meterse en LAL. Encontramos a Alma A. y le platicamos cosas que no nos parecían a Marta, Marcela, Paty y a mí y nos cuenta que ella dejó LAL porque la acusaron de que no hacía nada y de buga o bicicleta y dice 'al diablo que se queden con su proyecto'. Era una de acusaciones, a Marta por decir una palabra en vez de otra, etcétera.[457]

## Ruptura. Más allá de la diferencia

Ante el clima de tensión y la lucha por el poder, los conflictos se agudizaron en LAL, polarizándose las fuerzas políticas en dos bandos definidos. Por un lado, el grupo MULA y algunas independientes y por el otro Seminario, apoyadas también por algunas independientes. El descubrimiento –a decir de un bando– de unas cartas con el texto cambiado, ocasionó la ruptura entre ambos bandos.

> Creo que el problema central en LAL empezó por cuestiones eminentemente políticas de a quiénes se invitaba y a quién no. La correspondencia que enviábamos la firmábamos cada Comisión como Comisión de Seguridad o Compras, y una de las Comisiones que tenía Yan era la de Prensa y Propaganda. Se encontró una carta, tengo copia de ella, donde invitaba a unas organizaciones para tener una discusión en torno al socialismo y la organización de ellas, y firmaba el Seminario Marxista. Ahora lo veo, creo que nos aceleramos todas, porque si bien Yan tenía que firmar en todas partes así, tampoco era tan grave, tampoco era tan grave el decir que se discutiera aspectos del socialismo aún cuando no estaba incluido como temario, la gente pudo haber llegado y hecho un taller. Esto levantó una ámpula terrible porque se pensó que no se estaba respetando el que en el Encuentro se tenía que dar, cualquier cantidad de posiciones pero que nosotras no teníamos como Comité Organizador, una posición, tirar línea propiamente, entonces ahí empezaron los conflictos. A Yan se le dijo que

---

[457] Nayeli, entrevista anteriormente citada.

era una deshonestidad, Yan se enojo mucho, se enfureció, renunció, empezó a decir que siempre se le había acusado de loca, se empezaron a mezclar asuntos personales con este detalle y otros que hubieron. Ahí empezó a surgir conflictos.[458]

No nos cabía en la cabeza cómo iba a ser un Encuentro según la óptica de Yan, nos daba terror, sabíamos que había estado haciendo cuántos contactos con sindicatos con chavas que iban a venir a hablar de otros rollos que no eran del movimiento lésbico y de nuestros específicas demandas, ese era nuestro pavor. Después empezamos a encontrar que había cartas, una que nos pareció escandalosa y decidimos mandar a la chingada a Yan. Nosotras habíamos ofrecido una beca a las de Ayuquelén de Chile y Yan les envió una carta sin tomar en cuenta a nadie, de su mutuo propio decidió decirles que no se les iba a otorgar la beca, porque estábamos considerando que había otros países que tenían peores crisis económicas que ellas como Perú, Salvador y Nicaragua. Nosotras empezamos a alucinar ¿a quién quiere traer del Salvador y Nicaragua?; ella estaba empezando a tomar decisiones por su cuenta, cuando encontramos esas cartas porque ella estaba en la Comisión de Prensa y cuando cambió de manos esa comisión y supimos de esas cartas entonces verdaderamente nos escandalizamos fue el acabóse, tratamos de arreglar lo que había hecho con Ayuquelén, enviamos una carta de disculpa y aclaración y finalmente hubo una clara ruptura con Yan. Fue el argumento principal que teníamos para expulsarla porque en realidad era la idea principal. No soportó el cuestionamiento y de ahí salieron mas escisiones, ella creía que nuestro encuentro era muy superficial, que era muy burgués, no estaba de acuerdo con los contenidos que planteábamos para los talleres. Llegó un momento en que éramos irreconciliables, las discusiones ideológicas eran bastante cruentas, Yan nos llegó a acusar de burguesas.[459]

Censuran a Yan y yo al principio estaba de acuerdo por tonterías que hacía Yan, pero consideraba que éramos compañeras y podíamos decirnos errores, pero lo llevaron a juicio y le acusan de esquizofrenia. Las que estamos en el centro no queremos darle mucho crédito a Yan y al mismo tiempo nos damos cuenta de manejos que no nos gustan de Lourdes y Carmelita que se unen para fregar a Yan, decidimos hablar con Yan y nos unimos Marta, Marcela, Alma, Paty, yo, para analizar juicios y reglamentos pero ya tenemos al encuentro encima, cuando llegamos al encuentro no nos quieren dejar entrar.[460]

Aquí en México cuando quieren eliminar a alguien dicen que renunció, a mí me hicieron lo mismo, a mi me obligaron a salir. Dijeron que yo había malutilizado un documento, que había hecho un documento con mi perspectiva sin que LAL lo hubiera acep-

---

[458] Carmelita, entrevista anteriormente citada.
[459] Eugenia, entrevista citada anteriormente.
[460] Nayeli, entrevista anteriormente citada.

tado. Hubo una convocatoria, pedimos permiso para ponerle dos o tres puntos para interesar a las lesbianas de los partidos políticos de izquierda y sindicatos, se otorgó el permiso y luego dijeron que yo había puesto cosas en ese documento que no se habían discutido en asamblea, cuando sí se había aceptado en la asamblea, yo no me iba a aventar una bronca de esa categoría sacando un documento de la manga que no hubiera aprobado la organización, ese fue el pretexto y me sacaron, salimos como nueve compañeras expulsadas por MULAS y Carmelita. Finalmente MULAS se quedó con todo el poder económico y político y nada más se quedaron Alma O., Marcela y Nayely en LAL, las demás expulsadas. Nunca presentaron un análisis o un documento de cuentas. Nunca se supo cómo manejaron el dinero, llegó muchísimo dinero. Para justificar lo que estoy diciendo, Carmelita denunció a Lourdes Pérez de malos manejos del dinero, su misma amiga, su misma abogada la denunció y hay un documento que se ha repartido en la semana gay elaborado por Carmelita y Patria sobre los malos manejos de Lourdes, con eso te quiero decir que no sólo nosotras nos dimos cuenta de los malos manejos de dinero, nosotras no la denunciamos, lo hizo su abogada.[461]

Martha de las Patlas decía que había que darle chance a Yan de hablar y de expresarse y nosotros decíamos que Yan dice que somos unas pinches burguesas pero no nos dice por qué y no esta dispuesta a discutir entonces ya nos hartamos de sus imputaciones, tenemos miedo que venga y nos organice un encuentro paralelo, le decíamos 'está haciendo cosas como enviar cartas y no nos está tomando en cuenta'. Nosotras la verdad si estábamos muy alucinadas, asustadas, creíamos que Yan era capaz de convocar chingos y chingos de gente que nos iban a transtornar por completo la idea de Encuentro que creíamos que se tenia que armar y Martha insistía en que nosotros éramos radicales que no sabíamos entender a Yan, que nos estábamos poniendo en un plan mamón, muy cerrado igual que ella pero nosotras en otro punto de vista, entonces Carmelita le dijo "apoyas a nuestra posición en contra de Yan o no la apoyas?" y todo esto por teléfono "¿estás conmigo o en contra de mí?", Martha se encabronó y le dijo "¡no estoy contigo!", "entonces estás contra mí". Me pareció muy salvaje. A mi ya no me estaba gustando, estaba viendo muchas alianzas, de hecho yo ya ni siquiera tenía acceso a todo lo que estaba pasando entre Carmelita y Lourdes. Se manejaba un rollo muy subterráneo, como de sábanas y Lourdes lo jugaba mucho, hacía todo un juego de que se traía a Carmelita de nalgas, y de que le picaba la cola, había un rollo muy abierto que Lourdes dio pie a que la gente hablara de eso, de que había una alianza de tipo ideológico y sexual. De hecho le pedí a Carmelita que nos saliéramos de la organización, dije vamos a salirnos, vamos a acudir al Encuentro como cualquier otra de las que ya están por fuera, las destroyer, todas las que han sido vetadas – porque había una lista de vetadas, que Yan y Seminario elaboraron–, sabíamos que

---

[461] Yan María, entrevista anteriormente citada.

las vetadas iban a llegar de todas maneras, vámonos por que a mi no me gusta el matiz que están agarrando las cosas.[462]

El ambiente se tornaba bélico, ambos bandos ejercían tácticas y estrategias de combate, el deseo de invalidación de "la otra" tomaba formas a veces siniestras. En dicho contexto llegó el I Encuentro Nacional de Lesbianas.

## Guadalajara: Primer Encuentro Nacional de Lesbianas

> Tenga ella, la más hermosa/ piedad conmigo/pues
> soy de nuevo como una virgen/ en estos amores/
> cuya simpleza incendia la memoria
> 
> SABINA BERMAN

Realizar un Encuentro Nacional previo al latinoamericano había sido un acuerdo de LAL, a fin de convocar a las lesbianas del país, discutir en torno a la necesidad de reforzar el movimiento lésbico autónomo e interesarlas por el evento mayor. Patlatonalli de Guadalajara fue el grupo organizador y aunque el evento estuvo muy bien coordinado, los conflictos ya habían estallado en el D.F. y se trasladaron al Encuentro Nacional. No se logró mediar, al contrario, se polarizaron las fuerzas y reforzaron dos bloques.

La bronca explotó como en junio de 1987. El Encuentro de Guadalajara fue en agosto del 87, fuimos muy pocas (sesenta), del D.F. iríamos como treinta, de Tijuana tres, de Cuernavaca una o dos, de Veracruz una o dos, de San Luis Potosí una, no había en ese momento capacidad de convocar, no había un movimiento fuerte. Nosotras no quisimos hablar con las de Guadalajara porque iba a haber una plenaria entre las de la Coordinadora y hubo una grilla entre varios grupos con las de Guadalajara de tal manera que cuando llegamos las Patlatonalli estaban peleadas con nosotras: con MULAS, Carmelita y Eugenia. Se hicieron dos grupos. Guadalajara no ayudó a solucionar, dividió, porque el grupo de Guadalajara tomó postura, no fortaleció, ni se discutió, llegaron en una postura como bloque, sin intención de discutir, no llegó a enriquecer a la Coordinadora, llegó a separar el Encuentro y como Movimiento no llegó a aportar mucho. Estaba desprestigiada la Coordinadora, habían trascendido los pleitos, mucha gente se salió, mucha gente que quería el Encuentro ya no fue, se debilitó con el Encuentro Nacional porque era repetir un mismo patrón que se venía

---

[462] Eugenia, entrevista anteriormente citada.

dando en el Movimiento lésbico-gay, con estos pleitos fuertes y te tiro a matar. Hay una historia muy tremenda".[463]

"Para el Encuentro de Guadalajara ya estábamos en malos términos, a pesar de eso el Encuentro dentro de lo que cabe salió bien. Carmelita y Lourdes ya tenían una estrategia armada, de opacar la fuerza probable que podría tener la oposición que era Yan, Patlatonalli y todas las que estuvieron en la organización de LAL. De ahí surgieron los grupos que nosotros realmente no conocíamos, jurábamos que aparecieron en una noche como respuesta, con los que después surgió la Coordinadora Nacional de Lesbianas (CNL).[464]

El Encuentro Nacional que evidenció el gran conflicto entre las mexicanas y los bloques que se habían formado, no sirvió como espacio de interlocución y reflexión sobre la importancia y trascendencia de un primer evento lésbico latinoamericano. No hubieron términos de mediación ni negociación que permitieran un espacio adecuado para el trabajo de las lesbianas latinoamericanas. Sin embargo, resultó positivo para el inicial grupo Patlatonalli porque le sirvió para reforzarse como grupo. La conflictividad tenía tales dimensiones que se propuso realizar un referéndum a fin de mediar y buscar soluciones. Los ánimos estaban tan caldeados que el referéndum sirvió como leña que avivó más las diferencias.

El conflicto mayoritario trascendió de las diecisiete de las que estabamos organizando el Encuentro y entonces se llamó a un foro público del movimiento lésbico aquí en México, antes del Encuentro. En ese foro público, todo mundo se sintió con posibilidades de criticar el trabajo; yo creo que fue un error permitirlo; se ajustaron viejas rencillas personales y se formaron grupos en base a cuestiones de rencilla personal. Llegaron críticas y la posición de muchas de nosotras fue cerrarnos porque consideramos quienes no habían trabajado y que al diez para las doce, querían hacer crítica y modificar, ya no se podían, ya no había tiempo para hacerlo.[465]

## Correlaciones de fuerzas previas al encuentro

A pesar de que la tendencia excluyente iba por ambos lados, la polarización por la hegemonía del poder y el protagonismo ante el advenimiento de un evento que tendría una repercusión latinoamericana, llevó a las organizadoras a polarizarse en dos tendencias aún cuando un sector era crítico de ambos lados. Las expulsiones expresaban una falta de respeto (por no decir tolerancia) a las diferencias.

---

[463] Lurdes, entrevista anteriormente citada.
[464] Eugenia, entrevista anteriormente citada.
[465] Carmelita, entrevista anteriormente citada.

Marcela y yo decidimos apoyar a Yan porque la estaban atacando muy feo y sí es cierto que la compañera tiene muchos problemas a nivel ideológico, siempre trata de tirar línea, pero tampoco es para meterla en una institución mental. Quedamos en LAL Alma O. y yo. A Marcela también la corrieron y decidimos apoyarnos las cuatro y estamos metiéndonos en casa de Carmelita, grabando las conversaciones de los juicios para tener pruebas y meternos a fuerzas al Encuentro, primero porque nos merecíamos por el trabajo que habíamos realizado y segundo porque no se valía que su línea fuera la única que se manifestara en el Encuentro.[466]

Decidimos romper con MULAs y Carmelita. Lourdes ya tenía broncas con Carmelita y puso a Patria adelante una semana antes, Patria no hizo absolutamente nada por LAL, la colocó como la reina del movimiento. He tenido diferencias con Patria porque no ha tenido posiciones ideológico-políticas claras, sino que ha bandeado para donde jale el agua con más fuerza, eso se ha visto cuando Lourdes no podía dar la cara pública (por su ex-esposo) por eso utilizó primero a Carmelita y luego a Patria como figura pública y Patria lo asumió, yo creo que si Patria no había movido ni un dedo no debería haber aceptado aparecer como organizadora del Encuentro o representante del movimiento lésbico en México.[467]

A mí me engancharon tres días antes del pinche evento cuando me dijeron "¡todo lo que andaban diciendo de ti!", entonces yo me enojé porque se me descalificaba "si yo he trabajado tanto tiempo, porque no voy a estar, nadie me lo va a impedir" me enganché en la bronca y me di cuenta mucho después, "que pendeja" a mí me tocaron cosas sensibles y cuando vi que a todo mundo le habían tocado cosas sensibles y que todas habíamos reaccionado viceralmente, entonces no había chance en el momento de la bronca de aclarar las cosas y se ahondaban, se ahondaban, era todo mundo contra todo, aunque se hicieron dos grupos compactos, polarizados, unas de la KGB relacionadas con la pobre Yan y las de la CIA éramos las que entrábamos del lado de Lourdes Pérez, que era la que se estaba supuestamente apañando toda la representatividad del movimiento lésbico en México. Y sí hubo cosas muy delicadas, malas, de manejo sucio y lo vi de los dos lados, vi que se daban parejo, que se trataban de dañar allá, pero que también se dañaba acá y todo mundo se tiró con todo lo que tuvo a su alcance y yo no vi víctimas, solo vi mujeres enardecidas en aras de desmadrarse ¿qué se consiguió? absolutamente nada. Entré por invitación de Lourdes, Carmelita y Eugenia, había que realizar el evento a como diera lugar con todas las diferencias que tuviéramos, y no había que dejarlo apañar por las otras. Me enganché a tres días del evento, abrí mi casa a las mujeres del extranjero que se quisieran quedar y prestar un coche para traer gente del aeropuerto, aclarar porque circulaban volantes, hacer de diplomacia "pasa en todas partes, no se espanten". Se veía terro-

---

[466] Nayeli, entrevista anteriormente citada.
[467] Yan María, entrevista anteriormente citada.

rífico yo me la creí del lado donde estaba porque las otras estaban muy aguerridas, se suponía que iban a asaltar el Encuentro y lo iban a tomar, incluso se les vetó hasta la dirección pero como habían mujeres que no tenían un bando específico o que les parecía una canallada lo que hacían unas u otras, llevaban y traían la información y aquellas sabían perfectamente dónde iba a ser el evento y llegaron a muy buena hora, cuando las vimos dijimos "chin, ya van a tomar el evento", era un cruzadero de flechas y lanzas, lo que había en ese espacio era trágico.[468]

MULA y Carmelita empezaron a sesionar aparte y hostigar a las que quedaron en LAL, decidieron hacer secreto el Encuentro para evitar que nosotras fuéramos pero una amiga íntima de Lourdes nos dijo la dirección una noche antes y pudimos llegar al encuentro, ni Alma O. sabía la dirección. Pagamos la inscripción.[469]

Las extranjeras vienen a tener un encuentro y se encuentran con los problemas de las mexicanas. Lourdes muy política y social las invita a su casa, les organiza una fiesta, les da de comer, amable; y Yan siempre trata que la gente trabaje y tenga una posición definida y se olvida del aspecto humano; social. La otra trata de cooptar y lo logra porque es más humano seducirlas, llevarlas a la fiesta, muy inteligente porque se da cuenta quiénes son las líderes y se las lleva a su casa. Yan nunca se toma la molestia de ofrecer su casa a nadie, las mujeres se sienten atraídas más a Lourdes a nivel humano, con Yan no, porque son puros cuestionamientos: "fíjate que tenemos problemas por diferencias ideológicas..." y yo "cállate por favor, van a salir..." Yan se identifica con las nicaragüenses por la lucha revolucionaria pero se desilusiona porque toman cerveza, porque tienen aspiraciones pequeñoburguesas.[470]

Tenían el control político, cuando llegaron las compañeras latinas se encargaron de decir que habían unos agentes de la CIA (éramos nosotras) que querían boicotear el encuentro.[471]

## El des-Encuentro

Las salidas de gran parte de las integrantes de LAL dejaron las tareas de las comisiones sin completarse, de tal manera que al llegar las fechas del evento, no estaba la comida asegurada, ni se contaba con un servicio de limpieza, entre otras cosas, eso produjo mucho caos, sumado al ya existente.

---

[468] Patria, entrevista citada anteriormente.
[469] Yan María, entrevista anteriormente citada.
[470] Nayeli, entrevista anteriormente citada.
[471] Yan María, entrevista anteriormente citada.

Al Encuentro llegamos en anarquía porque las que quedaron de conseguir a las cocineras no estaban, no estaba garantizada ni la comida ni la limpieza, se habían comprometido Alma O. y Yan y allí mismo se tuvo que crear una comisión para cocinar y limpiar entre todas. La comisión de la inscripción no estaba porque habían renunciado. Estábamos entre seis haciendo el trabajo de veinte. Las compañeras no se integraron a una comisión, llegaron a hacer política, y había que limpiar los baños, nosotras dormíamos un promedio de dos horas, no podíamos participar de las actividades del Encuentro. No podíamos tener presencia porque había que organizar las cosas, mientras las otras hacían la grilla y nosotras no podíamos contestar nada, vete a comprar las escobas, no sabíamos para cuántas cocinábamos, llegaban de visita un promedio de veinte, más las que no estaban registradas como treinta, entonces la comida se acababa, era insuficiente.[472]

Eramos absolutamente insuficientes estructuralmente las seis más las cuatro ayudantes que contratamos. Al empezar el Encuentro, Lourdes Pérez en el discurso inaugural dijo 'compañeras el encuentro ya esta en manos de todas, entre todas lo vamos a organizar' pero no fue clara en decir vamos a organizar comisiones. Había una actitud de la gente 'yo ya pagué y creí que iba a llegar a un Encuentro organizado en donde no voy a tener que ir a lavar los baños, a hacer la cena y perderme la inauguración o tal taller'; había mucha sensación de incomodidad y la gente de hecho no asumió apuntarse en alguna comisión. Organizativamente fue un absoluto caos sobre todo la comida, fue un desmadre a pesar de que terminamos pagándoles a unas mujeres para que hicieran la comida. Muchas de las cosas seguíamos absorbiendo nosotras, las compras, las instalaciones, el sonido, los baños, el alojamiento, las inscripciones y fuimos absolutamente insuficientes. El Encuentro fue un caos, un infierno, salí de ahí absolutamente devastada, hecha mierda, sintiéndome mal, muy mal. En mi vida personal, le dio en la madre a mi relación, por que yo me sentía con un cargo de conciencia muy insoportable. Y sentía que Carmelita no asumía lo que le tocaba, no se había dado cuenta que realmente le habíamos dado en la madre al Encuentro, no se daba cuenta de las dimensiones de nuestras pendejadas y a mí me resultó altamente agresiva su ceguera, su altanería, creer que nosotras habíamos estado en lo correcto, que nosotras habíamos casi, casi salvado el Encuentro, que habíamos hecho lo mejor posible, y que no había resultado tan horrible y tan caótico, como hubiera sido, si Yan lo hubiera organizado, sentía que Carmelita de veras tenía una actitud casi mesiánica, muy prepotente.[473]

El clima de tensión dentro del Encuentro no permitió el normal desarrollo de los talleres, sólo pudieron efectuarse además de la permanente plenaria, unos pocos.

---

[472] Lurdes, entrevista anteriormente citada.
[473] Eugenia, entrevista anteriormente citada.

Inmediatamente después de la inauguración fue impartido por Silvia Borren un taller de metodología de trabajo con lesbianas, lo que fue interpretado por muchas
como "la línea" que venía de Holanda. En el contexto, esto aparecía como un trasfondo de intereses.

> Yo me sentí mal porque sentí que las mexicanas nos agandallamos un espacio por el
> que habíamos trabajado muchas para pelearnos entre nosotras, andábamos muy
> vicerales, sobre todo con Lourdes; el objetivo era denunciar estos manejos de Lourdes,
> hasta el momento yo no sabía porqué. Cuando la compañera del ILIS hace un taller en
> el que expresa cómo se maneja el ILIS y su metodología del poder y porqué deberían
> haber líderes, entonces *me cae el veinte* y dije *entonces ni siquiera es tuya, es una
> ideología prestada*, se aprovechó de la fuerza de trabajo de muchas de nosotras para
> realizar un Encuentro que ella consideraba su Encuentro y su realización.[474]

> Se formaron grupos nuevos porque fue tan fuerte, como enfrentar a un dictador que
> quería aniquilar a un conjunto de gentes con diferencias entre sí y esa gente se
> agrupó para defenderse, se formó Gestación con Nayely, Gabriela, Alma A. Maribel,
> y el grupo de arte Ámbar que eran Nayely, Bety y yo.[475]

Para Liz Highleyman, teórica de los estudios *queer*, "quienes sostienen las políticas de identidad a veces tienen dificultades para ver las cosas desde una perspectiva que no se base en la identidad", esto es por ejemplo perder el sentido "del otro"
y ubicar enemigos más que en el afuera, en el adentro. "Los movimientos basados
en la identidad han abandonado, con demasiada frecuencia, una agenda que apunte
al cambio social amplio en pro de reformas que beneficiaran a miembros de su
grupo particular".[476] La autora plantea que las políticas de identidad son respuesta
a una realidad de opresión, y es tal vez muy probable que la mayoría de la gente
pueda ver más allá de sus necesidades sólo hasta que la sociedad cambie. Aunque
considero la sentencia bastante derrotista. Creo que el cambio de la sociedad se da
permanentemente, justamente con las transformaciones que sus miembros van lo-
grando hacer. Sin embargo, la dinámica de conflictividad en estos grupos minoritarios como las lesbianas, expresa una necesidad de pertenencia y en ello radica el
énfasis que ponen en el "otro" como diferencias insalvables.

---

[474] Nayeli, entrevista anteriormente citada.
[475] Yan María, entrevista anteriormente citada.
[476] Highleyman, Liz, "Identidad, ideas y estrategias", en: *Bisexual Politics. Theories, Queries &
Visions*, New York, Editado por Naomi Tucker. The Haworth Press, 1995. Ttraducción Alejandra Sardá.
Buenos Aires.

## La Red

Uno de los objetivos centrales del Encuentro fue la creación de una Red, asunto que había sido planteado y discutido en Ginebra. La información sobre este asunto, o no fue completa o no se le prestó la debida importancia en el proceso de organización de LAL debido a los conflictos internos. Algunas creían que el Encuentro serviría para crear la Red, otras, que la Red ya había sido formada en Ginebra.

> Cuando regresaron Lourdes y Alida no mencionaron a las demás que se formó la Red, luego durante el I Encuentro todas se enojaron porque nadie sabía que existía la Red desde Ginebra.[477]

> Lourdes nos había traído la información de cómo se había empezado a perfilar esta Red latinoamericana en Ginebra pero había pasado a segundo término en las reuniones de organización del LAL simplemente por los problemas internos ideológicos que teníamos. Este problema salió en el Encuentro cuando se dieron distintas posiciones porque antes, nunca existió la claridad.[478]

En Ginebra se creó la Red a fin de solicitar un financiamiento, pero las condiciones de adherencia a dicha Red fueron perfilados; sin embargo, para algunas esas condiciones fueron acuerdos inamovibles.

> "Todas pensábamos, incluso las chicanas, que en el Encuentro íbamos a construir una organización Latinoamericana de lesbianas, pero esa Red ya estaba construida, tenía sus tácticas, estrategias y objetivos definidos, pero la mayoría no nos enteramos. Si Seminario hubiera sabido sobre los objetivos y propósitos de esa Red no hubiéramos entrado, porque tenía un carácter separatista influido por Silvia Borren de Holanda. Nosotras no somos separatistas, al contrario, el separatismo es una filosofía reaccionaria en Latinoamérica y el tercer mundo. Nunca nos enteramos porque sesionaron a espaldas nuestras Lourdes, Carmelita, GALF Perú, GALF Brasil, Nicaragua y Ayuquelén, no quisieron que entráramos, sobre todo las chicanas. Silvia Borren no quería que entraran las Chicanas porque eran norteamericanas y eran muy políticas, nos dijo una compañera que era nuestra espía que estaba en las reuniones ocultas. Mientras las chicanas y algunas víctimas de Lourdes pedíamos a gritos sesionar y tener asambleas, metieron la música, el baile, la alberca y las chelas y se dividió en talleres; había que resolver el trabajo de las comisiones que nos echaron: cocinar, lavar baños, y mientras nosotras hacíamos eso, ellas sesionaban a espaldas

---

[477] Safuega, entrevista anteriormente citada.
[478] Eugenia, entrevista anteriormente citada.

de toda la gente. Con esas condiciones de la Red quedaban fuera casi todas las organizaciones de lesbianas Latinoamericanas porque casi todas trabajan con homosexuales o feministas heterosexuales porque la realidad Latinoamericana es distinta a Holanda, porque esa fue la posición de Silvia, una posición sexista, eurocentrista, separatista. Toda la infraestructura está en poder de Lourdes Pérez, fax, directorio, teléfono, todo quedó muy confuso, no se llegó a nada, la Red de ellas siguió sin esta gente, se hizo un documento falseado que no representó la realidad, la historia la escriben los vencedores.[479]

Las condiciones se plantearon desde Ginebra, la gente que estuvo, llegó a sus acuerdos, se dieron los lineamientos básicos de la Red. Propiamente LAL fue un comité exclusivamente de infraestructura y de acción. En LAL no pusimos ninguna norma, quizás aquellas en relación al cupo. En Ginebra se hizo un subcomité latino y para los objetivos de la Red fue importante hacer un encuentro. No fue que (los acuerdos) vinieran desde Ginebra, si no que fue en Ginebra, en donde las latinas se pusieran de acuerdo. El hecho de que fuera en Ginebra hizo pensar que el ILIS había dado línea de cómo tenía que ser y Lourdes lo aclaró muchísimo, en ese momento político no valían las razones, desde mi óptica cualquier argumento era devaluado dependiendo de quién o qué grupo lo externaba, llegamos a desoír las razones.[480]

La discusión de las características de la Red no se dio por los problemas internos y en el Encuentro surgió el tema y nos sorprendimos porque la Red ya existía y nos sentimos muy mal porque Silvia de ILIS dijo 'pero cómo si en Ginebra ya se habían dicho que los planteamientos de la Red eran así o que ¿nunca lo discutieron en México?, ¿porqué?, lo deberían de haber discutido alguna vez'. No se nos dijo así, íbamos al Encuentro con la idea de crear una Red y otras venían con la idea de una Red que se había hecho en Ginebra. Las que estuvieron en Ginebra venían a defender su posición porque en Ginebra decidieron una cosa y vienen a imponerlo, por lo menos así lo sentimos.[481]

La adherencia a la Red también implicaba el lugar de residencia porque en el Encuentro hubo una importante presencia de chicanas y latinas residiendo en Estados Unidos o Europa por razones de exilio o autoexilio y que solicitaban su ingreso. El conflicto finalmente se resolvió a favor de ellas.

En Ginebra hablamos algunas cosas, pero no quedó nada establecido. Yo no sé que pasó, pero alguien llevó estas propuestas como una cosa cerrada, una verdadera

---

[479] Yan María, entrevista anteriormente citada.
[480] Carmelita, entrevista anteriormente citada.
[481] Nayeli, entrevista anteriormente citada.

locura. La idea original era una propuesta abierta y no cerrada. En México empezamos una reunión para poner algunos puntos como propuesta. El otro punto de conflicto fue la participación de las mujeres que vivían fuera, pero no porque se rechazara su participación, sino porque las realidades eran diferentes. Nosotras somos latinoamericanas viviendo en Latinoamérica, y nuestra situación es muy distinta de las mujeres que viven en el primer mundo; no pudimos llegar a una discusión aclaratoria. Hubo un quiebre total de comunicación; toda la comunicación previa al encuentro desapareció y era más difícil hablar con un grupo de Latinoamérica que con uno de Europa.[482]

Me parecía aberrante cómo estaba sucediendo todo, yo me sabía la chiva expiatoria de la separación de las lesbianas y feministas. Fui al Encuentro y veo una mujer armada con un comportamiento policíaco fascista que cierra la puerta con candado y amenaza a la gente, que ella es la dueña de la llave y siempre tenemos que pasar por ella para entrar y salir; discuten algo de la coordinación mexicana y luego a la mitad se desaparecen y dejan la reunión suspendida horas. No me encontré en ningún lugar, estaban las chicanas que es un grupo muy politizado, por muchas razones teníamos que aprender *1)*conocen el feminismo gringo que ha ido más lejos que el mexicano, *2)*como mujeres de color tienen su análisis de etnia, raza y clase que no tenemos acá, *3)*tienen su lectura del movimiento chicano y cómo contribuir, cosa que nosotras ni siquiera, ni a nivel teórico ni estratégico. Veo a las chicanas, padecer, me dio pena ajena que nadie las tomara en cuenta. Para mí todas estas purgas son un aletargamiento para el movimiento de enfrentar algo que tiene que enfrentar. El problema del movimiento lésbico es entender porque nace separado y con tantas víctimas, las víctimas no somos más que la materialización de un conflicto no resuelto.[483]

Había mucho ruido también en cuanto al financiamiento europeo, Yan y ellas nos acusaban mucho de que las europeas nos estaban dando línea y nosotras estábamos acatando la línea, no las chicanas, no las latinas en exilio, no las marxistas leninistas radicales y yo llegué a dudar seriamente de Lourdes sobre todo, porque creo, le cerró el acceso a ese contacto incluso a Carmelita que era su aliada, Carmelita había quedado por fuera del contacto directo con las europeas y las holandesas que habían financiado. Llegué a dudar cuando vi que era tan fuerte la oposición de Lourdes, también la de Carmelita, por motivos yo creo más personales, le había dado mucha hueva que las chicanas no hacían el mínimo intento por hablar el español y decían que querían recuperar sus raíces pero a la hora de sentarse a platicar entre ellas solo hablaban inglés. Yo consideraba que no podían quedar fuera, voté a favor de que participaran las chicanas y las latinoamericanas exiliadas, que ya no vivían en sus países, que habían conformado grupos incluso multiculturales, por ejemplo en New York las Buenas Amigas.[484]

---

[482] Entrevista con Miriam Martinho del grupo "Um outro Olhar" de Brasil, 8 de abril, 1995.
[483] Virginia, *ibidem*.
[484] Eugenia, *ibidem*.

Habían espacios abiertos para que la gente diera talleres, ILIS no tiró línea, se apuntaron, lo dieron voluntariamente, no estaba programado. Su compromiso fue hacer un viaje a todos los países latinoamericanos antes del Encuentro y becaron a las chavas para que vinieran más. Ellas ya tenían la idea, si es cierto, de crear una Red Latinoamericana y por eso nos invitaron al ILIS. La Red ya venía de Ginebra, se gestó en Ginebra, pero por otro lado, nosotras no teníamos nexos, no estábamos políticamente comprometidas porque el grupo de Holanda que dio el taller es un grupo mixto, políticamente no estábamos de acuerdo con Silvia Borren porque viene de grupo mixto (COC), aunque a su vez tienen un grupo de mujeres. La política de Silvia Borren no era retomada por nosotras porque ellas decían que *sí* entraran los grupos mixtos, porque la línea de ellas era formar una red de hombres y mujeres. Ellas vinieron a aportar, pidieron permiso y se decidió entre la Coordinadora que vinieran como observadoras porque habían aportado el dinero para las latinoamericanas, se sometió a votación, se discutió mucho y decíamos cómo las vamos a excluir si trajeron 'El Libro de la Cocina' y regalos para todos los grupos. La única que estaba de acuerdo con Silvia fue Rebeca porque venía del MHOL, pero nosotras no pertenecíamos a grupo mixto, ninguna habíamos hecho trabajo mixto como integrantes de esta Red que se conformó en Ginebra.[485]

Al parecer, los aportes económicos y los regalos tuvieron influencia o condicionamiento en las posiciones y decisiones. La discusión de la Red convirtió el Encuentro en un polvorín. No pudieron hacerse talleres ni plenarias, las disidentes estaban tan enardecidas que su esfuerzo se centró en denunciar los malos manejos de LAL y las otras en defenderse.

Para nosotras fue terrible la experiencia, dolorosa, porque no pudimos lograr asambleas de discusión política seria, sobre acciones que las lesbianas latinas podemos coordinar viviendo bajo dictaduras, regímenes totalitarios, en situaciones de un conservadurismo impresionante por parte de todas las sociedades latinas; qué podemos hacer y cómo nos podemos coordinar, eso no se logró, era nuestro objetivo; qué posición tomar la lesbianas frente a la deuda pública, frente a la inflación, desempleo, cómo insertarnos en la Realidad Nacional, todo esto no se discutió, no se hizo nada, hubo un pinche taller de defensa personal que dieron unas europeas que nos pareció insultante cuando era más importante discutir qué estrategias íbamos a seguir en latinoamérica; finalmente la chacota, la pachanga y las chelas evitaron la discusión profunda.[486]

"Hay que reconocer que la guerra la estábamos llevando todas, hubo una que no le duró el triunfo, porque en cuanto eso se dio, la pobre fue a desbarrancarse y cayó y

---

[485] Lurdes, *ibidem*.
[486] Yan María, *ibidem*.

todo lo que hicimos fue 'enterrarla'; así sentí cuando me quise desafanar cuando me di cuenta que era una tragedia griega de cortar cabezas. Cuando me quise desafanar, ya no me pude desafanar tan limpiamente porque había sido ubicada en el otro grupo, de las que se habían transado la lana; no me consta que hubiera habido lana de por medio, y cuando hicimos el deslinde con otras personas, aunque hago el deslinde ya no me deslindo en la mente de las personas, cuando salen las aclaraciones públicas la gente lee lo que quiere en las aclaraciones públicas, realmente nadie estaba dispuesta a ceder la razón a nadie.[487]

El Encuentro estigmatizó personas y grupos, desmoralizó y desilusionó a otras, el movimiento lésbico perdió la inicial fuerza y todas se fueron a sus casas con un sabor amargo.

Se desmanteló la posibilidad de fortalecer el movimiento lésbico en nuestro país, y no existe la Red, no funciona. Los grupos fantasmas que surgieron para el Encuentro, que sacaban nombres y nombres, no han vuelto a estar. No se fortaleció el Movimiento Latinoamericano se polarizaron las fuerzas, y lo único que se logró fue establecer vínculos personales que todavía subsisten; de hecho, MULA sigue teniendo vínculos con Chile, con Costa Rica, con Honduras, etcétera; se les cayó el sueño, se horrorizaron, les afectó muchísimo el pleito porque no se pudo consolidar una Red que era para lo que nos reuníamos. Los Encuentros se hicieron con el temor de que vuelva a suceder lo mismo, entonces no se han hecho tan abiertos. Me dejó muchos años horrorizada y devastada con muchisísimo dolor porque mi vida era la militancia y sentí que me habían amputado, que se había muerto una parte de mí; los primeros años pensé que no iba a sobrevivir; por otro lado me enseñó muchísimas cosas, me dejó un temor que no se me quita, yo no volvería a estar en una coordinadora jamás. No sé si estaría siquiera en un grupo. Me veo haciendo trabajo específico en proyectos concretos, dar mi taller y adiós. Pudieron haberse dicho muchos defectos de mí, pero no entiendo la mentira, creo que tengo bastantes defectos como para poner énfasis en ellos, pero no inventar cosas, papelito habla, yo no me veo nunca más dentro de un movimiento. No quiero estar en discusiones, puedo aportar con talleres de lesbofobia, no quiero integrar estrategias de agresión en mi vida, estoy por el pacto de la no agresión y no violencia, estoy dispuesta a aportar lo que pueda.[488]

Como acuerdos del Encuentro se logró la creación de una Red Latinoamericana con participación de lesbianas independientes y pertenecientes a grupos lésbicos autónomos o mixtos, de las Chicanas y latinas que vivían fuera de su país, la misma que se iniciaría con un boletín a manera de memorias que editaría México. Pese a

---

[487] Patria, *ibidem*.
[488] Lurdes, *ibidem*.

tales acuerdos tan amplios y tenazmente luchados, la sensación de las asistentes no fue de logro, sino de derrota.

> Las mexicanas quedaron comprometidas con las memorias y la primera boletina de la Red pero el dinero estaba en manos de Lourdes y Carmelita y en México los problemas continúan, lo llevamos a una plenaria general y pedimos colaboración de externas como Nancy Cárdenas, Itziar, y otras feministas. Nos volvimos a agarrar. Carmelita, Lourdes, Patria se van peliadísimas, se crea un bloque incluso a nivel de ex amantes: Leti en un lado y Patria en el otro, Marta N. en uno y Carmelita en otro. Eugenia andaba con Carmelita pero Carmelita y Lourdes ya estaban en relaciones personales y se sale con ellas, algunas extranjeras que se quedaron, también se salen con ellas, vivían en casa de Lourdes Pérez. Alma A. se comprometió a dar seguimiento a lo de la Red y mandar documentación a diferentes partes del mundo y no cumple; para empezar, no había lana, se iba a volver a generar el dinero. CIDHAL nos apoyaba con infreaestructura, préstamo de computadoras, etcétera. Supuestamente no sobró un quinto, Lurdes presentó un informe financiero que cuando lo revisamos decimos: "no es posible", aparece una fotocopiadora que nunca se compró o si se compró nunca supimos donde quedó; para no pelear, ellas dicen, nosotras hacemos las memorias. El informe a nivel económico está bien, pero es falso, a lo mejor estoy haciendo una acusación muy seria pero yo digo es falso, Lourdes es contadora y pareciera que no sobró un quinto, pero si sobró o no, por ahí hubieron rumores que se clavaron dinero, si se compraron máquinas se quedaron con ellas, nosotras nunca las tuvimos.[489]

Inmediatamente después a este evento se inició el IV Encuentro Feminista en Taxco, en el que tres de los cuatro días se realizaron talleres relacionados con el lesbianismo: "Mitos roles y sexualidad", "Lesbianismo y represión", "Lesbianismo y Política: la relación entre el movimiento lébico-feminista y el movimiento heterofeminista" y "Madres Lesbianas" en los que la participación de las lesbianas fue un bloque fuerte y articulado reclamando a las heterofeministas mayor compromiso con las demandas lésbicas.

La discusión en tales talleres estuvo centrada en las relaciones entre el movimiento feminista y el movimiento lésbico. Se expresó la necesidad de tener clara la posición política de las lesbianas al interior del movimiento feminista y la relación entre el movimiento lésbico feminista y las heterofeministas. Sobre la necesidad de "gestionar" al interior del movimiento feminista las reivindicaciones del movimiento lésbico y que dicho movimiento asuma, defienda y deje el miedo a la posible crítica de ser considerada lesbiana.

---

[489] Nayeli, *ibidem*.

El movimiento feminista no es heterosexual ni lésbico exclusivamente –afirmaron en los talleres– pero de diferentes formas ha proyectado una imagen heterosexual. Ante tal hecho, las lesbianas vieron la necesidad de fortalecer su lucha al interior del movimiento, discutiendo, creando más grupos, sin que con ello se pretenda hacer del movimiento un movimiento lésbico, sino presionar que el movimiento feminista defienda una política sexual que no se quede en los estrechos márgenes de la heterosexualidad y el puritanismo sexual.[490]

Este fue una de las confrontaciones más directas que el movimiento lésbico hizo al movimiento feminista; en una ponencia presentada por Trinidad Gutiérrez en el mismo evento, afirmaba que ha sido largo y difícil para las lesbianas hacerse un espacio en el movimiento feminista en México, que pese a su activa participación en las luchas del movimiento feminista, éste ha reducido el análisis feminista a una óptica heterosexual, que la cuestión lésbica ha sido considerada como un aspecto aparte de la problemática de las mujeres, si acaso como un tema específico a ser tratado dentro del tema de la sexualidad, siempre como un punto y aparte. Problema ocasionado no por la falta de participación de las lesbianas, sino por un hermetismo heterosexual del movimiento feminista quienes les han permitido vivir (a las lesbianas) en el feminismo desde el clóset, reducidas a una existencia marginal e invisibilizada.[491]

## La Coordinadora Nacional de Lesbianas (CNL)

> Este orgasmo, tan celosamente guardado
> para ti, amorosa lo entregé a mi mano
> AMPARO JIMÉNEZ, 1990

La CNL surgió como una instancia de coordinación política entre los diversos grupos de lesbianas que se habían sentido marginados por LAL; se formó como reacción y en un deseo de mostrar que "la verdadera" fuerza política de las lesbianas estaba con la disidencia y porque el grupo que había quedado en LAL estaba formando

---

[490] Ramos Juanita, Oceguera Alma y otras. *Resumen de las conclusiones y propuestas de los talleres lésbicos feministas del IV Encuentro Feminista Latinoamericano y del Caribe.* Documento. [fotocopia]. Taxco, octubre de 1987.

[491] Gutiérrez, Trini. *En el feminismo desde el clóset o acerca del trabajo de las mujeres feministas lesbianas en el movimiento feminista.* Ensayo presentado en el IV Encuentro Feminista Latinoamericano y del Caribe, Taxco, octubre de 1987, documento [fotocopia].

Convergencia de Lesbianas. Influyó también en la formación de la CNL la clara separación que el movimiento lésbico tenía con el movimiento feminista.

> Creo que siempre que hay dinero de por medio hay conflicto. Había no sé qué tanto en financiamiento pero intereses económicos fuertes, aparte mezclado con pasiones amorosas, traiciones, grupos contradictorios, muy radicales, todo eso se mezcló y hubo las malas y las buenas, de alguna forma sí habría que deslindar responsabilidades, el grupo MULA tenían el mejor nombre del mundo eran "mulas", de repente se apropiaron de... no sé... yo prefería no mencionar... no, no, fueron cosas espantosas, no puedo ni mencionarlo, fue como la desorganización, de alguna manera hizo que se consolidara la historia de la CNL, ahí se empezó a gestar, ante una reacción frente a las malas, era como decir nosotros las buenas hay que juntarnos y van a ver que somos más malas que las malas y sí ahí veíamos que éramos tales grupos más algunos que se inventaron y formamos la Coordinadora y dijimos a ver quién es la que se queda fuera y pues las MULAS y se quedaron a un lado y algunas personas en lo individual. Entonces ahí se empezó a gestar la Coordinadora.[492]

> Nosotras decíamos por qué Lourdes pudo manejar a un grupo de quince personas, su método era de las heterosexuales y que lo trasladó a las lesbianas que no estábamos preparadas, un método de amor, nos hacía comida especial pero atrás hablaba mal o estaba haciendo alianzas ocultas. Formamos la CNL inmediatamente después del encuentro, éramos como once grupos. El objetivo era aglutinar al conjunto de versiones lesbianas en una coordinadora e impulsar el movimiento lésbico ya sin homosexuales y sin feministas heterosexuales, constituir una fuerza lesbiana autónoma independiente con planteamientos propios con diversidad y riqueza, pero nosotras hacíamos burla y decíamos que era el comité de defensa contra la dictadora, como chascarrillo. Pensábamos que iba a continuar porque ella (Lourdes) quería quedarse con el secretariado del ILIS en México, por eso nos juntamos para defendernos, pero no era el objetivo principal de la Coordinadora, eso lo decíamos en broma.[493]

> Chiste y no tan chiste, uno de los grandes errores fue ser contestatarias, había que romper con eso y desgraciadamente la CNL no lo logró, estaba tan molesta Yan que cada vez que las otras hacían algo, inmediatamente quería hacer algo, Alma A. le dijo 'nosotras debemos generar nuestro trabajo mucho o poco y olvidarnos de qué están haciendo aquellas'. A cada rato Yan nos llamaba por teléfono 'es que aquellas están haciendo', andaba muy visceral. Fue una paranoia que traía Yan porque fue la más atacada, que estaba enferma, a nivel personal, a nivel ideológico, político, pero la CNL funcionaba en ese sentido porque la que andaba en la CNL 24 horas al día era Yan. Entran a la CNL nuevos grupos con planteamientos y necesidades diferentes, de

---

[492] Martha N., *ibidem.*
[493] Yan María, *ibidem.*

estar pensando qué hace Lurdes –y la pobre se regresó a su casa y se encerró–, las nuevas no sabían nada y estaban hartas y con justa razón de oír hablar de una tal Lourdes Pérez que era una desgraciada, maldita, un monstruo terrible que ellas nunca vieron.[494]

El ingreso de jóvenes lesbianas a la CNL le dio un aire de renovación, sin embargo el espíritu competitivo heredado de la historia del movimiento lésbico-homosexual ganó la dinámica de la CNL y este se convirtió en un espacio disputado por "las históricas", quienes ponían en juego la legitimidad de su postura política.

Varias jóvenes nos acercamos en la misma época, sin grupo durante un buen tiempo, la CNL tenía una participación de grupos muy relativa, Patlatonalli era realmente el único grupo estructurado, habían otros que no participaban como tal y una participación amplia de independientes, aunque unas y otras decían que pertenecían a grupos, eran grupos de dos si acaso de tres, y que ni siquiera funcionaban como tal. En 92 decidimos hacer un grupo de diez compañeras, Lilas. Había falta de grupos, nos sentíamos como en medio de las diferencias, había juegos de poder muy duros, diferencias profundas e históricas entre las pioneras del movimiento que nos traían en un vaivén terrible de polos opuestos que nosotros sentíamos como puntos irreconciliables.[495]

Uno de los grandes nudos que tuvo la CNL fue la calidad de la participación. La falta de grupos organizados y la participación independiente de las lesbianas no garantizaba un compromiso en la elaboración de proyectos y menos aún en la ejecución de los mismos.

Creo que en las Coordinadoras de grupos hay broncas porque se plantea que sea coordinadora de grupos y siempre llegan más personas que grupos o los grupos políticos feministas, lesbianos, homosexuales casi siempre, en mi experiencia, incluso los más importantes son de muy poca gente aunque pretendan ser de más. Los peores grupos que conozco son los de uno, de los que hay mucho siempre. Entonces cuando las Coordinadoras ya no funcionan dices 'no es cierto, ¿con quién estás, porqué te autodenominas grupo?'; aquí se empezó a dar la discusión en lo personal y hablaban y opinaban y cambiaban los rumbos de lo que estabamos tratando de hacer y al otro día ya no llegaban y no tenían ninguna responsabilidad. Empezamos a definir qué es una coordinadora, tiene que ser de grupos y realmente no había muchos grupos de lesbianas en México. Mientras no haya un trabajo donde tú digas: aquí hay un resultado, porque una cosa es denominarte.[496]

---

[494] Nayeli, *ibidem*.
[495] Entrevista con Enoé, 23 de mayo de 1994.

Me interesó la consolidación de la CNL porque se ha repetido hasta en la reunión de la ILGA, utilizamos una reunión internacional para ponernos de acuerdo las latinoamericanas, utilizamos una latinoamericana para ponernos de acuerdo las mexicanas, utlilizamos una nacional para ponernos de acuerdo las defeñas, utilizamos una del DF para ponernos de acuerdo las de los grupos y cuando hay reunión de grupo nada más estás tú solita, los espacios se deben respetar. Queríamos hacer un proyecto de Coordinadora porque era una Coordinadora de palabra, sonaba bonito, pero no teníamos organización o estructura, contábamos con un local y un apoyo de CIDHAL y eso no hace una coordinadora. Quería que ese nombre de Coordinadora fuera cierto, sabiendo que además se iba a confrontar con lo que Lourdes y Carmelita hicieron, Convergencia de Lesbianas, y dicen "nosotras también somos representativas porque está OIKABETH, MULA, las extranjeras que se quedaron en México ¿y ustedes a quién representan?". Llegamos a ser dieciséis grupos, entre grupos que no eran muy grupos. Seminario que era Alma y Yan; no era un grupo, San Luis Potosí era Gloria; no era un grupo, Querétaro hizo algo muy interesante y una reunión pero era una pareja de chavas; poco se está hablando de un grupo, estábamos inmersas en la fantasía de la palabrota CNL, no éramos nacional porque en México aunque parece que hacemos mucho no hemos trabajado en todos los estados, la problemática de los diferentes estados no lo hemos manejado como se debe.[497]

Efectivamente como lo menciona Nayely, se ha dado una tendencia de denominar "Nacional" a muchas instancias y reuniones, adjetivo que probablemente expresa el gran nacionalismo o chauvinismo mexicano.

A pesar de la dinámica interna de lucha y conflictividad, la CNL evidenció una presencia activa de lesbianas dentro del movimiento feminista que les recordaba permanentemente que debían ser incluidas en la acción política del movimiento feminista; de ahí que en 1991 la Coordinadora Feminista incluyó como propia la demanda de la libre opción sexual.

A la CNL confluían diversas organizaciones con diversas ideologías, confluíamos en no darnos puñaladas por la espalda como lo había hecho Lourdes Pérez, respetar nuestras ideologías. Hicimos tres Encuentros Nacionales. Estuvimos presente como fuerza política en los Encuentros Nacionales Feministas heterosexuales; ya no llegamos pidiendo el favor de que nos den la palabra, llegamos haciendo planteamientos radicales respecto al lesbianismo, asistimos a todos los foros contra la violencia hacia la mujer, por la defensa del aborto, a marchas; hicimos un Encuentro Regional en Querétaro. Había una tendencia a vincularnos más con el movimiento feminista

---

[496] Martha N. *ibidem*.
[497] Nayeli, *ibidem*.

que el movimiento homosexual porque la mayoría venía del movimiento feminista, aunque hicimos apoyo a acciones del SIDA, el movimiento feminista estaba muy fragmentado, con movilización limitada, el movimiento homosexual casi nulo. Tuvimos que sacar un documento donde de nuevo les recordamos a las compañeras heterosexuales, que existimos, que no nos deben marginar, que tenemos demandas propias y necesidades, pero fue una lucha de siempre, desgastante, exhaustiva, en la que los avances han sido pocos para convencer a las feministas heterosexuales que las lesbianas también somos mujeres; por eso se formó la Coordinadora Feminista porque dentro del movimiento feminista heterosexual no tenemos cabida, finalmente no toman nuestras demandas, no son lesbianas, aunque hay muchas lesbianas de clóset y esas han sido muchas veces nuestras peores enemigas.[498]

## La CNL en las elecciones

El movimiento feminista había decidido participar en las elecciones de 1991 en una instancia formada por el movimiento amplio de mujeres, *La Convención de Mujeres por la Democracia*, un proyecto amplio que buscaba impulsar la participación de mujeres en candidaturas, incluso de mujeres que no pertenecieran a partidos políticos, e invitan a la CNL a que participe presentando candidaturas. La CNL discutió la propuesta pero ante la diferencia conflictiva de las dos líderes históricas (Yan y Alma A.), decidieron no presentar candidata y apoyar a las del movimiento feminista.

> Discutimos muchísimo, Patlatonalli no estuvo en disposición de proponer a nadie, yo pienso que Wini (Guadalupe) pudo consensar, no aceptó, en Jalisco estaba muy difícil. Yan declinó la posibilidad de ser candidata, Alma A. no había sido candidata posible, ni siquiera se la propuso; se requería que alguien estuviera en disposición de dar la cara pública. Finalmente se me propuso a mí, fue una discusión larga, yo me sentía chocada por ser candidata de concilio entre unas y otras, sentía que en ese momento se requería de alguien que tuviera una verdadera presencia al exterior. Se discutió días, no había condiciones para proponer a más y la Coordinadora acuerda no tener candidata y decide apoyar a las candidatas de la Coordinadora Feminista (Patricia y Norma), y lo leímos en la Convención Nacional, que ahí nos sentíamos representadas.[499]

---

[498] Yan María, *ibidem*.
[499] Enoé, *ibidem*.

No contar con una candidata propia y asumir que se sentían representadas por candidatas del heterofeminismo a quienes habían reclamado permanentemente su presencia, considero, fue volver nuevamente al clóset del movimiento feminista pero la situación evidenciaba nuevamente la realidad de carencia del movimiento lésbico.

La búsqueda de un lugar en la lista de candidatos de los partidos políticos fue complicado debido a que los más reconocidos ya contaban con sus candidatas que eran militantes partidarias. Los partidos más chicos aceptaron la solicitud de las feministas y el PRT que tenía peligro de perder su inscripción en el Registro Nacional Electoral, abre mayores posibilidades y se postulan dos lesbianas, una desde el clóset y negando su calidad de lesbiana y otra que no tenía adherencia a la CNL, lo que suscita discrepancias.

> El PRD no estaba en posibilidades de ofrecer candidaturas a quienes no sean del PRD, eso excluye a la Coordinadora Feminista porque ni Norma ni Patricia, pertenecían al PRD. El PT fue el primero que ofreció un distrito uninominal y el tercer lugar de las candidaturas plurinominales y se decidió jugar con ellos, con Patricia y Norma. Luego el PRT abrió la posibilidad que su primer candidato plurinominal, Edgar, presidente del PRT lleve como suplente a alguien de la Coordinadora Feminista y de lograr el registro, porque tenía el peligro de perder el registro. Edgar se comprometió a renunciar a la mitad de su periodo y dejar el lugar a la Coordinadora Feminista por medio de esta suplentía, y Alma A. se propone por la Coordinadora Feminista y aclara que no es como lesbiana y dice 'ante la falta de candidatas yo acepto' esto generó molestia en la CNL, hirió susceptibilidades, estábamos resentidas por esa declaración y hace que discutamos lo que habíamos discutido antes y se acuerda en una actitud visceral, evidenciar el conflicto (con Alma). Yo acepto ser candidata, solo si Alma no quiere y si deja la candidatura yo acepto, y dice 'sí quiero' y queda, era orillarla a ser clara 'di abiertamente que quieres y di abiertamente que si no hubiera sido por esto no hubieras podido hacerlo'. Se le informa al PRT que si en caso de que Alma retirara su candidatura, yo entraría en su lugar. El PRT desesperado, en la agonía abre sus candidaturas de mayoría a la ciudadanía, de las que tienes que ganar en las urnas, a quién quiera inscribirse, había distritos a escoger y Patria decide lanzarse por el distrito de Coyoacán, de manera independiente, solita lo decide, eso marca el retorno de Patria al movimiento porque no estaba activa, con Gloria. Como Coordinadora Feminista se le apoyó.[500]

Mi candidatura fue a propuesta desde la Coordinadora Feminista del DF y el PRT. Estamos viendo por diversos partidos. Aunque sabíamos que no íbamos a ganar, sí decidí participar porque la embestida de provida estaba fuerte y dije hay que responder, hay que organizarnos, por el PRT porque han sido congruentes, no se ha dado prejui-

---

[500] *Ibidem.*

cio, no tenemos que explicar nuestra presencia, participamos con su registro pero nunca fui del PRT, entré por la Coordinadora Feminista pero como lesbiana, se lo propusieron a Alma A. pero aceptó como feminista, no como lesbiana. Fue una candidatura con problemas, yo sí tengo apoyo del movimiento feminista y movimiento lésbico, soy una gente muy polémica y eso me da una base en la cual sostenerme. La campaña era volanteo, pegar, ir a mítines, conferencias, muchas cosas y lo hicimos bien, algunas compañeras feministas heterosexuales nos veían con recelo porque pegamos más nosotras que ellas, entonces empezaban ellas a protestar pero no importaba, de pronto te hace la costumbre de que la política es así aunque tu no lo practiques así, de pronto vienen los golpes, te quitas, no te atinan y ya estuvo, hubieron críticas fuertes, pero hubo éxito en la campaña.[501]

Para el CNL, la única instancia de coordinación política del ML en el momento, la candidatura de Patria Jiménez no representaba el sentir de un trabajo colectivo. Su candidatura fue señalada como una decisión autocrática, sin el respaldo de una comunidad, de ahí que apoyaran la candidatura de una heterosexual que a decir de ellas, recogía sus demandas. Este hecho dio inicio a la reflexión respecto a las representatividades y liderazgos en el ejercicio de la democracia. En tanto el proceso formal de democracia no es únicamente el acto de emitir el voto, sino el proceso previo de legitimación de los aspirantes y el posterior de ejercicio justo del poder. Un aporte importante a la democracia hecho por el feminismo es el concepto de la democracia de la vida cotidiana, de ahí que "democracia en el país y en la casa" fue una consigna que recoge la filosofía de que la democracia es un ejercicio permanente y cotidiano. En tal sentido, el ejercicio de la democracia dentro de la comunidad lésbica implica la validación o invalidación de sus representantes por parte su propia comunidad, si ésta así lo considera, y en consecuencia, la interlocución permanente de los aspirantes y representantes con su comunidad es una necesidad. En tal contexto es que hay que entender, porque la CNL prefirió apoyar una candidatura heterosexual en vez de apoyar a una lesbiana. La condición de lesbiana –a decir de ellas– no garantiza una política para las lesbianas. Un trasfondo ético y político movió tal decisión. La libre autodeterminación de una comunidad de elegir a sus propios representantes, derecho que no puede ponerse en duda.

## Fin de la CNL

Los conflictos internos de la CNL que básicamente estaban centrados en dos personajes que luchaban por la hegemonía, era una herencia histórica de las diferencias del movimiento lésbico-homosexual (aunque ambas habían sido pareja algún momento).

---

[501] Patria, *ibidem*.

Más que posiciones definidas dentro de la CNL lo que había era la definición de un poder contra otro: Alma A. y Yan tenían posiciones discrepantes todo el tiempo, eso nos fue orillando y heredamos un conflicto de un tiempo que no nos tocó vivir y nos impidió haber consolidado otras cosas, parte por esas cosas no resueltas de ellas y parte por quienes estábamos ahí no tuvimos la madures de dejar el nudo allá y fundarnos un proyecto a partir de nuestras ideas.[502]

A esos conflictos se sumaron enredos amorosos, problemas relacionados a la economía interna, que complicaron el panorama, pero en el fondo se reflejaba muy fuerte la competencia por el poder.

Los conflictos políticos permeaban en lo personal y empezaron a hacer un nudo terrible. Ivón empezó a salir con Alma A. (Ivón tenía pareja) esta relación se convirtió en algo terriblemente enfermizo que afectó la dinámica porque todo lo que hacía ella y su grupo fue motivo de crítica por parte de Alma y polarizaba las relaciones. Liliana que era muy sociable, muy relajada, no permitió que los conflictos le afectaran y abrió la discusión. Levanta su dedito y pide la palabra, poca gente la tomaba en serio porque siempre salía con bromas y dice "porque no aceptamos que ustedes están peleadas que no se llevan y eso hace que no podamos funcionar como Coordinadora, porque no aceptamos que no debe haber una Coordinadora y cada quién se vaya con sus amigas" Yan estalla y dice "ese no es un problema político que se discuta" y Liliana dice "no, ustedes tienen un problema personal terrible" y Yan dice "Yo no tengo un conflicto personal con nadie de las que está aquí" y Alma A. dice "Yo no tengo ningún problema ni conflicto con las que están aquí" y Liliana dice "Por favor, yo ya estoy hasta el gorro y se los voy a decir, se van a enojar conmigo pero se los voy a decir": tú Alma me citaste en la casa de Angeles y me tuvieron en una silla, de verdad que feo y me decía ahorita te defines Liliana porque aquí hay que tomar partido y ahí me tuvieron en la casa de Angeles y a fuerza querían que dijera que estuviera de su bando o tronábamos" y se voltea y le dice a Yan y "tú me dijiste que mi relación con Alma A. era mala, que Angeles era una mujer que no me convenía, que debía definirme que aquí no se valía estar dudando, que mi participación era poco seria" las puso a las dos "tú me haz dicho y tú me has dicho y me convocaron aparte". Liliana puso sobre la mesa las discrepancias, no se abrió, se llegó a gritos y amenazas, siempre había la manera de dar la vuelta, hubo un rollo abierto entre Yan y Alma A. se gritaron cosas horribles, Yan le acusó de no estar comprometida de solo tener intereses particulares, su interés era ligarse a las gentes y apropiarse de las nuevas que iban entrando, Alma le gritó cosas terribles a Yan, que estaba clínicamente loca, que debía hospitalizarse, que ya no hablaba con cordura, que había perdido el suelo, fue horrible, doloroso, fue un rompimiento de vísceras de las dos, una a la otra se hicieron insultos.[503]

---

[502] Enoé, *ibidem*.
[503] *Ibidem*.

Después de estos acontecimientos la CNL dejó de reunirse. Es doloroso aceptar que la dinámica de estas coordinaciones, iniciadas para juntar fuerzas y trabajar por la causa lésbica, tiendan a ser autodestructivas. Como en la mayoría de los grupos minoritarios, las dinámicas de sobrevivencia los lleva al aniquilamiento.

## El XIII Congreso Anual de la ILGA, 1991

> Este es el lugar donde mi herida recrudece/ a él vengo, cada vez que puedo/ a beber el brebaje del recuerdo agrio
>
> GALA, Perú 1987

La International Lesbian Gay Asociation, instancia internacional de lucha de lesbianas y homosexuales fundada en 1978 y que cuenta con aproximadamente doscientas setenta organizaciones afiliadas en 55 países del mundo, realiza congresos anualmente en diferentes países afiliados. En 1989 el Grupo Orgullo Homosexual de Liberación (GOHL) de Guadalajara solicitó ser sede del Congreso, solicitud que fue aprobada a condición de que se involucrara en la organización del Congreso mujeres lesbianas. Acontecimiento de importancia porque por primera vez en la historia se realizaría un evento lésbico homosexual de dimensión internacional en América Latina. La propuesta de coorganización fue hecha al grupo Lésbico Feminista Patlatonalli (de Guadalajara), quienes después de una larga discusión aceptaron con la profunda convicción de que los derechos humanos de las lesbianas y homosexuales deben respetarse en todo el territorio.[504]

La propuesta a su vez es cursada de parte de Patlatonalli a la CNL, donde se inició una amplia discusión en torno a la ILGA en tanto organismo primermundista cuyos principales intereses no estaban precisamente en el tercer mundo, sino en la interlocución con los organismos supranacionales.

Dentro de la CNL hubo bastante reserva de participar en la ILGA, Yan no estaba muy convencida de participar de la ILGA. Las Patlas decidieron organizar el Congreso de la ILGA, el primero en América Latina. Esa participación en la ILGA nos marcó mucho en los conflictos en la CNL que hizo que las cosas se polarizaran. Patlatonalli nos ahorró el sí o no a la ILGA, dijeron la ILGA se va a hacer ¿quieren con nosotras?. Patla trajo la discusión de la ILGA, la historia de la información internacional y de México. De la ILGA Yan tenía una visión particular de algunos personajes en Perú, Rebeca, una opinión que no era buena, por una visión angla, de dominación de los países del

---

[504] Memorias del XIII Congreso Anual de la ILGA en Solidaridad, Acapulco, 1991.

primer mundo y que la ILGA nos utilizaba como bandera para otros lazos. Alma A. también conocía a la ILGA y tenía una visión diferente, no se oponía a la participación pero le inquietaba el que en México hubiera las condiciones para enfrentar una cosa así, y el que la ILGA pudiera despertar los conflictos internos en México, si estábamos preparados o no. Finalmente se aprobó participar por mayoría. La CNL participó en tareas concretas.[505]

Nos inscribimos en la ILGA con la CNL como en el 89, se dio la discusión, que era un organismo de rostro blanco, rico que llamaba a la tolerancia y respeto a los derechos y no había muchas alternativas para elegir y con todo y eso se veía conveniente no quedar fuera sino incidir de dentro para fortalecer la posición de este país y otros, con todo y esas características que todavía son válidas, fue unánime la decisión de inscripción a la ILGA. El congreso era importante no solo para América Latina, sino para Jalisco, Guadalajara, significaba para el movimiento antidiscriminación. Iba a tener repercusiones muy importantes para la república mexicana que no se podían despreciar".[506]

La organización del encuentro enfrentó dos conflictos importantes, la relación con un grupo homosexual masculino que evidenció las diferencias de concepción y percepción sobre el trabajo militante y organizativo entre lesbianas y homosexuales o mujeres y hombres, y por otro lado la oposición (homofobia mediante) de muchas de las instancias oficiales de la ciudad de Guadalajara para la realización del evento.

Para el movimiento lésbico la coorganización de un evento de esta naturaleza significaba volver a relacionarse con los compañeros homosexuales, de quienes se habían separado para organizarse exclusivamente en forma autónoma. La experiencia volvió a reafirmar las diferencias, pero dejó abierta la posibilidad de trabajar estratégicamente en cosas puntuales.

Nos costó mucho trabajo y discusiones si le entrábamos, es que los chavos son tan conflictivos, y no hubo de otra, lo tuvimos que asumir y se empezaron a dar los problemas y responsabilidades. Ellos querían tú una comisión yo otra, pero las comisiones son distintas, en la comisión de recepción tu recibes a la gente, dinero, sonrisas, amabilidad y la comisión de infraestructura vete en chinga a sacar quinientas copias de esto y ¿quién lo sacaba? nosotras. Nuestra propuesta era una mujer y un hombre en cada comisión, pero como ellos eran tres no podían dividirse en tantas comisiones. Ese grupo es el más representativo del poder patriarcal que yo conozco. Decían ustedes quédense en la Comisión de Finazas que es la más importante, y eso era una trampa porque ellos tenían recepción y dinero que llegaba a la Comisión de

---

[505] Enoé, *ibidem*.
[506] Guadalupe, *ibidem*.

Recepción jamás llegaba a la de finanzas. Se empezaron a manejar las cosas muy siniestramente y otorgar cuartos en ciertos lugares a los hombres, manejos desagradables... Pedro Preciado, el líder, hacía alianzas con el Gobernador quién le decía "lo van a hacer pero que no haya marcha". Después de un Encuentro de la ILGA siempre a habido marcha. Hizo alianzas que nunca nos dijo a nosotras. De todas maneras hicimos la marcha y fue maravillosa, todo el mundo nos aplaudió.[507]

Trabajar con el GHOL fue algo muy importante, un compromiso que mantuvimos hasta el final, pero que menguó mucho la fortaleza porque discutíamos cosas que no tendrían que discutirse y tener fortaleza para la represión en Guadalajara que venía del gobierno. Hay conflictos intergenéricos (de género) difíciles. Habían actitudes recurrentes de los compañeros, cíclicamente planteaban que se iban a salir y ya no querían hacer tal cosa, actitudes que obedecían a esa concepción del poder y que se aceptaba todo lo que proponíamos en cuanto fuera en la línea de lo que ellos querían; cuando se apartaba estaba la amenaza de que se salían. Significaba un desgaste. La posición de nosotras era llamarlos a reflexionar, a la sensatez. Nosotras queríamos que fuera equitativa la distribución del poder, del trabajo y los recursos porque no podíamos darnos el lujo de estar equivocándonos a cada segundo, que se visibilizara no solo a los hombres, que no se centralizara la política de medios, el diálogo con las autoridades, que se compartiera, que no se centralizara la comunicación con las distintas secretarías de la ILGA, que no se centralizara la comunicación con los otros grupos de lesbianas del país y de homosexuales. Lo que recurrentemente vivíamos en la relación de trabajo con GHOL no así con la Iglesia de la CM ni Triángulo Rosa y Nueva Generación Gay, fue estilos de trabajo opuestos en la concepción de la horizontalidad, de la democracia, de compartir decisiones, habían cambios inexplicables de acuerdos; de replantear algo discutido e incumplimientos, modificación o distorsión de lo acordado; se pasaban por alto acuerdos, discusiones, no se firmaban –como estaba acordado– algunos comunicados conjuntamente; a veces suprimían nuestras firmas. No lo hicimos todo pero sí hubo un reconocimiento a Patlatonalli de los participantes de la ILGA y habían críticas para algunas formas y fondos del GHOL aunque como decimos en las memorias, permanecer, no abandonar.[508]

El Congreso que inicialmente estuvo programado para realizarse en la ciudad de Guadalajara tuvo que ser suspendido y trasladado a la ciudad de Acapulco, debido a la oposición manifestada por el gobernador del estado de Jalisco y los presidentes municipales de Guadalajara y Zapopan por presiones presentadas por la iglesia católica y grupos de ultraderecha.[509] Los opositores al congreso presionaron a los

---

[507] Martha N., *ibidem*.

[508] Guadalupe, *ibidem*.

[509] Gran parte de la oposición y pintas realizadas en la ciudad fueron desplegadas, a decir del grupo Patlatonalli, por una organización neo-nazi llamada "Pentatlón", Fuente: carta del 19 de mayo de 1991 dirigida al secretariado general de la ILGA.

hoteles que tenían reservación para el evento a fin de ser canceladas, envió cartas de protesta, tres desplegados, una marcha de apenas cuarenta personas, carteles y pintas anónimas que decían "Tapatío, defiende tu familia, di no al Congreso Gay"; "Guadalajara, nunca será Sodoma"; "Fuera Homosexuales"; "Homosexualismo=Sida", "Guadalajara nunca homosexual", etcétera. Por su parte la Comisión Organizadora respondió con grafitis como "La ciudad es de todos", "Mi familia sabe que soy lesbiana y me ama", "Congreso Gay igual a trabajo y derechos humanos", "Fuera Nazis", "Sida, problema de todos", "La desinformación mata". La prensa dio amplia cobertura al conflicto aun cuando con un tono moralista y oficial pero permitió la visibilidad de un sector que reclamaba el respeto a sus derechos humanos y constitucionales como el derecho a la reunión. Esto obligó a que otro sector de la sociedad civil también se manifestara criticando la intolerancia y autoritarismo de los gobernadores al oponerse al Congreso Gay con cartas de apoyo, artículos en protesta, marchas, desplegados y cartas de grupos homosexuales de distintos países dirigidos a autoridades. Esta movilización involucró también la opinión del presidente de la República quién manifestó su apoyo al Congreso y cursó la solicitud de intermediación de los organizadores a la Comisión Nacional de Derechos Humanos, cuyo presidente intercedió ante el gobernador del estado de Guerrero a fin de que el evento pudiera realizarse en la ciudad de Acapulco. El Gobernador por su lado brindó un amplio apoyo a la realización del Congreso ofreciendo el respeto a la libertad de reunión.

Finalmente el Congreso pudo realizarse en las fechas establecidas aunque con menos audiencias debido a la confusión que causó la cancelación y la posible falta de garantías para la realización del evento.

Fuimos a un lugar de retiros el sacerdote y dijo "yo sé que mi tarea como representante de Cristo es aceptar y estoy totalmente de acuerdo que se haga aquí, pero si lo hago, me corren". En la Universidad dijeron que no, ir a tocar puertas y las puertas se cerraban, íbamos a un hotel, estábamos a punto de hacer el contrato y a la mera hora decían que no, ya tenían la consigna de que "Fuera putos de Guadalajara"; cada día que pasaba decían: "nadie garantiza la integridad de los participantes" y aunque nosotros teníamos un nivel de organización bastante fuerte pero no había dónde hacer, no había hotel. Se fue difundiendo la noticia que no se iba a hacer el encuentro, que estaban muy agresivos los tapatíos y que no se va a hacer ni en Zapopan, ni en Tonalá ni Tlaquepaque y al no garantizar a la gente nadie quiere venir, menos a los europeos que de por sí creen que van a tomar un vaso de agua y se van a morir. Recurrimos con Carpizo de Derechos Humanos y rápidamente dio una solución, en Acapulco, es la ciudad más permisiva de la república, que toleran a los putos, que casi todos son turistas y los turistas casi siempre son putos y no hay problema, además se decía que el gobernador también lo era, entonces no había problema.[510]

Para la mayoría de los participantes el saldo del evento fue positivo, incluso el de la represión, porque ayudó a visibilizar a lesbianas y homosexuales en el país y a formar una corriente de opinión solidaria. Sin embargo, para algunas lesbianas el saldo no fue del todo positivo porque en el Encuentro se volvieron a tratar temas que estuvieron presentes recurrentemente en el movimiento lésbico como es el de la Red de comunicación lésbica, que en este evento fue planteado para un funcionamiento mixto. La presencia latinoamericana posibilitó el reencuentro de las lesbianas de los grupos participantes en el Primer y Segundo Encuentro Lésbico en los que se reafirmaron una posición amplia y democrática para el funcionamiento de la Red, nunca funcionó. Nuevamente fue analizado este asunto y se retomaron formas nuevas de organización a nivel regional para su funcionamiento que, en la práctica, tampoco funcionaron.

Para algunas lesbianas como Yan María, el evento mostró poco interés por trabajar estrategias de lucha en favor de las lesbianas latinoamericanas tanto por la comisión organizadora que entorpeció dichas reuniones, como por la asistencia que mostró menor interés por los temas de debate que por el ambiente de socialización que presentaba un evento internacional.

Estaban las chicanas, y pedimos sesionar y los organizadores dijeron "no, váyanse a la playa, no va a haber sesiones porque la gente estuvo ayer en la marcha y en la fiesta y está muy cansada y cruda". Y les dijimos "esto no es un juego, la gente no vino desde Brasil para que les digas vete a la playa, no vamos a sesionar porque ayer nos empedamos". Nos encabronamos y presionamos para sesionar, nos vieron tan aguerridas que nos dijeron "allá hay un lugarcito que pueden sesionar", junto al mar que no se oía nada. Llamamos a la gente y llegó todo el mundo, éramos como cien, hasta Rebeca de Perú porque no podía quedar fuera de la discusión, yo digo porque ella no impulsó la discusión. Contamos con muy poquito tiempo, día y medio para abordar todos los problemas de Latinoamérica y formar una Red de lesbianas y homosexuales, nos urgía hacer esa Red. Fueron las mismas posiciones que se dieron en LAL en el Primer Encuentro. Dijimos "compañeras, compañeros estamos aquí juntos todos los latinos, vamos a formar la Red ahorita, nos ponemos en pequeños grupos y elegimos a representantes para que sea la interconexión entre los países y definimos un mínimo de estrategias para implementar en cada país", la discusión empezó a divagar. Rebeca tenía toda la posición europea de Silvia Borren. Rebeca siempre nos ha parecido una peruana con un cerebro europeo, como en Estados Unidos se dice

---

[510] Martha N., *ibidem.*

coconuts a los negros con cerebro blanco. Nos parecía urgente formar esa Red y determinar lineamientos generales de trabajo; fue un desmadre, muchas lesbianas en un chacoteo insultante, están en todos los encuentros internacionales, tienen lana para ir o sacan financiamiento para ir y por lo tanto no les apuraba la Red, sabían que el próximo año se encontrarían, en una superficialidad, en un análisis tan pobre. Muchas otras compañeras querían expresar la represión que vivían pero no había interés en formar esa Red igual con los homosexuales. Después de ver eso dije "por estas lesbianas no vale la pena luchar". Se eligieron representantes, fue una rebatinga de quiénes iban a ser los representantes para la Red, un vedetismo espantoso. Al día siguiente hubo una reunión entre los representantes para acordar mecanismos de contactos y comunicación, la mayoría de las chavas no llegaron, otras estaban empedadas porque se fueron de fiesta, fue muy denigrante, doliente, no se discutieron las estrategias de lucha y todo porque la gente se tenía que ir a la fiesta primero, por eso digo es gente pequeño-burguesa que se puede dar el lujo de darse a una fiesta, nosotras no, somos trabajadoras, para nosotras el tiempo es oro. Llegamos a ciertos acuerdo difusos o indefinidos que nunca se llegaron a implementar.[511]

Si bien el XIII Congreso de la ILGA , así como los posteriores poco aportaron para una mejor coordinación y fuerza del movimiento lésbico-homosexual latinoamericano, el proceso de oposición que llevó a cabo la derecha, aportó a una mayor visibilidad del tema y la intervención de instancias como la Comisión Nacional de Derechos Humanos o de grupos de intelectuales y artistas que se pronunciaron abiertamente a favor del evento.

El siguiente año, en la XIV conferencia anual de la ILGA realizada en París en 1992, Rebeca Sevilla fue elegida Secretaria General de la ILGA, convirtiéndose en la primera persona no blanca que preside la ILGA en sus catorce años de existencia.[512] El trabajo de Patlatonalli como primeras organizadoras del congreso anual de la ILGA en Latinoamérica sirvió de antesala para que Rebeca obtuviera tal elección, sin embargo, como se verá en el estudio de caso de Perú, el liderazgo obtenido por Rebeca fue bastante cuestionado por las lesbianas latinoamericanas porque a decir de muchas sólo le sirvió para intereses personales y no para obtener logros concretos para su región.

Esta etapa, llena de conflictividad, que muestra el inicio del movimiento lésbico en un contexto latinoamericano, bajo la influencia, primero, del movimiento feminista gracias a los Encuentros Latinoamericanos, y de Instituciones como la ILIS y la ILGA, impulsaron

[511] Yan María, *ibidem.*
[512] Gessen, Masha. "Rebeca la primera secretaria general de color de la ILGA", en: *Conducta (im)propia*, boletín núms. 4-5, Lima, marzo 1993, pp31-34. Tomado de "The Advocate" (USA), julio 1992.

la salida del clóset de los grupos o colectivos lésbicos y convertirse en organizaciones de cara a la sociedad que buscaban un espacio de identidad propia. La posibilidad de un financiamiento propuesto desde Ginebra, introdujo dinámicas de competitividad, exclusión y purismo entre los grupos. El Congreso de la ILGA si bien aportó a abrir la discusión sobre temas como la homosexualidad, la sexualidad, las diversidades y ligarlos al ámbito de la democracia desde una amplia cobertura como la prensa nacional e internacional, aportó poco a un fortalecimiento del movimiento lésbico-homosexual latinoamericano y posibilitó también descubrir o reforzar que la institucionalidad puede aportar principalmente a intereses personales por encima de la colectividad.

# VI. ASÍ SE ORGANIZAN LAS LESBIANAS EN AMÉRICA LATINA

Como de ti/ sudándote/ los golpes se transforman
(se agolpan) en rápidas (rápidamente)
NADIA AGUSTONI, 1995

El movimiento lésbico-homosexual en América Latina tiene una larga historia, los primeros grupos de los que tenemos noticias surgen en la década de los setentas. Sin embargo el lesbianismo organizado adquiere más fuerza en los ochentas como se vio en el capítulo anterior a partir de los Encuentros Feministas Latinoamericanos. A continuación presentamos una breve reseña histórica de la organización y dinámica de algunos países latinoamericanos, sin pretender tener la historia oficial o acabada de la organización lésbica.

## Argentina

### Nuestro Mundo y el Frente de Liberación Homosexual

Frente a tu mirada/en la luna del espejo/donde soy reproducción de
tu deseo/sé que estamos fundidas en la misma imagen.
REYNA BARRERA, 1997

El primer intento de organización del que se tiene registro en Buenos Aires, Argentina, es el Grupo Nuestro Mundo, en 1969.[513] Sus integrantes, en su mayoría activis-

---

[513] La información vertida sobre esta primera historia del Movimiento de Liberación Homosexual Argentino, ha sido obtenida gracias a "Escrita en el Cuerpo-Archivo y Biblioteca de Lesbianas, Mujeres

tas de gremios de clase media baja, liderados por un ex militante comunista segregado del partido por homosexual, se dedicaron durante dos años a bombardear las redacciones de los medios porteños con boletines mimeografiados que pregonaban la liberación homosexual. En agosto de 1971, la ligazón de Nuestro Mundo a un grupo de intelectuales gays inspirados en el Gay Power americano, da nacimiento oficial al Frente de Liberación Homosexual (FLH) de la Argentina.

El FLH surgió en medio de un clima de politización, de contestación, de crítica social generalizada, y es inseparable de él. 1969 año de el *cordobazo*, una insurrección popular con epicentro en la ciudad de Córdoba que termino volteando al régimen autoritario del general Ongania, y 1971 de radicalización: aparecen gremios izquierdistas, movimientos estudiantiles antiautoritarios y se inicia la administración liberal del militar Lanusse, que entregó el poder al peronismo en las elecciones de 1973. Como buena parte de los argentinos de entonces, el FLH creyó en la liberación nacional y social, y aspiró al logro de las reivindicaciones específicamente homosexuales. No sólo configura la reacción de la minoría homosexual ante una tradicional situación de opresión, que la dictadura militar instaurada en 1966 había llevado a extremos sin precedentes; también encarnó el deseo de una minoría esclarecida –por decir así– de homosexuales, de participar en un proceso de cambio presuntamente revolucionario, desde un lugar en que sus propias condiciones vitales y sociales pudieran ser planteadas.

Los primeros integrantes del FLH se planteaban actuar como un movimiento de opinión con ideología marxista. Pero el ingreso al Frente, en marzo de 1972, de una decena de estudiantes universitarios –el grupo Eros–, algunos provenientes de la izquierda o el anarquismo, imprimió al movimiento una tónica agitativa, distinta de las previsiones iniciales. Sirvió, además, para una profusa polémica, reflejada en el primer Boletín del FLH aparecido en marzo de 1972, donde se reproducen dos documentos contrapuestos: en uno, se planteaba que el objetivo del FLH era lograr que la izquierda incorporara las reivindicaciones homosexuales a sus programas; en otro, se privilegiaba el papel de la sexualidad y se hablaba con escepticismo de cincuenta años de revoluciones socialistas. Esas sutiles diferencias no impidieron confluir en Puntos Básicos de Acuerdo para un programa, el que partía de las reivindicaciones democráticas específicas –el inmediato cese de la represión policial antihomosexual, la derogación de los edictos antihomosexuales y la libertad de los homosexuales presos–, se caracterizaba al modo de opresión sexual heterosexual compulsivo y exclusivo vigente como propio del capitalismo y de todo otro sistema autoritario, se llama a la alianza con los movimientos de liberación nacional y social y con los grupos feministas.

---

"Bisexuales y Diferentes, Servicio Electrónico de Noticias" Buenos Aires, Argentina, de un artículo escrito por las siglas V.F., Buenos Aires, 1981, presumiblemente uno de los pocos sobrevivientes del FLH.

En lo organizativo, el FLH se definió como una alianza de grupos autónomos, que coordinaban acciones comunes entre sí. En el momento de apogeo (setiembre 1972 agosto 1973) el movimiento llego a contar con alrededor de diez de tales grupos, constituido por unos diez militantes y una buena cohorte de simpatizantes cada uno. Los más importantes eran: Eros, Nuestro Mundo, Profesionales, Safo (formado por lesbianas), Bandera Negra (anarquistas), Emanuel (cristianos), Católicos Homosexuales Argentinos etcétera.

La actividad se circunscribió a Buenos Aires, lográndose contactar simpatizantes en Córdoba, Mendoza y Mar del Plata, en conjunto con las feministas locales. En 1975 un comunicado reproducido por una revista porteña dio noticia de la formación de una Agrupación Homosexual en Tucumán. La clandestinidad en que se manejo el FLH dificultó considerablemente los contactos, ya que estos debían hacerse boca a boca.

Para su crecimiento, algunos grupos apelaron a la realización de reuniones de información, por donde desfiló buena parte del ambiente gay porteño. Se reunían grupos de homosexuales en casas particulares y se explicaban los lineamientos generales. De ahí fueron saliendo los militantes, se pretendía transformar una conciencia de la opresión en una fuerza de modificación revolucionaria. Se abjuraba del tapadismo, del disimulo; se analizaban los mecanismos de marginación y ghetizacion.

Eros se dio a organizar volanteadas y pintadas en lugares públicos, eligiéndose el 21 de septiembre –día de la primavera– como una fecha de movilización especial. En los panfletos solía esgrimirse una consigna, representativa de la ideología del movimiento: *Amar y vivir libremente en un país liberado*, además de algunas reivindicaciones antipolicíacas. Con estos métodos de agitación callejera el *FLH* buscaba mantener viva su presencia. Otros eslóganes agitados fueron: Machismo = Fascismo; El Machismo es el Fascismo de Entrecasa; Por el Derecho a Disponer del Propio Cuerpo; Soltate, etcétera.

En 1972 el peronismo se lanzó decididamente a la conquista del gobierno por la vía electoral. Una buena parte del FLH sucumbió ante el discurso populista de la Juventud Peronista y participó en algunas de sus movilizaciones, ante las elecciones nacionales de marzo de 1973. El FLH multiplicó sus contactos políticos pero con escaso éxito: sólo consiguió ser reconocido –aunque no públicamente– por los trotkystas del Partido Socialista de los Trabajadores. Finalmente, emitió una declaración llamando a votar contra la dictadura de Lanusse –la que, sin embargo, había tolerado cierta liberalización, como la apertura de boites gays no exentos–, sin embargo, de cierto hostigamiento policial. El triunfo del peronismo aparejó una conmoción a la que la mayoría del Frente no pudo ser ajena; a partir de ella, se multiplicaron las intervenciones en actos públicos. En uno de ellos, realizado en la Facultad de

Filosofía en demanda de la libertad de los presos políticos, se leyó, entre murmullos de descontento, la adhesión del FLH.

Una volanteada en un festival de rock organizado por la Juventud Peronista, le valió al FLH la participación en el grupo Parque –integrado fundamentalmente por rockeros que aspiraban a no verse marginados del proceso político– que se prolongó hasta finales de 1973. Mientras duró la experiencia, miembros del FLH intervinieron en grupos de discusión públicos que se reunían en un parque. En mayo de 1973, la mayoría del FLH –con importantes disidencias– participó en las movilizaciones de asunción del gobierno peronista, celebrada en la Plaza de mayo. Se consiguió arrastrar a unos cien homosexuales, bajo un cartel que reproducía un verso de la marcha peronista *para que reine en el pueblo el amor y la igualdad* y con volantes que pretendían demostrar la ligazón entre la liberación nacional y la liberación sexual. El grupo gay fue atacado por periodistas de derecha, pero defendido por otros de izquierda. A ello siguió la participación, el 20 de junio de 1973, en la movilización de bienvenida al general Perón, que terminó en el episodio conocido como *la masacre de Ezeiza*.

Estas intervenciones le valieron al FLH cierta publicidad: una revista sensacionalista publicó en primera página un reportaje al grupo. A consecuencia de él, el ala fascista del peronismo empapeló la ciudad con carteles contra el ERP (Ejército Revolucionario del Pueblo) grupo guerrillero, los homosexuales y los drogadictos. Simultáneamente, se reanudaron las razzias contra bares gays; y militantes gays eran detenidos y golpeados por la policía, llegándose a allanar el domicilio de uno de ellos. En un reportaje público, la Juventud Peronista negó la participación gay en sus filas. En un acto, militantes montoneros lanzaron la consigna: *No somos putos, no somos faloperos* (drogadictos). Sobrevino, abruptamente, la ruptura. Cabe destacar que, en el corto romance con la izquierda peronista, el FLH no logró, ni una sola vez, entrevistarse oficialmente con la dirección de la JP. Desencantado del peronismo, el FLH intentó volcarse a la izquierda. Participó bajo un cartel con sus siglas en las movilizaciones de repudio al golpe de Pinochet en Chile (setiembre de 1973), pero las agrupaciones izquierdistas se corrían de lugar para no quedar cerca de los gays; finalmente, algunos trotkystas y anarquistas los aceptaron. En esa época, el FLH pudo arengar desde los micrófonos de una boite gay; pero de allí fue expulsado, hacia octubre de 1973, bajo la acusación de comunista. Poco después esa boite –Monali– de Lanus, fue baleada por comandos derechistas, agredidos por los concurrentes, y finalmente clausurada.

Durante el primer semestre de 1973, el Frente hizo circular, entre algunas instituciones (Asociación de Psicólogos, Federación de Psiquiatras, Asociación de Abogados) un documento postulando el fin de la represión policial a los homosexuales, a fin de procurar su aval para una presentación ante el nuevo gobierno. Pero el rápido proceso de derechización frustró tales proyectos. A fines de 1973 las esperanzas del FLH y de los gays por obtener un inmediato cese de la represión policial antigay, se hallaban definitivamente desvanecidos. Asestando duros golpes a las ilusiones liberacionistas, la policía no cambio un ápice su actitud tradicional y siguió organizando razzias.

A fines de 1973, el FLH consideró llegado el momento de prestar un poco más de atención a la comunidad homosexual, descuidada entre tanto activismo político y decidió la edición de la revista *Somos*. Con anterioridad (junio 1973) se había editado el único numero del periódico *Homosexuales*, pero la inclusión en él de un articulo titulado *Machismo y opresión sexual* en el que, tras un muy interesante análisis, se afirmaba que el afeminamiento gay era la contracara del machismo, motivó que buena parte de los militantes se negara a distribuirlo. La discusión sobre la marica y el travestismo —expresión revolucionaria y profeminista para algunos, reafirmación de la opresión para otros— consumió buena parte de las energías intelectuales del movimiento.

En diciembre de 1973, Perón —presidente por tercera vez— lanzó una Campaña de Moralidad a la que el FLH respondió con un volante titulado *La tía Margarita impone la moda Cary Grant,* en alusión a Margaride, entonces jefe de policía, que despertó cierto eco positivo entre gays y rockeros. Para la misma época, sale por primera vez la revista *Somos*, que habría de editar ocho ejemplares hasta enero de 1976. *Somos* llegó a tener un tiraje máximo de quinientos ejemplares, que se distribuían mano a mano. Estaba pobremente impreso —por fotoduplicacion— pretendía ser un instrumento de trabajo concientizador. Incluía trabajos teóricos, informaciones, literatura, etcétera. Siempre se editó clandestinamente.

Desde el comienzo, el FLH se preocupó por entablar relaciones cordiales con los dos grupos feministas existentes: Unión Feminista Argentina y Movimiento de Liberación Femenina (separados por cuestiones personales y metodológicas antes que ideológicas) y lo logró. En 1972, la participación en un debate sobre sexualidad, organizado por la revista *2001*, había resultado en la formación del *Grupo Política Sexual* (GPS), una especie de usina ideológica del liberacionismo sexual que se enriquecería, a partir de 1974, con la participación de feministas y varones heterosexuales concientizados. Paralelamente, el FLH editó un documento —*Sexo y Liberación*— especie de compendio teórico-ideológico del liberacionismo gay argentino. A partir de categorías marxistas, se analizaba el papel de la opresión sexual en el mantenimiento de la explotación, definiendo al FLH como un movimiento anticapitalista, antiimperialista y antiautoritario, cuya contribución pretende ser el rescate para la liberación.

La tolerancia del gobierno hacia el accionar de los grupos parapoliciales de derecha se acentuó tras la muerte de Juan Perón y la asunción del mando por su esposa Isabel, rodeada de un entorno fascista. A mediados de 1975, el semanario fascista *El Caudillo* –ligado al gobierno– llama a acabar con los homosexuales y propone lincharlos, haciendo abierta referencia al FLH. En esos momentos, buena parte de los militantes y simpatizantes se alejan, proponiendo la disolución; empieza a cundir el terror. A mediados de 1975, el FLH se halla reducido a no más de treinta integrantes, que votan por la radicalización antes que por la moderación. Se crea un grupo de estudio sobre psicoanálisis y lo que restaba del movimiento deviene un grupúsculo meramente teórico. En derredor, la represión policial se intensificaba; ya había sido declarado el *estado de sitio*, en el marco del enfrentamiento entre el ejército argentino y la guerrilla.[514] Con relativo eco, el FLH multiplicó los llamamientos internacionales ante diversos movimientos a los que había tenido la precaución de ligarse –como el *Fuori* italiano– esparciendo las nuevas sobre la represión en Argentina y Chile. Finalmente, en momentos en que se preparaba una acción de repudio a las declaraciones del papa Paulo VI contra la homosexualidad, un allanamiento policial asestó un severo revés al movimiento.

Producido el golpe militar de marzo de 1976, los últimos miembros del FLH –desgarrados por disputas acerca de la responsabilidad individual respecto de la represión– consideraron que carecían de toda posibilidad de seguir funcionando y decidieron, en julio de 1976, disolverse. Los militantes huyeron a España y organizaron un FLH argentino en el exilio, carente empero de toda responsabilidad puesto que el movimiento había previamente optado por la disolución. La dictadura militar de Videla desató una persecución sistemática contra los homosexuales[515] que, además de imposibilitar toda forma de organización, obligó a destinar todas las energías a la supervivencia individual.

Para algunos exmilitantes la experiencia del FLH argentino constituyó un fracaso porque no consiguió imponer una sola de sus consignas, ni interesar a ningún sector trascendente en la problemática de la represión sexual, ni tampoco concientizar a la comunidad gay argentina. Para otros, la experiencia demostró que un alto grado de concientizacion es posible aun en el contexto de una sociedad tan altamente opresiva como la Argentina. A la distancia, la tendencia del FLH a la hiperpolitización puede leerse como una postura delirante; cabría analizar, empero, si una sociedad que es capaz de generar dictaduras tan monstruosas como la vivida en Argentina, cualquier planteo mínimamente humanista –como el reclamo de una mayor libertad sexual– tienda a convertirse en un cuestionamiento radical de las estructuras socioculturales en su conjunto.

---

[514] Rosario Moya afirma que el ejército desde entonces se hace cargo de la represión, y continúa con el golpe de Estado del 24 de marzo de 1976.

[515] Moya afirma que la represión a homosexuales ya existía, lo que se desató con mayor fuerza es la represión a sectores económicamente desfavorecidos.

## La Comunidad Homosexual Argentina (CHA)

> Estaba mi corazón/bebiendo el agua de tus lágri-
> mas/y sin saber por qué era la lluvia/el río de tus
> palabras en mi prosa.
>
> Reyna Barrera, 1996

El regreso de la democracia renovó las esperanzas de lucha de lesbianas y homosexuales. Retomaron las banderas del FLH, la Comunidad Homosexual Argentina (CHA) en 1984. De predominancia masculina, surgió como una reacción a la discriminación y represión policial quienes permanentemente realizaban razzias en los espacios homosexuales. La CHA, adherido al Movimiento de Derechos Humanos[516] elaboró un discurso de lucha por la libertad sexual como un derecho humano.

> La CHA nació el 14 de abril de 1984 en el contexto de democracia, uniendo la cuestión de la sexualidad a los derechos humanos. Surge, con mayoría de hombres, como una respuesta inmediata y necesaria contra la discriminación policial, que en esos momentos era demasiado fuerte, aun cuando estuviéramos en democracia. Las razzias eran una cuestión común y se puso como principio común: "¡Basta! Vamos a luchar contra la policía". Partimos de la sexualidad para llegar a la problemática homosexual. "El libre ejercicio de la sexualidad es un derecho humano" como el derecho a la vivienda, a la salud, a la educación... y mientras esto no exista en Argentina, no esté legalizado de alguna manera, no hay derechos humanos.[517]

La personería jurídica fue una de las conquistas más importantes que logró la CHA, principalmente porque provocó una interlocución de los homosexuales con la sociedad civil en el que pudieron expresarse y dar sus puntos de vista, lo que generó una interesante polémica en la sociedad argentina.

> Nosotros hablábamos del respaldo jurídico a una institución y la interpretación callejera era la legalización de la homosexualidad, se generó un debate, el logro nuestro más importante es haber conseguido que un poder, el Poder Judicial, se pronunciara respecto a la sexualidad. La Corte Suprema de Justicia nos denegaba la personería jurídica, en el fallo hablan sobre los valores occidentales y cristianos, que somos personas del tercer género híbrido, que necesitamos atención psiquiátrica en la mayoría de los casos, que una institución como la nuestra no puede tener a bien común, que ataca la familia, todo eso está sentado jurídicamente. La personaría jurídica de la

---

[516] La CHA no tiene una adherencia formal al movimiento feminista, sin embargo, a partir de 1990 el numeroso ingreso de mujeres ha motivado un importante acercamiento al MF.

[517] Entrevista con Mónica Santino, presidenta de la CHA, 28 de junio de 1994, entrevista conjunta con Silvia Palumbo.

CHA llegó por la puerta izquierda. Fue negada por todas las instancias jurídicas. El presidente Menen hizo un viaje a Estados Unidos, en febrero 1992 y se encontró con una presión muy grande de los grupos homosexuales, allí y en Europa; nosotras desde Argentina en comunicación con todos estos grupos generamos una campaña de protesta, cartas, el tipo por donde iba se encontraba con una manifestación callejera. El discurso de Menem que 'estamos en el primer mundo', que somos como Estados Unidos, le hizo pensar 'bueno sí aquí tienen los grupos relativamente legales, haremos lo mismo en la Argentina'. Se apoyó en la discrecionalidad del Poder Ejecutivo, saltó por encima del fallo de la Corte y nos dio la personería jurídica.[518]

Para la CHA y el movimiento lésbico-homosexual argentino el logro de la personería jurídica no significó de ninguna manera un triunfo total, fue un gran avance en la apertura al debate pero la lucha en contra de la discriminación sigue siendo un importante objetivo de trabajo.

El numeroso ingreso de mujeres a la CHA desde 1990, logró constituir el 50%; ello modificó sustancialmente al grupo. Actualmente su presidenta y cara pública es una mujer. La convivencia con los varones para muchas de ellas es un reto, sin embargo asumen que el mayor trabajo lo llevan ellas.

La convivencia con los varones en una organización mixta, si bien en algún aspecto puede ser duro, nos ha enriquecido. Todos los planes de lucha que emprendemos los hacemos de manera mixta. No hay un privilegio entre mujeres y varones, aunque en estos momentos las mujeres trabajan más, los varones han perdido un poco el interés.[519]

Si bien la CHA no se define feminista, su relación con el movimiento feminista es considerado como estratégico en la lucha por una sexualidad libre, participan de las actividades del movimiento feminista pero mantienen con relación a él una actitud crítica respecto de la homo y lesbofobia .

Al feminismo lo vemos como un aliado estratégico para la lucha de la liberación de la sexualidad, si bien la CHA no es feminista, no estamos dentro del movimiento feminista. Sentimos que hay una discriminación en el movimiento feminista hacia las lesbianas. De hecho, muchas lesbianas están tapadas dentro del movimiento feminista y esto es un problema porque los principios feministas y la utopía feminista son sumamente necesarias para nuestra lucha, por eso hablamos primero de nuestra discriminación como género. Nuestra participación en el movimiento feminista nos forti-

---

[518] Mónica, *ibidem*.
[519] *Ibidem*.

fica. Las lesbianas levantamos las banderas de la lucha por el aborto, el derecho al cuerpo, pero muchas veces no recibimos la misma respuesta de las feministas cuando se habla de lesbianismo, sigue siendo tema tabú. El movimiento feminista está perdiendo fuerza; es una élite de mujeres con mucha teoría, pero están muy alejadas de la realidad[520]

Una de las principales preocupaciones de la CHA está relacionada con la modificación de la legalidad que permite su discriminación, aún cuando la homosexualidad y el lesbianismo no está penado, existen edictos policiales que dan poder a la policía precisamente para abusar en contra de lesbianas y homosexuales.

En Buenos Aires, en Capital Federal, existen edictos policiales que son los que discriminan o pesan sobre la sexualidad. Hay dos edictos, el 2º F y 2ºH, 'incitación al acto carnal en la vía pública, corrupción al otro sexo', que son las armas de control social y que permite que la policía siga deteniendo personas. No están penadas, pero bajo estos edictos todavía se sigue discriminando. Nuestra lucha principal es la derogación de estos edictos y seguir planteando la sexualidad como un derecho humano y generar espacios de reflexión con respecto a este tema.[521]

Por otro lado, el movimiento feminista se inició en Argentina en 1970 con la Unión Feminista Argentina. Si bien el trabajo feminista en la dictadura fue más de reflexión y estudio interno, el proceso democratizador permitió un intenso trabajo con las mujeres de sectores populares. Desde 1986 el Movimiento Amplio de Mujeres organiza anualmente un encuentro nacional en diferentes lugares de la república, aunque el número de feministas en dichos encuentros es minoritario, ha logrado tener influencia en el discurso y la práctica. Para las feministas estos encuentros no son de elaboración teórica ni de organización, sino de evaluación y proyección. El movimiento lésbico también ha logrado presencia y visibilidad en estos encuentros desde 1991.

Para las lesbianas militantes, el heterofeminismo argentino tiene en su seno gran porcentaje de lesbianas en el clóset, trabajando en otras causas y muchas veces negándose al trabajo lésbico por temor a la descalificación personal.

El gran problema que hemos tenido y que parece que es a nivel mundial, es que dentro del feminismo las lesbianas han sido todas tapadas y yo me animo a decir que un alto porcentaje de mujeres dentro del feminismo son lesbianas, trabajando en otras causas, o disfrazando sus causas, o disfrazándose ellas, pero trabajando en otra causas.[522]

---

[520] *Ibidem*.
[521] *Ibidem*.
[522] Entrevista con Silvia Palumbo, integrante de Las Lunas y las Otras, 28 de junio de 1994.

Hay un porcentaje alto de lebianas en el movimiento feminista, alto, por lo menos el 50 por ciento.[523]

## La autonomía lésbica:
## Cuadernos de Existencia Lesbiana

> Esta noche busco mariposas/caracolas rosadas/montañas firmes o acanaladas./Busco unas redondas caderas/ hechas para la furia/de unas manos desesperadas.
>
> MARÍA DE JESÚS CORONA

La corriente lésbica autónoma en Argentina se inició después de 1985 bajo la influencia del III Encuentro Feminista Latinamericano en Brasil al que asistieron varias feministas argentinas, muchas de ellas lesbianas de clóset. El ambiente abierto a la discusión y aceptación del lesbianismo provocó que varias de ellas se asuman como tales por lo menos en los espacios feministas. El Encuentro sirvió también para que otras descubran por primera vez una nueva preferencia sexo-afectiva, entre ellas Ilse Fuskova, una feminista de más de sesenta años, con treinta de matrimonio, quien en el Encuentro se enamoró de una mujer e inició una nueva vida, pública y asumida.

> Después del Tercer Encuentro Latinoamericano, se dio como una revolución dentro del movimiento feminista donde las mujeres nos manifestábamos abiertamente y con orgullo, en 85. Varias feministas fueron por primera vez a un Encuentro Feminista Latinoamericano, produjo una conmoción muy importante, comenzamos a decirnos lesbianas en nuestros grupos y en el movimiento feminista. Ello trajo también algunos conflictos con el feminismo que era heterosexual de cara a la sociedad, aunque hubieron muchas lesbianas dentro.[524]

El Grupo Autogestivo de Lesbianas (GAL) y la publicación *Codo a Codo* (1986) son los primeros en aparecer dentro de esta corriente, de los cuales encontramos poca información. En 1987 después de un taller sobre existencia lesbiana organizado por dos lesbianas, editan *Cuadernos de Existencia Lesbiana*, que fue repartida en la marcha por el día de la mujer; al año siguiente, también fue repartida pero esta vez provocó agresiones y golpes de parte del Partido Justicialista, las únicas que

---

[523] Entrevista con Maggie, El Salvador, noviembre, 1993.
[524] *Ibidem*

ofrecieron apoyo fueron las indígenas. A los pocos días la cúpula peronista ofreció sus disculpas.[525] Al momento *Cuadernos de Existencia Lesbiana* sigue siendo publicado (más de doce números), quedando a cargo de la misma persona. La línea ideológica de la revista representa a un sector del movimiento separatista y de la diferencia, que aunque no da a conocer la línea ideológica de otras corrientes, sí informa sobre las actividades del movimiento lésbico.[526]

*Cuadernos de Existencia Lesbiana* una publicación que todavía sale, apareció un 8 de marzo en un acto que se hace habitualmente en Plaza Congreso, y fue la primera vez que hay una aparición pública de un grupo de lesbianas. Al año siguiente, en 1988, el mismo día, este grupo va a la plaza como con cuarenta mujeres. Fue una marcha importante, tuvieron conflictos con las mujeres del Partido Justicialista, es del peronismo que actualmente está en el gobierno y algunas mujeres las agreden y amenazan de palabra. La marcha la terminamos siempre en la calle Libertad, porque a una cuadra está el obelisco más grande de América Latina, que es un símbolo fálico terrible, por eso nunca queremos llegar ahí en nuestras marchas, pero un grupo de peronistas siguieron y las compañeras de *Cuadernos de Existencia Lesbiana* que estaban tan entusiasmadas siguieron por adelante presidiendo la marcha de las peronistas, recibían amenazas verbales y en esa oportunidad se acercó un grupo de mujeres indígenas, *coyas*, del norte del país, a presentarles su saludo y solidaridad a las lesbianas.[527]

Eramos ocho mujeres con un estandarte de tela rosada que decía: *Cuaderno de Existencia Lesbiana*, cada una con una flor en la camisa y una cinta en el pelo que rezaba: 'Apasionadamente lesbiana'. Fue el más fotografiado por los periodistas, pero ninguna se publicó. Para esa época aún era imposible publicar imágenes positivas de lesbianas.[528]

Las diversas actividades feministas en los siguientes años en preparación del V Encuentro Feminista, movilizó también a las lesbianas quienes participaron en diversas instancias de lucha, como el Frente Sáfico (Fresa, en 1990) para integrar la Asamblea permanente de Derechos Humanos. En julio del mismo año se creó el grupo Las Lunas y las Otras, grupo de jóvenes que marca una nueva generación

---

[525] Informe argentino sobre lesbianismo del Frente de Lesbianas de Buenos Aires, Historia, situación socioeconómica, participación política.

[526] Argov Dafna, "Lesbianismo militante en Buenos Aires", ponencia presentada al X Congreso Internacional de Ciencias Antropológicas y Etnológicas, ciudad de México, julio de 1993.

[527] Maggie, *ibidem*.

[528] Fuskova, Ilse y Marek, Claudina. *Amor de mujeres. El lesbianismo en Argentina, hoy*. Argentina Planeta, 1994.

lésbica-feminista por sus planteamientos y forma de trabajo. El mismo año, después del Encuentro Feminista un grupo de mujeres empezó a reunirse con el objetivo de reflexionar y hacer trabajo vivencial de autoaceptación, en tanto su interés fue más el trabajo hacia adentro; carecieron de nombre por lo que fue conocido como *Las sin nombre*. Posteriormente se autodenominan Grupo de Reflexión de Lesbianas (GRL).

Desde 1990, Ilse fue invitada a algunos medios de comunicación en los que habla como lesbiana pero en 1991 participa en un programa de televisión de difusión masiva, y su participación genera el interés de cientos de lesbianas sobre todo de avanzada edad, lo que da lugar a un nuevo grupo al que denominan *Convocatoria Lesbiana*.

> Ilse es invitada a un programa de televisión muy importante *Almorzando con Mirtha Legrán* junto a un muchacho homosexual, una sexóloga y un sexólogo. Se produjo un debate bastante respetuoso y responde un obispo de la provincia de San Luis, lo notable fue que no dijeron nada contra los varones, se agarra contra ella y le dice "la Señora Buscoba que da tan mal ejemplo", no era tan escandaloso que se presentara un homosexual como que se presentara una lesbiana, y además ella siempre cuenta su historia: que estuvo casada treinta años, tuvo tres hijos y es en Bertioaga que se enamora de una mujer y se hace lesbiana, esa historia cae muy fuerte para algunas personas por los treinta años de matrimonio, y manifiesta que está tan contenta y orgullosa. Ella da su casilla de correos por televisión y reciben montones de cartas y hacen una convocatoria a una reunión a todas las mujeres que quieran ir. Llegan más de cincuenta mujeres algunas que en su vida habían tenido contacto con mujeres lesbianas y ese grupo toma el nombre de Convocatoria Lesbiana y *Cuadernos de Existencia Lesbiana* pasa a ser una publicación dentro de Convocatoria Lesbiana que es un grupo más grande donde hay mujeres que dan la cara públicamente y mujeres que están en el clóset. Se reúnen cada quince días y forman talleres.[529]

La figura pública de Ilse se volvió controvertida sobre todo porque no todas las lesbianas compartían su discurso, esto provocó divisiones en el grupo, del que surgieron Las Buenas Amigas y Sentimientos. Actualmente Convocatoria Lesbiana se ha vuelto a reducir significativamente e Ilse asumió que su prioridad de trabajo está con los medios de comunicación y desde un espacio autónomo.

> La figura pública es Ilse y ahora también su compañera. Ella t ne su propio discurso con la que no todas coinciden, por eso ella reivindica su derecho a hablar en primera persona y hay gente que no le parece un discurso adecuado, hay momentos que tiene un discurso muy radical y en los últimos tiempos ha hecho alianza con un sector de los varones homosexuales.[530]

---

[529] Maggie, *ibidem*.
[530] *Ibidem*.

Lo principal es que comenzamos a ser "visibles" masivamente. Mi situación, a partir de ahí comenzó a abrirse como una estrella.[531]

Después que Ilse fue invitada por Mirtha Legrand a la televisión empezó a recibir un *alluvión* de cartas, gente sola, desconectada que se moría por conectarse con otras igual. Se armó de un grupo para ayudarla a contestar las cartas, ahí surge Convocatoria, se acercó mucha gente muy valiosa para ayudar porque además Ilse mucho manejo de gente y grupos no tenía, de hecho, ahora está sola, ella prefiere un trabajo solitario, en ese momento tuvo que responder a una necesidad y lo hizo. A las reuniones de Convocatoria venía mucha gente, nunca éramos menos de veinte. Cuando se rompió Convocatoria, se sufre mucho, era un lugar que no hay, era un grupo abierto, caía gente y en las reuniones había que estar bien plantadas para recibir las historias y los dramas de mujeres algunas bastante grandes. Ilse se desgastó mucho, encima hubo un manejo de poder de algunas personas, que proponían cosas que no estaba ella dispuesta a hacer. Ella había hecho un Colectivo para no estar sola, eran cinco pero habían problemas de juegos de poder, entonces Ilse no pudo soportarlo, tuvimos una reunión con intervención de una psicóloga para que nos ayudara a desentrañar qué era lo que había pasado, nos daba pena perder ese espacio, pero no, nada sirvió. Ilse cada vez se dio más cuenta que lo que ella quería era estar sola y trabajar con los medios de difusión, especialmente la televisión que hacía un gasto de energía enorme, a la vez tener un grupo... creo que optó por eso.[532]

## Las Lunas y las Otras

> Te espero, aunque sé/ que vienes en mitades/ que pones condiciones
> seguridades que necesitas/ para no resbalarte, al centro del amor
>
> JULIETA PAREDES

Las Lunas y las Otras, integrado por lesbianas jóvenes nació de un taller de literatura en 1990, donde todas se descubrieron lesbianas y decidieron organizarse y aparecer en el V Encuentro Feminista Latinoamericano. Su aparición causó escozor en muchas feministas sobre todo porque eran jóvenes y nuevas, sin trayectoria que las legitime. *Las Lunas* –como son más conocidas– han pasado por un proceso de apertura "hacia afuera", lo que les ha permitido asumirse como un grupo heterogéneo en el que coexisten diferentes tendencias y posturas políticas. El grupo es bastante crítico y cuestionador al heterofeminismo y su despreocupación por las

---

[531] Ilse Fuskova, *ibidem*.
[532] Entrevista con Elsa San Martín, abril de 1995.

demandas lésbicas. Una de las más importantes actividades de Las Lunas fueron las Jornadas de Lesbianas de Buenos Aires (1992, 1993 y 1994) al que asistieron aproximadamente un total de 200 lesbianas de diferentes partes de la república, las que dieron lugar al Primer Encuentro de lesbianas de Buenos Aires. Es importante también la publicación del periódico del mismo nombre. Para abril de 1994 ya contaban con un financiamiento que les permitió rentar una casa en donde estaban planificando realizar diversos trabajos.

> Nosotras, Las Lunas y las Otras, nacimos unos cuatro o cinco meses antes del V Encuentro de un taller de escritura. Eramos todas lesbianas y dijimos "¡Basta!, somos lesbianas feministas, no solamente feministas". Casi nadie nos conocía, éramos todas "pendejas" (niñas); "¿Quiénes son estas insolentes que aparecen acá?", preguntaban las otras, repartimos unos volantes que fue una explosión esto del lesbofeminismo. Nos llovieron cartas y cartas; nos demandan de acá y nos demandan de *ashá* y ya no sabíamos ni qué "carajo" hacer. Nos llamaban por teléfono, nos buscaban. A partir de ahí aparecen muchos grupos de lesbianas. El feminismo es una élite intelectual que no baja a las bases. No hay un recambio, no hay una movilización, no hay un movimiento. Y de alguna manera, Las Lunas estamos en ese lugar. Hay grandes conversaciones dentro de las lesbianas con las feministas. Creo que no se logra una conexión verdadera, excepto con algunas; hay mucha lesbofobia de parte de las feministas. Hay un vacío de pensamiento y de acción dentro del feminismo, por lo tanto, las lesbianas, feministas o no, nos hemos desprendido del feminismo. Y estamos laburando solas. Vamos a la marcha por el día de la mujer, y somos cien mujeres, con suerte, y la mayoría somos lesbianas.[533]

Esta dificultad de trabajo con el heterofeminismo produjo una alianza entre los cinco grupos de lesbianas en el Frente de Lesbianas para hacer acciones conjuntas. Un importante aporte del Frente fue la elaboración de un informe de la situación de las lesbianas en Argentina.

> Nos unificamos con la CHA para hacer el Frente de Lesbianas, junto con otras lesbianas independientes, para poder laborar la parte del lesbianismo y la homosexualidad femenina, a la vez tenemos conexiones con las feministas para trabajar la lesbofobia, nuestra y la de ellas. Somos un puente, pero somos feministas y esto es así para afuera. Trabajamos coyunturalmente, pero no tenemos varones en nuestra organización, detestamos absolutamente al patriarcado. Hay un montón de instituciones que no están cuestionando el patriarcado, por lo que es muy difícil trabajar en esas instituciones porque están desde el otro lugar.[534]

---

[533] Silvia, *ibidem.*
[534] *Ibidem.*

Fui como delegada de Convocatoria junto con Claudia y Cris, al Frente, se quería producir un documento sobre la situación de los grupos lésbicos. El primero producido por un conjunto de grupos. Queríamos tener un par de objetivos comunes que nos reuniera pero ahí empiezan a haber conflictos (como en todos los grupos) entre Alejandra e Ilse, Ilse terminó yéndose del Frente. Sigla, un grupo mixto, estuvo en un inicio y se comprometió para un 8 de marzo, no lo hicieron y les mandamos una carta y les cayó mal y se salieron del Frente. Noto mucha intolerancia, no sabemos convivir. Convocatoria se dividió y yo quedo como Independiente. En el Encuentro de Tucumán en 93 trabajamos muy bien el taller de lesbianismo varias independientes, fue un taller lindísimo lleno de heterosexuales, nos ven bien, va gente de sectores populares, una aceptación increíble y Alejandra vuelve a insistir en el Frente y dice "por qué no vienen aunque no estén en ningún grupo, están haciendo cosas". Como grupos estaban las Lunas y la CHA después convocaron a lesbianas independientes que estaban militando y se siguió reuniendo el Frente, estaba también el GRAL. Empezamos a ir al Frente proponemos cosas para hacer juntas, campañas de pegar *stiquers* en los baños y en los colectivos con frases como "yo soy lesbiana porque me gusta y me da la gana" "María ama a Marta" y firmamos "las tortas", íbamos a seguir con otras campañas y se cortó porque vino lo del Encuentro Lésbico (IV ELFALC). El objetivo del Frente fue reunir a todos los grupos, encontrar un espacio común, coincidir en algo, tener de vez en cuando alguna acción en común.[535]

La separación de Convocatoria según integrantes del Frente fue motivada por una visión personalista de su líder.

Ella viene del feminismo radical, de ese grupo honestamente prestigioso ATEM. Es de clase alta lo que es un problema, para ella no, para nosotras sí, porque no tiene conciencia de clase. Vive de rentas que le pasa el marido. No tiene que trabajar para vivir. Ella trabajó muy bien, hasta que se hizo famosa y le quebró la cabeza. Se peleó con todas. Las Lunas éramos las más cercanas a ella por una cuestión ideológica y además porque nosotras fuimos como sus hijas al principio, pero la competencia de Ilse fue terrible cuando nosotras empezamos a hacer cosas. Ella se fue sintiendo muy sola, porque con la fama empezó a hacer cosas *snobs*, cosas que no representaban a nadie, solamente a ella. Cuando empezamos a marcarle ciertas cosas pero con buena onda, no, "ella se está representando a ella". En sus programas de televisión Ilse jamás nombró a ningún grupo de lesbianas excepto a su propio grupo, esto fue terrible, decisivo para nosotras. Sus aliados son un grupo de homosexuales, ni siquiera mixto "Leyna", para ella nosotras no existimos.[536]

---

[535] Elsa, *ibidem*.
[536] Silvia, *ibidem*.

## Madres Lesbianas

Prefiero el peligro de quererte/
al riesgo de no haberte conocido
ROSA MARÍA ROFFIEL

Las jornadas lésbicas reunieron a un buen número de lesbianas, entre ellas un grupo de madres lesbianas que se conocieron y demandaron la introducción del tema de la maternidad en el lesbianismo. Al identificarse ante una problemática común las madres empezaron a reunirse y reflexionar sobre los diversos matices, implicaciones y alcances del mismo y conjuntamente con sus compañeras y otras lesbianas interesadas en tener hijos que se unieron al grupo iniciaron una investigación respecto a la legalidad en torno a la adopción.

Las jornadas de Las Lunas fueron importantes porque fue la primera vez que se reunían las lesbianas de todo el país, porque podíamos saber las diferentes opiniones y miradas de los temas. Lo que saltaba y se había propuesto en algún momento, fue la cuestión de la maternidad. El tema no se había desarrollado profundamente, tanto en el feminismo como en el lesbianismo, aun siendo que en Buenos Aires hay muchísimas madres lesbianas. La reflexión era por qué ese tema no aparece, cuál es la relación de las madres con sus compañeras y con los chicos. Realmente es una problemática importante, aún en el plano de lo aceptado socialmente, como la heterosexualidad cuando hay una segunda pareja, ¿qué es lo que pasa cuando la pareja de la madre es otra mujer?.[537]

A partir del 8 de marzo del 94 nos empezamos a reunir Madres Lesbianas cada quince días, a conocernos. Había quienes querían más un grupo vivencial, otras un grupo más reflexivo, otras un grupo de más acción política; teníamos que congeniar todo eso. Después se sumaron las parejas y otras, que no tenían hijos pero deseaban tenerlos desde su condición de lesbianas, entre ellas una pareja que tenían diez años y querían ser asistidas en una adopción. Ahí descubrimos lo engorroso que era la adopción. Legalmente bastante difícil para una pareja heterosexual, y mucho más para una mujer sola. Nos reunimos con un abogado, especialista en el tema de familia, y supimos de la reticencia de algunos jueces en dar en adopción a chicos a mujeres solas, por la presunción de que sean lesbianas, aunque no hay ley que prohiba a las lesbianas el derecho de adoptar.[538]

---

[537] Entrevista con Mónica Arroyo, abril de 1995.
[538] *Ibidem.*

El tema de la maternidad lésbica u homosexual se empezó a ventilar en la sociedad argentina debido a la introducción del tema en el parlamento europeo y a declaraciones del papa al respecto. El periodismo argentino en su espíritu de modernidad y europeización inició una especie de consulta social, lo que motivó las declaraciones del cardenal Quarrancino en el sentido que lesbianas y homosexuales debían mantenerse juntos y aislados de la sociedad en una suerte de mantener la sociedad "aséptica" del posible contagio. El movimiento lésbico-homosexual unificado reaccionó en una importante marcha en protesta por dichas declaraciones, motivando a su vez, la adhesión de importantes intelectuales en el rechazo a las declaraciones del primado. Tanto la cobertura de los medios de difusión, las declaraciones de una y otra parte, como la movilización organizada del movimiento lésbico-homosexual demostraron que si bien la lesbo y homofobia son todavía problemas sobre los cuales el movimiento tiene que trabajar, la publicidad del tema, el debate y la posibilidad de que caras públicas hagan interlocución con la sociedad y se muestren como personas normales, es un gran avance.

> Ante las declaraciones del papa con respecto a las lesbianas italianas e inglesas que querían ser madres y el revuelo en el Parlamento Europeo, aquí se instaló el tema, muchos programas de radio y de televisión dedicaron espacio a preguntarse y preguntar qué pasaba si se daban chicos en adopción a homosexuales. Hace dos años en este país, era imposible pensar en un tema así; era imposible pensar en la existencia de dos personas del mismo sexo que vivieran juntas, no aparecían en los medios tantos homosexuales, tantos programas dedicados a la homosexualidad, por supuesto que con distintos contenidos ideológicos; existe una homofobia y lesbofobia bastante grande.
>
> Participamos en una marcha junto a otros grupos homosexuales para protestar por las declaraciones que hizo el cardenal Quarracino (el mismo que colaboró con la dictadura para tapar los asesinatos y secuestros de la dictadura) en la televisión, en un canal estatal, de que los homosexuales debían estar todos juntos y no molestaran a nadie. La marcha fue bastante bien recibida por la sociedad, incluso dirigentes de partidos conservados salieron, no a apoyar la marcha sino a contestar las declaraciones del primado diciendo que no tenían lugar. La marcha fue en septiembre del 94 y estuvimos con otros grupos de homosexuales, la CHA, Gays por los derechos civiles, Las Lunas; hicimos declaraciones, hicimos un volante como madres en donde planteábamos que si hacíamos lo que decía el primado, qué hacíamos con los chicos porque sólo pueden ser mayores a los 18 años, si habría una especie de salvoconducto para que los chicos puedan ir a la escuela, si tenían que ir a escuelas de homosexuales o de heterosexuales, cómo hacíamos con nuestras familias, con nuestros padres, para visitarlos, con nuestro grupo de amigos porque también teníamos amigos heterosexuales. Más o menos decía esto el volante.[539]

---

[539] *Ibidem.*

Otro acontecimiento importante ocurrido en Argentina es la organización del IV Encuentro Lésbico Feminista Latinoamericano y del Caribe, que será analizado en el capítulo correspondiente a los ELFLAC.

Vemos pues que el trabajo lésbico en Argentina tiene características interesantes, el proceso de "salir del clóset" ha marcado un momento de conflictividad grupal, principalmente para aquellos cercanos al movimiento feminista, paradójicamente, para la CHA cuya identidad primordial no es feminista su salida pública no constituyó un conflicto, ya que el trabajo público es parte de identidad constitutiva. Para las lesbianas feministas el trabajo de autoconciencia ha sido una etapa importante para el reforzamiento de la autoestima y poder avanzar en la lucha contra la lesbofobia en otros espacios. La búsqueda de interlocución con el movimiento feminista es otro de los aspectos centrales y la razón por la cual las lesbianas buscan un espacio separado desde el cual fortalecerse y activar, habiendo logrado con ello importantes espacios de visibilidad en la sociedad argentina.

Al momento existen nuevos grupos de lesbianas jóvenes como: Lesbianas a la Vista. Amenaza Lésbica, Madres Lesbianas Feministas Autónomas entre otros y hay un proceso novedoso de interelación con grupos de trasvestis, transgenéricos, bisexuales, etcétera y ya llevan tres Encuentros Lésbico, Gay, Trasvesti, Transgenérico y Bisexual (LGTTB). Desde Argentina se inició también una conferencia cibernética entre lesbianas en la que participan lesbianas hispanas de latinoamérica y de otros continentes.

## Brasil

> Somos negras/ y mientras lo entendamos/ tendremos siempre besos para dar y las manos limpias/ para ser besadas.
> SHIRLEY CAMPBELL

Brasil ha vivido diversas etapas de dictaduras militares, la última, una de las más crueles y largas de 1964 a 1985. A partir de 1976 con la influencia política internacional de los grupos liberacionalistas y la presión de los nacientes movimientos sociales que demandaron el retorno de los derechos civiles y de los exiliados políticos se posibilitó una apertura política y un proceso de democratización.

Las mujeres empezaron a organizarse desde 1975, Año Internacional de la Mujer, junto a un movimiento por la amnistía y la lucha por la liberación de los presos políticos. La mayoría de estas mujeres fueron militantes de partidos políticos de izquierda e iniciadoras del movimiento feminista en 1977.

En 1979 surgió el primer grupo mixto homosexual *Somos*, influenciado tanto por el feminismo como por la lucha de liberación homosexual internacional. Agrupó aproximadamente cien personas, de las cuales treinta fueron lesbianas. A partir de la elaboración de un artículo sobre lesbianismo para un periódico local, las lesbianas comenzaron a percibir que su opresión específica sólo podría ser entendida realmente en relación a la situación de las mujeres y no como parte de la represión a los homosexuales. Empezaron a reunirse por separado de los hombres, formando un subgrupo lésbico feminista y desarrollando sus reflexiones con textos feministas. A esta separación contribuyó el sexismo de los homosexuales, quienes en los encuentros conjuntos monopolizaban las discusiones, y se referían a la mujeres despectivamente.[540]

> En 1978 se fundó el grupo Somos de homosexuales, fueron a la Facultad de Historia en la Universidad de Sao Paolo, donde yo estudiaba, a hablar de homosexualidad, ellos eran ya formados, intelectuales, periodistas, escritores y estaban trabajando en conjunto con el primer periódico gay en Río de Janeiro *Lampiao de Esquina*, el primer vehículo de comunicación de los homosexuales.
>
> Fui al debate con mi enamorada, ellos hablaron del grupo, sus reuniones de los sábados, su propuesta. El periódico *Lampiao de Esquina*, se vendía en un lugar determinado de Sao Paolo, porque vivíamos en dictadura, yo pasé a ser lectora. Cuando terminó el debate invitaron a entrar al grupo, yo no tuve la menor duda y quise entrar y en ese momento era la primera mujer en el movimiento homosexual, no tenía la menor idea de eso pero yo sabía que quería y fui el sábado siguiente con mi enamorada (Miriam), fuimos las primeras mujeres.
>
> Un compañero tenía un patio donde nos reuníamos, con miedo a que los vecinos se dieran cuenta y miedo a la dictadura.
>
> Los gays estaban felices que llegaran las mujeres e invitaron a otras amigas y en unas semanas ya éramos mas, éramos un grupo como de diez y en el grupo empezamos a tener problemas con los hombres por su machismo, siempre se dirigían a las mujeres como "rashas" era insoportable, no éramos feministas pero nos incomodaba y quisimos hacer una reunión aparte y nos acusaron de divisionistas. Hicimos una fiesta, fueron garotas que lloraban por que se sentían discriminadas, situaciones difíciles.[541]

Siguiendo la perspectiva feminista, el subgrupo lésbico feminista (LF) se aproximó al Movimiento de Mujeres en el III Congreso de la Mujer Paulista en marzo de 1980. La sorpresa fue grande al comprobar que el heterosexismo en el movimiento

---

[540] Martiho, Miriam, "GALF seis años". Boletín *Chana com Chana* núm. 8, agosto 1985.
[541] Marisa Fernándes, entrevista 27 de marzo de 1999.

de mujeres era tan fuerte como el sexismo de los homosexuales. En dicho evento, hicieron su aparición pública denunciando la falta de discusión en torno a la sexualidad. Las feministas temerosas ante una posible descalificación social por ser confundidas como lesbianas, sintieron amenazadas las demandas ya conquistadas y amenazaron de expulsión a las lesbianas. En mayo del mismo año se separaron formalmente de *Somos* pasando a actuar independientemente con el nombre de *Grupo de Acción Lésbico Feminista* GALF.[542]

> Nos acercamos al feminismo, en el III Congreso de la Mujer Paulista fue un escándalo total porque el movimiento no discutía la cuestión de la sexualidad y las lesbianas públicas, pero fue positivo en el sentido que se empezó a hablar de nosotras por primera vez. Había mucho heterosexismo y nos querían expulsar.[543]

> Jao Silverio Trevisao, fundador del grupo *Somos*, escritor brillante, erudito, muy feminista, había vivido fuera de Brasil durante la dictadura, tuvo contacto con el movimiento feminista en Italia, Alemania y Francia; introdujo en el grupo de mujeres la discusión del feminismo. Paralelamente el movimiento feminista se empezaba a organizar. En 1978 hubo un primer Congreso de Mujeres, y en 1979 en el Segundo Congreso de la Mujer Paulista en la Universidad, participamos porque él me llama y me dice "tienes que entrar en contacto con las feministas" y lee ésto y ésto y me dio a leer toda la teoría feminista desde Simone de Boavoir; fue lindo, yo leía como una loca, día y noche.
> Entramos a la organización del Segundo Congreso de la Mujer Paulista como lésbicas y fue muy difícil, teníamos dos tareas: una romper con los gays para conquistar nuestro espacio de lesbianas y otra trabajar con las feministas para que aceptaran una propuesta política nueva como movimiento, y estabamos tan fortalecidas en ese momento porque nos acabábamos de descubrir feministas y estábamos muy fuertes en cuanto a lesbianas. En el congreso habrían como 4 000 mujeres y como 30 lesbianas muy dispuestas a hablar. Fue un shock para las feministas, no querían hablar de sexualidad, ellas discutían otras especificidades como la maternidad, no querían discutir sexualidad y nosotras sí. Queríamos un movimiento feminista con banderas lésbicas, fue muy difícil, y al mismo tiempo muy divertido porque era tan evidente su miedo, las maniobras políticas que ellas hacían. Llevamos un panel grande con fotografías de lesbianas y terminamos quitándonos las camisas, desnudas, dentro de la Universidad Católica, un panel lésbico fue colocado en el zaguán, entrabas y allí estaba.
> En Mayo de ese año decidimos romper con los gays porque no tenía sentido, éramos

---

[542] *Chana com Chana* núm. 8, *ibidem*.
[543] Miriam Martinho, entrevista 8 abril de 1995

30 mujeres, éramos feministas, estábamos más con las feministas que con ellos, seguían machistas, nosotras nos convertimos feministas y ellos no.[544]

Las feministas empezaron a prestar interés a la problemática lésbica y la sexualidad y convocan a las lesbianas a un Encuentro, (similar a la experiencia mexicana) entre feministas y lesbianas.

Poco tiempo después de ese congreso las feministas quedaron interesadas en la cuestión lésbica y sexualidad y decidieron hacer un mini encuentro en un convento de Ballinhos, solo de feministas y lesbianas para discutir el asunto de la sexualidad, fue lindo porque cada una de las feministas ligaron con las lesbianas, los temas eran ¿que es lo erótico? ¿que es el orgasmo? ¿que es el clítoris? ellas no discutían eso, hubo mucha sensualidad en el encuentro por los temas y en la noche baile y bebida. Percibieron que ser lésbicas no era nada malo y allí empezó una relación y defensa.[545]

En ese mismo Congreso un grupo de LF inició un trabajo en torno a la violencia en contra de las mujeres, del que posteriormente se formó el Frente Contra la Violencia, SOS Mujer. La integración de un grupo de lesbianas a este frente provocó un quiebre en el proceso del movimiento lésbico autónomo en formación ya que para algunas esto significó deslesbianizar el discurso y trabajo lésbico debido a que el trabajo en contra de la violencia hacia las mujeres básicamente incluía el trabajo con mujeres heterosexuales y había una negación explícita a tocar el tema del lesbianismo aún cuando el 90% de sus integrantes eran lesbianas.

Otro paso importante dentro de ese Congreso, fue que nuestro grupo distribuyó por primera vez un panfleto en el que se abordaba la cuestión de la violencia específica contra la mujer, sobre todo en casos de estupro y violación. Lo que no se habla dentro de la historia del movimiento feminista en Brasil, es precisamente, que la lucha contra la violencia sexual hacia las mujeres se inició con la distribución de aquel panfleto y siempre se habla de octubre de 1980, que es cuando inicia sus actividades SOS Mujer.[546]

Una integrante de nuestro grupo, Marisa, de 18 años, fue violada, volvía de dejar a su enamorada en un trayecto pequeño, llovía y estaba completamente mojada, un sujeto la atacó por atrás y la arrastró. Esa violación nos tocó al grupo. En la delegación ella fue tratada como prostituta. Ella nunca había estado con un hombre, había sido criada en un colegio de monjas. Ella decía que tenía pruebas porque cuando él le tiró

---

[544] Marisa Fernández, *ibidem*.
[545] *Ibidem*.
[546] Miriam Martinho, entrevista anteriormente citada.

la ropa, cayó su toalla sanitaria bajo el sofá, ella sabia que estaba allá y él no lo sabía, en la delegación no tomaron en consideración su palabra.

Nosotras distribuimos un documento fuerte, con mucha emoción "Mujeres violentadas" en el Congreso de Mujeres, fuimos las lésbicas en Sao Paolo quienes denunciamos dentro del movimiento la cuestión de la sexualidad y la violencia a las mujeres y las feministas no lo reconocen en la historia. Sólo reconocen el tema de la violencia desde la formación del grupo SOS Mujer. El congreso de mujeres fue en Marzo, cuando distribuimos un folleto y en Mayo en el encuentro de Ballinhos, discutimos por primera vez el tema de violencia y allí nació por primera vez la idea de formar SOS Mujer.[547]

LF tiene el mérito de haber sido la semilla de la organización autónoma de lesbianas brasileñas, se conformó como un grupo de afirmación y concientización, consiguió delinear un conjunto de ideas que dieron sustento a un trabajo continuo.

En 1980, año de intenso trabajo, el movimiento lésbico gay tiene su primera marcha como protesta a la gran represión que el delegado "Carrerista" estaba imponiendo en la ciudad de Sao Paolo.

En 80 la policía estaba muy represiva, el delegado "Carrerista" quería moralizar la ciudad de Sao Paolo e inicia la "operación arresto" y arrestan a todas las prostitutas, gays, negros, lésbicas. Hicimos una gran marcha, distribuimos panfletos convocando a la población a participar en la marcha, firmando como lesbianas, junto con gays, travestíes, prostitutas, toda la marginalidad. Paralizó gran parte de Sao Paolo, llevamos carteles que decían "Por el placer lésbico", todos apoyando contra la censura y salió en una revista de mayor circulación de Brasil *Bella* una foto colorida de las lesbianas con su cartel "Por el placer lésbico", salimos forzosamente del clóset.[548]

A finales de 1980, el grupo *Somos*, con otro proceso similar al mexicano, quebró debido a una divergencia ideológica entre dos tendencias. Una tendencia más anarquista, que se oponía a participar junto con los sectores populares debido a la homofobia de éstos y a un temor de ser cooptados por esta "lucha mayor". Esta tendencia dio lugar al grupo Otra Cosa de Acción Homosexual. La otra tendencia, estuvo más ligada a los partidos políticos principalmente troskistas quienes luchaban básicamente en contra de la dictadura y tenían aún un rechazo a la homosexualidad porque la consideraban como una maniobra de la burguesía.

---

[547] Marisa Fernándes, *ibidem*.
[548] *Ibidem*.

El primero de Mayo del 80 fue histórico para Brasil, Lula el mayor líder sindical de los metalúrgicos convocó a una marcha y paralizar los metalúrgicos. Enfrentaron la policía y ese fue el derrocamiento final de la dictadura. La marcha fue prohibida, pusieron cañones, tropas, se organizaron 100 mil personas. Las feministas abrieron la marcha, estuvimos las lesbianas, homosexuales, las mujeres con los niños, no atacaron. La marcha acabó entrando a un estadio de fútbol, la muchedumbre aplaudía y entramos las lesbianas y homosexuales y fuimos muy aplaudidos, ciertamente que el movimiento sindical tiene fotografías de ese hecho histórico porque ese día se fundó el PT el Partido de los Trabajadores.

En esa organización algunos homosexuales de izquierda de tendencia stalinista, Convergencia Socialista, ingresan al grupo Somos y ahí se pierde autonomía porque luchaban los anarquistas con los organizados, la *Convergencia*, y el grupo de gays anarquistas también se hace disidente, salen del grupo y se pusieron Grupo otra cosa homosexual y ya éramos tres grupos.[549]

En 1981 el Colectivo LF se desmovilizó porque la mayoría de sus integrantes dejaron de actuar políticamente, las que continuaron militando, algunas formaron el Grupo de Acción Lésbica Feminista GALF.

Nosotras, en LF al final del 80, tuvimos un quiebre; algunas se incorporan en un frente contra la violencia, llamado SOS Mujer; el grupo se quedó muy chiquito y con problemas de organización. Empezó un proceso de despolitización de la cuestión lesbiana en el movimiento feminista, SOS empezó como frente y luego se constituyó como grupo y estaba conformado por lesbianas en un 90%, pero no se hablaba de lesbianismo ni de la violencia contra las lesbianas. La presidenta, una mujer heterosexual, decía que las mujeres de las periferia no iban a aceptar que se hablara de lesbianismo ni tenían por qué saber de las lesbianas y que no era el momento de hablar de este tema. Había un rechazo. El movimiento despolitizó la cuestión del lesbianismo, a pesar de la gran mayoría de lesbianas que integraban SOS. Este grupo fue muy importante en el movimiento feminista, en relación a la cuestión de la violencia, pero en relación con la cuestión lésbica fue un retroceso porque nosotras habíamos abierto un espacio muy importante con la discusión sobre la sexualidad.[550]

El grupo cambiaba de nombre, primero salimos del grupo Somos y nos llamamos Grupo Lésbico Feminista y no debíamos ser lésbico porque lésbica no tiene masculino entonces cambiamos a Grupo de Acción Lésbica Feminista GALF, no eran razones políticas, bobadas, luego sacamos un periódico *Chana com Chana*.[551]

---

[549] *Ibidem.*
[550] Miriam Martinho, *ibidem*
[551] Marisa Fernándes, *ibidem*.

Prontamente las lesbianas empezaron a sentir descontento por la relación desigual con las feministas por su falta de compromiso con las demandas lésbicas.

> Surgieron dificultades con las feministas porque empezamos a percibir que hacíamos
> todo el trabajo sucio, pesado, difícil, les era difícil entender nuestro tema, nuestras
> necesidades, ellas no hablaban de nosotras, cuando nos dimos cuenta hubo una
> ruptura, una reclamación, un clima malo, pedíamos que ellas hablaran del lesbianis-
> mo, no es necesario que sea una lésbica que hable de lesbianismo. También salen
> otras mujeres que fundaron un grupo de color: Tierra María.[552]

El GALF se caracterizó por la promoción de eventos político-culturales en espacios feministas, homosexuales, político partidarios y en la sociedad civil. Iniciaron la
formación de una biblioteca lésbica y publicaron doce ediciones del boletín *Chana
com chana* (bulba con bulba) desde 1981 de gran importancia, por ser una de las
primeras publicaciones lésbico-feministas de la región, por aparecer en el periodo
de "apertura" de la dictadura militar y porque reflejó el espíritu de afirmación de la
homosexualidad que levantaba el movimiento homosexual de la época. La presencia de Rosely Roth como figura pública fue muy importante para el grupo. Participó
en programas televisivos, dando por primera vez una imagen positiva de las lesbianas.
Convocó a la toma de un bar en el que no se permitía la venta del boletín y participó
abiertamente en numerosas actividades públicas.

> En 85 Teca (que era una gran oradora), Miriam y yo nos apartamos por razones
> diversas y entró Rosely, una lesbiana muy fuerte, de origen pobre, blanca, muy
> combativa. Había roto mi relación con Miriam. Rosely y Miriam iniciaron una relación,
> dos líderes fuertes que se asumían públicamente y Rosely fue a la televisión a un
> programa de Evi Camargo, un patrimonio vivo de la historia de la televisión, la gente
> la adora porque es sencilla y al final del programa dio la dirección postal. Millones de
> lesbianas estaban viendo y recibimos miles de cartas que decían "ya no me voy a
> matar porque sé que no estoy sola" cartas emocionadísimas. Se contestaron todas,
> éramos militantes, dábamos nuestro tiempo, hacíamos bingo para sacar dinero, hacía-
> mos muchas cosas, no recibíamos financiamiento, el grupo no tenía recursos era
> autosustentado. Teníamos una reunión específica para las nuevas "grupo de identi-
> ficación".
>
> Un 8 de marzo Miriam rompe con Rosely y Rosely queda con problemas psiquiátricos
> y se suicidó. Antes del suicidio Rosely cuenta a las feministas de Río una serie de
> historias de Miriam que las feministas se asustan, no sabemos si eran verdad o no
> porque ella estaba en tratamiento psiquiátrico. Luego Miriam publicó un artículo en

---

[552] *Ibidem.*

una revista tratando de rescatar la historia del movimiento lésbico y omitió la participación varias mujeres que fueron fundamentales en la historia y eso causó un gran malestar en las feministas de Río de Janeiro que estaban sensibilizadas, dando soporte a Rosely y escribieron un artículo contestando a Miriam que el movimiento no se hizo sólo con su participación y colocaron el nombre de todas en plural: que el movimiento se hizo con muchas Marisas, muchas Roselys, Marías, Tecas y se hizo un repudio a ese artículo.

Una feminista de Sao Paolo me llama para contarme del artículo de Río y me pide hablar con otras líderes para hacer otro artículo, no lo hice, nadie más lo hizo y Miriam empezó a odiarme porque alguien le dijo que yo saque ese artículo para un 8 de marzo y no lo hice y ahora ella me odia y dice que yo no tuve ninguna participación en la historia del Movimiento.[553]

El proceso organizativo del GALF inició como colectivo de autoconciencia, pero la demanda y necesidad de actividades llevó al grupo a ir formalizándose cada vez más hasta lograr una institucionalización. Con un sistema de asociación y contribución financiera, lesbianas de toda la república podían recibir el material del grupo.

En 1990 integrantes del extinto GALF fundaron una red de información *Um Outro Olhar* (otra mirada) que se dedica a recolectar y distribuir información sobre lesbianismo, homosexualidad y feminismo como instrumentos de concientización lésbica y la conquista de la ciudadanía.[554]

A partir de 1990 surgieron diversos grupos, principalmente en Sao Paulo, tales como:

• Afin en Santos y publica la revista *Femme*.
• Colectivo de Feministas Lésbicas en Sao Paulo.
• Diosa Tierra en Sao Paulo y publican el boletín *Diosa Tierra*.
• Estacao Mulher de Sao Paulo y publica el boletín *Gem*
• Grupo Lésbico de Bahía en El Salvador.
• Están también las lesbianas de los grupos mixtos Dignidad de Paraná y Estructuración de Brasilia y AMHOR de Pernambuco.

Las principales demandas del movimiento feminista han sido la violencia, la contracepción e igualdad laboral (salarios y guarderías). Los temas relacionados con el lesbianismo y racismo no estuvieron contemplados. Para algunas corrientes del movimiento feminista brasileño, el mayor problema que enfrentan es el de la institucionalidad. La formación del Consejo de la Mujer desde el Estado, retomó las principales demandas del movimiento feminista y los institucionalizó no de la mane-

---

[553] *Ibidem*.
[554] Martiho, Miriam, *Lésbicas Brasileiras: saúde, educaçao, trabalho, familia, questao legal, politica e religiosa*, rede de informacao Um outro Olhar, Sao Paulo, Brasil, marzo 1995.

ra que ellas querían, "nos aplastó, no tenemos fuerza para contraponer lo que se hizo" expresa Miriam Botassi.

El movimiento feminista no ha asumido totalmente las demandas del movimiento lésbico porque éstas no están del todo claras. Tiende más hacia una institucionalidad donde la interlocución con las financieras tiene prioridad para las temáticas a trabajar. Sin embargo, las propias lesbianas asumen no haber hecho un trabajo suficiente para estar presentes y luchar permanentemente en todos los espacios del feminismo, aún cuando el hecho de introducir la discusión en torno a la sexualidad y el lesbianismo lo consideran como un aporte importante.

> El movimiento feminista no ha asumido las demandas lésbicas y tampoco el movimiento lésbico tenía sus demandas muy claras. Las lesbianas, con razón, reivindicaban un espacio de estar en todas las direcciones, en los eventos, en poner las cuestiones lesbianas específicas. Por otro lado, no profundizamos en las cuestiones que se organizaban para estar presentes, creo que fue insuficiente. Hubo peleas, y como somos más o menos las mismas que estamos ahí desde entonces, creo que maduramos más; hay menos influencia de los partidos políticos sobre las mujeres, aunque más influencia de las agencias financieras y de los *lobbys*, así como de las prácticas de poder que no son fáciles de trabajar.[555]

Las relaciones con el movimiento homosexual han vuelto a entablarse, aunque anualmente realizaba Encuentros de homosexuales, en 1993 en el X Encuentro, se acordó cambiar el nombre por Encuentro Brasilero de Gays y Lesbianas; en el cambio del nombre, influyó el movimiento feminista quienes también presionaron. Aun cuando no celebran anualmente las marchas por el orgullo gay, el movimiento lésbico-homosexual se hace cada vez más presente en los medios masivos de información y en el trabajo en contra del SIDA. Los homosexuales han mostrado también una cierto enclosetamiento tras el trabajo con esta enfermedad.

> Va a la televisión a charlas, a discusiones; el 8 de marzo algunas tuvimos una presencia directa, pero jamás tuvimos un día de orgullo gay, tal vez una o dos veces se consiguió realizar en Río o Sao Paulo, pero solamente como un "orgullo gay" y no como demostración de las lesbianas. Estamos en la mira de conquistar visibilidad, hacer acciones positivas en todos los movimientos que podamos, en los grupos, principalmente en las acciones feministas. Ahora, dentro de los homosexuales son muy pocos los que tienen una propuesta homosexual; la mayoría está en los trabajos sobre SIDA y muchas veces, no quieren ser tomados como homosexuales.[556]

---

[555] Entrevista con Miriam Botassi, noviembre de 1994
[556] *Ibidem.*

A partir de 1996 las brasileñas empiezan a tener encuentros nacionales, a los que denominan Seminarios Nacionales, como forma de diferenciarlos con los encuentros que había organizado la Red Um Outro Olhar con gays, trasvesties, transexuales, etcétera.

> El primero fue en 96 organizado por el Colectivo de Lésbicas de Río de Janeiro. Conseguimos dinero del Ministerio de Salud para trabajar el tema "Mujeres y AIDS", por eso en un primer momento pensamos en el nombre de Seminario porque se podía hablar sobre AIDS, ETS, violencia, etcétera. Acordamos que estos encuentros continuarían llamándose Seminario en vez de Encuentros Nacionales porque un seminario es un momento de reflexión e intercambio, no era académico pero si de intercambio y el otro fue la formación de una Red. Estuvimos muy felices porque era la primera vez que las lesbianas estábamos reunidas, a pesar de 18 años de historia. La Red Um Outro Olhar organizó varios grandes encuentros, pomposos de élite, gays, lésbicos, travestis y simpatizantes y ahora transexuales pero nunca solo de lésbicas y parece que se incomodaron, ellas no participaron, todas los otros grupos estabamos allí felices porque no tenían travesties, ni homosexuales, fue maravilloso y decidimos hacer un día de la visibilidad lésbica en la fecha del inicio del encuentro, el 29 de agosto, todas acataron ese día.
> El segundo fue en Bahía (97) y ahí no salió lo de la Red. El tercero (98) fue en Bello Horizonte, sin recursos financieros y allí se discutió la formación de la Red.[557].

## Perú: Grupo de Autoconciencia de Lesbianas Feministas (GALF)

> Apago la luz/ y me enciendo/ me desvisto/ me he visto/ pálida silueta desnuda/ colgando/ de la pared.
>
> VIOLETA BARRIENTOS

Las noticias sobre la organización y movilización de lesbianas y homosexuales en diferentes partes del continente impulsaron a un pequeño grupo de homosexuales ligados al teatro, en Lima[558] que en 1982 se animaron a dar la cara y empezaron a luchar por la no discriminación. A finales del mismo año publicaron su primer manifiesto con el nombre de Movimiento homosexual de Lima (MHOL).[559]

---

[557]Marisa Fernándes, *ibidem*.

[558] Lucrecia Bermúdez comenta que a mediados de los setentas como reacción a la proliferación de bares gays, la prensa amarilla recrudeció su ataque a homosexuales, ante ello, un grupo de lesbianas y homosexuales redactan una serie de aproximadamente seis artículos que fueron publicados en el periódico *La Calle*, ligado al periódico *Marka*.

[559] Ugarteche, Oscar, "Sobre los Movimientos de Liberación Homosexual en América Latina", en: *Conducta Impropia*, boletín núm. 6, Lima, mayo 1993.

En 1983 surge también el grupo Acción para la Liberación Homosexual (Aplho), de poca duración, ambos grupos mayoritariamente masculinos dieron inicio a la lucha antiheterosexista y antihomofóbica en la sociedad peruana, principalmente en los medios de comunicación.

El inicio de la organización de las lesbianas en Perú está muy ligada al desarrollo del movimiento feminista en los primeros años de la década de 1980. En febrero de 1983 se abrió una cafetería exclusivamente para mujeres: La Otra Cara de la Luna, como un espacio de encuentro y polémica. La opción separatista que presentaba este grupo atrajo principalmente a lesbianas que luego integrarían GALF, algunas de ellas abrieron también un restaurante: Agua viva, en la playa del silencio con similares características. En julio del mismo año el Perú fue sede del II Encuentro Feminista Latinoamericano del Caribe en el que un mini taller sobre lesbianismo se convirtió en el taller más numeroso y exitoso y en el que se revelaron varias salidas públicas de lesbianas feministas. Finalmente, un taller realizado en marzo de 1984 sobre teoría feminista que abordó entre otros temas el de lesbianismo, fueron los elementos motivadores para que un grupo de lesbianas se reúna durante casi un año para hablar sobre su opción sexual y la necesidad de crear un espacio alternativo a los lugares tradicionales de reunión lésbica (bares y discotecas).

En el proceso de reflexión, el grupo fue asumiendo el feminismo como el marco teórico e ideológico de su acción, identificándose como un grupo de autoconciencia de lesbianas feministas. Las características que el grupo iba perfilando fueron nutridas en gran parte por los diversos frentes más radicales del movimiento feminista del momento.[560]

> El grupo era parte de una corriente contracultural, contracorriente de todo, no iba con nada de la cultura de Perú ni con las ONG's. "La otra cara de la luna" a atraído a mujeres marginales pero también mujeres heterosexuales como Nilda, Himelda, diferentes, más libres y representaba una suerte de radicalidad, separatista, no hombres, de esa cultura se nutre el GALF. Las feministas de ONGs en ese tiempo venían a la cafetería por compromiso, por apoyo solidario.[561]

En junio de 1984 el GALF decidió irrumpir una reunión del movimiento feminista presentándose públicamente; para la gran mayoría fue una sorpresa poco grata porque hasta el momento se habían cuidado de diferenciar entre feminismo y lesbianismo precisando que el feminismo nada tenía que hacer con el lesbianismo.[562]

---

[560] Fuente: Grupo de Autoconciencia de Lesbianas Feministas, *Historia y Contexto sociopolítico Nacional*, Lima, julio de 1987, 17 páginas, [fotocopia].

[561] Esta entrevistada solicitó cambio de nombre, la denominamos Kris, 2 de mayo de 1996.

[562] "Teníamos miedo a que nos llamaran lesbianas", entrevista a Ana María Portugal. *Al Margen* boletín del GALF núms. 3 y 4, Lima, diciembre de 1985.

Al terminar nuestra presentación hubo un largo silencio (¿tensión?, ¿sorpresa?, ¿temor?). Luego una mujer nos dio la bienvenida a nombre del Movimiento. Otra comentó: "querrámoslo o no, nos guste o no, están aquí" Y una tercera señaló: "el presentarse ha sido un acto de valor, pero temo que el movimiento feminista en Lima, aún no está preparado para apoyarlas.[563]

Desde su presentación pública, el GALF estableció una fuerte relación con el movimiento feminista, al que estuvo integrado orgánicamente en la Asamblea Feminista y en la Comisión de Derechos Reproductivos. La incursión en los espacios feministas sirvió también para que algunas heterofeministas tentadas por la curiosidad o la amplitud política incursionaran en el ámbito del mundo lésbico.

La relación con el movimiento feminista fue con mucho amor, las mujeres que lidereaban los grupos feministas empezaron a ligar con lesbianas del GALF, habían homofóbicas pero como era contradictorio con los principios feministas, o se mordían la lengua o iban asumiéndolo poco a poco.[564]

La Otra Cara de la Luna, la cafetería que había sido punto de encuentro de GALF fue obligada a cerrar por orden judicial y algunas rupturas de parejas ocasionaron, una pequeña desmovilización que fue superada con creces al integrarse nuevas lesbianas con las que iniciaron la publicación del boletín *Al Margen*, artesanal y a mimeógrafo.

La intención de la producción del boletín era comunicarnos con otras lesbianas y con el movimiento feminista, lo repartíamos en las discotecas y en dos o tres centros de mujeres. Era una distribución de mano en mano.[565]

A la publicación del boletín se sumaron diversas actividades dirigidas principalmente al movimiento feminista como veladas literarias donde presentaban el boletín o talleres de intercambio, sensibilización y discusión política que aportaron mucho a la relación con el Movimiento.

La fuerza de los años del GALF han sido cuando sacamos la revista *Al Margen* y las veladas y reuniones abiertas de debate. La revista fue una estrategia política (así como las feministas se acercaron a las mujeres populares) para llegar a las mujeres de los bares y concientizarlas, era como "yo te voy a decir lo que es malo y bueno, de los

[563] *Historia y Contexto Sociopolítico Nacional*, documento anteriormente citado.
[564] Entrevista con Lucía Ueda, 2 de mayo de 1996.
[565] Entrevista con Rebeca Sevilla, noviembre de 1993.

roles y cómo uno es libre", tratando de respetar algo de la cultura lésbica de los bares. El trabajo estaba dedicado al ambiente pero desde una perspectiva feminista, no hacíamos mucho para atraer al movimiento feminista pero ellas sentían que nuestro espacio era el más lúdico de todos los espacios, donde más se divertían, donde se sentían más libre. Las veladas eran reuniones culturales, venían las que menos homofobia tenían y las más cercanas y amigas. Fue muy importante el auditorio de Manuelas, presentábamos *Al Margen* y hacíamos música, baile, colage; una vez presentamos la carátula en vivo y salió la pareja de Nely calata (desnuda), yo hice danza moderna con un vestido femenino y una casaca de cuero.[566]

Ese mismo año, iniciaron contactos con el Mhol apoyando algunas actividades por el día del Orgullo Lésbico Homosexual. A pesar de ser invitadas a participar como grupo dentro del MHOL, que para entonces empezaba a recibir financiamiento, el GALF reafirmó la importancia de mantenerse como grupo autónomo. La invitación a través del MHOL para participar en un evento internacional del IGA, institución que les había condicionado financiar el viaje siempre y cuando una de las becadas fuera para una mujer, les abrió las puertas a la dinámica de las relaciones internaciones y que marcó un aspecto determinante en la vida del grupo. En 1986 Rebeca y Lucía se unen al MHOL, autocalificado de organización "mixta", en realidad 95% eran varones, "con mi participación pretendí establecer un puente entre el grupo feminista y el grupo de homosexuales" dice Rebeca,[567] realizando ambas una doble militancia en el MHOL y GALF.

El III Encuentro Feminista Latinoamericano en Brasil, permitió al GALF conectarse con otros grupos lésbicos Latinoamericanos con quienes perfilaron un Encuentro autónomo de lesbianas feministas de Latinoamérica y una Red de comunicación e intercambio de publicaciones y en marzo de 1986 participaron en la XIX Conferencia de la ILIS en Ginebra donde ratificaron y formalizaron las propuestas de Brasil. Pese a esta galopante incursión en el mundo gay y lésbico internacional e institucional es importante destacar que una fuerte corriente al interior del GALF resistía por una autonomía organizativa en términos políticos y económicos, a pesar de sus dificultades, lo que fue medianamente posible gracias al apoyo de los grupos feministas.

Después del taller de teoría feminista se despuntan los colectivos, todos los colectivos eran autónomos, el GALF era el más autónomo, el menos financiado. Las lesbianas cuando nos juntamos somos creativas, somos el motor del Movimiento. Recibimos

---

[566] Kris, *ibidem*.

[567] Gessen, Masha. "Rebeca la primera secretaria general de color de la ILGA", en: *Conducta (im)propia*, boletín núms. 4-5, Lima, marzo 1993, pp. 31-34, tomado de The Advocate (USA), julio 1992.

un pequeño financiamiento pero nada más para tres números del boletín, un monto muy pequeño. Había una corriente muy fuerte de no al financiamiento, sólo una estaba de acuerdo con el financiamiento, a mí no me preguntaban, yo decía '¿porque no?' y ellas decían 'se pierde' y yo decía 'no quieren financiamiento y les estamos pidiendo apoyo a las Floras, Manuelas y el dinero viene de las mismas fuentes, no tiene ninguna lógica', se desconfiaba de las fuentes de financiamiento porque decían iban a cooptar al movimiento. El GALF nunca pudo constituirse para recibir financiamiento porque no tuvo el consenso, fue una trampa institucional.[568]

Nos planteamos como Colectiva con el asunto de la autonomía respecto a otras organizaciones y a propuestas de financiamiento, eso nos hacía colocar en una situación consistente en lo organizativo, sin jerarquías, sin estructuras. Era un Colectivo bastante alternativo y nos tomamos la cosa en serio en los tres primeros años, de revisar en lo colectivo, en lo democrático, en discutir línea por línea el boletín. Fue un proceso muy intenso, rico, un lujo hacerlo, pero nos tomaba todo el tiempo.[569]

En junio de 1987 se produjo un allanamiento a un local (disco) donde se divertían pacíficamente al rededor de sesenta mujeres; la detención de ellas se hizo con la presencia de un canal de televisión que entusiasmadamente filmaba a las víctimas de la "redada". La policía aduciendo que se trataba de menores de edad detuvo a todas las mujeres de las cuales el 90% portaban documentos personales. Las mujeres fueron objeto de agresiones físicas y verbales. Para justificar la acción el locutor del noticiero manipuló tendenciosamente los hechos afirmando que se trataba de "gente de mal vivir" y de un allanamiento a un local de lesbianas y homosexuales. Después de diversas amenazas y maltratos, se les ordenó abandonar el recinto policial iniciado el toque de queda[570] con el riesgo de ser detenidas nuevamente o ser víctimas de un atentado contra su integridad física.[571] Algunas de las integrantes de GALF fueron víctimas de la detención, situación que además de indignar a la comunidad lésbica homosexual y feminista, se planteó, al interior del grupo, iniciar una demanda legal y tomar este hecho como un elemento movilizador de visibilidad y de denuncia. Sin embargo, la situación política del país, la falta de garantías individuales y políticas para los ciudadanos, la guerra interna que enfrentaba el Estado con los grupos levantados en armas (Sendero Luminoso y Movimiento Túpac Amaru),

---

[568] Lucía, *ibidem*.

[569] Rebeca, *ibidem*.

[570] Debido al clima de guerra civil en el que se batían Sendero Luminoso y el Movimiento Túpac Amaru por un lado y el ejército por el otro; el Estado suspendió las garantías constitucionales e impuso el toque de queda.

[571] Hughes, Janice y Valdivia, Beatriz, "Cuando las mujeres se reúnen", en: *Viva, revista feminista* núms. 11 y 12, noviembre de 1987.

el fundamentalismo de dichos grupos que habían asesinado a homosexuales y trasvestis, entre otras víctimas, causaron temor y desmovilización en las integrantes del GALF, las que en su mayoría creyeron que no era un momento pertinente para aparecer en los medios masivos de comunicación.

> Las circunstancias desgraciadas del país que generaron una serie de tensiones políticas, la crisis económica, la escala de violencia tan fuerte que hacían temer el futuro, las salidas de algunas integrantes del grupo, generaron otras dinámicas en GALF. No había el tiempo suficiente para dedicarnos a sentar y reflexionar sobre qué salidas constructivas podría tener esa situación. Creo que no es ajena la violencia, el temor o la intolerancia que se vivían en el país, y todavía se viven por esa falta de manejo frente a las diversidades o diferencias. Por las tensiones sociales y políticas, las tensiones visibles y no visibles, y la violencia del 86 se evidenció la imposibilidad de las mujeres de hacer una demanda legal. Nos fueron colocando los techos de la situación, los límites. O sea, no fue una cuestión de conciencia; hubo mayores impedimentos. Es tan grande la homofobia en la sociedad que a nosotras nos hacía sentir frustradas. Las mujeres no querían hacerla, tenían miedo. Y yo creo que eso impactó negativamente. Se hizo un pronunciamiento y nos apoyó el movimiento feminista; eso fue lo bueno de la situación, pero eran los límites. Se cerró la discoteca, las lesbianas entraron en otra dinámica; se cerró mucho el espacio de lesbianas por muchos meses. Y *las Políticas*[572] pretendíamos que eso no se volviera a repetir. Fue algo muy desagradable, por lo menos para mí. Eso nos obligó a hacer políticas prácticas, más allá del discurso y del debate, me interesaban hacer otras cosas[573]

La evaluación de la situación política, llevó a GALF, como a la mayoría de la población peruana, a un sentimiento de frustración, pero el apoyo recibido de parte del movimiento feminista y otros sectores sociales (a dos años de su aparición), era una verdadera muestra de que no estaban arando en el desierto.

La situación política no varió por muchos años, lo que provocó un verdadero clima de desmovilización social y política. En 1989 se vieron obligadas a declinar de la organización del II Encuentro Lésbico Feminista Latinoamericano y del Caribe y proponer a Costa Rica llevar a cabo el reto.

Sin embargo, no todo el panorama era tan negativo, el trabajo de difusión y promoción que GALF realizó desde sus inicios permitió el acercamiento de nuevas lesbianas con quienes hicieron talleres de autoconciencia y actividades deportivas. En algunos casos, el acercamiento de lesbianas tuvo un circuito más sofisticado como la conexión a través del extranjero.

---

[572] Denominadas así por oposición a *las Sociales*, a quienes interesaban más las barras (bares y discotecas).
[573] Rebeca, *ibidem*.

Yo me enteré del GALF por una amiga que vivía en San Francisco, había conocido a Nely cuando estuvo allá, cuando vino ella me llevó al GALF[574]

El crecimiento del grupo impuso nuevas dinámicas y también estructuras. Las integrantes más antiguas, denominadas *Galfas*, en un inicio no estuvieron dispuestas a modificar o ceder en sus prerrogativas lo que motivó grandes cuestionamientos de las nuevas, denominadas *Galfitas*.

Conmigo entraron varias nuevas pero no éramos consideradas integrantes cuando había que tomar decisiones o habían viajes o actividades para representar al grupo, aunque trabajábamos igual que las asociadas, no se nos tomaba en cuenta. Nos llamaban las *Galfitas*.[575]

La crisis se da porque las *Galfitas* no integraban la estructura orgánica y Kris dice "hay que abrir" y se integran como doce lesbianas. Por parte de *las Jurásicas*,[576] Rebeca tuvo el poder oculto. Las nuevas no eran modelo carnero, eran fuertes y se formó un grupo con liderazgos, Adriana, Lucila, Araceli, cuando se integraron en la estructura cuestionaron lo vertical, porqué viajas, porque no compartes información... Si bien el movimiento feminista se da con mucha calidéz en Perú, se da el amiguismo, las odiosas preferencias y esa es la estructura que aprovecha Rebeca para llenarse de información y no pasarla al resto, por eso las jóvenes se rebelan. Hay un enfrentamiento fuerte, un liderazgo claro de las jóvenes 'no queremos que ustedes manejen toda la información, porqué Rebeca siempre va a viajar, aquí tenemos una propuesta, la hemos discutido' a la hora de la votación las jóvenes eran numéricamente mayor .[577]

Cuando empezamos a tener mayor audiencia, empezamos a establecer jerarquías: las más feministas entre las feministas, las más expertas entre las expertas, las más abiertas entre las más abiertas, las líderes formales o informales. El grupo tuvo una buena metodología de trabajo en su periodo, después se incorporan mujeres con otras necesidades, demandas y perspectivas. Discutir temas que nosotras; ya habíamos discutido previamente en la etapa de autoconciencia, para muchas, era repetitivo y siempre había mayor demanda e interés por otros temas, preocupaciones, otros problemas. No teníamos una sede donde realizar las actividades, lo hacíamos en las casas, o pedíamos prestado el local a las *Floras*, *Manuelas*, o *Auroras* los lunes de sieté a nueve. Para lo único que daba tiempo era para las nuevas que llegaban, había que explicarles nuevamente la historia de qué era el grupo y qué perseguía y organi-

---

[574] Entrevista con Mecha, 8 de marzo de 1996.
[575] *Ibidem*.
[576] Llamadas también "fósiles" o antiguas militantes del Movimiento.
[577] Lucía, *ibidem*.

zar sesiones de autoconciencia. No había mucho tiempo y espacio para dividir los niveles de interés. Las que estaban más tiempo decían que ya habíamos pasado esa etapa y se estaba perdiendo el encanto de descubrir; lo que queríamos era tirar un poco de línea y ver a dónde caminaba eso.[578]

Por otro lado, el MHOL que ya contaba con financiamiento desde 1985, empezó a crecer institucionalmente y en sus necesidades se planteó la urgencia de abrir un espacio para mujeres, propuesta que fue hecha a Rebeca y Lucía, en 1988 fueron integradas al Consejo Directivo y se le pide a la primera ser directora de transacción[579] ante un impasse entre dos facciones de esta organización. La doble militancia de Rebeca y Lucía fue vista con mucha desconfianza en el GALF y volvió a traer la discusión sobre la relación con los homosexuales.

No había una posición separatista discutida, eran más las acciones que creaban este espacio, no estaba en la agenda discutir si los hombres entraban, para nada. La cercanía y la solidaridad estaba clarísima y definida en relación a otras mujeres heterosexuales. Esa fue la discusión cuando Rebeca entró y fue parte de la directiva del MHOL. La discusión era si deberíamos trabajar con hombres o no o integrarnos en algunas de las actividades y había posiciones clarísimas de Nely, de mí, de la mayoría, que estaban en contra, Rebeca quería.[580]

Estábamos Rebeca y yo en el MHOL haciendo doble militancia y al principio el GALF lo veía con desconfianza, luego ya no fue cuestionada porque la idea era ganar espacios. La militancia de Rebeca en el MHOL era mas institucional que en GALF porque entramos al primer consejo directivo del 89. Ya estábamos de cabeza en el MHOL y yo empiezo a jalar mujeres al MHOL, aunque sí quería que el GALF siguiera existiendo. En ese momento Rebeca dejó de pensar en el GALF y empezó a pensar en el MHOL porque le daba más posibilidades. Las cosas eran más institucionales, habían canales más establecidos para el ejercicio de funciones. En el GALF la estructura era horizontal y ella ya estaba siendo cuestionada, intentó viajar por el GALF pero las nuevas ya tenían su estrategia lista y viajó Adriana a la ILGA y Ruth a Costa Rica.[581]

Me interesaban hacer otras cosas como un programa en el Mhol, que ofrecía una serie de programas y servicios que podían impactar de una manera más básica y rápida. Yo era una de las impacientes. No pretendía toda mi vida dictar *el ABC del lesbianismo* a generaciones. Lo había intentado con las sociales cuando las políticas

---

[578] Rebeca, *ibidem*.
[579] Gessen, *ibidem*.
[580] Kris, *ibidem*.
[581] Lucía, *ibidem*.

estábamos quedando en minoría, por la crisis económica que obligó a muchas a salir del país, o por el cansancio. Estábamos en minoría; las que éramos ocho o nueve, éramos tres y con toda la carga de trabajo que eso significaba. Era un poco jugar a los roles de mamá y otros roles que no estábamos dispuestas. Yo era de las pocas del GALF que pensaba que se podía hacer un frente con el MHOL, más que buscar una integración. Yo salí para dedicar mi tiempo prioritario y lo empiezo a compartir, paralelamente.[582]

Las decisiones políticas de dos de sus líderes, de integrarse al trabajo mixto del MHOL y la prioridad que estaban poniendo en ello, la tendencia institucional del movimiento feminista y MH y la imposibilidad de mantenerse activas como colectivo autónomo, más la crisis económica y los niveles de violencia que se ejercía por parte de Sendero Luminoso y el Estado, orillaron a varias de las integrantes del GALF a desencantarse del grupo y del país y salir al exterior, algunas por estudios, otras por novias o por proyectos de vida.

Creo que una de las razones por las cuales ha ido desapareciendo (el GALF) es por un lado la institucionalización del movimiento feminista y las discusiones muy fuertes si debíamos recibir dinero, Nely decía que no, sí a pequeños montos; recibimos plata para un centro de documentación, para la revista pero la discusión era sobre lo institucional. Por otro lado el desarrollo del MHOL y sus espacios para mujeres, las decisiones políticas de Rebeca de trabajar con MHOL y le invertía mucho más energía; el acercamiento de Rebeca con los hombres causaba problemas, sentíamos que ella priorizaba, pero seguía siendo importante en el GALF. En el 90 salió la mayoría del GALF por cuestiones económicas, estudios, fue una especie de autoexilio. Creo que el grupo no daba para mucho como quería ser autónomo, nos frenó la cuestión de Sendero, la tendencia pública y el reto de la institucionalidad no terminó de cuajar el GALF.[583]

Se deja de reunir el GALF porque hay broncas, ya no hay más reuniones y en menos de tres meses la gente está viajando una a Japón, cuatro a Estados Unidos, una a Holanda, dos a España, una a Venezuela; se fueron por relaciones amorosas y otras buscan otro proyecto de vida, estudios. Las que quedamos, tuvimos el sueño de revivir el GALF pero no fue posible, el contexto ha cambiado por completo, en ese tiempo las feministas eran aficionadas, *amateurs*.[584]

A finales del 87 ya empezamos a tener responsabilidades en el MHOL, yo necesitaba tener logros en mi trabajo. El MHOL empieza a crear una imagen mixta y algunas de

---

[582] Rebeca, *ibidem*.
[583] Kris, *ibidem*.
[584] Lucía, *ibidem*.

ellas se empiezan a reunir en ese espacio. Al estar las *Galfas* reunidas aquí, fortalecieron el proceso del MHOL como organización mixta. Esto marca el fin del GALF y el trabajo del MHOL se ve enriquecido.[585]

El grupo se dejó de reunir en 1990 y de las que quedaron, algunas se integraron al MHOL, otras quedaron cercanas a él. El GALF es una clara muestra de la imposibilidad de resistencia como colectivo autónomo en un país donde la institucionalización de los movimientos alternativos ha tenido un proceso acelerado y fuerte, fenómeno que impidió la sobrevivencia de experiencias no institucionales.[586] Sin embargo, la relación que las lesbianas mantuvieron con el movimiento feminista fue bastante positivo, porque a decir de ellas; las feministas llegaron a incorporar las demandas de las lesbianas.

El GALF era muy claro: un grupo de mujeres feministas. El MHOL, en cambio, era una organización masculina, no feminista en sus inicios, si bien había acercamiento, la relación no dejaba de ser tensa. El GALF tuvo mucha intuición en plantear una estrategia de trabajo con el movimiento feminista, desde lo personal, más que desde el discurso; de conversaciones, de participación, de acciones que nos unificaban, con algunos altibajos, obviamente. Eso abrió las posibilidades de una relación más fluida más que con el movimiento feminista en abstracto, con un grupo de mujeres. De los grupos de lesbianas en América del Sur, hemos tenido una de las relaciones más consistentes y permanentes con el movimiento de mujeres, a pesar de coyunturas difíciles, se han colocado reivindicaciones de las lesbianas, en las marchas, en algunas campañas e inclusive, en algunos medios de difusión. Fue un buen trabajo en ese sentido.[587]

La demanda de la opción sexual se da casi en los primeros años del movimiento feminista 83-84 a partir del II Encuentro Feminista, un movimiento que había sido básicamente heterosexual, estábamos comenzando a perfilar la propuesta feminista y posiblemente lo que más nos asustaba era que nos dijeran lesbianas. Nuestro esfuerzo era por diferenciarnos, 'somos feministas pero no tenemos nada que ver con el lesbianismo', eso duró pocos años pero no por el movimiento feminista sino por las que comenzaron a definirse como lesbianas o las que comenzaron a acercarse hacia el movimiento feminista desde el lesbianismo. El GALF participó con nosotras en todo el proceso de construcción del movimiento como un colectivo más, pero no es que el

---

[585] Riquelme, Cecilia, "Entrevista a Rebeca Sevilla", en *Las amantes de la luna* núm. 6, México, 1994.

[586] La declaración de Sevilla al artículo de Gessen: "Vivimos en una sociedad pobre, en algunos casos contamos con mayores recursos que el Programa Nacional de Prevención de SIDA", muestra el poder que las ONGs por medio del financiamiento pudieron alcanzar en su carrera a la institucionalidad y lo difícil de mantenerse en actividad de los colectivos autónomos.

[587] Rebeca, *ibidem*.

movimiento feminista se abrió hacia el lesbianismo, sino que el lesbianismo se metió al movimiento feminista haciendo talleres de reflexión, discusión, sensibilización. Ahí nos dimos cuenta cómo era de complicado y difícil esa historia, porque hasta el momento nosotras estábamos regias, diciendo que por supuesto que entendíamos todo, que tenían todo el derecho, que el movimiento también era parte de ellas. Sin embargo, no había todavía nada en nuestras publicaciones en relación a lesbianismo u opción sexual, la maternidad tenía una mirada hetero, cosa que después pudimos discutir gracias a esos choques emocionales que nos dieron nuestras amigas. El movimiento feminista creció de esa forma, después no solamente eran ellas tratando de sensibilizarnos, nosotras comenzamos a abrirnos, algunas a tener parejas lesbianas, todas asumiendo mucho más naturalmente, no con estos pánicos e inhibiciones; no digo que no hayan habido dificultades.

Desde hace muchísimo tiempo hemos levantado como movimiento la libre opción sexual dentro de lo que ha sido la demanda por derechos reproductivos, *está implícito*, como parte de estos derechos pero no por falta de voluntad, creo que ha sido por falta de claridad, el concepto de derechos reproductivos es nuevo, al luchar por la libre opción sexual no lo relacionábamos con toda la problemática del cuerpo y cuando me cayó la 'chaucha' es en el Encuentro Feminista de México donde se hizo previamente el lesbiano (por eso me parece que deben estar juntos o cercanos) hubieron talleres de maternidad lesbiana y no se me había ocurrido antes que las lesbianas pudieran ser madres. Ahora recién estamos luchando por diferentes formas de familia, antes no lo teníamos en cuenta, este es un movimiento acumulativo, que va complejisando su visión.[588]

Actualmente el MHOL ofrece un espacio alternativo para las lesbianas, donde se reúnen y tienen talleres, aunque es un grupo mixto, han mantenido un espacio propio para las mujeres. Las diferencias que por años las lesbianas han resentido con los homosexuales por su misoginia, todavía son límites que sienten presentes, por otro lado el nombre de la institución todavía no ha sido modificado de tal manera que de cuenta de la presencia femenina. Aunque las mujeres han tenido un papel importante al interior de ese movimiento, para algunas lesbianas en el MHOL hay un espacio para mujeres pero no es de ellas.[589]

Estamos tratando de captar mujeres que quieran interesarse en otro tipo de trabajos, talleres vivenciales pero de mayor utilidad, hay un grupo de base pero es pequeño en relación al que llega. Es un problema del Movimiento, ¿donde está el Movimiento?. Nosotros tenemos la mixtura de Movimiento e institución. Sobre el nombre imagino que en un momento dado puede producirse esto porque la palabra homosexual

---

[588] Entrevista con Virginia Vargas, 21 de abril de 1995.
[589] Kris, *ibidem*.

invisibiliza a las lesbianas, es cuestión de escrituras pública, curiosamente que invisible es la presencia de las mujeres.[590]

Un hecho a destacar es el liderazgo internacional que obtuvo Rebeca Sevilla al obtener el secretariado general de la ILGA en 1992, por primera vez una latinoamericana, sobre todo por la identidad eurocentrista que la ILGA había tenido. Para algunas lesbianas este liderazgo fue favorecido e impulsado desde Europa, principalmente a partir de la presencia de Silvia Borren, cuando como integrante de la ILIS vino a Sudamérica (después del evento de Ginebra) financiada por el gobierno holandés a realizar trabajos de apoyo a las organizaciones lésbicas y recopilar información sobre la vida y hábitos de las lesbianas latinoamericanas para una publicación que posteriormente hizo. De acuerdo a algunas versiones, la intención de Silvia era también impulsar un liderazgo que fue encontrado en Rebeca Sevilla.

> Hicimos una especie de escuela de cuadros con dos mujeres del ILIS Silvia Borren y otra de Surinam que nos visitaron; trabajamos con intérprete, pagada por ellas, porque ninguna de las dos hablaba español. Visitaron tres grupos de Latinoamérica, que eran las que estábamos trabajando más fuerte, el GALF de Brasil, Ayuquelén de Chile y el GALF de Perú, cuatro días. Tratamos fundamentalmente temas de organización, cómo hacer más efectiva nuestra organización y, por otra parte, se incentivó muchísimo nuestro espíritu crítico, cómo ser capaces de cuestionarnos, de ser democráticas. Tengo entendido que la representante de ILIS buscaba apoyar alguna persona para formarla como líder. Nos hicieron entrevistas a las tres personas que formamos Ayuquelén. Ella nunca nos dijo que estaba buscando una persona para formar como líder; eso lo supimos después. Ese apoyo parece ser que cayó en Rebeca. ILIS compró libros para nuestra biblioteca y nos apoyó con los boletos para venir a México al encuentro del 87.[591]

> Puede ser, no sé si buscaba una líder, yo diría que estaba buscando una amante, fue un asunto de sábanas y tías. Estuvo haciendo un trabajo sobre estilos de vida de lesbianas en América Latina y publicó un libro en holandés donde dio una imagen mía muy manipulada en un estilo de hablar en voz de la otra persona "si pues fulanita a ti te molesta que una persona de origen oriental de clase media alta, hija de millonarios te había quitado el pasaje y te va doliendo que suceda eso en un grupo que se supone alternativo y que es una ofensa a tu extracción andina", ¡la otra persona dio testimonio para acusarme y no se me dice nada! Ella debió decirme "hay este problema, ¿que piensas?" y lo publicó pero en un tiraje al que no le puedes iniciar juicio, esa es Silvia Borren. El interés de Silvia en América Latina imagino que fue adquirir

---

[590] Lucía, *ibidem.*
[591] Cecilia Riquelme, ex integrante de Ayuquelén, entrevista 13 de octubre de 1994.

imagen, prestigio laboral, académico, financiero, sabe como conseguir las cosas y es muy respetada y ahorita tiene un puestazo en Novib.[592] Rebeca maneja muy bien las cuestiones burocráticas y eso le permitió llegar a donde llegó en la ILGA. Todos los movimientos tienen este tipo de personas, sus *Silvias* y *Rebecas*, es una lástima porque tienen talento.[593]

Silvia es una mujer muy inteligente y no dudo que esa haya sido su proyección, creo que no encontró la líder, apoyó a una persona, apostó a una líder y construyó un falso liderazgo que ha tenido un costo muy alto para el movimiento lésbico en Perú y América Latina. Desde su liderazgo convocó a reuniones con mucho financiamiento donde invitó solo a sus amigas ¿eso que aportó al movimiento lésbico?, tampoco aportó a Perú, para que la gente de aquí (del MHOL) tuviera un acercamiento (a la reunión previa a Bejín) tuvo que sacar fotocopias y servir café, lamentablemente no ha quedado nada para esta organización. Rebeca está ahora en la ILGA en una comisión que tiene que ver con el financiamiento. Ella se construyó un contexto personal, no trajo un real de financiamiento para acá, nunca. Su liderazgo latinoamericano no aportó a su país de origen en nada, al contrario vetó un viaje del MHOL a la ILGA, no consiguió la beca aunque le fue consultada, y ella era del MHOL, había dinero, después se jamonearon que fue la conferencia que recibió más financiamiento y participación de Sudamérica, 100 mil dólares, ¿no hubo para el pasaje de un representante del MHOL.[594]

Para muchas lesbianas latinoamericanas el liderazgo internacional de Sevilla no respondió a las necesidades de su región de origen, es decir no favoreció en nada al movimiento lésbico latinoamericano, ya que el interés de ella no estaba precisamente en Latinoamérica, de hecho ella reside actualmente en Europa.

Perú es el país que mayores críticas ha recibido por parte del feminismo autónomo debido a la gran estructuración institucional que los movimientos sociales y en particular el movimiento feminista ha logrado. En dicho contexto, los colectivos o grupos activistas no encuentran lugar, sumado a ello los altos niveles de lesbofobia, homofobia y autoritarismo impulsados desde el Estado y ejercido también por la sociedad civil.

---

[592] Una de las agencias financieras holandesas con mayores recursos y que han financiado principalmente a ONGs que actualmente son adjetivizadas como "institucionales".

[593] Esta entrevistada pidió cambio de nombre, la denominamos Roxana, 2 de mayo de 1996.

[594] Lucía, *ibidem*.

## Chile: Colectivo Ayuquelén

Contigo el movimiento/ de las cosas,
líneas y trazos/ se tocan,

C. Revista Ama-zonas 1996

Algunas feministas chilenas volvieron a su país después del Segundo Encuentro Feminista Latinoamericano y del Caribe en Lima en 1983, convencidas de que eran lesbianas y por lo que debían luchar era por ellas mismas. El "mini taller" sobre lesbianismo del Encuentro Feminista influyó positivamente para que algunas feministas asumieran su identidad lésbica y volvieran a su país con la inquietud de organizarse autónomamente. Entonces, el lesbianismo era todavía un tabú incluso para aquellas lesbianas que militaban dentro del heterofeminismo.

Ayuquelén es una voz mapuche que significa "estar feliz". El grupo se formó en 1984. Ese año, en pleno sector de la Plaza Italia una hermosa rubia fue atacada a bastonazos y patadas por un hombre corpulento que gritaba 'lesbiana de mierda'. La mujer dejó la vida en el pavimento bajo la mirada atónita de los habitués, que no se atrevieron a intervenir. Una amiga que la acompañaba esa noche fue la única persona que intentó defenderla, pero fue puesta fuera del combate por el agresor. La muerte de Mónica provocó dolor y miedo en un círculo de lesbianas que se reunía con cierta frecuencia. Así fue como Ayuquelén aceleró su formación.[595]

Ya conocía a Susana y a Lili y a algunas lesbianas que se movían en un bar. Otra situación decisiva, además de mi expulsión de un proyecto feminista, fue que mataron a una amiga que había sido compañera de Susana, muy osada, muy atrevida, que se asumía públicamente en tiempos plenos de dictadura. La mató un policía civil a golpes; fue un caso que no se dio a conocer porque su familia lo tapó. Nosotras lo supimos por fuente directa porque ella se fue a beber un día con una amiga. Como había toque de queda, la gente se quedaba dentro del bar o discoteca hasta las seis de la mañana. El policía la estaba esperando. Mónica le había quitado una novia. Mónica salió con su amiga, la agarró a patadas; la otra intentó intervenir pero fue imposible, también salió golpeada. Finalmente dejó botada a Mónica en la calle e hicieron que parezca un accidente automovilístico, como si hubiera sido atropellada. Era el año 83, teníamos dictadura, la policía abusaba de su impunidad, no teníamos ninguna organización entonces. Cuando fuimos al cementerio y nos encontramos muchísimas lesbianas, yo les decía que ésta era la oportunidad de formar el sindicato.

---

[595] Silvia, Mónica, "Para romper el ghetto", en: *Página Abierta*, núm. 70, Santiago de Chile, julio de 1992.

Nos fuimos todas juntas a casa de Susana, lloramos la muerte de Mónica y decidimos que debíamos organizarnos; de allí partió la idea de Ayuquelén. Principalmente fuimos un grupo de tres personas, las tres fundadoras, Lilian Hinostrosa, Susana Peña y yo, pero teníamos una periferia constante de unas quince mujeres.[596]

El principal y más cercano referente para Ayuquelén fue el feminismo, de ahí que solicitaron a La Morada (una ONG feminista), espacio para sus reuniones. En 1987 fueron entrevistadas en una revista de izquierda y por razones de seguridad los nombres de las entrevistadas fueron cambiados. La edición del artículo[597] ocasionó un conflicto con el grupo heterofeminista quienes en una carta de aclaración a la revista manifiestaron que "Ayuquelén es uno de los tantos grupos que se reúnen en su local, que las entrevistadas dieron al tema un tratamiento superficial y sensacionalista que sólo contribuye a reforzar los prejuicios existentes y que debieron prevenir las posibles represalias que la entrevista pudiera ocasionar a La Morada".[598] Este incidente provocó una especie de juicio político en el que descalificaron a Ayuquelén y su trabajo. Paradójicamente, la revista recibió muchas felicitaciones por empezar a visibilizar el lesbianismo en Chile.

En el 87 volvimos a La Morada, a juntarnos en un lugar público para que llegara más gente. Nos buscó una periodista para hacernos una entrevista. Por primera vez, en una revista de centro-izquierda, el Apsi, aparece una entrevista a lesbianas en Chile. Aparecimos con seudónimos pero mucha gente nos identificó. Todavía no teníamos ninguna base ideológica fuerte, nos agarrábamos de aquí y allá. Además, editaron la entrevista de manera muy amarillista cortando todos los aspectos ideológicos. La periodista dice que funcionamos bajo el albergue de La Morada. Esto causó una bronca gruesísima con la gente de La Morada. Lo que no se dice es que, cuando nos fueron a hacer la entrevista, Margarita Pisano, entonces directora de La Morada intentó participar a fuerzas y nosotras nos opusimos; Susana le dijo que no siendo parte ella de Ayuquelén, no tenía por qué estar en la entrevista. No estuvo. Finalmente, dijo que nosotras no habíamos pedido permiso para que la entrevista se hiciera en La Morada. Hubo una suerte de malos entendidos y manipulaciones y nos hicieron un juicio público en una plenaria del movimiento feminista, nos descalificaron, descalificaron la entrevista, el lenguaje, la forma, que no había marco teórico; barrieron el piso con nosotras. Salieron cartas en el Apsi; la primera fue de ellas deslindando responsabilidad, que nosotras no éramos parte de La Morada. Nunca dijimos otra cosa; no tuvimos la culpa que la periodista no nos mostrara el texto antes de ser publicado, como habíamos quedado. A partir de eso vino una ruptura muy clara, ya no nos reunimos más ahí.[599]

---

[596] Cecilia Riquelme, entrevista anteriormente citada.
[597] Vodanovic, Milena. "Colectivo Ayuquelén. Somos lesbianas de opción", en: Revista Apsi núm. 206, junio de 1987.
[598] Apsi, 29 de julio, 1987, pp. 63
[599] Cecilia, ibidem

Cíclicamente este conflicto es repetido a lo largo de nuestra región. La falta de espacios propios para hacer trabajo lésbico autónomo ha condicionado la presencia y existencia lésbica de acuerdo a los grados de temor y lesbofobia de los grupos feministas que han logrado espacios propios generalmente a nombre del movimiento feminista.

> El conflicto surgió cuando dichas mujeres, sin conversarlo previamente con las feministas de La Morada, dieron en ese local una entrevista a un medio de comunicación de oposición (*Apsi*), medio que en su reportaje ligaba a ambas organizaciones, volvió a alimentar en la opinión pública una asociación espúrea de larga y mañosa data: las feministas son lesbianas. La preocupación en La Morada era preservar un espacio abierto a todo tipo de mujeres, porque la mayoría no comprende que ser feminista no necesariamente significa ser lesbiana, ni que ser lesbiana signifique de por sí ser feminista. Como tampoco comprenden, porque no han hecho la reflexión, que el lesbianismo no es anormalidad, desviación o delito.[600]

El temor a ser confundidas o lo que es peor, que el movimiento feminista en su conjunto sea confundido como un movimiento de lesbianas está presente aún en el movimiento feminista. La cita anterior referida al grupo Ayuquelén (de un total de 256 páginas) en un libro dedicado a las mujeres en Chile de 1973 a 1990, nos muestra claramente que el movimiento feminista heterosexual, (aunque muchas de ellas son lesbianas), aún sigue temiendo al imaginario colectivo que le otorga al lesbianismo y la homosexualidad la carga de anormalidad, desviación e ilegalidad.

El periodo de institucionalidad vino al ámbito lésbico latinoamericano a través de ILIS e ILGA (entonces IGA) organismos que pretendían (y aún) ser los representativos de la población lésbica y homosexual ante los organismos internacionales. Un personaje que causó polémica en el Primer Encuentro Lésbico en Cuernavaca, integrante de la ILIS, Silvia B., apareció en Sudamérica financiada por el gobierno de su país para realizar un trabajo de capacitación con lesbianas organizadas. ILIS estaba interesada en abrir las relaciones en América Latina con la finalidad de expandir un secretariado latinoamericano, de ahí que se afirme que la holandesa llegó a América Latina en busca de una líder (ver nota 589 en el estudio sobre Perú).

A pesar de que dos de las integrantes de Ayuquelén se quedaron en México después del Primer Encuentro Lésbico Feminista de Latinoamérica y del Caribe, lo que significó una importante baja, es destacable la fuerza del grupo y sus integrantes por la permanencia aun cuando la dictadura, la ilegalidad, la misoginia de los

---

[600] Gabiola, Edda y otras, *Una Historia Necesaria. Mujeres en Chile: 1973-1990*. Santiago de Chile, 1994

homosexuales, la lesbofobia del propio movimiento feminista, de la izquierda y sin financiamiento, hicieron un encuentro nacional y diversos talleres manteniendo en torno a una población flotante de aproximadamente treinta lesbianas.

Una segunda generación de integrantes a principios de los noventas dio lugar a otro grupo lésbico: Punto G, de corta duración. Actualmente las lesbianas están articuladas en una Coordinadora Lésbica, que publica la revista Amazonas, organiza actividades y produjo colectivamente una ponencia para el VII Encuentro Feminista Latinoamericano y del Caribe en el que expresan la necesidad de mantener espacios lésbicos autónomos.

La experiencia de Ayuquelén en su relación con los homosexuales y con las heterofeministas les ha reforzado la necesidad de articular fuerza desde el propio movimiento lésbico con las lesbianas.

> Nosotras somos autónomas de autónomas. El Ayuquelén no quiere recibir presión ni de los gays ni de las feministas aunque podamos simpatizar con ciertas corrientes del feminismo porque hemos visto que eso separa mucho a las lesbianas cuando se quieren organizar. Cuando hay mujeres que se han integrado al MOVILH[601] no nos quieren ver ni en pintura y ni siquiera nos conocen, no han escuchado lo que hemos dicho por insidia de los gays del MOVILH. Las feministas nos manipulan por el asunto del espacio. Es super difícil encontrar un espacio neutro para todo el mundo. Si ocupamos un espacio, "si estas firmaron en contra de aquellas, estas no sirven para nada y no nos apoyan después, esa dependencia nos jode mucho, estamos en contra de que nos manipulen".[602]

> El movimiento feminista con sus divisiones lo único que ha hecho es dividir a las lesbianas, al movimiento lésbico, sin importarles que estas lesbianas son feministas o no son feministas. Nosotras como no tenemos financiamiento, no tenemos espacio donde funcionar. Por la diferencia que ellas tienen, si nosotras pedimos espacio en un lado, las del otro lado nos odian, entonces cuando las de acá no nos quieren prestar el espacio, las de allá nos dicen no, tu ya te metiste allá, entonces no eres válida, siempre nos están increpando ese tipo de cosas.[603]

Pensar y crecer por sí solas parece ser una necesidad que se hace más generalizada en la región. La ilegalidad de la homosexualidad es un tema preocupante para el movimiento lésbico-homosexual chileno. La derogación del Artículo penal 365 que penaliza la sodomía, se ha convertido en un objetivo de lucha en el que original-

---

[601] Movimiento de Liberación Homosexual.
[602] Entrevista con Gabriela Jara, integrante de Ayuquelén, 28 de noviembre 1996.
[603] Entrevista con Marloré Morán, 28 de noviembre de 1996.

mente participaron las lesbianas, aunque el texto del artículo penal no menciona a las lesbianas. Algunos homosexuales dedicaron la lucha a dar visibilidad a la "culpa lésbica" en vez de lanzar el cuestionamiento a las reglas del juego del sistema social y la legalidad impuesta.

> El MOVILH ha desarrollado campañas como la abolición del 365, participamos en las primeras conversaciones pero sacaron posters y slogan "los gay en Chile somos penalizados y las lesbianas no ¿por que?" eso nos pareció una falta de respeto y nos retiramos. Después vinieron las elecciones municipales y hubieron dos candidatos Rolando Jimenéz un activista fundador del MOVILH del cual tuvimos muchos peros porque tuvo manifestaciones lesbofóbicas y negó el acceso a los trasvestis. No nos parecía que él representara a la comunidad gay y lésbica. Rolando ya se retiró del MOVILH y el MOVILH nos llamó nuevamente para conversar. Fuimos como Ayuquelén y Coordinadora aunque en la Coordinadora no había mucho acuerdo de participar con los varones. Estábamos todos muy de acuerdo que Rolando Jiménez no podía ser, nos suscribimos a la carta del MOVILH pero me di cuenta que habían cosas que no iban con nosotras a parte de rechazar a la figura de Rolando Jiménez. En Ayuquelén el camino no está en las elecciones o en las negociaciones del sistema democrático, donde está Pinochet detrás con arma mirando. No nos parece que sea el marco político para actuar. Nosotras mandamos una carta a los diputados diciendo que rechazábamos la figura de Rolando Jiménez pero que además no creíamos que como Ayuquelén participáramos dentro de una campaña para elegir a un candidato gay, que eso no nos garantizaba nada. La gente del MOVILH y Lambda con mayoría de hombres decidió lanzar un candidato paralelo a Rolando Jiménez, que se contrapusiera a él y realmente representara la diversidad sin negar trasvestis, etcétera dijimos muy bien, nosotras no vamos a hacer ninguna declaración en contra pero no vamos a participar por una cuestión de tiempos y energía en algo que no creemos mucho, no participamos pero no hicimos ninguna cosa en contra.[604]

La crítica a la búsqueda de la legalidad llegó a las lesbianas primero desde las propuestas de la izquierda. La vieja discusión sobre "reformismo vs revolución" obligaba a priorizar demandas. Actualmente llega desde la corriente autónoma feminista que cuestiona el manejo institucional y funcionalista de una corriente feminista (la denominada institucional) que se ha erigido como representante del movimiento feminista. La corriente feminista autónoma replantea la necesidad de cambios estructurales y rechaza todo pacto con el Estado que busque su legitimidad.

La lucha por la legalidad es aún punto fundamental en la dinámica latinoamericana. Nicaragua y Puerto Rico[605] son países latinoamericanos que penalizan todavía la

---

[604] Gabriela, *ibidem*

[605] Al tiempo de la edición, Ecuador despenalizó la homosexualidad en noviembre de 1997, y el 23 de diciembre de 1998 fue promulgada en Chile la ley 1047 que modifica el Código Penal, el Código de

homosexualidad pero en la mayoría de países, las persecuciones policiacas, extorsiones, asesinatos y hasta torturas son prácticas vergonzosas, todavía existentes.

## Costa Rica: Las entendidas

> Besos, abrazos, caricias/ que danzan al compás/ de la música suave/ Estación lésbica...
> ELDA, *Revista Las Entendidas, 1989*

Después de asistir a la Conferencia de Ginebra, organizada por ILIS, una lesbiana costarricense planteó la necesidad de constituir una organización lésbica que luchara contra la opresión hacia las lesbianas, es así que nace Las entendidas en marzo de 1987. Algunas de las integrantes que habían participado en organizaciones feministas manifiestaron:

Sin embargo nunca pudimos sentirnos plenamente identificadas pues en ellos nunca se discutían los temas que nos incumbían... aún en los grupos de apoyo en los cuales participábamos junto con las heterofeministas, nuestra sexualidad, nuestra vida cotidiana en pareja, etcétera siempre era postergada. A pesar de estos problemas el pertenecer a estos grupos nos elevó la conciencia feminista y nos llevó a entender como nuestra independencia cotidiana del hombre nos hace peligrosas para el dominio que el patriarcado ejerce sobre la mujer: nuestro estilo de vida demuestra la posibilidad que tenemos las mujeres de vivir de manera autosuficiente, es prueba de que la mujer no es en sí un ser dependiente, pero lo más peligroso, y por lo que más se nos castiga, es que al no obedecer el mandato de la heterosexualidad obligatoria, le estamos diciendo a todas las mujeres que hay otras opciones de vida, no necesariamente lésbicas, pero sí de plenitud y de independencia.[606]

Las primeras reuniones las realizaron en casas de las integrantes donde leían algunos textos, hablaron sobre sus intimidades, temores, dudas y pronto descubrieron que la primera lucha que tenían que librar era interna, contra la propia autoestima

---

Procedimiento Penal y la Ley 18 216 sobre penas remitidas, retipifica todos los delitos sexuales y sus castigos, cambia las figuras de violación, estupro y otros y despenaliza la sodomía entre adultos y entra en vigencia en enero de 1999. Es importante agregar que la Coordinadora de Lesbianas con amplio trabajo, el 4 de Ferbrero de 1999 logró un programa radial propio, *AMA-ZONAS*, para lesbianas, en Radio Tierra.

[606] Silvestre, Lilia. Grupo Lésbico Feminista Las Entendidas, en: *Confidencial* Vol.1 núm. 12, septiembre 1991, Costa Rica.

débil, contra la propia lesbofobia, contra la pasividad que permitía tolerar la discriminación.

La salida pública de las Entendidas como la de la mayoría de los grupos lésbico-feministas de la década de los ochentas fue en los espacios del movimiento feminista, en la constitución del CLADEM-Costa Rica. En las memorias del evento se registró al grupo como "Grupo por las preferencias sexuales".[607]

> Nos planteamos varios momentos en el proceso del grupo: *1)* de énfasis como grupo de apoyo para fortalecernos, levantar nuestra autoestima, para desculpabilizarnos; *2)* de relación con las lesbianas costarricenses (feministas o no); *3)*de relación con el movimiento feminista costarricense y un cuarto momento de salida pública a la sociedad.[608]

Para acercarse a la comunidad lésbica, organizaron "las noches sólo para mujeres", actividades culturales, literarias y talleres para fortalecer la autoestima en el bar La avispa.

> Teníamos una actividad de autoayuda, tratando de encontrarnos, hablar de nuestros problemas, de lo que nos había pasado en los días que no nos veíamos, y hacíamos lo que llamábamos "el tarro", una a una tomaba la palabra y expresaba sus situaciones, si querían porque no era obligatorio. Teníamos actividades de reflexión, de estudios y, además las que se realizaban en la discoteca *La Avispa*, donde la dueña nos permitía que cada miércoles de final de mes, tuviéramos un espacio sólo para mujeres. Allí podíamos presentar cosas que se nos ocurriera, generalmente, teníamos actividades lúdicas, concursos de baile, poesía lésbica, conferencias, obras de teatro, canciones; era bastante interesante y bonito. Al principio teníamos poca asistencia, pero después se transformó en el día esperado por las lesbianas, no sólo por las que frecuentaban el bar. Todavía queda el miércoles de mujeres, ya sin las actividades culturales que realizamos, y la satisfacción de haber hecho algo diferente.[609]

La publicación de once números de *La Boletina* les permitió al grupo infiltrarse en ciertos espacios de la sociedad costarricense, principalmente los lésbico-homosexuales y el grupo logró niveles de cohesión por el trabajo colectivo.

> *La Boletina* era algo que el grupo disfrutaba haciendo. Al principio se editaba cada mes, luego cada dos meses, y al final cada tres meses. Recogía nuestras inquietudes,

---

[607] Madden, Rose Mary, "La experiencia de un grupo lésbico feminista en Costa Rica" VI Encuentro Feminista Latinoamericano y del Caribe, El Salvador, noviembre de 1993.
[608] *Ibidem.*
[609] Entrevista con Ivonne, Argentina, abril de 1996.

lo que considerábamos que era importante en la comunidad lésbica costarricense. Era un importante medio de difusión porque se vendía; al principio salían quinientos ejemplares, pero luego bajamos el tiraje entre doscientos y trescientos. La hacíamos con el dinero que poníamos entre todas, y luego con lo que cobrábamos de entradas en los miércoles del bar, lo que también servía para financiar otras actividades del grupo.[610]

Un hecho que marcó significativamente en el grupo y sus integrantes fue la organización del Segundo Encuentro Lésbico feminista de América Latina y el Caribe (II ELFLAC). El proceso de organización del evento fue descorriendo una cortina de rechazo, de lesbo y homofobia de diversos sectores de la sociedad

Desde que Las Entendidas aceptaron organizar el II ELFLAC debido a que Perú había declinado hacerlo por el clima de inseguridad política que vivía ese país, fueron tocando diversas puertas en la búsqueda de un espacio adecuado donde realizar el evento y las puertas y posibilidades se fueron cerrando dejando ver lo difícil que resultaba legitimar un espacio. Uno de los primeros lugares solicitados fue la Facultad de Bellas Artes de la Universidad de Costa Rica a través del Programa Interdisciplinario de Estudios de Género PRIEG, pero:

Nos enteramos extraoficialmente que la lesbofobia había invadido a algunas de las feministas del PRIEG, que temiendo perder los beneficios que reciben de las autoridades universitarias, habían decidido retirar su apoyo. Muchos días después una de nuestras miembras recibió una carta, a título personal en la que se nos retiraba la ayuda ofrecida. Esta carta fue un primer golpe, o quizá un primer contacto con la realidad de la inmensa lesbofobia a que nos tendríamos que enfrentar, pues ni siquiera se decía la palabra Encuentro, ni se dirigía al grupo... Una carta de una feminista universitaria que nos invisibilizaba, fría e impersonal.[611]

Las feministas no querían que nosotras formáramos parte del movimiento e hiciéramos actividades en común. El eterno pleito de siempre, de que no haya lesbianas dentro del movimiento para que no las tachen a todas de lesbianas. Para el Encuentro, pedimos apoyo al PRIEG que formaba parte de la Universidad de Costa Rica, para las instalaciones en la universidad. Por problemas de lesbofobia se nos negó la ayuda.[612]

La publicación de notas amarillas en los periódicos locales anunciando la realización del Encuentro movilizó a los sectores más conservadores del país quienes lan-

---

[610] *Ibidem.*

[611] *Tropiezos hacia el Encuentro. Memoria de un Encuentro Inolvidable*, II Encuentro Lésbico Feminista de América Latina y el Caribe, abril de 1990, Costa Rica.

[612] Carla Barbosa, entrevista julio de 1996.

zaron duras agresiones en contra de las organizadoras y solicitaron al gobierno impida la realización del evento por atentar contra la moral y la Constitución Política. El Ministerio de Gobernación manifestó que obstaculizaría de diversas formas la realización del Encuentro y llegó a prohibir el ingreso de mujeres "solas" al país en las fechas anunciadas para el Encuentro. Declaraciones que pusieron en duda el reconocimiento obtenido como país de paz, libertad y respeto, así como la tradición de país más democrático de América Latina.

La organización del II ELFLAC obligó a Las Entendidas, sin habérselo propuesto, salir a luz pública, mostrar caras públicas y participar en discusiones en los medios. Esta experiencia sirvió también para que algunas de las integrantes del grupo se desmovilizaran y se metan mucho más al clóset y para que otras, con la posibilidad del prestigio internacional y nacional, se deslumbraran con el poder, lo que motivó conflictos internos en el grupo. Por otro lado, la agresión desatada por parte de la iglesia católica y los medios de comunicación y que continuó por muchos años, desgastó mucho a las integrantes y provocó importantes salidas, aunque también atrajo a nuevas integrantes.

Llegamos a ser un total de quince, como promedio. Tuvimos como un repunte en la salida hacia afuera. Muchas compañeras se fortalecieron para salir del clóset públicamente, hablaron como lesbianas en entrevistas en la prensa, en revistas; en reuniones, en mesas de discusión; otras, más bien, se metieron mucho más dentro del clóset y finalmente, se retiraron. Nos faltó entender su miedo, entender el proceso de cada una. Ahí fallamos como grupo, porque no pudimos explicitar, los sentimientos y controversias que teníamos dentro. Los problemas de pareja y los esquemas de poder mantenían un estado de tensión, que nunca se hablaba.[613]

Cuando yo entré al inicio Rose Mary y Cecilia eran las que salían públicamente yo todavía estaba aprendiendo. El grupo en ese entonces no tenía temores de salir afuera o de que se conociera el grupo. El cambio vino después del Encuentro con la represión, de ahí salieron un montón de compañeras. Les dio mucho miedo y no quisieron seguir en el grupo, quedó un temor, estas dos compañeras ya no quisieron salir y fue cuando yo empecé a participar en entrevistas públicas en televisión, o donde fuera. En ese entonces era la única no profesional, todas eran profesionales. Fui creciendo rápido dentro del grupo. Eso trajo problemas con las compañeras que estaban acostumbradas a dar la cara pública porque eso les daba poder y liderazgo dentro del grupo. Hubo un poco de presión para no dejarme salir a mí tampoco.[614]

[613] Ivonne, *ibidem*.
[614] Carla, *ibidem*.

El encuentro dividió la historia del grupo en antes y después, el temor que causó la violencia del Encuentro modificó la dinámica interna y acentuó los niveles de lesbofobia internalizada.

Quedamos divididas como antes del Encuentro y después del Encuentro, antes éramos un grupo diferente en la manera que nos relacionábamos, había más solidaridad, no había tanto rollo con el poder y éramos más amigas. Después del encuentro, el darnos a conocer públicamente y creó una ruptura, creó problemas a nivel interno. El temor se sacó de diferentes maneras, algunas se salieron, otras dejaron el enojo adentro y eso se prestó a problemas entre nosotras, ya no éramos tan solidarias, ya no éramos tan amigas, éramos más un grupo de trabajo político ya no de autoayuda. Las compañeras pensaron que el grupo se había expuesto y que si habíamos sufrido esa agresión igual podían indagar quienes éramos para tener otro tipo de agresiones. Yo estaba consciente de que me podían agredir verbalmente, pero también pensé que el miedo es lo que no nos permite hacer cosas, sentí que si dejaba que eso fuera más fuerte que yo, ahí nos íbamos a quedar, por eso decidí que sí, que sí salía y caminaba públicamente. Mis compañeras, en el Encuentro, ninguna estaba de acuerdo con que yo saliera, me dijeron que si yo salía era decisión mía y que eso sí, que tuviera muy en cuenta que si algo me pasaba no podía ir a buscar a ninguna de ellas, o sea, que si salía era sola sin ninguna de ellas porque ellas no querían verse involucradas.
Fue duro, porque yo tenía un concepto diferente del grupo, pensaba que éramos un grupo que por solidaridad estamos todas y que si yo voy hacer algo que el grupo necesita, lógicamente no voy a involucrar a la gente, pero que si alguien me agrede puedo contar por lo menos con que me van a jalar a un hospital, mis compañeras, pero en ese momento sentí que el grupo se había dañado, se había dañado la solidaridad, que algo se había muerto, esa fue la sensación mía y que ya no éramos más un grupo. El 25 de noviembre se acostumbra hacer un acto cultural público y la marcha y se da espacio para algunas organizaciones que den algún mensaje y se hace un acto. Ese año se le dio un espacio a Las Entendidas y el grupo dijo que nadie iba a salir porque eso implica hablar públicamente como lesbiana ante mil quinientas y dos mil personas. Yo di un mensaje y protesté por la agresión hacia nosotras las lesbianas y solo recuerdo dos hombres abajo que me gritaron, siempre tenemos un cerco de seguridad de mujeres y ellas inmediatamente los retiraron de la Plaza y la verdad que no tuve ningún problema. Yo siento que más que nada era no dejar que el miedo nos venciera".[615]

La debilidad interna que dejó el Encuentro al grupo se reflejó también en unas expulsiones haciendo uso de normatividades internas, que sumadas a las desercio-

---

[615] *Ibidem,*

nes personales y de parejas, crearon un clima de desencanto y abandono que desmovilizaron por completo al grupo.

En el poder eran alrededor de cuatro o cinco, conflictivo con las que no tenían el poder y entre ellas. Influyeron también las cuestiones sentimentales; algunas se fueron porque terminaron con sus parejas y eso fue quedándose ahí, sin hablar. Dimos espacios de reflexión, pero no hablábamos directamente. Se trató de que aquellas compañeras que se fueron por conflictos tuvieran el espacio; se las llamó, algunas regresaron, otras no. Después vino la ruptura con una compañera que tenía poder en el grupo; la expulsamos con una regla que habíamos puesto para unas compañeras nuevas porque se sospechó que habían robado dinero a otras; se trató que no volvieran poniendo la regla, pero esa misma regla sirvió para que pudiéramos, sin hablarlo, despedir a una de las compañeras que tenía el poder. Esto resquebrajó nuestra propia confianza y nuestro propio accionar y funcionó para que la gente se desmotivara, las mujeres ya no quisieran seguir. Hicimos un intento final para que el grupo no se desintegrara totalmente; fue una convivencia de fin semana donde tratamos de manejar la situación, pero la mayoría decidió retirarse. En esa reunión éramos alrededor de diez mujeres, y de esa reunión sólo quedamos dos.[616]

Dentro de la comunidad el pertenecer a Las Entendidas te daba status, porque entonces éramos el único grupo, entonces a la hora de reconocimientos el resto de las compañeras sí salían y asistían a fiestas o eventos como veinte, todas aparecían, pero a la hora de las reuniones y a la hora del trabajo habíamos como cinco el resto no llegaba. El trabajo empezó a recaernos sobre algunas, decidimos reorganizar eso. Pusimos algunas reglas, había compañeras que faltaban a la reunión y decían que estaban enfermas y nos dábamos cuenta que andaban en la playa. Las reuniones eran cada quince días, tres reuniones que faltaran, estamos hablando de mes y medio de no asistir, quedaban fuera del grupo. Se puso esa regla para que las compañeras fueran más constantes. Rose Mary con el grupo tuvo abuso de poder, de que el grupo en reunión tomara una decisión y ella fuera, tomara otra decisión y cambiara el acuerdo. El grupo sentía que ella dirigía. El grupo habló con ella en varias ocasiones de esa actitud, pero no hubo cambio, entonces siento que el grupo se cansó de ella. Cuando la regla, ella estuvo de acuerdo pero entonces luego ella la incumplió. Ella faltó y el grupo decidió comunicarle que ante su incumplimiento quedaba fuera. Habían muchos antecedentes y se le sacó del grupo, por las cuestiones de poder. El resto que se salieron fue por decisión propia. Hicimos un convivio y hablamos sobre eso. Cuatro fuimos las que quedamos, el resto se salió. Una no volvió a aparecer y al final ya quedamos solamente dos, Ivonne y yo. Ante mi decisión para venirme para Nicaragua ella dijo que no iba a meter más gente, que ella ya estaba cansada porque ya eran nueve años y mejor disolviéramos el grupo. Ahí lo cerramos.[617]

---

[616] Ivonne, *ibidem*
[617] Carla, *ibidem*,

Si bien ya no existe un grupo lésbico en Costa Rica,[618] la experiencia de *Las Entendidas*, principalmente con la salida pública a la que se vieron obligadas a enfrentar en la organización del evento, permitió resquebrajar conceptos como homosexualidad igual a pecado, enfermedad y/o delito, y permitió abrir el debate público sobre la sexualidad, la homosexualidad y la democracia.

Se ha traído mucho a discusión el tema de la homosexualidad; ya la prensa publica con menos amarillismo ciertas noticias; se está viendo una especie de aceptación pasiva a lesbianas y homosexuales. Existimos en la medida que no nos hagamos visibles públicamente, sino que seamos visibles por medio de la prensa, la radio y la televisión. En esa medida, hay algunos progresos, pero sin embargo están todos los prejuicios de un pueblo que niega nuestra existencia. Y es la lucha que tenemos que dar, porque esa represión sutil que tenemos, en donde es el vecino que reprime y no el ejército, es muy difícil de llevar porque nosotras mismas la cargamos y nos reprimimos unas a otras como lesbianas y como mujeres. Es muy fuerte esta situación y la otra es no hablar, no decir, no expresar lo que pensamos; nos cuesta mucho confrontar las diferencias sin sentir que nos están hiriendo y haciendo daño y sin sentir que es bueno confrontar. A veces no enfrentamos estas situaciones y entonces nos quedamos en una serie de recovecos que nos lleva a no salir de donde estamos.[619]

## Nicaragua: por la igualdad

> Tengo una golondrina inquieta entre los muslos/
> Danzo desnuda sobre las flores de mis sábanas
>
> Rosa María Roffiel

La experiencia de este país es aleccionadora porque expresa la lucha lésbica-homosexual bajo un régimen revolucionario y un régimen democrático-formal, es importante tambien por la confluencia de lesbianas, homosexuales y feministas en lucha por una sexualidad sin prejuicios.

La organización se inició después del triunfo de la revolución debido principalmente a la influencia de la solidaridad internacionalista. En 1984 la brigada Victoria Mercado de lesbianas y homosexuales de San Francisco llegaron a construir una casa comunal en el barrio Máximo Jeréz de Managua, entonces la homosexualidad

---

[618] Al tiempo de la edición, un grupo de amigas se reunió con el nombre de *El Reguero* para organizar el Primer Festival de Lesbianas Costarricenses "Nosotras que nos queremos tanto" el 7 y 8 de marzo de 1998.

[619] Ivonne, *ibidem*.

estaba totalmente estigmatizada por la revolución y quienes asumían tal opción lo hacían en absoluta clandestinidad, sin embargo las fiestas fueron un espacio para contactarse mutuamente. Esta brigada se encargó de abrirles la perspectiva sobre el movimiento lésbico-homosexual en otros países. Sin embargo, lo difícil de la situación política obligaba a los internacionalistas a mantenerse en un estricto clóset. Una segunda generación impulsó y apoyó la organización.

> Llegué a Nicaragua en noviembre del 85, conocía a la brigada Victoria Mercado de lesbianas y homosexuales de San Francisco, me habían dado el nombre de Mayra, de Marta y me advirtieron de no mencionar la palabra lesbiana. Había un código, preguntar por una Amalia, entonces sabían que yo sabía, era un lenguaje clandestino. Recibí una fuerte advertencia de la señora donde vivía y de una "militante del FLS" que no debo estar relacionándome con esa gente que en mi posición en el barrio me convertía en visible y por lo tanto tenía que dar ejemplo y por lo tanto no debía estar con gente conocida como desviada. El segundo día recibí una visita en la casa de Mayra, Joel y Lupita y salimos a tomar una cerveza, nadie habló nada directamente. Yo había llegado convencida que iba a estar en el clóset. Pronto se abrió el asunto y conocí a mucha gente y me dijeron que se estaban reuniendo en el parque de Altamira, un predio vacío, no tenían dinero para otra cosa, se reunían ahí como diez sólo para hablar, uno o dos hombres y el resto mujeres, la mayoría del barrio Máximo Jeréz, todos sandinistas o simpatizantes, del CDS, querían juntarse a hablar de la vida cotidiana y también tener fiestas, no tenían dónde tener fiestas, todos vivían con sus padres y compartían cuartos con miles de hermanos y no tenían dónde estar. Joel que tenía muchos vínculos políticos había tratado de hacer algún vínculo con AMLAE a través de sus amigas de la organización, no hubo ninguna respuesta, ningún interés.[620]

> Después del triunfo de la Revolución hay una apertura idelógica. Pueden expresarse diversos sectores de la población para organizarse políticamente. Es también cuando viene nuestro despertar, de tener la conciencia de que aun viviendo en un sistema en que se decía que había una amplia apertura de expresión, en un país donde se combatía toda forma de discriminación. Nosotros habíamos sido parte de todo un proceso de lucha y aún nos sentíamos oprimidos y oprimidas. Nos dimos cuenta que teníamos que hacer una revolución dentro de la Revolución, y que no todo es color de rosa aún dentro de un espacio social y político supuestamente abierto y libre de discriminación.[621]

---

[620] Entrevista con Ammi Bank, julio 1996.
[621] Entrevista con Lupita Siqueira, grupo Nicone, noviembre de 1994

El grupo inicial, identificados todos como sandinistas revolucionarios, empezó a reunirse en casa de las internacionalistas e hicieron de ella un espacio de "encuentro" y muy pronto se organizaron bajo una estructura básica, lo que les valió una intervención por parte de Seguridad del Estado y una aleccionadora advertencia.

El círculo comenzó a expandirse y comenzaron a hacer fiestas en casa de tres estado-unidenses en Bello Horizonte, una casa propia de tres internacionalistas. Muy pronto me junté con Mayra, era peligroso en el barrio, no vivíamos juntas pero estábamos bajo vigilancia y recibimos varios comentarios y advertencias. El grupo se convirtió en grupo social hasta un año después. Entre unas amigas compramos una casa en el barrio Centroamérica, cerca de Máximo y fueron a vivir con nosotros Mayra, Marta y Juan, Joel estaba en el ejército. Era otro espacio donde podían estar, era casa propia, comenzaron a tener fiestas, a mediados de 86 decidieron hacer una reunión. Las gringas no participábamos en las reuniones por nuestra calidad de extranjeras, la xenofobia, la descalificación, era estado de emergencia, había invasión gringa, no queríamos contaminar o dejar abierta a las críticas de la importación de la cochonería.[622] Eran reuniones que desembocaban en fiestas, al final de 86 llegaban como 50 personas, no tenían nombre, habían establecido reglas, eran mas de autoconciencia, para hablar, no tenía ningún propósito político, movilizativo, ni reivindicativo, en diciembre de 86 eligieron dos coordinadores: Joel y Lupita, Mayra era tesorera, no se para qué; con cinco córdobas, Rita Arau, que era psicóloga, era la asesora, yo estuve fuera cuando esa elección y no sabía exactamente en calidad de qué necesitaban asesora. Para participar como miembro en las reuniones debían tener algún vínculo político, sindicato, milicias, barrio, algo, porque querían garantizar la calidad revolucionaria del grupo, las reuniones eran cada vez más grandes, 30, 40, 50 personas, siempre más mujeres, cuando llegaron los bailarines eran más hombres porque el ala cultural ya se había juntado. Me llamaron a los Estados Unidos para contarme que habían elegido su estructura, orgullosos. Cuando regresé un mes después, a finales de enero, me recibieron al aeropuerto, todos con caras largas, nadie me quería decir nada, hasta que estuvimos en la cama Mayra me dice "estamos bajo vigilancia, nos infiltraron en el grupo y nos están vigilando". Estábamos en estado de emergencia y guerra. Joel estaba en la fuerza aérea en Managua, tenía permiso de regresar fines de semana y vivía en la casa cuando no estaba en la base y Lupita era un oficial del Ministerio del Interior de la Seguridad del Estado y militante sandinista y estaba de subsidio médico, no estaba activa pero tenía su vínculo orgánico con las estructuras de la seguridad del Estado, eso provocó nervios. Dos o tres semanas después recibimos la noticia que habían arrestado a Rita de su casa, la habían interrogado y el grupo estaba intervenido, a los pocos días estaba llegando Seguridad del Estado para dejar los citatorios en la casa, sabían que ahí se reunían. Todos se

---

[622] Cochón, término de la jerga nica que refiere despectivamente al homosexual como maricón.

pusieron muy nerviosos, la estrategia era buscar a alguien con quien podían contar, todos eran sandinistas pero por las medidas de seguridad podía ser que los echaran presos, no sabían que podía pasar. Lupita estaba en otra circunstancia porque en el Ministerio tuvo sus entrevistas como funcionaria del Aparato. A Joel le dieron una baja deshonrosa, lo echaron y no le dieron ningún papel, eso significaba que no podía andar por las calles porque si lo detenían lo llevaban preso por desertor o lo que sea, no era desertor pero no estaba dispuesto a tener una baja que dijera por "cochón" era jamás conseguir un puesto político, un trabajo, era una mancha terrible en su expediente, estaba peleando y mientras tanto tenía que estar metido en casa. Con Mayra no pasó mas que la interrogación y les pidieron volverse orejas para ser soplones, era una desilusión total para esos muchachos que se consideraban sandinistas. El trece de marzo de 1987 fue la interrogación grupal donde todos los miembros del grupo fueron llamados a la *Casa cincuenta* que era la casa de interrogación de seguridad del Estado que ahora es el centro de Derechos Constitucionales (la excelente ironía después de elecciones). Les mostraron videos y les dijeron que sabían que eran sandinistas y por eso no les habían tratado mal, sino les hubieran echado presos y les dijeron que quedara clarísimo que no podía haber ahora ni nunca en una Nicaragua sandinista una organización homosexual o de lesbianas, que era imposible y usaron los argumentos de chantajes de infiltración de la derecha que puede ser usado por la contra, que si no hubiera homofobia nadie te podía chantajear pero dentro de ese contexto decían que hay muchas posibilidades de infiltración. Les dijeron que si sabían que se seguían reuniendo, la próxima vez no iba a ser tan gentil el trato.

Después de eso hubieron reuniones informales para hablar pero con mucha cautela porque suponíamos que la casa estaba intervenida, que tenía micrófonos, no sabemos si fue así pero pensábamos y teníamos suficiente evidencia para saber que estábamos bajo vigilancia. Una pareja gringa que los invitamos a vivir en casa y que pertenecía a Seguridad de Estado, les decíamos todo lo que pasaba en casa por su seguridad, no se nos ocurrió por ingenuidad que eran quiénes nos espiaban.

La idea era no difundir eso a nivel de solidaridad internacional porque obviamente podía causar escándalo y protesta de la solidaridad gay y lesbianas porque tenían específicamente grupos de solidaridad de gay y lesbianas con la Revolución nicaragüense donde estaban muchos de nuestros amigos, en diferentes países de Europa y Canadá. Nuestra lectura en ese momento era que ese tipo de protesta y escándalo era peor en el largo plazo para el resurgimiento del movimiento, era mejor mantenerlo quieto, seguir *trabajando como hormiga* que era la frase del trabajo clandestino y volver a resurgir autónomamente de la naturaleza nicaragüense y no de la protesta de afuera, esa lectura puede que fuera correcta pero también demostraba miedo. Había mucha lealtad a la Revolución sandinista y no querer provocar tanto rechazo a la Revolución por ese hecho, tampoco causar protesta pública que podría revertirse en más represión al movimiento adentro y un cierto miedo. Se logró mantenerlo en secreto, no se regó como fuego en el movimiento de solidaridad internacional, eso marcó una etapa.[623]

---

[623] Ammy, *ibidem*.

En el 86 me acepto como lesbiana y salgo del clóset en mi trabajo y ante el partido y me sacan sin razón, sin argumentos, por el hecho de ser lesbiana. Mi caso fue el primero dentro del FSLN en el que cuestiono que dentro del Partido, también hay discriminación sexual.[624]

Tuvimos problemas con Seguridad del Estado que vino a presionarnos y destruir nuestra organización que tanto trabajo nos había costado. Fuimos citados a las oficinas de Seguridad del Estado, nos tomaron huellas digitales y filmaron, yo fui arrestada, hubo abuso de poder. Nos defendimos con dignidad y con una perspectiva política. Tuvieron una actitud voyeurista, nos pedían nombres del Movimiento y de líderes revolucionarios que sean gays y lesbianas. Nos dieron un aviso "amistoso" que la Revolución no debía tener este tipo de organizaciones porque el propósito de la Revolución era crear "nuevos hombres y mujeres" y las lesbianas y homosexuales no llegan a la talla. Los que fuimos a Seguridad del Estado decidimos no hablarlo porque éramos sandinistas y eso podía dañar al FSLN, que no podía ser compartido con gente que podía usar en contra del FSLN.[625]

Ante el abuso de autoridad y violación a los derechos humanos de lesbianas y homosexuales, los interrogados y arrestados por Seguridad del Estado decidieron "tapar la historia" en un acto de disciplina partidaria, priorización de las demandas y también temor a mayores represalias. Estaban prohibidos de reunirse y organizarse como homosexuales. Sin embargo, aprovechando una coyuntura de apertura del Ministerio de Salud (Minsa) al tema del SIDA debido al apoyo internacionalista que introdujo el tema, el grupo logró el permiso oficial del gobierno sandinista para trabajar organizadamente con la comunidad homosexual en prevención de este padecimiento.

A finales de 1987 hubo un Coloquio Internacional de la Salud organizado desde San Francisco, un intercambio de presentaciones académicas, de organización de trabajo entre nicas y gringos en cuestiones de Salud, vino una delegación específica para hablar del SIDA, yo conocía a la gente y se quedaron en mi casa. Mis amigos lograron una buena relación con el viceministro de salud Salvador Argüello, que estaba a cargo de Epidemiología y Prevención, él de mente abierta, estaba muy interesado en la cuestión del SIDA. Aprovechando que ellos estaban aquí, organizamos unos tallercitos internos de sexo seguro, de uso del condón, de SIDA para amigos desconocidos totalmente en esa época. Una de las compañeras nos decía que debíamos hacer talleres de sexo seguro con el Minsa. Le contamos que nos habían prohibido todo, le contamos qué pasaba y le dijimos que lo mejor que podía hacer es sin explicitar

---

[624] Lupita, *ibidem.*
[625] Arauz, Rita, en: Randall, Margaret. *Sandino's Daughters Revisited. Feminism in Nicaragua,* Rutgers University Press, New Brunswick, New Jersey, 1994.

nada, ofrecer a Argüello –si al Minsa le interesa– hablar con la comunidad homosexual del SIDA y que extienda una invitación abierta por escrito para una reunión. Con esa carta, Joel, Javier, Marco y otra gente que estuvieron en el grupo podían ir a la Seguridad del Estado y decir, "miren tenemos esta invitación del Gobierno sandinista y podemos reunirnos limpiamente" y eso fue lo que pasó. Estoy segura que todo el mundo y el Minsa sabían que pasó con la Seguridad. Acordaron hacer talleres y que esa delegación gringa entrenara a un grupo de gente para dar talleres en la comunidad homosexual y Minsa pondría local. Comenzaron a hacer esos talleres en centros de salud pero hacerlo allí era fatal. Nadie quería pasar por el portón, por el CPF,[626] por la enfermera para saber que iban a un taller de sexo seguro para la comunidad homosexual, era revelarse en un ambiente que no era seguro para ellos. Joel y Marco dijeron a Argüello que no estaba funcionando y pidieron una reunión con la ministra de Salud Dora María Tellez, que era conocida como lesbiana de clóset para hablar del asunto y Dora María convocó a toda la gente que había sido llamada a seguridad del Estado para una reunión abierta. Estaban en el cielo porque Dora María era absolutamente reconocidísima y admirada como comandanta de la Revolución, lesbiana, de alto puesto, invitándoles a hablar del asunto, se sintieron reivindicados. Ella pidió disculpas por lo que había pasado y dejó entender que *no era todo así* y ella dio su visto bueno para hacer talleres de prevención de SIDA y sexo seguro en lugares donde los homosexuales se reunían, que podía extender una carta donde todo fuera oficial. Ese fue el nacimiento del Colectivo de Educación Popular para la prevención del SIDA, CEPSIDA, a finales del 87 y comienzos del 88 y comenzaron a ir al Parque Central por la Catedral, allí están los homosexuales. Marco que trabajaba en el hospital psiquiátrico como laboratorista, logró tener arreglo con el Minsa y hacer allí pruebas anónimas donde el grupo tendría control sobre los nombres. Increíblemente eran mas mujeres que hombres, y la Rita nuevamente como asesora y psicóloga del grupo, eso después creó tensiones, ser parte y psicóloga del grupo, era complicado. Yo asumí las relaciones internacionales y esa delegación de San Francisco, mandaban condones, dinero, material, etcétera. CEPSIDA no era oficial, la única oficialidad que tenía era que Minsa sabía que existía y dejaba que existiera, no lo financiaba, recibían donaciones de materiales de San Francisco y otras partes, trabajaban gratis.[627]

El trabajo de CEPSIDA aportó en favor de la organización lésbica homosexual en Nicaragua pero como toda dinámica homosexual, CEPSIDA enfrentó conflictos internos de poder, se separan en dos bandos, uno de los cuales dio lugar a la formación del Primer Colectivo de Lesbianas Feministas, aproximadamente en noviembre de 1989, y al mismo tiempo, la formación de grupos de trabajo con SIDA que dieron lugar a la institucionalidad.

---

[626] Policía de seguridad.
[627] Ammy, *ibidem*.

Surgieron tensiones en el grupo y hubo una ruptura y quedaron dos bandos, uno de los bandos formó Noemihuatzin, la primera organización contra el SIDA donde Rita Arauz es directora. En su calidad de asesora del grupo había viajado, y recibido invitaciones, comenzó a hacer contactos, montó Nimehuatzin con personería jurídica y después se convirtió en un organismo oficial. Rita y Lupita que quedaron en uno de los bandos fueron las que convocaron para el intento del primer grupo, habíamos varias de nosotras que nos comenzamos a reunir en la casa de Hesel Fonseca ahora directora de Xochiquetzal que tenía casa propia, se comenzaron a hacer algunos talleres de identidad lésbica.

En 89 Rita y Lupita que estaban en el "otro" bando organizaron para la marcha del X aniversario de la Revolución un contingente que tenía camisetas negras con triángulos rosas y llevando la bandera rojinegra, un contingente abierto de lesbianas y homosexuales nicas y de solidaridad porque venía gente para el X aniversario, fue emocionante.[628]

Con el cambio de gobierno en 1990 lesbianas y homosexuales decidieron salir del clóset con el objetivo de poner a prueba el advenimiento de la "real" democracia con dos importantes marchas por el día del orgullo lésbico-homosexual en 1991 y 1992 con la participación de diversas organizaciones civiles incluso heterosexuales. Como respuesta del nuevo sistema político, la Asamblea Nacional reformó el Código Penal en su sección de crímenes sexuales y penalizó "las relaciones sexuales entre personas del mismo sexo y la promoción y publicación de las mismas", lo que dio lugar a una fuerte movilización de lesbianas, homosexuales, feministas, ONG y personalidades heterosexuales en una "campaña por una sexualidad libre de prejuicios" y la interposición de un recurso de inconstitucionalidad y diversos actos que abrieron la discusión en torno a la sexualidad y las libertades democráticas en la sociedad nicaragüense.

Hubo una fuerte respuesta y docenas de grupos se unieron para formar la "Comisión para una sexualidad libre de prejuicios" para combatir la ley. Reunimos miles de firmas, escribimos un análisis de la ley porque ésta era inconstitucional, conseguimos gente prominente heterosexual y gay para que escribieran editoriales en los periódicos, organizamos foros públicos, hicimos *lobby* en la Asamblea Nacional sin ningún éxito. Amnistía Internacional solicitó a la presidenta que no la firmara, alegando que el sexo consensual entre adultos no es un crimen, tampoco la libertad de expresión. Su ministro a la presidencia (su yerno, el poder detrás del trono, y ahora candidato presidencial), le insistió que no firmara y se declarara públicamente en contra de ella diciendo que "si la homosexualidad es legal en la ciudad del Vaticano lo debía ser en

---

[628] *Ibidem.*

Nicaragua y que deberíamos entrar al siglo XX". Por influencia del Cardenal con un poderoso comunicado apoyando el artículo, la presidenta lo firmó. Interpusimos un recurso de inconstitucionalidad. Había que hacer la demanda dentro de los 90 días después de su aprobación. Los trabajadores de la gaceta estaban en huelga, al volver publicaron todos los números atrasados con las fechas anteriores, nos enteramos que la ley había sido publicada una semana antes del término de los 90 días. Conseguimos 30 personas para firmar el documento. La Suprema Corte tenía noventa días para su dictamen y un año y medio después estábamos todavía esperando. Finalmente en 1994 la Suprema Corte ratificó el artículo. La decisión no contenía ni un solo argumento legal, ni respuesta a nuestro documento, era totalmente "moral". La decisión fue hecha sin publicidad, nos enteramos por casualidad. A esas alturas ya no había energías para organizarse contra la ley pero si alguien fuera arrestado por ello, seguro nos organizaríamos.[629]

La derrota legal significó un golpe fuerte al movimiento, el que se encuentra agotado y sin fuerzas para responder nuevamente. El sistema político-legal democrático cumplió su objetivo represivo. Uno de los análisis hechos por algunas de las militantes está centrada en la fuerza de la institucionalización que tuvo lugar en Nicaragua y que restó fuerza al movimiento. El tema de sexualidad, la homosexualidad y el SIDA fueron abordados principalmente por ONGs como Puntos de Encuentro, SISAS y Xochiquetzal quienes fueron los convocantes de los últimos eventos. El movimiento como tal, dejó tal responsabilidad en manos ajenas, que si bien resultó positivo en un principio, quitó una cierta beligerancia como militancia.

El retorno de la democracia en los países latinoamericanos con dictaduras militares y las reformas políticas en países con democracia formal dieron lugar al inicio de un movimiento feminista que permeó a la sociedad civil y al Estado. Sin embargo, ningún régimen político (ni democrático, ni otro) permite una existencia lésbica-homosexual libre, sin represión (penalización, allanamiento de bares, despidos laborales, intimidaciones familiares, etcétera).

Queda en el aire las preguntas ¿qué tipo de sistema político garantizará efectivamente un ejercicio libre de los derechos civiles y políticos y una existencia lésbica homosexual sin persecución?, ¿hacia dónde dirigir la lucha?

---

[629] Bank, Ammy,. *"Feminism(s) in Latin América"*. Conference, Berkley, California, abril 1996.

# VII. LOS ENCUENTROS LATINOAMERICANOS

Dibujo tus curvas/ con mi dedo y en el aire/ una... dos...
redonditas, redonditas/ salpico así/ de tu trasero a tus cáli-
dos pechos/ te dibujo en el aire/ silueta inconfundiblemente
mía/ sé de memoria el camino a tu boca/ y a tus calientitos
malos pensamientos

JULIETA PAREDES

## II Encuentro Lésbico Feminista Latinoamericano y del Caribe

Luego del Primer Encuentro Lésbico Feminista de America Latina realizado en
México, Perú asumió la sede del siguiente, pero los problemas políticos del país
como el clima de violencia, la represión generalizada y desatada sobre todo contra
los homosexuales, no garantizaba un clima de seguridad para las asistentes. Las
organizadoras del evento atemorizadas, el GALF de Lima, solicitan a Las Entendidas
de Costa Rica que asumieran la organización del mismo. Los objetivos del Encuentro estaban dirigidos a reimpulsar la Red que no se había podido concretizar después del Primer Encuentro de México, consolidar una identidad lésbica latinoamericana y caribeña, preparar una ponencia para el V Encuentro Feminista Latinoamericano y del Caribe que sería en Argentina y el tratar de incorporar a todas las
lesbianas con raíces latinas.

Las Entendidas iniciaron la difusión del Encuentro que sería para la *semana
santa* de 1990 e inician la búsqueda de apoyos financieros. Las primeras dificultades que enfrentaron fue encontrar un espacio amplio, que garantizara la seguridad,
la creatividad, la actividad intelectual y recreativa. En esta búsqueda se tropezaron

con diversas negativas hasta de feministas como del PRIEG de la Universidad de Costa Rica.[630] Fue mayor su sorpresa cuando el jueves 22 de marzo salió la noticia del Encuentro en un periódico de circulación nacional, en el que, en un tono amarillista y alarmista informaban del evento y de la oposición que éste estaba provocando en los estudiantes de Derecho y en la Iglesia católica. Advierten además del daño moral a la formación de la juventud, el deterioro de la imagen del país que este evento ocasionaría.

> A pesar de que hicimos un esfuerzo por manejar con reserva y discreción la fecha y ubicación del Encuentro y omitimos todo detalle comprometedor, *La Nación* saca otra nota.[631]

La nota informaba sobre las fechas del evento, el nombre de las organizadoras y hasta la temática a tratarse, datos que se mantenían en bastante reserva, lo cual causa temor en las organizadoras. La censura de la Iglesia católica y grupos de ultraderecha acudieron solícitas disputándose el campo para lanzar la primera piedra. El arzobispo católico solicitó a las autoridades la prohibición del evento, con lo que se desató la polémica en los medios de comunicación que día con día trajeron la noticia, cargada de amarillismo hasta en las primeras páginas, provocando un *pandemoniun* en la opinión pública.[632]

El ministro del interior, Lic. Antonio Alvarez Desanti, dijo a la prensa que tenía solicitado que en todos los puntos migratorios se investigara a todas las mujeres que presumiblemente entraran solas al país a atender el evento, y pidiendo que los Consulados de Costa Rica rechazaran la petición de visas a mujeres que viajaran solas.[633]

Las Entendidas comprendieron entonces los niveles de violencia y represión que la empresa asumida podría conllevar, a pesar de que Costa Rica contaba con un presidente que había sido nominado al Premio Nobel de la Paz, con una imagen política internacional de país pacifista, de más larga trayectoria democrática, respeto a los derechos humanos y libertad social.[634]

---

[630] Ver la parte correspondiente al grupo Las Entendidas.
[631] Madden Rose Mary, "La experiencia de un grupo lésbico en Costa Rica", VI Encuentro Feminista Latinoamericano y Del Caribe, El Salvador, 1993.
[632] *Ibidem*.
[633] Jiménez, María, "Segundo Encuentro Lésbico Feminista", en: *Boletín informativo para América Latina*, Organo de información y cultura gay, Asociación Internacional Gay Lésbica-ILGA núm. 6, febrero de 1991.
[634] Obando Montserrat Sagot, Ana Elena, "Meeting with represion": segundo Encuentro lésbico-Feminista de Latinoamérica y el Caribe, en *Off our Backs* p. 2 agosto-septiembre 1990.

Empezamos a sentir el peso desatado con furia del enfermizo moralismo patriarcal. Nuestro grupo se convirtió en chivo expiatorio de la cristiandad costarricense. La guerra de nervios gana terreno, aumentando nuestras tensiones conforme se acerca la fecha del Encuentro. Los temores acerca de nuestra identidad y de las participantes comienzan a aparecer sin contar con más estrategias que nuestro instinto y la buena fe.[635]

La Iglesia católica al enterarse del evento, se pronunció en su contra y empezó una campaña masiva por la prensa, que arrastró hasta el gobierno, en un deseo de evitar el Encuentro. La paranoia se apoderó de mí y empecé a dudar de todas, cuando la información supuestamente confidencial iba apareciendo en la prensa a medida que se tomaban decisiones. Nos alertaron de que nuestros teléfonos estaban intervenidos y yo ya no sabía a quién decirle qué. Francamente viví momentos de un temor hasta entonces, desconocido por mí, de incertidumbre, de duda, de gran dolor.[636]

Cuatro días antes de iniciar el encuentro afloraron más dudas y también la propuesta de suspender el Encuentro pero la solidaridad de mujeres que aumentaban en número apoyando su realización reafirmó la idea de hacerlo, por suerte en una entrevista concedida a la prensa dieron fechas falsas, lo que confundió a los medios de comunicación, también a muchas lesbianas que quisieron participar pero permitió el libre ingreso de las extranjeras.[637] El recibimiento fue bajo estrictas medidas de seguridad, la ubicación del lugar del Encuentro solo lo supieron dos de Las Entendidas.

No nos explicábamos por qué tanto hermetismo. Hablamos al teléfono que decía en la carta: una grabadora. Que nos comuniquemos a otro número, la que nos contesta se asusta pero nos da un nuevo número, hablamos y nos piden que vayamos a la catedral. ¿Cómo nos van a identificar? Volvemos a la catedral preguntándonos porque tanto misterio. Van por nosotras y salimos como huyendo. Nos explican que el obispo de Costa Rica y la prensa han estado presionando para que el Encuentro no se realice, piensan que es como una mancha para el país. Empezamos a entender. Han tenido mucho cuidado para despistar a los perseguidores.[638]

Por las medidas de seguridad que se habían tomado, solo dos de las organizadoras conocían el lugar del Encuentro, nos reunimos en un restaurante, ahí nos entregaron

---

[635] *Ibidem.*

[636] Cella. *Recuerdos del Segundo Encuentro Lésbico Feminista de América Latina y el Caribe.* Memorias, documento anteriormente citado.

[637] "Memoria de un Encuentro inolvidable". II Encuentro Lésbico Feminista de América Latina y el Caribe, Costa Rica, abril de 1990.

[638] López, Ana Isabel, II Encuentro Latinoamericano y Caribeño de Lesbianas Feministas. *Fem* núm. 91, julio de 1990.

un sobre con información de a quienes íbamos a recoger. Las costarricenses estábamos bastante paranoicas, pues nos había tocado vivir todo el ataque de la Iglesia católica a través de los medios de comunicación. Algunas pensábamos que en cualquier momento nos descubrirían. Sin embargo la energía lésbica tan positiva de las extranjeras, hizo que a medida que nos acercábamos, nos fuéramos sintiendo más seguras. Dimos varias vueltas antes de entrar a la quinta donde sería el Encuentro. Cuando entró el último carro se cerró el portón para no abrirse más que en casos de emergencia. El desenfreno desatado por la prensa nos obligó a un encierro involuntario y vergonzoso, pues pensábamos en el esfuerzo que habían hecho las extranjeras para venir a nuestro país, a conocer tanta paz y belleza natural. Como dice la propaganda oficial, "Sonríale al amigo turista". Nosotras sonreíamos, pero de vergüenza.[639]

El Encuentro se desarrolló dentro de un clima de gran tensión pero también una gran solidaridad, con aproximadamente cien asistentes. Se formaron rondas nocturnas para velar por la seguridad. El Encuentro transcurrió exitosamente hasta la última noche en que se disponían a iniciar la clausura, la que fue violentamente interrumpida por un grupo de hombres envalentonados por el licor que gritaron obscenidades, tiraron piedras y golpearon los portones. Las mujeres que ya estaban encerradas desde hace cuatro días y que ya habían sentido la agresión en la prensa, se asustaron muchísimo, temían que entraran y las agredieran física y sexualmente y si ellas salían, sabían que era más peligroso por lo que decidieron quedarse pasando así una "noche negra" como la denominaron por la angustia, el temor y la vigilia.[640]

Era una quinta común y corriente de alquilar para vacacionar, no tenía fama de nada en particular. Los medios habían pasado y pasado tanta información que la gente ya estaba atenta. Había una construcción al lado, los hombres se asomaban y al darse cuenta de que éramos una gran cantidad de mujeres y al oír las noticias que en algún lado había un grupo de lesbianas concentradas, eso unido a que lo hicimos en semana santa, nos identificaron y vino toda la agresión. El día antes del cierre, los vecinos nos atacaron, intentaron tirar los portones abajo, nos tiraron piedras, palos, intentaron brincarse los muros para entrar y nosotras tuvimos que defendernos como pudimos. Ninguno logró pasarse, nosotras nos subimos en los árboles y en las partes que pudiéramos del muro para no dejar que ellos pasaran. Una de las compañeras logró, ubicar a la policía, llamarla, porque nosotras no teníamos teléfono. En ese mismo momento nos dimos cuenta que nos habíamos comprado la idea de que nuestro país era un país democrático. No nos caía que podíamos ser agredidas de esa manera. No

---

[639] Memoria II ELFALC, *ibidem*.

[640] "Un grupo internacional de lesbianas experimenta la fuerte homofobia del país 'más democrático' de Latinoamérica", artículo enviado y no publicado a la revista *Fempress*, Memorias II ELFALC.

estábamos preparadas como en otros países donde ha pasado guerra, donde pueden estar más acostumbradas a eso, entonces invadió el pánico. Se trató de poner los carros en posición de montar a la gente y salir de ahí. Mientras eso se podía hacer, nosotras teníamos que resguardar los portones por dentro para que no los botaran y resguardar que no se brincaran los muros. Finalmente la policía logró poner un poco orden afuera. Había una construcción al frente que tenía dos vagonetas( palas mecánicas), se montaban en las palas, las subían para ver, daban vueltas. Lo que hacíamos con los focos era alumbrarles los ojos para que no pudieran vernos exactamente al tirar palos. Mientras, por los dos portones había un grupo de hombres tratando de abrir.[641]

Aún puedo escuchar sus gritos "¡putas, lesbianas, putas!", un grupo de aproximadamente treinta tipos rodeaban la casa tirando piedras y gritando. Concluimos que por lo menos ya saben lo que es la palabra lesbiana. Nos tomamos de las manos y cantamos. Sentimos lo poderoso de nuestro enlace. Fuerza, miedo, frustración, impotencia y rabia. Nos obligaron a reunirnos en un lugar que sólo se rentaba para la prostitución; escondidas, pero aún así, logramos trabajar y aunque aquella última noche no dormimos, sentimos que se cumplió nuestro objetivo, en la realidad que vivimos en Latinoamérica.[642]

La vivencia de las últimas horas fue de miedo, contradicción, angustia y desesperación. Mientras una ordenaba que las extranjeras recogieran su pasaporte y el dinero, y el resto de las maletas las dejaran, otra daba la contraorden. Una decía que teníamos que irnos en ese momento, otra opinaba que era mejor esperar la madrugada. Las extranjeras decían que saliéramos las ticas; las ticas, que las extranjeras. Nos montábamos en los carros, nos bajábamos; nos volvíamos a montar en otro, que primero salieran las extranjeras, que las ticas nos quedábamos. Así fueron pasando las horas de la noche, y ya en la madrugada a eso de las cuatro de la mañana, salió la primera "evacuación".[643]

Uno de los acuerdos del Encuentro fue que todas las decisiones sean por consenso, no estoy de acuerdo con el consenso. El primer ridículo del consenso fue que nos atacan un grupo de tontos que andaban echando relajo, no podíamos salir ni entrar porque no había consenso, unas querían irse a acostar y otras enfrentarse, unas muy angustiadas, otras decían son una bola de tontos, unas abogadas ticas decían 'puede haber conflictos porque hubieron conflictos con el arzobispo', otras decían 'tenemos derechos humanos y el derecho a reunirnos'. No podía haber consenso porque todo mundo tenían angustias diferentes, yo estaba muy molesta, me reí mucho, dije

---

[641] Carla Barbosa, entrevista citada anteriormente.
[642] López, Ana Isabel, II ELFALC. *Fem* núm. 91, julio, 1990.
[643] Memorias, *ibidem*.

"valientes consensos". Tuvimos un pequeño ataque, nos tiraron piedras, nos gritaron que éramos unas putas y ni siquiera sabían de qué se trataba. La casa tenía la
fama de reuniones de políticos con prostitutas, y además los vecinos andaban en
jolgorio por las fiestas de semana santa, andaban borrachísimos.[644]

Los acuerdos del Encuentro estuvieron relacionados al proceso represivo en el
que se organizó y realizó: una conferencia de prensa para informar del Encuentro,
un espacio pagado en el periódico de mayor circulación y cartas de las extranjeras
en protesta dirigidas al presidente de la república, Corte Suprema de Justicia, Corte
de Derechos Humanos, Universidad de Costa Rica etcétera, y otras decisiones
relacionadas al movimiento lésbico: el próximo Encuentro en Puerto Rico, que la
famosa Red sea una práctica; la reafirmación de que las lesbianas latinas y del
Caribe, sea donde vivan, tienen los mismos derechos en el Encuentro;[645] que las
decisiones en los Encuentros serán por consenso.

Fue hecha una queja formal ante la Comisión de Derechos Humanos de las
Naciones Unidas por el hostigamiento contra mujeres que asistieron al evento. Algunas fueron verbal y físicamente agredidas por migración, oficinas de gobierno y
la Iglesia católica.[646]

Aún cuando las decisiones del evento no modificaban el proceso excluyente y de
fragmentación que se venía perfilando en el movimiento lésbico, la Red empezó a
ser un tema de tradición folklórica en los Encuentros debido a que nunca se concre-
tó. Sin embargo, fue importante que se realizara el Encuentro aún cuando las condiciones de violencia que experimentaron las organizadoras y las asistentes hacían
evidente que los niveles de lesbofobia e intolerancia son similares en toda
Latinoamérica. Otro de los saldos importantes fue que los grupos feministas de
Costa Rica y la región reconocieron la existencia de Las Entendidas, lo que favoreció a un nivel básico de acercamiento entre ambos movimientos.

La campaña de rechazo lanzada desde la prensa y sectores conservadores del
país produjo un efecto positivo, ya que a nivel nacional se empezó a hablar del
lesbianismo y las lesbianas y se sacó a la luz pública la existencia de grupos lésbicos
como el caso de Las Entendidas. Por otro lado, produjo muestras de apoyo y solidaridad de muchas lesbianas que fortalecieron a la comunidad lésbica. No obstante, la
presión ejercida sobre Las Entendidas provocó la deserción de varias integrantes y
la pronta disolución del grupo.

---

[644] Nayeli, *ibidem*.
[645] Esta decisión implicó la exclusión de primermundistas en los posteriores Encuentros.
[646] Jiménez, María, *ibidem*.

## III Encuentro Lésbico Feminista Latinoamericano y del Caribe, Borinquen, Puerto Rico

> Vine a explorar el naufragio/ Las palabras son pro-
> pósitos/ Las palabras son mapas
> Vine a verificar el daño/ y a ver los tesoros que
> permanecen
>
> Adrienne Rich

Aunque las integrantes del grupo lésbico feminista Aquelarre originalmente asu-mieron la organización del Encuentro, formaron la Coordinadora del Encuentro Lésbico Feminista (CELF) que concentró el esfuerzo voluntario de diversas lesbianas.[647] La organización del Encuentro no se vio afectada por la represión que se vivió en el anterior evento. Tomando de la experiencia de Las Entendidas con el II Encuentro, la CELF tomó las precauciones necesarias en la distribución de la información pero el hecho de ser Puerto Rico un Estado Libre Asociado de los Estados Unidos, dificultó la obtención de visas a muchas latinas, la CELF debió en-viar cartas de invitación donde no se mencionó el carácter lésbico del Encuentro. Otra de las dificultades fue el elevado costo que implicaba para caribeñas y latinoa-mericanas, trasladarse a un país cuya moneda es el dólar.

Una de las controversiales decisiones de la CELF fue el impedir la participación de no latinas y caribeñas al Encuentro. De acuerdo con una carta enviadas en marzo de 1992, el Encuentro está dirigido a lesbianas que: *1)* Sean latinoamericanas y del Caribe, *2)* Vivan en sus países de origen o en cualquier otro, *3)* Tengan interés en discutir y aportar a los temas de feminismo y lesbianismo.[648]

El Encuentro se realizó del 14 al 16 de agosto de 1992 en Cabo Rojo con la participación de 200 lesbianas. El objetivo del Encuentro fue "lograr una red pura-mente latinoamericana y caribeña de apoyo y concientización sobre el tema del lesbianismo".[649] Sin embargo, la cercanía con los Estados Unidos permitió una gran presencia de latinas y chicanas residentes en dicho país (aproximadamente la mi-tad), lo que marcó uno de los ejes de discusión del Encuentro. Se retomó la discusión del I ELFLAC de México sobre la inserción de las chicanas y primermundistas en el proce-so latinoamericano, inquietud que no fue compartida por muchas de las residentes en Latinoamérica quienes tuvieron una reunión separada donde se volvió a discutir el eterno tema de la Red y el estado del movimiento para analizar el por qué de su

---

[647] Ramos, Juanita, "Cabo Rojo, Puerto Rico 14-16 agosto 1992" Documento de trabajo.
[648] *Ibidem*.
[649] *Ibidem*.

inoperatividad, discusión que no prosperó por la ausencia de las chicanas quienes protestaron por la exclusión.

> Llegaron muchas mujeres latinas viviendo en Estados Unidos, bastantes portorri-queñas, poca presencia de sudamericanas, bastantes caribeñas. Volvió a surgir el mismo pleito de México. Las chicanas se sintieron fuera porque hubo un taller sólo de las latinoamericanas. Las dominicanas quisieron que se discutiera de política latinoa-mericana donde ellas no insertaban. Para tratar de encontrar alguna explicación a la situación del movimiento lésbico pero no pudimos avanzar, porque era muy difícil seguir adelante cuando la mitad o más de la gente que participaba, estaba disconfor-me porque estábamos hablando en contra de las latinas del norte. Se sintieron ofen-didas, hubo nuevamente discusión, diálogo y un taller para hablar el tema.[650]

El impacto de la lesbofobia social e internalizada en la vida de las lesbianas fue otro eje importante de análisis en los talleres sobre vida pública y privada, el sexismo, el papel del ghetto en el mundo lésbico, roles, identidad, las reivindicaciones lésbicas. Se planteó que la lesbofobia está presente en los diversos aspectos sociales, histó-ricos y culturales que moldean, ordenan y definen la conformación de la identidad individual y colectiva y la aceptación social del lesbianismo. La afirmación de una identidad colectiva lleva el riesgo de la *ghettización*, que tendría como consecuen-cia la afirmación de valores anti-liberadores, puesto que la misma existencia del concepto "lesbianismo" aparece como consecuencia de la lesbofobia. De ahí que una de las propuestas de los talleres fue el reconsiderar las diversas identidades lésbicas como producto de una interacción compleja entre lo individual y lo colecti-vo y no como simples reproducciones de la heterosexualidad.

El tema de la lesbofobia suscitó múltiples interrogantes sobre la visibilidad en un mundo de represión, donde paralelamente a la emergencia de organizaciones y co-rrientes represivas ¿cómo protegerse de la represión sin caer en la auto represión? ¿Cómo crear, en ese contexto espacios representativos de la diversidad lésbica, evitando el ghetto?.[651]

Las sentidas ausencias de lesbianas de Sudamérica puso en discusión las diná-micas organizativas de la región y los espacios de comunicación regional que hacían temer por la continuidad de los Encuentros, de hecho, en la plenaria no hubo sede para el siguiente y se propuso a Brasil, pero no estaba presente, por lo que se comprometieron CIGUAY de República Dominicana, CELF de Puerto Rico y Las Entendidas de Costa Rica a realizar una consulta regional sobre el próximo encuen-tro y elaborar un directorio actualizado.

---

[650] *Ibidem.*
[651] "Lesbianas en Borinquen". *Conducta Impropia* núm. 4-5, Lima, marzo 1993.

Como acuerdos, se rectífico la no participaran de las extranjeras (primermundistas) en los Encuentros y las madres lesbianas expresaron su descontento habérseles negado espacio para sus hijos.

## IV Encuentro Lésbico Feminista de América Latina y el Caribe, Argentina

> Esta noche, entre todos los normales/ te invito a cruzar el puente/ Nos mirarán con curiosidad -estas dos muchachas- y quizás. Si somos lo suficientemente sabias,/ secretas y sutiles/ perdonen nuestra subversión
>
> CRISTINA PERI-ROSSI

### La dura travesía de la búsqueda de sede

Como no fue posible definir, en Puerto Rico la sede del siguiente Encuentro, República Dominicana asumió hacer una consulta con la colaboración de Costa Rica y Puerto Rico, la misma que se llevó a cabo en junio de 1993 en Santo Domingo. La intención de la consulta no estaba centrada únicamente en la búsqueda de una siguiente sede, también en una reflexión sobre la situación organizativa en los diversos países, la escala represiva contra gays y lesbianas y otros factores que inciden en el poco crecimiento del movimiento de lesbianas.[652] La consulta adoleció de poca presencia, sin embargo, se propuso a Brasil como sede del siguiente Encuentro, (aun cuando este país tampoco estuvo presente en dicha consulta),[653] en razón de que se le consideró como uno de los pocos países de la región que podría garantizar la continuidad de los ritos de los Encuentros, entre otras cosas por la reapertura democrática y porque cuenta con más de un grupo de lesbianas organizadas. En dicha consulta se decidió también que la fijación de la sede se formalizaría en el próximo Encuentro Feminista Latinoamericano y del Caribe en San Salvador en 1993, espacio en el que las brasileñas aceptaron el reto y donde se formó un comité de apoyo a los Encuentros, conformado por lesbianas de los países que habían sido sede de los anteriores y algunas otras más.

La organización del evento se puso en marcha en Brasil con las propias particularidades y contradicciones que la dinámica de los grupos lésbicos y feministas

---

[652] Propuesta de consulta para la organización del IV Encuentro de lesbianas latinoamericanas y del Caribe, Colectivo de lesbianas Ciguay, Santo Domingo, 14 de octubre, 1992.

[653] Recordemos que en el Encuentro de Puerto Rico se había propuesto a Brasil como próxima sede aun sin la presencia de ninguna brasileña.

tienen, es decir con poca armonía pero en el acuerdo de que las decisiones en la organización fueran por consenso. Entre desacuerdos, renuncias al comité organizador, uno de los grupos informa al comité de apoyo que la organización del evento no puede continuar por el nivel del conflictos entre los diversos grupos brasileños, y propone a Argentina para asumir la organización. El Frente de Lesbianas aceptó la oferta y en febrero de 1994 se constituyó la Comisión Organizadora del IV ELFALC.

> Recibimos un cassette de Miriam Martinho donde nos cuenta que Brasil sigue en problemas internos y nos pide que apoyemos -porque Las Entendidas formábamos parte del Comité Regional-, pedía que traslademos el Encuentro de Brasil a Argentina, ese casette solo era para *Las Entendidas* y nadie más tenía conocimiento de esa información y que nosotras tratáramos con el resto del Comité Regional para hacer el cambio. Discutimos en *Las Entendidas* y acordamos no meternos en pleitos internos, que si Brasil tenía problemas internos eso iba a causar problemas en el Encuentro. Las dos opciones después de Brasil eran México y Argentina, pero en México ya había sido, estábamos de acuerdo que el encuentro se hiciera en Argentina y que se eliminara el Comité Regional. Parecía que los faxes iban y venían de Brasil, de uno y otro lado. *Um Outro Olhar* mandó un fax detallando palabra por palabra los pleitos entre ambos grupos y entiendo que se mandó a los otros grupos incluyendo Argentina. En esos mismos días recibimos otro casette de Brasil donde nos decían la otra parte. Decidimos sacarle copia al casette y al fax y mandarlo a cada uno de los países que formara parte del Comité Regional. El Comité Regional, lo formaba México, Puerto Rico, Costa Rica, República Dominicana y Ecuador. Mandamos una carta a Miriam diciéndole que a nosotras no nos competía tomar una decisión que eso era del *Comité Regional* incluyéndolas a ellas y que habíamos pasado esta información al resto de las compañeras porque nos parecía que todo mundo debía estar enteradas para tomar una decisión y que era lo que habíamos hecho sobre los comunicados. Luego de ahí, entiendo que toda la discusión se da en la reunión Satélite, pero yo no fui. Yo le pedí a Ivonne que como ella había sido la elegida (por Rebeca) que grabara porque yo quería estar enterada. Solo vienen algunos de los casettes de la reunión. Ivonne me dijo que ella es muy despistada y que ahí ponía la grabadora y que a veces se oía y a veces no se grababa y entonces no está completa la información.[654]

Por otro lado, el comité de apoyo, aprovechando una reunión convocada por la ILGA y el MHOL de Perú para establecer las estrategias de participación y acción de las lesbianas de América Latina y el Caribe en la IV Conferencia Mundial de la Mujer en Beijing; en mayo de 1994,[655] se reunieron para discutir sobre la problemá-

---

[654] Carla Barbosa, *ibidem.*

[655] Declaración de la reunión Satélite de las lesbianas de América Latina y el Caribe, *Violencia por orientación sexual, participación política y socioeconómica*. Declaración firmada en Lima el 29 de mayo de 1994.
Carta abierta. *ibidem*
Plan de Acción de la reunión Satélite de las lesbianas de América Latina y del Caribe, *ibidem*.

tica de la organización del próximo Encuentro lésbico feminista y los conflictos de los grupos brasileños; y "decidieron" que el Encuentro sería realizado ya no en Brasil, sino en Argentina, quienes habían manifestado su interés por llevarlo a su país.

Por supuesto que este "intento" por salvar la continuidad de los encuentros no fue el más afortunado ya que no fue recibido con buenos ojos ni por las brasileñas (que no participaron de tales decisiones y que todavía estaban realizando acciones para la organización del mismo); ni por el universo de lesbianas que no participaron de la Reunión Satélite de Lima y que tampoco tuvo acceso a una información eficiente sobre los métodos y formas de tomas de decisión que involucraban al Movimiento en su conjunto.

### Mar del Plata: evaluación y cuestionamiento a las burocracias representativas

Con ocasión de la reunión preparatoria de Beijíng que se realizó en septiembre de 1994 en Mar del Plata, la vertiente crítica del proceso de Beijíng organizó las Jornadas de ONGs y Grupos Autónomos de Mujeres hacia Beijíng, más conocidas como la reunión paralela de la paralela. En dicha jornada, en el taller sobre lesbianismo, no pudo estar ajena la reflexión y crítica al proceso de conformación del Movimiento Lésbico. ¿Quiénes son el movimiento? ¿Qué instancias de decisión y representatividad tiene? ¿Cuáles son sus intereses? ¿Hacia dónde va? ¿Cuál ha sido su proceso de crecimiento o decrecimiento?

En las interrogantes a esta formación perversa de identidad lésbica del Movimiento, se cuestionó duramente las formas de tomar decisiones y las erogaciones de representatividad así como los manejos de información que poco se diferencian de los estilos patriarcales que tanto se recusan en el Movimiento. Ello sirvió para tomar acuerdos respecto a principios éticos que deberían regir al movimiento, tales como: inclusión, memoria, comunicación, información, respeto a las diferencias, rendición de cuentas, criterio para actuar con agencias financieras, entre otras.[656]

El tema de Beijíng había empezado desde hace un tiempo a crecer como una sombra negra, una mancha conflictiva en el movimiento no solo lésbico, también en el feminista. En el caso del movimiento lésbico, no sólo porque la formación del Grupo Satélite que se reunió a nombre de las lesbianas de América Latina y el Caribe en Lima, había sido "demasiado selectiva",[657] también, porque imponía te-

---

[656] Boletín feminista *Brujas* núm. 13, noviembre 1994, Buenos Aires, ATEM, p. 37.

[657] En conversación privada Rebeca Sevilla, organizadora del la "reunión Satélite" me afirmó que "ella estaba en el libre ejercicio de invitar a quién quisiera" a dicha reunión, aun cuando se reunían a nombre del Movimiento Lésbico Latinoamericano.

mas y dinámicas, entre ellas, la "necesidad" de que el IV Encuentro lésbico feminista se realizara antes de Beijíng; y sobre todo, porque el asunto de Beijíng evidenciaba a un grupo reducido de lesbianas que se conformó como "las representantes" del movimiento y actuaban y decidían a nombre del movimiento en conjunto, sin haber mediado delegación formal previa.

Se hizo una reunión satélite en Perú, mandaron el comunicado a Las Entendidas que había una beca y que el grupo escogiera. El grupo me eligió, confirmamos nuestra asistencia y esperábamos los boletos a nombre mío. De vuelta recibimos un fax y una llamada por teléfono de Rebeca y luego de Irene, ecuatoriana, hablan directamente con Ivonne y dicen que la persona que tiene que ir a esta reunión es Ivonne y no yo. Pregunto porque ella y no yo, el fax decía que Ivonne era la más vieja en el grupo y ha participado en tres encuentros, Rebeca necesita que vaya para que le diera la información de los tres encuentros, pero resulta que en El Salvador, en este encuentro paralelo que hicimos, cada uno de los países participantes habló sobre el encuentro en su país, esa información estaba, todas la teníamos, la justificación no venía al caso, pero fue la insistencia de que era Ivonne la que tenía que ir y no yo, entonces la que fue a la reunión Satélite fue Ivonne, no yo como el grupo había decidido. Entiendo que tiene que ver que Tati de República Dominicana y yo tuvimos una relación y eso sale a relucir en la reunión. Cuando Ivonne se fue para allá su intención era la de ir a manifestar el descontento de Las Entendidas ante las compañeras que habían decidido sobre nosotras, pero ésa no fue la posición de Ivonne al llegar allá, eso no aparece discutido en ninguna de las grabaciones de las que ella trae y no saca mayor información de las decisiones. Yo me entero al ir a Argentina (a la reunión de Mar del Plata) porque tuve una beca como lesbiana pública de mi país. Ivonne iba a ir, llama y reclama, dice que la única que tiene derecho a la beca es ella porque reúne las características de la beca. Antes de irme Ivonne no me da el documento, no me pone al tanto de las decisiones, no me dice nada. En Argentina quedo como idiota porque había un documento que Ivonne nunca me lo entregó. Ahí es donde me entero que se había decidido trasladar el encuentro a Argentina y ya se había aceptado. Las Entendidas dijimos que si Argentina iba y que si Brasil se salía, el Comité Regional inmediatamente se desintegrara, pero ellas siguieron trabajando aunque Brasil ya no seguía. El Comité era de apoyo no para tomar decisiones. Ahí mismo se armó un pleito porque hicieron una reunión paralela, la gente quería que estuviera en un lado y en el otro porque yo era la representante de Las Entendidas, pero a mi me dieron una beca muy específica para las ONGs y yo no podía irme a otro lado. Yo siento que la reunión Satélite se hizo como una argolla, elegidas. Cuando llego a Argentina, las sureñas estaban molestas porque el encuentro se había cambiado y que con qué poder se tomaron decisiones.[658]

---

[658] Carla Barbosa, *ibidem.*

A pesar de que parte de las organizadoras brasileñas cuestionaron la nueva sede y solicitaron que Argentina renuncie a ella, la organización del evento en Argentina siguió en marcha. Sin mucha experiencia previa en este tipo de eventos, las argentinas continuaron con la cruzada con las propias contradicciones que la dinámica organizativa impone. Finalmente sin mucho apoyo del cuestionado comité de apoyo formado en El Salvador, sin financiamiento[659] y con muchas mareas en contra (internas y externas) se logró el accidentado IV Encuentro.

## El brillo de las ausencias

Con aproximadamente ciento veinte participantes, de las cuales, apenas once eran extranjeras. En realidad, la poca participación latinoamericana y nada caribeña hizo nuevamente cuestionar el carácter regional de estos eventos así como la pérdida del objetivo inicial de los mismos. La revisión de los resultados tangibles de cada uno de los encuentros anteriores en los respectivos países puso en cuestión nuevamente el crecimiento del movimiento e incluso la existencia del mismo. Además de las razones económicas y la distancia entre el norte y sur de América, la priorización que se hizo desde los inicios a grupos de lesbianas con trabajo exclusivamente lésbico y que reforzó el ghetto y descuidó al grueso de independientes y autónomas, que también son parte del Movimiento.

La gran mayoría de las lesbianas feministas que en Lima habían conformado el denominado "planeta satélite" o la Reunión Satélite y que *decidieron* sobre el cambio de sede del encuentro tampoco estuvieron presentes, prefirieron participar en la preconferencia de Beijing en Nueva York, que se llevó a cabo en las mismas fechas, evidenciando nuevamente sus reales intereses a las actividades del Movimiento. A pesar de que Beijing cubrió y oscureció todo el proceso de organización del Encuentro, principalmente en la mantención de la fecha, fue otro de los grandes ausentes. El tema de Beijing no estuvo programado en ninguno de los talleres del encuentro, sin embargo, sintomáticamente, era el tema de los pasillos, del comedor y tal vez de los lechos. Una de las grandes interrogantes que ligaban todas las ausencias eran ¿Por qué las que decidieron sobre el lugar del encuentro no estaban en él? ¿Por qué se presionó tanto para que el Encuentro fuera antes de Beijing y en el programa no aparecía Beijing? O... ¿es que tal vez los acuerdos de este encuentro ya estaban en Nueva York y ya no era necesario tratar el tema de Beijing? ¿Será que llegamos tarde todas al Encuentro de Argentina?

---

[659] Pocos días antes del evento, recibieron un pequeño financiamiento de Mamacash y lograron recuperar mil dólares del saldo del anterior encuentro de Puerto Rico.

Como un gran fantasma que inmoviliza y aterra, el tema de Beijíng fue obviado porque precisamente estuvo presente en cada instante de la organización del evento y las organizadoras pensaron que no programándolo, éste no distraería una vez más la atención del Movimiento. Porque Beijing había sido ya demasiado acaparador de la atención no sólo del movimiento lésbico, también del feminista.

Así como el fantasma de Beijing inmovilizó la discusión en su real significado, el agotamiento del proceso de organización del Encuentro, con todos sus bemoles, inhibió abordar y confrontar algunos temas que se pasaron demasiado alto, como la representatividad, el significado y resultado de la organización de los encuentros lésbico-feministas en cada uno de los países en los que se realizaron, la relación entre el movimiento feminista y el movimiento lésbico-feminista, la relación entre éste y otros movimientos como el gay, etcétera.

Sin embargo, se concluyó que este intento de separatismo poco aportó al movimiento lésbico feminista; que en los Encuentros Feministas Latinoamericanos y del Caribe participan mayor número de lesbianas de mayor número de países y las discusiones están más articuladas a la temática feminista. Por ello, se decidió que el próximo Encuentro, el V, sería inmediatamente antes o después del VII Encuentro Feminista Latinoamericano y del Caribe en Chile, en 1996. Las chilenas presentes asumieron el compromiso de coordinar la organización del V Encuentro Lésbico-Feminista con las organizadoras del VII y de no realizarse por alguna razón, el VII Encuentro de Chile será el único espacio válido para tomar decisiones en conjunto sobre la siguiente sede o cualquier otro tipo de decisión.[660]

El IV Encuentro Lésbico Feminista de América Latina y el Caribe no pudo ser organizado por las chilenas pero en el VII Encuentro Feminista de Chile realizado en noviembre de 1996 las lesbianas reunidas decidieron que el próximo Encuentro Lésbico Latinoamericano sería en República Dominicana unos días antes del VIII EFLAC. Pero como en un cuento de nunca acabar, en el V Encuentro de LLEGO (The National Latino/a Lesbian & Gay Organitation) en octubre de 1997 en Puerto Rico, las dominicanas informaron que no se encontraban listas ni con el suficiente apoyo para realizar el V Encuentro Lésbico, debido también, entre otras cosas a que el movimiento (hetero)feminista, en concreto las organizadoras del VIII Encuentro Feminista, no había visto con buenos ojos que el Encuentro Lésbico fuera en República Dominicana y no se contaba con su apoyo. Se volvió a hacer la propuesta a Brasil, donde un grupo aceptó el reto.

Los cuatro Encuentros Lésbicos Latinoamericanos que pudieron realizarse en diez años concentran algunas de las características dinámicas del movimiento lésbico

---

[660] Mogrovejo, Norma, "Burocracias representativas y el IV Encuentro de Lesbianas feministas de América Latina y el Caribe", en: *La Correa Feminista* núm. 12, primavera 1995.

y conformación latinoamericana. El Primer Encuentro evidencia una lucha de poder descarnada por un liderazgo latinoamericano y europeo debido a la oferta o quizás sólo el deseo de la secretaría de la ILIS, controversia expresada en posiciones ideológicas diferentes; unas teñidas aún por posturas marxistas-leninistas y otras por un purismo lésbico que lo convertía en excluyente. El Segundo mostró una realidad latinoamericana violenta (los casos de Perú y Costa Rica) influenciada enormemente por la religión católica que norma una moral puritana, que la acerca más bien a un fundamentalismo, que alienta la homo y lesbofobia y que su influencia se ejerce principalmente en los niveles gubernamentales. Experiencia que puso en duda la real existencia de la democracia latinoamericana y la inserción de las lesbianas en el mismo. En el Tercero, la presencia chicana abrió la discusión sobre una identidad latinoamericana, el racismo y la lesbofobia internalizada y también una ausencia de representatividad colectiva latinoamericana. El Cuarto careció igualmente de presencia latinoamericana, Beijíng opacó el sentido autónomo, autofinanciado de los encuentros organizados por el movimiento y evidenció la formación de burocracias con pretensiones de representatividad latinoamericana que escaladas en la institucionalidad tomaban decisiones al margen de un movimiento del cual decían representar. Este Encuentro fue el primero en el que la represión estuvo ausente.

Como elemento común a todos ellos podríamos decir que, en realidad los Encuentros Latinoamericanos han servido más para movilizar una organización nacional que latinoamericana. Que es difícil lograr una organización lésbica latinoamericana que logre una identidad latinoamericana debido sobre todo a la gran influencia sobre los gobiernos represivos de la iglesia católica, pero que sin embargo, pese a las dificultades, el esfuerzo se está haciendo aún que esto sea mucho más difícil que otros encuentros de mujeres y que ellos aportan principalmente a sacar del clóset el tema del lesbianismo, la sexualidad y su íntima relación con la democracia.

# VIII. CONSIDERACIONES FINALES

> Las lesbianas no debemos olvidar que hemos sido
> penalizadas, envilecidas y ridiculizadas, no por odiar
> a los hombres, sino por amar a las mujeres. El signi-
> ficado de nuestro amor por las mujeres es, pues, lo
> que tenemos constantemente que expandir.
>
> ADRIENNE RICH

**1.**-En el ámbito teórico, las lesbianas han sido analizadas con una gran carga descalificativa. Desde la moral, ligada al mal. Desde la medicina como enfermedad, patología, anormalidad, una degeneración transmisible genéticamente, degeneración mental, etcétera. Desde la ley como delito, aberración y perversión. Desde la religión como pecado o vicio vergonzoso. Las disciplinas que más han analizado al lesbianismo posiblemente sean la psicología, la psiquiatría y el psicoanálisis, también con una gran carga de fobia que en vez de sujeto de análisis o de conocimiento ha sido objeto de interpretaciones, la mayor de las veces lejana a la realidad lésbica. El psicoanálisis ha pretendido un mejor acercamiento a la comprensión "del fenómeno", aunque Freud, el padre de esta corriente, no le atribuye el concepto de enfermedad, lo describe como una perversión del inconsciente posible de "arreglo" luego de un tratamiento psicoanalítico que haga consciente los síntomas morbosos. Para su época la teoría fue avanzada respecto a las biologistas. Se han ligado a esta perspectiva de análisis diversas categorías tales como perversión, problema, síntoma, complejo de Edipo, castración, regresión infantil, miedo al incesto, regresión oral masoquista, envidia del pene, rivalidad con el padre, incesto emocional con la madre y muchos otros que centran el análisis del lesbianismo únicamente en el plano sexual y bajo un influjo muy dominante de una perspectiva heterosexual en el que el pene se erige como instrumento ordenador de la realidad.

Las teorías que se acercan a explicar los fenómenos sociales y políticos no incluyen al sector lésbico, los NMS las mencionan en ocasiones, la teoría del género las analiza como homosexuales cuando existen pero, en general hay una resistencia en comprender el significado de la ausencia del sentido masculino (en los términos que el sistema patriarcal y heterosexual han marcado) en la existencia lésbica. Lo cual significa que lo masculino o el pene, en el mundo lésbico, tiene otra dimensión, menos ligada al poder, la decisión o influencia consciente o inconsciente.

Los primeros estudios gays fueron relativos a la historia y la literatura buscaban demostrar la existencia de la homosexualidad en todos los tiempos y estratos sociales y una justificación en razón de la supuesta determinación biológica inevitable.

El conocimiento que se tiene de la lesbiana y el lesbianismo ha variado substancialmente desde que las lesbianas empezaron a escribir con nombre propio hablando de si mismas sin miedo. Los aportes iniciales provienen de Adriana Rich y enriquecidos por Janice Raymond, Lucía Hoaghland, Monique Wittig, Hanna Hacker, Teresa de Lauretis, Luce Irigaray, Judith Butler, Milagros Rivera, Rosana Rossanda, entre otras, quienes realizaron un gran aporte al conocimiento al hacer una desconstrucción del sistema social heterosexual, analizándolo como un sistema de dominación al convertirse en obligatorio y compulsivo. Este sistema social de dominación al que caracterizan como heterorrealidad, heterosociedad o heterosexualismo, al igual que el sistema de clases, de razas o de género se convierte en una visión del mundo y por tanto en un instrumento de análisis de la realidad. Hablar desde la voz propia a las lesbianas les ha permitido desarrollar conceptos sobre la propia historia como existencia lesbiana y *continuum* lesbiano que da cuenta de una presencia lésbica a lo largo de la historia, sea abierta o latente y que necesitamos sea develando. Es importante también el cuestionamiento que hace *Wittig* sobre si una lesbiana es realmente una mujer, en tanto que dicha identidad se ha construido en base a un opositor, el varón. Teresa de Lauretis se refiere a un fundamentalismo heterosexual que limita los cambios y se ve expresado en el movimiento feminista que no ha dado lugar a las lesbianas tanto en el ámbito teórico y pragmático.

La teoría *Queer* analiza al movimiento lésbico, gay y otros sectores de la disidencia sexual, en forma conjunta, encontrando características comunes en la acción colectiva de los mismos. A diferencia de los movimientos sociales que analiza los fenómenos sociales como construcciones de identidades colectivas fijas, analiza a este sector como identidades colectivas en construcción pero en base a la desestabilización y ruptura de las identidades. Plantea que las estrategias culturales ligadas a las políticas como la desestructuración de las identidades desde dentro como una forma de recomposición del cambio.

**2.**- El movimiento lésbico llegó a América latina por dos vertientes, primero como una lucha homosexual, con la influencia de la revuelta del Stonewall de Norteamérica, como en el caso de México, Brasil, Argentina y Puerto Rico. Posteriormente llegó con la influencia del movimiento feminista latinoamericano y sus encuentros como una lucha lésbica, como el caso de Chile, Perú, República Dominicana y Costa Rica. Existen claramente tres etapas históricas en el proceso de organización del movimiento lésbico-homosexual latinoamericano y que coinciden con tres generaciones teóricas: La igualdad o la universalidad, la diferencia que conduce a la autonomía y una tercera etapa denominada de la diversidad donde lo masculino vuelve a tomar presencia, muchas de las veces en forma de institucionalidad.

No necesariamente todos lo países han atravesado por las tres etapas. En ciertas regiones algunas de las etapas no son suficientemente claras o fuertes como las otras dos. En Nicaragua la etapa de la diferencia y la autonomía no es muy clara, expresa más bien una transición de la primera etapa, la igualdad, a la tercera etapa de institucionalidad y donde la experiencia de la presencia masculina no ha estado ausente. En Perú la primera etapa de la igualdad no está suficientemente clara, su impulso desde la experiencia feminista impulsó el nacimiento de un grupo lésbico desde la diferencia y la autonomía, aunque con gran influencia del heterofeminismo, mantuvo una gran resistencia a los significados masculinos. La rápida carrera institucional del feminismo peruano, no dio lugar al desarrollo autónomo lésbico, aportó a la revalorización de la imagen masculina (lo institucional) como el camino más eficaz y corto hacia la reconciliación con el poder masculino como medida de valor.

**3.**-En la historia del movimiento lésbico latinoamericano vemos claramente definidas las dos primeras generaciones. La primera, de la igualdad y la universalidad. El movimiento se identifica con las luchas sociales que la izquierda enarbola en la época, se adhiere a ellas y se define como un grupo marginal que encontrará la libertad junto a la libertad de la sociedad en su conjunto y luchan por la consecución de una patria socialista. Las lesbianas del movimiento homosexual reconocen en las demandas feministas una fuente que refuerza su identidad, se adhieren a sus demandas y llevan al espacio homosexual los cuestionamientos de género. Estas/os pioneras/os que abrieron el camino de nuestra lucha, han hecho evidente la necesidad de "dar la cara" y "salir del clóset" para exigir nuestras demandas y hacer presente nuestra existencia.

Con todas las inclemencias, la etapa del florecimiento y expansión del movimiento lésbico-homosexual posibilitó la difusión de nuevas ideas en torno a la sexualidad y su indesligable relación con la política, dio lugar a la creación de un contradiscurso que oponía a las imágenes y caracterizaciones hechas por la prensa amarilla, la psiquiatría tradicional, el psicoanálisis, la medicina, el derecho y la moral religiosa la imagen de un movimiento social transformador, revolucionario que se ubicaba al lado de las luchas de los marginados y por la defensa de la democracia. El movimiento lésbico-homosexual posibilitó aflorar en miles de lesbianas y homosexuales el orgullo y la seguridad en su propia condición sexual, minimizando las cargas de culpa y miedo. Lograron la modificación de las posturas políticas férreas y la aceptación e inclusión dentro de las plataformas políticas de algunos partidos políticos (PCM y PRT). Logró constituir brigadas de educadores sexuales de jóvenes y amplios sectores de la sociedad. La sola presencia del movimiento lésbico-homosexual fortaleció a la sociedad civil, sacudió la inercia social y fomentó la salida del clóset político de otros sectores marginados de la sociedad.[661] La lucha del movimiento lésbico-homosexual posibilitó además la apertura y la adhesión de un importante sector de artistas e intelectuales que se pronunciaron permanentemente a favor de las demandas lésbicas y homosexuales. Dio lugar a que la política de salud respecto al SIDA no tenga una carga moral y que los aspectos relacionados con la sexualidad sean abiertamente hablados en los medios masivos de comunicación.

4.-En la segunda etapa, el movimiento lésbico identifica diferencias en su activismo dentro del movimiento homosexual y el feminista. Rápidamente reacciona ante el machismo de los homosexuales y tiende más bien a acercarse al ámbito feminista. A pesar de la adhesión incondicional a las luchas y demandas feministas, el derecho a la libre opción sexual, durante una década, fue un tema tabú dentro del movimiento feminista. Aún cuando la crítica a las determinaciones sociales y culturales en torno al género y los roles sexuales fueron el punto de partida de ambos movimientos sociales, la diferenciación en la acción política de ambos sectores marcó un divorcio. El movimiento feminista ha priorizado la dirección de su acción política primero en los sectores populares, y en la búsqueda de legitimación de los sectores de izquierda y luego en la búsqueda de legitimidad institucional ante el Estado, lo que ha determinado priorizar ciertas demandas que no pusieran en peligro su imagen. Así, los análisis teóricos y sus acciones estuvieron limitados a un marco heterosexual. El movimiento lésbico por su parte, ha realizado su acción política entre los márgenes espaciales que le permitieron primero el movimiento homosexual y luego el movimiento feminista, sin poder constituir un espacio propio de acción y una identidad propia.

Con la influencia feminista radical, los grupos lésbicos pudieron vivir mas directamente la etapa de la diferencia, donde lo femenino toma valor sobre lo masculino; en tal sentido, las lesbianas identifican diferencias substanciales con la misoginia y falocentrismo homosexual; así como la perspectiva de análisis y demandas feminis-

---

[661] Estos son algunos de los logros reconocidos por Juan Jacobo Hernández y Rafael Manrrique (1988) Artículo citado anteriormente.

tas ligadas al ámbito única y compulsivamente heterosexual. La reafirmación de su identidad lésbica radica en el rechazo al orden simbólico masculino, el falocentrismo, y la exclusividad heterosexual, de ahí que inician un proceso de autonomía frente a ambos movimientos. La ruptura con lo simbólico masculino dominante, produce rupturas con los movimientos homosexual y el denominado heterofeminista, lo que impulsa una corriente autónoma.

La corriente autónoma expresada en la organización únicamente de lesbianas, probablemente la más rica de su proceso histórico ha posibilitado a éstas construir una imagen de referencia propia aunque diversa. Conformarse como un referente para sus iguales, otras lesbianas que viven su lesbianismo bajo el yugo del clóset, condicionadas a una clandestinidad y sufriendo las consecuencias sociales y psicológicas de una vida doble, de una moral doble, y de una personalidad doble, ha permitido a las lesbianas presentarse como un sujeto con voz y cuerpo propio. *Lesbianas en cuerpo de lesbianas*. Ya no enclosetadas, tras las puertas o bajo las faldas de otros movimientos, de otras identidades, de otras luchas, de otras demandas. Para las lesbianas empezar a verse con ojos propios a través de un espejo propio, ha permitido recusar planteamientos teóricos, ideológicos y políticos y espacios donde la identidad lesbiana no está condicionada a la presencia de un otro, de un sistema de dominación masculino y heterosexual. La etapa de la autonomía ha permitido a las lesbianas probar y probarse a sí mismas que es posible una existencia donde lo masculino como poder determinante, puede estar ausente sin que por ello, el mundo se acabe. Lo masculino adquiere una dimensión diferente al sistema de dominación heterosexual, donde el varón es la medida de las cosas o valores. La etapa de la autonomía ha permitido espacios de reflexión, de activismo, de creación cultural, de encuentros, de generación de una comunidad que desarrolla una identidad: grupos, festivales, cafeterías, comunas, talleres, espacios de recreación, lenguajes, códigos, publicaciones, festivales, centros de apoyo, encuentros nacionales e internacionales, etcétera.

La autonomía ha generado también contradicciones, ghettos y posiciones fundamentalistas que han llevado muchas veces al movimiento lésbico hacia dinámicas y prácticas de exclusión. La dinámica de las relaciones internas del movimiento lésbico, de exclusión e intolerancia hizo imposible un trabajo fuerte de coordinación plural, problemática que refleja formas de lesbofobia internalizada que tienen aún las militantes. Las diferencias entre los pequeños grupos han hecho cada vez más difícil el avance del Movimiento. Como en la mayoría de los pequeños grupos políticos de oposición, la lucha por la sobrevivencia lleva a dinámicas de atomización y autodestrucción. En el movimiento lésbico ha sido y aún es muy difícil la convivencia e interacción política entre los diferentes grupos o corrientes. Para muchas, el mayor enemigo del movimiento lésbico no ha sido el Estado, ni la derecha, ni la iglesia, sino, el propio movimiento lésbico.

En esta dinámica interna encontramos algunas características que marcan su proceso histórico:

*1)* La complejidad de las relaciones políticas mezcladas con las amorosas: infidelidades que crean distintas correlaciones de fuerzas, nuevas pasiones que dan lugar a nuevas alianzas, muestra de la fuerte influencia de las dinámicas internas y cotidianas en las sociales, remarcando la íntima relación entre la sexualidad y la política;

*2)* La lucha por el poder y el protagonismo que han reforzado la imagen de líderes-estrellas que fueron capaces de dar la cara pública; y

*3)* Una práctica contradictoria y neurótica producto tal vez de la doble vida, de una lesbofobia internalizada y/o de falta de seguridad social y política para salir del clóset.

*4)* Tendencia a la institucionalización.

Esta experiencia organizativa (similar en la homosexual y de otros grupos sexualmente disidentes), plantea un nuevo desafío en las interpretaciones teóricas tradicionales como la de los movimientos sociales. El impulso por borrar y deconstruir las categorías grupales y mantenerlas inestables para siempre expresa "una forma" de deconstrucción de identidad. La teoría *Queer* plantea que las identidades no son fijas, son cambiantes, esa tendencia que se hace especialmente visible en los movimientos lésbicos/gay, se ve también en otros y la atención hacia un dilema que es pertinente a toda política de identidad: las categorías de identidad fijas son tanto la base sobre la que se produce la opresión como la base con la que se accede al poder político. Esta postura se construye a partir del disenso frente a las relaciones y significados atribuidos a la sexualidad y al género que son hegemónicas y estructuradas, pero sus formas históricas y posiciones actuales son abiertas, siempre sujetas a negociación y renegociación.

Dentro de la corriente de la diferencia hay una tendencia que niega todo nivel de interlocución con el poder. Cuestionan la lucha legal lésbica, con el grave riesgo de quedar en el aislamiento. La igualdad en los derechos civiles con relación a los heterosexuales sigue siendo un anhelo para muchas lesbianas quienes como ciudadanas de segunda categoría sienten la marginación social de las fobias sociales y morales al no poder ejercer derechos civiles, políticos y humanos mínimos como el no ser reconocidas como parejas válidas, el carecer de espacios similares al mundo heterosexual para garantizar una existencia lésbica libre o el no tener instancias o leyes específicas que nos garantice una seguridad ante atentados provenientes de la lesbo y homofobia.

**5.**-El tercer momento en el que la figura masculina vuelve a cobrar presencia como un "otro" con quién discutir, se erige ya no como la medida de valor, sino como un similar sin identidad genérica y sexual fija. Estamos hablando de homosexuales, trasvestis, transgenéricos y otras disidencias sexuales que rechazan el género asignado por el determinismo biológico. Lo transgenérico es la posibilidad de trascender el género, de pasar de un género a otro o quizás de un sexo a otro, uno independiente del otro. Algunos sectores del movimiento lésbico empiezan a entender la problemática lésbica más allá de las interpretaciones de la teoría del género dando mayor peso a la diferencia sexual y han entablado con mayor autonomía estrategias de relación con sectores de la disidencia sexual.

Sin embargo, gran parte del sector feminista y parte del lésbico, en esta tercera etapa, han resignificado o reducido la imagen masculina a la presencia del poder, a una interlocución desigual con el Estado o instancias ligadas a él, donde la hegemonía masculina no es cuestionada y es asumida como regulador de los valores. Esta tendencia hacia la institucionalización ha dado lugar a la formación de pequeñas élites con pretensiones de representatividad y que han capitalizado, la mayor de las veces, beneficios personales en vez de impulsar la fuerza colectiva.

La llamada Teoría *Queer* plantea la mediación de las dos generaciones teóricas anteriores en la que las lesbianas mantienen una autonomía y dirigen su acción política junto con las diversidades sexuales sin perder identidad y proponiendo transformaciones en todos los ámbitos de la existencia humana, aún en el reconocimiento formal de los cambios de identidad de género y sexual.

6.-A nivel latinoamericano, existe aún una gran dificultad por consolidar un movimiento lésbico. La sociedad latinoamericana eminentemente tradicional, atrapada en las estrechas concepciones del catolicismo, enfrenta aún penalizaciones como en Nicaragua y Puerto Rico.[662] En la mayoría de países con experiencia organizativa lésbica han enfrentado represión directa, ya sea del Estado, la policía o la propia sociedad, lo que impide una organización más abierta y masiva. El movimiento lésbico sigue siendo semi-clandestino. La dificultad de hacer masivamente una política de visibilidad ha generado militancias semi-clandestinas o sostener grupos más numerosos y con mayor permanencia. Hasta hace poco, la mayoría de los países con experiencia lésbica, tenían uno o dos grupos con un número reducido de adherentes, generalmente conformado por parejas y sujetos a las dinámicas de las relaciones de pareja.

Hay todavía un gran divorcio entre el nivel teórico y organizativo del movimiento lésbico, mientras que en el movimiento feminista se han logrado realizar siete Encuentros Latinoamericanos y del Caribe masivos; en el lésbico, estos han sido accidentados, llenos de problemas y con dificultad se realizó el cuarto. Obviamente que las características de ambos movimientos son diferentes y las condiciones para la realización de los Encuentros lésbicos han experimentado represión, y violencia política directa. Sin embargo, no se ha logrado aún generalizar estrategias globales que hagan de los movimiento lésbico masivos y constantes.

---

[662] En noviembre de 1997 Ecuador, despenalizó la homosexualidad y Chile lo hizo el 23 de diciembre de 1998.

# BIBLIOGRAFÍA

**Libros**

Adams, Parveen. "The Distintion Betwen Sexual and Sexual Differences", en: *The Woman in Question*, Parven A. y Cowwie (eds.), Verso, 1990.

Alberoni, Frencesco. *Movimiento e institución*. Nacional, Madrid, 1981.

———, *Enamoramiento y amor*, Gedisa, México, 1989.

Amorós, Celia. *Hacia la crítica de la razón patriarcal*, Antropos, Barcelona, 1985.

———, *Feminismo. Igualdad y diferencia*. Colección Libros del PUEG, UNAM, México, 1994.

Aricó, José. *La utopía es el recurso de los débiles*, Leviatán, invierno, 1991.

Arauz, Rita. En: Randall, Margaret. *Sandino's Daughters Revisited. Feminism in Nicaragua*. Rutgers University Press. New Brunswick, New Jersey, 1994.

Avila, Alba Elena. *Las mujeres ante los espejos de la maternidad*. Tesis para optar el grado de maestría en Antropología Social. Escuela Nacional de Antropología e Historia. México, 1996.

Beauvoir, Simone. *El segundo sexo* tomo II Ed. Buenos Aires, s/f.

Butler, Judith. *Gender Trouble: Feminism and the Subversion of Identity*, Routledge, Londres, 1992.

Calderón, Fernando. "América Latina, identidad y tiempos mixtos. O cómo pensar la modernidad sin dejar de ser boliviano", en: *Imágenes desconocidas. La modernidad en la encrucijada post-moderna*, CLACSO, Buenos Aires, 1988.

Cano, Gabriela. *Libertad condicional o tres maneras de ser mujer en tiempos de cambio*, Programa Interdisciplinario de estudios de la Mujer. El Colegio de México, 1987.

Castañeda, Jorge. *La utopía desarmada. Intrigas, dilemas y promesas de la izquierda en América Latina*, Planeta, México, 1993.

Castells, Manuel. *La ciudad y las masas. Sociología de los movimientos sociales urbanos*, Alianza Universitaria textos, Madrid, 1986.

Cavarero, Adriana. Dire la nascita, en *Diotima*. Metere al mondo il mondo 1993.

Cavin, Susana. Lesbian Origins; Butler. *Imitation and Gender Insubordination*. Routledge 1984.

Cerutti Guldberg, Horacio. "¿Teoría de la Utopía?", en: *Utopías y nuestra América*, Horacio Cerutti y Oscar Agüero coordinadores. Biblioteca Abya-yda, Ecuador, 1996.

Cixous, Helene. "The laugh of the medusa", en: *A Reader in Feminist Knowledge*, London, 1991.

De Barbieri, Teresita. *Movimientos feministas*, Grandes Tendencias Políticas, UNAM, 1986.

De Barbieri, Teresita. *Género y Políticas de Población*, UNAM, 1991.

De Beauvoir Simone, *El segundo sexo. Los hechos y los mitos*, Buenos Aires, Siglo XX, 1986.

De Lauretis, Teresa. "Tecnologías del género", en: *El género en perspectiva: de la dominación universal a la representación múltiple*, UAM, México, 1991.

Durkheim, E. "Giudizi di valore e Giudizi di realta", en: *Sociología e Filosofía*, Comunitá, Milán, 1963.

Fioccheto, Rosanna. *La amante celeste. La destrucción científica de la lesbiana*. horas y oras, la editorial feminista, Madrid, 1993.

Fisher, Amalia. *Feministas Latinoamericanas. Las nuevas brujas y sus aquelarres*, tesis para obtener el grado de maestría en Ciencias de la Comunicación. UNAM, México, 1995.

Foucault, Michel. *Historia de la sexualidad*, 3 vol. México, Siglo XXI, 1987, (Primera edición en francés 1976).

——, "Poder-Cuerpo", en: *Microfísica del poder*, La Piqueta, España 1992.

Fratti Gina y Batista Adriana. *Liberación Homosexual*, Posada, colección Duda. México, 1984.

Freud, Segmund. "Sobre las teorías sexuales infantiles" 1908, en *Obras Completas*, vol. IX, Amorrortu Editores, Buenos Aires, 1979.

——, *Sobre la sexualidad femenina*, 1931, Siglo XXI.

——, "Three Contributions to the Theory of Sex", en: A.A. Brill (ed), *The Basic Writings of Sigmund Freud*, Random House, Nueva York, 1983.

Fuskova, Ilse y Marek, Claudina. *Amor de mujeres. El lesbianismo en Argentina, hoy*, Planeta, Argentina 1994.

Gabiola, Edda y otras. *Una Historia Necesaria. Mujeres en Chile: 1973-1990*. Santiago de Chile, 1994.

Gargallo, Francesca. "La diferencia Sexual", en: *Diccionario del pensamiento filosófico latinoamericano*, Horacio Cerutti, coordinador. FFyL UNAM, 1997 (en edición).

González, Cristina. *El Movimiento feminista, aproximaciones para su análisis*, Tesis de maestría, Facultad de Ciencias Políticas y Sociales, UNAM, 1987.

González, Roberto. "SIDA e identidad homosexual (Notas para una colisión circunstancial)", en: *El SIDA en México. Los efectos sociales*. Coordinador Francisco Galván, UAM-A, 1988.

Hall, Radcliff. *El pozo de la soledad*, Época, México, s/f.

Hernández, Adela y otros. *Teoría Hermenéutica*. UNAM, 1997.

Hinojosa, Claudia. "El Tour del Corazón" en: *Otro modo de ser. Mujeres mexicanas en movimiento*, México, 1991.

Highleeyman, Liz. "Identidad, ideas y estrategias", en: *Bisexual politics. Theories, Queries & Visions,* editado por Naomi Tucker, New York: The Haworth Press, 1995.

Irigaray, Luce. *El cuerpo a cuerpo con la madre. El otro género de la naturaleza, Otro modo de sentir*, La Sal, Barcelona, s/f.

Jaeger, W. *Paidea*, Fondo de Cultura Económica, México, 1957.

Johasson, Warren. "Gay Studies" en: Wayne R. Dynes. Associate Warren Johan Son, editores. *Encyclopaedia of Homosexuality*, Volumen A-L. Garland Publishing , New York and London, 1990.

Kirkwood, Julieta. "El Feminismo como negación del autoritarismo", en: *Y Hasta cuándo esperamos mandan-dirun-dirun-dán. Mujer y poder en América Latina*. Nueva sociedad 1.

Lagarde, Marcela. *Cautiverios de las mujeres: madresposas, monjas, putas, presas y locas*, UNAM, 1990.

Lamas, Marta. *La bella (in)diferencia*, Siglo XXI editores, México 1991.

——, *El Género. La construcción cultural de la diferencia sexual*, Porrúa y UNAM, 1996.

——, "El problema de igualdad entre los sexos", en *Antología de la sexualidad humana*, CONAPO, 1994.

Lau Jaiven, Ana. *Conciencia y acción de lucha (Aproximación a una historia del Movimiento feminista en México 1970-1976)*, tesis de licenciatura, Facultad de Filosofía y Letras, UNAM. México, 1983.

Lau Jaiven, Ana. *La nueva ola del feminismo mexicano,* Planeta, México, 1987.

Lavrin, Asunción. *Las mujeres latinoamericanas: perspectivas históricas*, Fondo de Cultura Económica, México, 1978.

Linhoff, Ursula. *La homosexualidad femenina*, Anagrama, Barcelona 1978.

Lonzi, Carla. *Escupamos sobre Hegel. La mujer clitórica y la mujer vaginal*, Anagrama, Barcelona,1981.

Lumsden, Ian. *Homosexualidad. Sociedad y Estado en México*, Sol ediciones, México, 1993.

Martínez, Ernesto. *Guía legal del homosexual urbano*, Edamex, México, 1985.

Massolo, A. *Mujeres y ciudades*. El Colegio de México, 1990.

Mejía, Max. "Nadie es libre hasta que todos seamos libres", en Fratti, Gina *Liberación homosexual*, Posada, México, 1984.

Melucci, Alberto. "Las teorías de los movimientos sociales", en *Estudios políticos*, vol. 4-5, octubre 1985 a marzo 1986.

Moi, Toril. "Feminist, Female, Feminine", en: *The Feminist Reader*, Londres, Macmillan, 1989.

Mogrovejo, Norma. *Feminismo popular en México*. Tesis de Maestría, Flacso, México, 1990.

Mogrovejo, Norma. *El amor es bxh/2. Una propuesta de análisis histórico-metodológico del movimiento lésbico y sus amores con los movimientos homosexual y feminista en América Latina* . CDAHL, México, 1996.

Monsiváis, Carlos. *Amor perdido*, ERA, México, 1977.

——, "Paisaje de batalla entre condones. Saldos de la revolución sexual", en: *El nuevo arte de amar, Usos y costumbres sexuales en México*, Cal y Arena, 1989.

Moore, Hortensia. *Antropología y feminismo*, Ediciones Cátedra, Universitat de Valencia, Instituto de la Mujer, España, 1991.

Ned Katz, Jonathan. *Gay/Lesbian Almanac. A New Documentary 1607 to 1740 and 1880 to 1950*. Harper & Row, Publishers, New York, 1983.

Offe, Claus. "Los nuevos movimientos sociales cuestionan los límites de la política institucional", en: *Partidos políticos y nuevos movimientos sociales*, Madrid, Fundación sistema, 1988.

Penley, Constance. "Missing m/f", en: *The Woman in Question*, Parveen Adams y Elizabeth Cowie, Verso, 1990.

Pisano, Margarita. *Un cierto desparpajo*, Sandra Lidid editora, Número Crítico, Chile, 1996.

Randall, Margaret. *Sandino's Daughters Revisited. Feminism in Nicaragua*. Rutgers University Press. New Brunswick, New Jersey, 1994.

Raymond, Janice. *A Passion for Friends. Toward a Philosophy of Female Affection*, Londres, The Women's Press, 1986.

Rich, Adrianne. *Sobre mentiras, secretos y silencios*, Icaria, Barcelona, 1993.

Rivera Milagros. *Nombrar el mundo en femenino*, Icaria, Barcelona,1994.

Rosanda, Rossana. *La amante celeste. horas y Horas*, Barcelona, 1996.

Rubin, Gayle. "El tráfico de mujeres: notas sobre la economía política del cuerpo", en: *Revista Nueva Antropología* núm. 30, 1986.

Rubin, Gayle. "Reflexionando sobre el sexo: notas para una teoría radical de la sexualidad", en *Placer y Peligro. Explorando la sexualidad femenina* (selección de textos). *Hablan las mujeres*, Routledge & Kegan Paul, 1984.

Rowse, A. L. *Homosexuales en la historia. Un estudio sobre la ambivalencia en la sociedad, la literatura y las artes,* Planeta, Barcelona, 1981.

Sarmiento, Carmen. *La mujer una revolución en marcha*, Sedmay, Madrid 1976.

Sau, Victoria. *Mujeres lesbianas*, núm. 108, Zero, Artasamina, colección "Lee y discute", Bilbao, 1979.

Sau, Victoria. *Ser mujer, el fin de una imagen tradicional*, Icaria, Barcelona, 1993.

Sau, Victoria. *Diccionario ideológico feminista*, Barcelona, Icaria, s/f.

Shilts, Randy *And the Band Played On*, (Y la banda siguió tocando) New York, 1987.

Showalter, Elaine. "Feminist Criticism in the Wilderness", en: *The New Feminist Criticism*, Londres, Virago, 1985.

Starobinsky, Jean. "Historia natural y literaria de las sensaciones corporales", en: Feher, Michel, Naddaff Ramona y Tazi Nadia (eds.), *Fragmentos para una historia del cuerpo humano*, Taurus, 1990.

Raymond, Janice. *A passion for friends. Toward a Philosophy of Female Affection*, Londres, The woman's press, 1986.

Steiner, Robert y Boyers, Robert. *Homosexualidad: Literatura y política,* Alianza editorial Madrid, 1982.

Trenchard, Lorraine. *Being Lesbian*, Londres, Inglaterra, 1991.

Thompson, Paul. "Las voces del pasado", en: Camargo, A. *Elaboración de la Historia oral en Brasil*, Ponencia presentada a la V Conferencia Internacional de Historia Oral. Barcelona, marzo, 1985.

Touraine, Alain. *Actores Sociales y Sistemas Políticos en América Latina.* PREALC, Chile, 1987.

——, *El regreso del actor, El método de la sociología de la acción: la intervención sociológica*, Eudeba, Buenos Aires, 1987.

Valcárcel, Amelia, *Sexo y filosofía: sobre mujer y poder*, Anthropos, Barcelona, 1991.

Vance, Carole. *Placer y peligro* (comp), Revolución S.A.L. Madrid, 1989.

Varias autoras. *Hilos nudos y colores en la lucha contra la violencia hacia las mujeres*, Ed. CICAM, México, 1991.

Wayne R. Dynes (Edited by) *Encyclopaedia of Homosexuality*, Garland Publishing, Inc. New York and London, 1990.

Wittig, Monique. *Les Guérillères*, Avon, Nueva York, 1973.

Wittig, Monique. *The Straigh Mind and Other Essays*. Nueva York y Londres, Harvester Weatsheaf, 1992

Woolf, Debora. *La comunidad lesbiana*, Berkeley, University of California Press, 1979.
Woolf, Virginia, *Una habitación propia*, Seix Barral, México, 1986.
Weeks, Jeffrey. "La sexualidad e historia", en: *Antología de la sexualidad humana*, Conapo, México, 1994.
———, "Valores sexuales en la era del sida", en: *Debate feminista* núm. 11, septiembre, 1995.
———, *The cultural construcction of sexualities*, South Bank University, London, 1995.
Zemelman, Hugo (1988). *El proceso de constitución del sujeto social*, documento preliminar, México, diciembre, 1988.

**Revistas y periódicos**

Aburto, Gonzalo. Abriendo caminos, nuestra contribución. Revista *LLegó* Nuestra Herencia, Stonewall N.Y., 25, junio 1994.
Aceves, Jorge. "Actores sociales emergentes y nuevos movimientos sociales", en: *Ciudades* Núm. 25, enero-marzo, RNIU, México, 1995.
Araujo, Ana María. "Hacia una identidad latinoamericana. Los Movimientos de Mujeres en Europa y América Latina", en: *Nueva Sociedad*. Núm. 78, julio-agosto, 1985.
Benegas, Noni. "Corpus lesbiano", Revista *Letra*, núm. 34, Barcelona, 1984.
Bertaux Daniel. "La apropiación de la biografía", en: *Cahiers Internationaux de Sociologie*, vol. LXIX.
Bocchetti, Alessandra, "La indecente diferencia", en: *Debate feminista* núm. 6, septiembre 1992.
Boletín feminista *Brujas* núm. 13, noviembre 1994, ATEM, Buenos Aires.
Capucho Cabrera, Inés. "Diferencias con la diferencia" en: *Cotidiano Mujer* núm. 9, Uruguay, julio de 1992.
*Círculo 11*. Septiembre de 1979 y enero de 1980.
*Cuéntame tu vida*. Revista de mujeres núm. 6, Cali, Colombia, 1982.
De Barbieri, Teresita. Sobre la categoría de género: algunas cuestiones teórico-metodológicas", en: *Revista Internacional de Sociología*, año VI, núm. 213, 1992.
———, "Certezas y malos entendidos sobre la categoría de género", en: *IIDH Serie Estudios de derechos humanos,* Tomo IV, 1996.
De Lauretis, Teresa. "Problemas, conceptos y contextos", trad. Gloria Bernal, en: *El género como perspectiva*, México, UNAM, 1991.
———, "La esencia del triángulo, o tomarse en serio el riesgo del esencialismo: teoría

feminista en Italia, Estados Unidos y Gran Bretaña", trad. Salvador Mendiola, en: *Debate Feminista*, vol 2, año I, México, 1990.

——, La práctica del amor: deseo perverso y sexualidad lesbiana, en *Debate Feminista*, México,abril, 1995.

Evers, Tilman. La identidad: El lado oculto de los nuevos movimientos sociales, Sao Paulo, *Novos estudos Cebrap*, vol.2, núm. 4, abril 1984, (Materiales para el debate contemporáneo), 1, CLAEH.

Foucault, Michel. "Poderes y Estrategias", en: *Revoltes Logiques* núm. 4, Primer Trimestre. Artículo traducido por el PIEM.

GALF, *Al Margen* núm. 3 y 4, Lima, diciembre de 1985.

Galindo, J. "La cultura emergente en los asentamientos populares urbanos", en: *Estudios sobre las culturas contemporáneas*, vol. III, núm. 8-9.

Garaizabal, Cristina. "Las identidades sexuales" en: *Fuera del Clóset* núm. 13, Managua, junio de 1997.

García, María Inés y Lau, Ana. "La lucha de la mujer en México: Un Fenómeno Descubridor 1970-1983, en: *Secuencia* núm. 1, marzo, 1985.

Gardner Honeychurch, Ken. "La investigación de subjetividades disidentes: retorciendo los fundamentos de la teoría y la práctica", en: *Debate feminista* año 8, vol. 16 octubre 1997.

Gessen, Masha. "Rebeca la primera secretaria general de color de la ILGA", en: *Conducta (im)propia*, boletín núms. 4-5, Lima, marzo 1993, pp. 31-34. Tomado de "The Advocate" (USA), julio 1992.

Golubov, Nattie. "De lo colectivo a lo individual. La crisis de identidad de la teoría literaria feminista". *Los cuadernos del acordeón* núm. 24, vol. 5, año 3, México 1993.

Guattari, "Nuevos Movimientos Sociales". Revista *Desvios* núm. 5, Brasil, marzo 1986.

Habermas, Jünger (1981). "Nuevos Movimientos Sociales", en: *Quarterly Journal* núm. 47, mayo, 1981.

Hacker, Hanna. *Lesbische Denkbewegungen*, Beiträge zur Feministischen Theorie und Praxis 25

Hernández, Adela y Mendiola, Salvador, Apuntes de teoría de la comunicación I. *Textos de Ciencias Políticas* 6, UNAM, Aragón, 1995.

Hughes, Janice y Valdivia, Beatriz. "Cuando las mujeres se reúnen", en: *Viva*, revista feminista núms. 11-12, noviembre de 1987.

Jelin, Elizabeth y Balán, Jorge. "La estructura social en la biografía personal ", en: *Revista CEDES,* Argentina, 1979.

Jiménez, María. Segundo Encuentro Lésbico Feminista, en: *Boletín informativo para América Latina*, órgano de información y cultura gay, Asociación Internacional Gay Lésbica-ILGA núm. 6, febrero de 1991.

Kristeva, Julieta. "Womens Time", en *Signs*, vol. 7, núm. 1, 1981.

Lacan, Jacques. "Los cuatro conceptos fundamentales del psicoanálisis", en: *El seminario 11*, Barcelona, Paidós, 1987.

Lacan, Jacques. "El reverso del psicoanálisis", en: *Seminario 5*, inédito en castellano, mimeo, clase 22 de enero de 1958.

Lalive Epinay, Christian. "La vida cotidiana. Ensayo de construcción de un concepto sociológico y antropológico", en: *Cahiers Internationaux de Sociologie*, vol. IXXIV, París.

Lamas, Marta. "La antropología feminista y la categoría de género". En: *Nueva Antropología* núm. 30, México, Nov,1986.

——, "Cuerpo: diferencia sexual y género", en: *Debate feminista* núm. 10, septiembre, 1994.

——, Homofobia, *La Jornada*, julio 15, 1994.

Laqueur, Thomas. *La construcción del sexo*, Cátedra, Universitat de Valencia e Instituto de la Mujer, España, 1994.

Liguori, Ana Luisa. "Las investigaciones sobre bisexualidad en México", en: *Debate feminista* núm. 11, año 6, abril 1995.

López, Ana Isabel. "II Encuentro Latinoamericano y Caribeño de Lesbianas Feministas", en: *Fem* núm. 91, julio de 1990.

Martiho, Miriam, "Lésbicas Brasileiras: saúde, educacao, trabalho, familia, questao legal, política e religiosa", Rede de informacao *um outro olhar*, Sao Paulo, Brasil, marzo 1995.

——, "GALF seis años". Boletín *Chana com Chana* núm. 8, agosto 1985.

Mérola, Giovana. "Feminismo, un movimiento social"., en: *Nueva Sociedad,* núms. 78-85, Venezuela.

Meyer, Eugenia. "Prólogo" a *Palabras del exilio I*, contribución a la historia de los refugiados españoles en México, INAH, México, 1980.

Mogrovejo, Norma. "Burocracias representativas y el IV Encuentro de Lesbianas Feministas de América Latina y el Caribe", en *La Correa Feminista* núm. 12, primavera, 1995.

Monje, Víctor Hugo. "Revolución Gay - Stonewall 1969", en: *Confidencial* Vol.I, núm. 9, Costa rica, junio 1991.

Monsiváis, Carlos. "Las plagas y el amarillismo: notas sobre el SIDA en México", en: *El SIDA en México. Los efectos sociales*, coordinador Francisco Galván, UAM-A, 1988.

——, "La noche popular: paseos, riesgos, júbilos, necesidades orgánicas, tensiones, especies antiguas y recientes, descargas anímicas en forma de coreografías". *Debate Feminista*, vol. 18, año 9, octubre, 1998.

Mouffe, Chantal. "Feminismo, ciudadanía y política democrática radical", en: *Debate Feminista* núm. 7, marzo 1993.

Nun, José. "La rebelión del coro" en: Revista *Demos*, 1981.

Obando, Montserrat, Sagot, Ana Elena. "Meeting With Represion: segundo Encuentro Lésbico-Feminista de Latinoamérica y el Caribe", en: *Off our Backs*, aug-sept 1990.

Palma, Esperanza y Serret, Estela. "Dos tendencias morales en torno al SIDA", en: *El SIDA en México. Los efectos sociales*, coordinador Francisco Galván, UAM-A, 1988.

Política sexual. *Cuadernos del FHAR* Vol. 1, núm. 1 s/f (aproximadamente mayo, 1979).

Portelli y otros. Historia oral e historia de vida. *Cuadernos de ciencias sociales* Facultad Latinoamericana de Ciencias Sociales, Flacso, 1988.

Ramírez, J.M. "Identidad en el Movimiento Urbano Popular", en *Ciudades* núm. 7, julio-septiembre 1990.

Revista *Apsi*, Santigago de Chile, 29 de julio de 1987.

Revista *Nuestro Cuerpo* núm. 1, mayo 1979.

Revista *Nuestro Cuerpo* núms. 2 y3, julio de 1980.

Revista *Nuevo Ambiente* núm. 4, abril-mayo 1983.

Rich Adrienne. Compulsory Heterosexuality and Lesbian Existence, en: *Signs 5*, 1980.

Riquelme, Cecilia. "Entrevista a Rebeca Sevilla", en *Las amantes de la luna* núm. 6, México, 1994.

Rubin, Gayle. "El tráfico de mujeres: notas sobre la economía política del cuerpo", en: *Revista Nueva Antropología* vol. VIII, núm. 30, 1986.

Torres Arias, María Antonieta. "El malentendido de la homosexualidad", en: *Debate Feminista*, Año 3 núm. 5 marzo, 1 agosto 1992.

——, "La homosexualidad a debate" en: *Debate Feminista* Año 5, núm. 10 vol. 10, sept. 1994.

Scott, Joan. "A useful category of historical analysis", en *The American Historical Review*.

Segal, Lynn. "Repensando la heterosexualidad", en: *Debate Feminista* núm. 11, abril, 1995.

Silvestre, Lilia. "Grupo Lésbico Feminista Las Entendidas", en: *Confidencial* Vol.1 núm. 12, septiembre 1991, Costa Rica.

Silvia, Mónica. "Para romper el ghetto", en: *Página Abierta*, núm. 70, Santiago de Chile, julio de 1992.

Smith, Marcia y Durand, Víctor. "Actores y movimientos sociales urbanos y acceso a la ciudadanía", en *Ciudades* núm. 25, enero-marzo 1995, RNIU, México.

Ugarteche, Oscar. "Sobre los movimientos de liberación homosexual en América Latina", en: *Conducta Impropia*, boletín núm. 6, Lima, mayo 1993.

Vargas, Virginia. "El movimiento feminista latinoamericano: entre la esperanza y el desencanto (Apuntes para el debate)", en *El cielo por asalto* núm. 2, Otoño 1991.

Vázquez, Ana. "Feminismo: dudas y contradicciones", en: *Nueva Sociedad* núm. 78.

Vodanovic, Milena. Colectivo Ayuquelén. "Somos lesbianas de opción", en: Revista *Apsi* núm. 206, junio de 1987.

**Documentos**

Adame, Georgina. "Una invitación abierta a la crítica y autocrítica de la relación entre 'bugas y gueishas'", México, septiembre de 1984. *Documento*. [fotocopia].

Argov Dafna. *Lesbianismo militante en Buenos Aires*. Ponencia presentada al X Congreso Internacional de Ciencias Antropológicas y Etnológicas, ciudad de México, julio de 1993.

Bank, Ammy. "Feminism(s) in Latin América" conference, Berkley, California, abril 1996.

Bedregal, Ximena. *Pensar de un modo nuevo*. Ponencia presentada al VII Encuentro Feminista Latinoamericano y del Caribe, Chile, 1996.

*Boletín FHAR Informa* núm. 1, sept. 24, 1979.

Boletina núm. 2 de la Red de Lesbianas latinas y del Caribe, Perú, agosto 1989.

Bunch; Charlotte. *Opciones feministas*. Mimeo, Centro de la Mujer Peruana Flora Tristán, Lima, 1986.

CICAM. Propuestas, voces y Miradas. Información desde la autonomía sobre el VII Encuentro Feminista Latinoamericano y del Caribe, México, enero de 1997,

Colectivo Gay Masiosare. "Tolerancia y Democracia del MLH", diciembre 1998, [fotocopia].

Coordinadora Nacional de Lesbianas Feminista. *Boletín Trimestral* núm.1, junio de 1989.

Declaración de las lesbianas de México. Conferencia Mundial del Año Internacional de la Mujer. México D.F., junio, 1975. [Fotocopia].

Declaración de la reunión Satélite de las lesbianas de América Latina y el Caribe, violencia por orientación sexual, participación política y socioeconómica, Declaración firmada en Lima el 29 de mayo de 1994.

De Lauretis, Teresa. *Queer* Theory: Lesbian and Gay Sexualities. An Introduction, *Diferences* núm. 3, 1991 III-XVIII.

Duggan, Lisa. *Dejémoslo perfectamente queer*. Traducción Alejandra Sardá, Centro de documentación Escrita en el cuerpo, Buenos Aires, junio, 1996.

*Folletos Bandera Socialista* núm. 91, Liberación Homosexual. Un análisis marxista.

Frente de Lesbianas de Buenos Aires, *informe argentino sobre lesbianismo de historia, situación socioeconómica, participación política*, 1995.

Gamson, Joshua. *Los movimientos basados en la identidad, deben autodestruirse? Un dilema queer,* Universidad Yale.

Gargallo, Francesca. *Institución dentro y fuera del cuerpo.* Ponencia presentada a la Universidad de Costa Rica, San José de Costa Rica, 24 de julio de 1997.

GRUMALE, "¿Qué clase de maternidad ejercemos?", VI Encuentro Nacional Feminista, julio de 1989, Universidad Autónoma Chapingo.

Grupo de Autoconciencia de Lesbianas Feministas. *Historia y contexto sociopolítico nacional,* Lima, julio de 1987.

Gutiérrez, Trini. En *El Feminismo desde el clóset o acerca del trabajo de las mujeres feministas lesbianas en el movimiento feminista,* Ensayo presentado en el IV Encuentro Feminista Latinoamericano y del Caribe, Taxco, octubre de 1987. documento [fotocopia]

Hernández, Juan Jacobo y Manrique Rafael. "10 Años de movimiento gay en México: El Brillo de la Ausencia", México, 29 de agosto de 1988, documento [fotocopia].

Highleyman, Liz. Identidad, ideas, estrategias, en: *Bisexual Politics. Theories, Queries & Visions,* editado por Naomi Tucker, New York, The Haworth Press, 1995, traducción Alejandra Sardá, Escrita en el cuerpo, Buenos Aires, 1997.

Irigaray, Luce. *Yo, tú, nosotras,* Valencia, Cátedra, 1992.

Madden, Rose Mary. "La experiencia de un grupo lésbico feminista en Costa Rica" VI Encuentro Feminista Latinoamericano y del Caribe. El Salvador, noviembre de 1993.

Melucci, Alberto. *El Tiempo de la diferencia: Condición femenina y movimiento de mujeres.* Bologna, Italia, 1982. Traducción PIEM.

*Memorias III Encontro feminista Latinoamericano e do caribe,* Brasil, 1985.

*Memorias del XIII Congreso Anual de la ILGA en Solidaridad,* Acapulco, México, 1991.

*Memoria de un Encuentro Inolvidable.* II Encuentro Lésbico Feminista de América Latina y el Caribe, abril de 1990, Costa Rica.

*Memorias del Primer Festival de Lesbianas de Costa Rica,* 1998.

Nichols, Margaret. Relaciones lésbicas: Implicaciones para el estudio de la sexualidad y el género en: *Homosexuality/Heterosexuality. Concepts of Sexual Orientation,* Part VI Relational Perspective, traducción de María Eugenia Reyes, documento obtenido en el Centro de Documentación y Archivo Histórico Lésbico (CDAHL) s/f.

Oria, Piera Paola. Safo la Lírica, en *In Memoriam Safo.* Edición del Taller Permanente de la Mujer, Buenos Aires, marzo, 1990.

Plan de Acción de la reunión Satélite de las lesbianas de América Latina y del Caribe; *ibidem.*

Ramos, Juanita, Oceguera, Alma y otras. *Resumen de las conclusiones y propuestas de los talleres lésbicos feministas del IV Encuentro Feminista Latinoamericano y del Caribe*. Documento. [fotocopia], Taxco, octubre de 1987.

Ramos, Juanita. "Cabo Rojo, Puerto Rico 14 al 16 agosto 1992" [Documento de trabajo].

Vargas, Virginia. *Una parte de la rebeldía de las mujeres*. Jornadas Feministas Latinoamericanas, México, 1987.

Vargas, Virginia. *Movimiento de Mujeres en América Latina un Reto para el Análisis y para la Acción*, ponencia presentada a las Segundas Jornadas Feministas, Quito noviembre 1989.

**Entrevistas**

México

1. Nancy Cárdenas, realizada para *Otro modo de ser mujer* por Lurdes Pérez, 1990.
2. Yan María C., 9 de febrero de 1995.
3. Luz María, 3 de diciembre, 1994.
4. Patria Jiménez, 28 de agosto de 1995.
5. Tina, entrevista 11 de octubre 1995.
6. Gina, entrevista para *Otro modo de ser mujer*.
7. Emma, entrevista para *Otro modo de ser mujer*
8. Rotmi entrevista para el proyecto *Otro modo de ser mujer*
9. Beltia Pérez, 2 de noviembre de 1995.
10. Eugenia Olson, 19 de enero de 1995.
11. Juan Jacobo Hernández, 18 de diciembre, 1995.
12. Trinidad Gutiérrez para *Otro modo de ser mujer*
13. Carmelita, octubre 1994.
14. Marta Nualart, 13 de marzo de 1995.
15. Isabel Martínez (Chave), octubre de 1995.
16. Marta T. 16 de noviembre de 1994.
17. Nayeli, octubre de 1996.
18. Juan Jacobo Hernández, 18 de diciembre, 1995.
19. Norma Banda, integrante del grupo GAMU, octubre de 1994.
20. Martha Solé, febrero de 1995.
21. Carolina, 10 de octubre de 1995.
22. Beatriz, 17 octubre de 1995.
23. Virginia Sánchez Navarro, febrero de 1995.
24. Patricia, 6 de diciembre, 1995.
25. Imelda, 6 de diciembre, 1995.

26. Reina P., 8 de diciembre de 1995.
27. Catalina, 15 de diciembre de 1995.
28. Safuega, 9 de febrero de 1995.
29. Carmen, 28 de enero de 1996.
30. Emma, 28 de enero de 1996.
31. Fred, 28 de enero de 1996.
32. Guadalupe (Wini), 2 de febrero de 1996.
33. Lurdes Pérez, 15 de noviembre de 1994.
34. Vicki, para *Otra forma de ser mujer.*
35. Leticia A. para *Otra forma de ser mujer.*
36. Bety para *Otra forma de ser mujer.*
37. Bertha, 26 de enero de 1996.
38. Chelita, 10 de noviembre de 1995.
39. Eréndira, 18 de enero de 1996.
40. Cecilia, 13 de octubre de 1994.
41. Enoé, 23 de mayo de 1994.
42. Gianina Avila, 12 de septiembre de 1994.
43. Elena Tapia, 5 de mayo de 1995.
44. Roberto, julio de 1996.
45. Palmira, febrero 1994.
46. Leticia, septiembre 1995.
47. Reyna B. noviembre 1994.
48. Guadalupe Benavides, (complementaria), 29 de junio 1999.


Argentina

49. Mónica Santino, presidenta de la CHA, 28 de junio de 1994.
50. Silvia Palumbo, integrante de Las Lunas y las Otras, 28 de junio de 1994.
51. Maggie, integrante de ATEM, 5 noviembre, 1993.
52. Elsa San Martín, abril de 1995.
53. Mónica Arroyo, abril de 1995.
54. Sara Torres, 12 de Abril de 1995.
55. Rosario Moya, julio de 1995.


Brasil

56. Miriam Martiho, entrevista 8 abril de 1995.
57. Miriam Botassi, noviembre de 1994.

58. Marisa Fernándes, (complementaria), 27 de marzo 1999.

Puerto Rico

59. Windi, de Puerto Rico, 28 de junio de 1994.
60. Juanita Ramos, 4 noviembre de 1993.

República Dominicana

61. Sergia Galván, 5 noviembre de 1993.
62. Tati, 5 noviembre de 1993.

Perú

63. Kris, 2 de mayo de 1996.
64. Lucía Ueda, 2 de mayo de 1996.
65. Rebeca Sevilla, noviembre de 1993.
66. Mecha, 8 de marzo de 1996.
67. Virginia Vargas, 21 de abril de 1995.
68. Roxana, 2 de mayo de 1996.
69. Lucrecia Bermúdez, 12 de julio de 1999.

Chile

70. Gabriela Jara, integrante de Ayuquelén, 28 de noviembre 1996.
71. Marloré Morán, 28 de noviembre de 1996.
72. Mikki San Martín de la provincia de Concepción, 28 de noviembre de 1996.

Costa Rica

73. Ivonne Gómez, integrante de Las Entendidas, abril de 1996.
74. Carla Barbosa, entrevista julio de 1996.

Nicaragua

75. Ammi Bank, julio 1996.
76. Lupita Siqueira, Grupo Nicone, noviembre de 1994.
77. Mary Bolt, julio de 1996 como especialista del tema (española).
78. Empar Pineda.

ANEXO
FOTOGRÁFICO

Nancy Cárdenas y sus gatos. *Foto: Yolanda Andrade, 1984.*

Las lesbianas presentes en la Segunda Marcha del Orgullo Homosexual.
*Foto: Archivo General de la Nación, 1980.*

Por temor, algunas lesbianas usaban bolsas que cubrían sus rostros, por el calor de la marcha, muchas terminaban dando la cara. *Foto: Archivo General de la Nación, 1980.*

Haciendo de lo político también un acto social. *Foto: Archivo General de la Nación, 1980.*

La lucha lésbica-homosexual ligada a la democracia. *Foto: Archivo General de la Nación, 1980.*

Los carteles y las consignas con mucha
creatividad. *Foto: Archivo General de la
Nación, 1980.*

Grupo Lambda en la segunda marcha. *Foto:Archivo General de la
Nación, 1980.*

383

Claudia Hinojosa, líder del Grupo
Lambda de Liberación Homosexual.
*Foto: Rotmi Enciso.*

Manta de OIKABETH.
*Foto: Rotmi Enciso.*

Trinidad Gutiérrez y Luz María Medina,
pioneras del movimiento. *Foto: Cecilia
Riquelme, 1994.*

384

XXV Aniversario del Stonewall.
Los veteranos, NY 1994.
*Foto: Archivo Histórico Lésbico.*

XXV Aniversario del Stonewall. Las
latinas presentes, NY 1994.
*Foto: Archivo Histórico Lésbico.*

XXV Aniversario del Stonewall.
Marcha dyke, NY 1994.
*Foto: Archivo Histórico Lésbico.*

Grupo Patlatonalli de Guadalajara.
*Foto: Rotmi Enciso.*

VII Encuentro Feminista
Latinoamericano y del Caribe,
Chile. Marcha por la no violencia,
las lesbianas más visibles que nunca.
*Foto: Archivo Histórico Lésbico.*

VII Encuentro Feminista
Latinoamericano y del Caribe,
Chile. Protesta contra la
municipalidad que prohibió la
presencia pública de lesbianas.
*Foto: Rotmi Enciso, 1997.*

390

VII Encuentro Feminista Latinoamericano y del Caribe, Chile. Reunión de lesbianas. *Foto: Rotmi Enciso, 1997.*

XX Marcha del Orgullo Lésbico, Gay, Transgenérico y Bisexual, 1998. Mariana y Joana, revista Lesvoz. *Foto: Archivo Lesvoz.*

Grupo de Madres Lesbianas, GRUMALE II, XIX Marcha. *Foto: Yolanda Andrade, 1997.*

Alto a las razzias, una demanda presente. *Foto: Rotmi Enciso, 1997.*

La policía alerta. *Foto: Rotmi Enciso.*

V Marcha del Orgullo Lésbico-Homosexual. *Foto: Rotmi Enciso.*

MULA. Foto: *Rotmi Enciso.*

Miss sex. Foto: *Archivo Círculo Cultural Gay.*

Miss comadres. *Foto: Archivo Círculo Cultural Gay.*

GAMU contra la represión. *Foto: Archivo General de la Nación.*

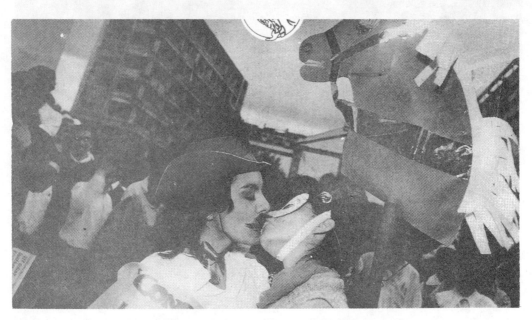

*El beso*, ciudad de México, 1993. *Foto: Yolanda Andrade.*

Grupo Lambda de Guadalajara. *Foto: Archivo General de la Nación.*

*UN AMOR QUE SE ATREVIÓ A DECIR SU NOMBRE*
Se terminó de imprimir en el mes de enero del 2000.
Tiraje 1 000 ejemplares